权威・前沿・原创

皮书系列为

“十二五”“十三五”国家重点图书出版规划项目

中国人力资源发展报告（2018）

ANNUAL REPORT ON THE DEVELOPMENT OF CHINA'S HUMAN RESOURCES (2018)

主　编／余兴安
副主编／李志更

图书在版编目（CIP）数据

中国人力资源发展报告. 2018 / 余兴安主编. --北京：社会科学文献出版社，2018. 11
（人力资源蓝皮书）
ISBN 978-7-5201-3643-3

Ⅰ. ①中… Ⅱ. ①余… Ⅲ. ①人力资源管理-研究报告-中国-2018 Ⅳ. ①F249. 21

中国版本图书馆 CIP 数据核字（2018）第 233033 号

人力资源蓝皮书
中国人力资源发展报告（2018）

主　　编 / 余兴安
副 主 编 / 李志更

出 版 人 / 谢寿光
项目统筹 / 邓泳红　吴　敏
责任编辑 / 吴　敏

出　　版 / 社会科学文献出版社 · 皮书出版分社（010）59367127
　　　　地址：北京市北三环中路甲 29 号院华龙大厦　邮编：100029
　　　　网址：www. ssap. com. cn
发　　行 / 市场营销中心（010）59367081　59367083
印　　装 / 三河市龙林印务有限公司

规　　格 / 开 本：787mm × 1092mm　1/16
　　　　印 张：23　字 数：348 千字
版　　次 / 2018 年 11 月第 1 版　2018 年 11 月第 1 次印刷
书　　号 / ISBN 978-7-5201-3643-3
定　　价 / 98. 00 元

皮书序列号 / PSN B-2012-287-1/1

《中国人力资源发展报告（2018）》
编 委 会

主要编撰者简介

余兴安　中国人事科学研究院院长，研究员，历任中国人事科学研究院研究室主任、人事部人才流动开发司副司长、人力资源和社会保障部人力资源市场司副司长、山东省日照市副市长，兼任国际行政科学学会副主席、中国人才研究会常务副会长等，主要从事行政管理体制改革、人事制度改革与人才资源开发等研究。

李志更　中国人事科学研究院副院长，研究员，兼任中国人才研究会理事，曾任中国人事科学研究院电子政务与绩效管理研究室主任、就业创业与政策评价研究室主任，长期从事就业创业、人才发展、人事管理、公共政策评价等方面的研究。

中国人事科学研究院简介

中国人事科学研究院（简称“人科院”）是隶属于中华人民共和国人力资源和社会保障部的一家从事人事制度改革、人才资源开发及公共行政等研究的国家级科研机构，是中央人才工作协调小组办公室命名的“人才理论研究基地”。

人科院肇端于1982年6月国家劳动人事部成立的人才资源研究所和1984年11月成立的行政管理科学研究所，在经多次机构改革与职能调整后，于1994年7月正式成立。历经30余年的发展，人科院积累了丰富的科研资源，培养了一支素质优良的科研队伍，形成了较完备的学术研究体系，产生了一大批具有较大影响的科研成果，发挥了应有的参谋智囊作用，同时成为全国人才与人事科学研究的合作交流中心。王通讯、吴江等知名学者曾先后担任院长之职，现任院长为余兴安研究员。

多年来，人科院围绕大局、服务中心，研究领域涉及行政管理体制改革、人才队伍建设、公务员管理、事业单位人事制度改革、企业人力资源管理、收入分配制度改革、就业与创业、人才流动与人力资源服务业发展等多方面。曾参与《公务员法》《事业单位人事管理条例》《国家中长期人才发展规划纲要》等重大政策法规的调研与起草，推动了相关领域诸多重大、关键性改革事业的发展。人科院每年承担中央单位和各省区市下达或委托的数十项课题研究任务，出版十余部著作，发表百余篇学术论文，并编辑出版《中国人事科学》（月刊）、《国际行政科学评论》（季刊）、《第一资源》（集刊）、《中国人力资源发展报告》（年刊）、《中国人事科学研究报告》（年度出版）等学术刊物。

人科院是我国在国际行政科学学术交流与科研合作领域的重要组织与牵头单位，是国际行政科学学会（IIAS）和东部地区行政组织（EROPA）的中国秘书处所在地，也是亚洲公共行政网络（AGPA）的主席国秘书处。通过多年努力，人科院在国际行政科学研究领域的作用与地位不断提升，2016年承办了国际行政科学学会（IIAS）联合大会，人科院院长余兴安当选国际行政科学学会副主席。

人科院注重与国家部委、地方政府、高等院校和科研院所的交流与合作，积极搭建学术交流平台，成立了“全国人事人才科研合作网”，每年举办科研年会，组织科研协作攻关。还与中国人民大学、首都经济贸易大学等院校联合招收硕士、博士研究生，设有公共管理学科博士后工作站。

摘 要

《人力资源蓝皮书：中国人力资源发展报告（2018）》以 2017 年下半年至 2018 年上半年为主要研究时段，有些重要制度安排和举措追溯了十八大以来的发展。全书凝结了来自人力资源发展领域 30 多位专家学者的最新研究成果，展现了一年多来中国人力资源发展的总体情况和进入新时代人力资源发展面临的挑战与任务。全书由总报告和六组专题报告组成。总报告对 2017 年以来我国人力资源基本状况、人才工作推进状况、公共部门人事制度改革发展状况、就业创业状况及工作进展、工资收入分配状况及工作进展、社会保险状况及工作进展、劳动关系状况及工作进展、人力资源服务业状况与工作进展等方面做了总体回顾，对新时代人力资源发展的挑战与任务做了深入分析。六个专题包括人力资源状况篇、人才工作篇、公共部门人事管理篇、就业创业与劳动关系篇、社会保障和薪酬篇、人力资源服务业篇，分别从基本情况、面临问题和未来展望着手，梳理并总结了人力资源发展的新特点、新进展和新趋势。

人力资源状况篇主要介绍了我国人力资源的基本状况，我国科技人才、卫生人才、知识产权人才的发展现状与态势，我国城镇劳动者的科学素质与技能状况。人才工作篇主要关注了我国海外人才引进、职称制度改革、职业资格制度改革、人力资源社会保障系统行政执法的基本情况与进展走势。公共部门人事管理篇梳理了十八大以来我国公务员管理实践与探索、行政执法职责分布与行政执法类公务员职位设置展望、事业单位人事制度改革进展与展望、国企人事制度改革深化等。就业创业与劳动关系篇介绍了我国 2017 年就业创业的总体状况以及当前平台经济下的就业现状与发展、和谐劳动关系构建的新进展。社会保障和薪酬篇梳理了 2017 年我国社会保险发展的总体状况以及基本养老保险制度改革进展及发展态势、2015～2017 年我国求职市场的薪酬变化。人力资源服务业篇在分析我国人力资源服务市场总体发展状况的基础上，具体分析了我国人才公共服务体系建设、人力资源培训服务、人力资源服务企业经营的现状与发展。

本书以新时代背景下新发展、新要求、新改革为基调，展现了一年多来促进和推动人力资源发展的新举措和新进展，阐释了目前出台的人力资源发展领域具有代表性的相关政策文件和召开的相关重要会议，在全面梳理、系统分析、调研总结的基础上，提出人力资源发展面临的新挑战和新任务。

目 录

Ⅰ 总报告

Ⅱ 人力资源状况篇

Ⅲ　人才工作篇

Ⅳ　公共部门人事管理篇

Ⅴ　就业创业与劳动关系篇

Ⅵ 社会保障和薪酬篇

Ⅶ 人力资源服务业篇

皮书数据库阅读**使用指南**

总 报 告

General Report

B.1

2017年中国人力资源状况及事业发展

余兴安　李志更　刘 洋　王 梅*

摘　要： 2017年，中国人力资源发展稳中有进。人力资源总量基本稳定，城镇化率不断提升，受教育水平稳步提高，人才发展体制机制不断创新，公共部门人事制度改革继续深化，就业创业总体发展态势稳中向好，就业结构不断优化，社会保障统筹逐步推进，劳动关系和谐稳定。本报告从人力资源基本状况、人才工作进展、公共部门人事制度改革、就业创业、收入分配、社会保障、劳动关系、人力资源服务业发展等方面介绍了2017年以来我国人力资源发展的新情况、新举措和新趋势，并对当前和未来一段时间人力资源发展面对的新挑战和新任务做了简要分析。

* 余兴安，中国人事科学研究院院长、研究员；李志更，中国人事科学研究院副院长、研究员；刘洋，中国人事科学研究院助理研究员；王梅，中国人事科学研究院助理研究员。

关键词： 人力资源　人才工作　人事制度改革　就业创业

一　人力资源基本状况

2017年，我国人口总量基本稳定，劳动年龄人口六连降；城镇常住人口有所增长，户籍人口城镇化率有所提升；就业总量略有增加，第三产业就业人数占比继续增大；留学回国人数持续增长，回国人数占已完成学业群体的八成。

（一）人口总量基本稳定，劳动年龄人口六连降

根据《2017年国民经济和社会发展统计公报》，截至2017年末，全国大陆总人口139008万，[①] 比上年末增加737万，增长率为0.53%。2017年，全国16~59岁（含不满60周岁）的人口数量为90199万，比2016年减少548万，占总人口的64.9%，较上年占比下降0.7个百分点，劳动年龄人口绝对量为2012年以来六连降。

（二）城镇常住人口有所增长，户籍人口城镇化率有所提升

根据《2017年国民经济和社会发展统计公报》，截至2017年末全国城镇常住人口81347万，较上一年增长2049万，占总人口比重（常住人口城镇化率）为58.52%，比上年末提高1.17个百分点。户籍人口城镇化率为42.35%，比上年末提高1.15个百分点。

（三）就业总量略有增加，第三产业就业人数占比继续增大

根据《2017年度人力资源和社会保障事业发展统计公报》，2017年

① 国家统计局：《2017年国民经济和社会发展统计公报》，2018。

末，全国就业人员总量为77640万，较2016年末增加37万，同比增长0.05%。[①] 其中，城镇就业人员42462万，同比增加1034万，增长率为2.5%。[②] 第一产业就业人员总数约为20963万，比上一年减少533万，减幅增加4.6%；第二产业就业人员总数约为21817万，比上一年减少533万，减幅增加0.9%；第三产业就业人员总数约为34860万，比上一年增加1103万，增幅增加0.5%。截至2017年末，三大产业就业人员占比分别为27%、28.1%、44.9%，第三产业就业人员占比较上一年增加1.4个百分点。

（四）留学回国人员数量增加，回国人数占已完成学业群体的八成

根据《2017年度人力资源和社会保障事业发展统计公报》，[③] 从改革开放之初至2017年底，我国累计有374.08万人出国完成学业，313.2万人完成学业后回国发展，占已完成学业群体的83.73%。[④] 2017年回国人数为48.09万，较上一年增加4.8万。全国建成各级各类留学人员创业园351个，较上一年增加4个。其中，省部共建创业园49家，8.6万名留学人员在园创业，较上一年增加0.7万名。入园企业总数2.3万家，2017年技工贸总收入3227亿元，较上一年增加727亿元。

二　人才工作推进情况

2017~2018年，人才发展体制机制创新持续深入，人才制度不断完善；人才发展指标大部分提前达到《国家中长期人才发展规划纲要（2010~2020年）》（以下简称《规划纲要》）目标值，人才队伍建设稳步推进；实施更加积极、更加开放、更加有效的人才政策，加快构建具有国际竞争力的人才制度体系。

① 人力资源和社会保障部：《2017年度人力资源和社会保障事业发展统计公报》，2018。
② 人力资源和社会保障部：《2017年度人力资源和社会保障事业发展统计公报》，2018。
③ 人力资源和社会保障部：《2017年度人力资源和社会保障事业发展统计公报》，2018。
④ 人力资源和社会保障部网站，http://www.mohrss.gov.cn/SYrlzyhshbzb/rencaiduiwujianshe/gzdt/201804/t20180418_292559.html。

（一）创新人才发展体制机制，人才制度不断完善

1. 大力发现培养选拔优秀年轻干部

2018 年 6 月，中共中央政治局召开会议，审议《关于适应新时代要求大力发现培养选拔优秀年轻干部的意见》。发现培养选拔优秀年轻干部是加强领导班子和干部队伍建设的一项基础性工程。进行伟大斗争、建设伟大工程、推进伟大事业、实现伟大梦想，关键在于建设一支高素质专业化干部队伍，归根到底在于培养选拔一批又一批优秀年轻干部接续奋斗。因此，要落实好干部标准，遵循干部成长规律，以大力发现培养为基础，以强化实践锻炼为重点，以确保选准用好为根本，以从严管理监督为保障，健全完善年轻干部选拔、培育、管理、使用环环相扣又统筹推进的全链条机制。

2. 深入推进人才分类评价

2018 年 2 月，中共中央办公厅、国务院办公厅印发《关于分类推进人才评价机制改革的指导意见》。意见提出，要分类健全人才评价标准，以职业属性和岗位要求为基础，健全人才分类评价体系；坚持德才兼备，把品德作为人才评价首要内容；坚持凭能力、实绩、贡献评价人才，克服唯学历、唯资历、唯论文等倾向，注重考查各类人才的专业性、创新性和履责绩效、创新成果、实际贡献；创新多元评价方式，注重引入市场评价和社会评价；遵循不同类型人才成长发展规律，科学合理设置评价考核周期；进一步打破户籍、地域、所有制、身份、人事关系等限制，畅通人才评价渠道；促进人才评价和项目评审、机构评估有机衔接。另外，要加快推进科技人才，哲学社会科学和文化艺术人才，教育人才，医疗卫生人才，技术技能人才，面向企业、基层一线和青年人才等重点领域人才评价改革。

2018 年 7 月，中共中央办公厅、国务院办公厅印发《关于深化项目评审、人才评价、机构评估改革的意见》。意见指出，项目评审、人才评价、机构评估（简称“三评”）改革是推进科技评价制度改革重要举措。改进科技人才评价方式，要统筹科技人才计划；科学设立人才评价指标，推行代表

作评价制度，注重标志性成果的质量、贡献、影响；树立正确的人才评价使用导向，使人才称号回归学术性、荣誉性本质；强化用人单位人才评价主体地位，突出岗位履职评价，完善内部监督机制；加大对优秀人才和团队的稳定支持力度，切实加强对青年科研人员的倾斜支持。

3. 建立人才激励和容错纠错机制

2018 年 5 月，中共中央办公厅印发《关于进一步激励广大干部新时代新担当新作为的意见》。意见指出，要大力教育引导干部担当作为、干事创业；树立鲜明的重实绩用人导向；充分发挥干部考核评价的激励鞭策作用；切实为敢于担当的干部撑腰鼓劲；着力增强干部适应新时代发展要求的本领能力；满怀热情关心关爱干部；凝聚形成创新创业的强大合力。

2018 年 7 月，《国务院关于优化科研管理提升科研绩效若干措施的通知》下发。通知要求，简化科研项目申报和过程管理，赋予科研人员更大技术路线决策权；完善有利于创新的评价激励制度，切实精简人才“帽子”，开展“唯论文、唯职称、唯学历”问题集中清理，加大对承担国家关键领域核心技术攻关任务科研人员的薪酬激励力度；强化科研项目绩效评价，推动项目管理从重数量、重过程向重质量、重结果转变，实行科研项目绩效分类评价，严格依据任务书开展综合绩效评价，加强绩效评价结果的应用。

4. 推行技能人才终身技能培训制度

2018 年 5 月，国务院出台《关于推行终身职业技能培训制度的意见》。意见强调，面向城乡全体劳动者，完善从劳动预备开始到劳动者实现就业创业并贯穿学习和职业生涯全过程的终身职业技能培训政策，围绕就业创业重点群体，广泛开展就业技能培训。意见共二十条，明确了政府各部门在构建终身职业技能培训体系中的任务分工，要求深化职业技能培训市场化社会化发展机制和人才多元评价、培训质量评估监督、多渠道激励等机制改革。

（二）人才发展规划目标大部分提前实现，人才队伍建设稳步推进

《国家中长期人才发展规划纲要（2010～2020 年）》中期评估统计

表明,[①] 截至2015年底,《规划纲要》确立的2020年人才发展主要指标基本接近目标值,有的已经提前实现。在人才发展核心指标中,2015年人力资本投资占国内生产总值比重达到15.8%,提前实现了15%的目标值;每万名劳动力研发人员占比达48.5%,提前实现43%的目标值。人才队伍发展指标除社会工作人才队伍外也基本实现了目标值。

1. 专业技术人才队伍建设稳步推进

根据《2015中国人才资源统计报告》,截至2015年底,专业技术人才总量为7328.11万人,完成2020年目标值的97.71%。[②] 截至2017年底,我国有两院院士1660余人,较2016年增加160多人,享受政府特殊津贴专家17.7万人,国家百千万人才工程入选者5729人,较2016年增加429人。[③] 到2017年底,累计招收培养博士后18万多人,比2016年增加2万多人,博士后科研流动站总数达到3010个,博士后科研站设站总数达到3396个。[④] 2017年,全国1100多万人报名参加专业技术人员资格考试,257.8万人取得资格证书。截至2017年底,全国累计共有2620万人取得各类专业技术人员资格证书。

2017年新建国家级专业技术人员继续教育基地20家,总数达140家。专业技术人才知识更新工程继续推进,全年举办300期高级研修班,培训高层次专业技术人才2.1万人次,开展急需紧缺人才培养培训和岗位培训123.6万人次。[⑤]

2017年,推进实施万名专家服务基层行动计划,遴选实施56项专家服务基层示范项目,遴选设立10个国家级专家服务基地。在示范项目带动下,2600多名专家深入基层一线,开展各类服务活动870多场次,培训指导基层专业技术人员4.4万人。组织实施西部和东北地区高层次人才援助计划,

① 数据来源于《中国人才》2018年第4期。

② 中共中央组织部:《2015中国人才资源统计报告》,2017。

③ 人力资源和社会保障部:《2017年度人力资源和社会保障事业发展统计公报》,2018。

④ 人力资源和社会保障部:《2017年度人力资源和社会保障事业发展统计公报》,2018。

⑤ 人力资源和社会保障部:《2017年度人力资源和社会保障事业发展统计公报》,2018。

遴选20个示范项目。[①]

2. 企业经营管理人才队伍规模不断壮大

《2015中国人才资源统计报告》显示，截至2015年底，企业经营管理人才达4334万（目标值4200万）[②]，超出2020年规划目标3.2个百分点，提前实现《规划纲要》2020年目标。截至2017年底，完善中小企业管理咨询专家库，已有七批624名专家入库。[③] 继续实施企业经营管理人才素质提升工程和中小企业银河培训工程，每年完成对50万名中小企业经营管理者和1000名中小企业领军人才培训。

3. 高技能人才培养能力有较大提升

2017年，新增高技能人才超过280万人。[④] 截至2015年底，高技能人才总量超过5000万人,[⑤] 超出《规划纲要》2020年规划目标值22个百分点。2017年国家层面建设475个高技能人才培训基地、594个技能大师工作室，实施技师培训项目，中央财政累计投入资金20.5亿元，带动地方同步推进省市级项目建设，高技能人才培养能力得到较大提升。[⑥]

2017年，全国共有技工院校2490所，招生130.9万人，在校生338万人，实现两连增，技工院校毕业生就业率保持较高水平，达到97%以上。[⑦] 全年共组织各类职业培训1690万人次。其中，就业技能培训897万人次，岗位技能提升培训542万人次，创业培训219万人次，其他培训32万人次。[⑧] 2017年末，全国共有职业技能鉴定机构8071个，全年共有1473万人参加职业技能鉴定。1199万人取得不同等级职业资格证书，其中，取得技

---

① 人力资源和社会保障部：《2017年度人力资源和社会保障事业发展统计公报》，2018。

② 中共中央组织部：《2015中国人才资源统计报告》，2017。

③ 工业和信息化部，http://www.miit.gov.cn/n973401/n5977672/n5977743/c5982098/content.html，2017年12月25日。

④ 2018年2月26日国务院新闻办发布会，人力资源和社会保障部张义珍副部长答记者问。

⑤ 中共中央组织部：《2015中国人才资源统计报告》，2017。

⑥ 人力资源和社会保障部，http://www.mohrss.gov.cn/SYrlzyhshbzb/zwgk/bld/tt/ldjh/201710/t20171016_279318.html，2017年10月16日。

⑦ 2018年2月26日国务院新闻办发布会，人力资源和社会保障部张义珍副部长答记者问。

⑧ 人力资源和社会保障部：《2017年度人力资源和社会保障事业发展统计公报》，2018。

师、高级技师职业资格的 43 万人。[①]

4. 党政人才队伍结构不断优化

根据《2015 中国人才资源统计报告》，截至 2015 年底，党政人才总量约 728 万人。[②] 其中，大学本科及以上学历所占比例为 67.9%，学历结构不断优化。截至 2016 年底，全国共有公务员 719 万人。[③] 2017 年，中央机关进一步开展公开遴选，共 56 个中央机关部门拿出 342 个职位进行遴选，最终 316 个职位开考，开考率为 92.4%；2.4 万余人通过资格审查，职位总体竞争比例约为 74∶1，公务员队伍来源不断优化。[④]

5. 社会工作人才队伍专业化程度不断提升

根据《2015 中国人才资源统计报告》，截至 2015 年底，社会工作人才总量 75.92 万，为《规划纲要》2020 年目标的 25%。[⑤] 截至 2017 年底，全国持证社会工作者共计 32.7 万人，比 2016 年增加 3.9 万人。其中，社会工作师 8.3 万人，较 2016 年增加 1.4 万人；助理社会工作师 24.3 万人，较 2016 年增加 2.5 万人。社会工作人才队伍建设在注重数量增长的同时，更加注重专业化程度提升，目前，开办社会工作专业教育的本科生院校达到 330 多家，专业硕士达到 105 家。

（三）实施更加积极、开放、有效的人才政策，加快构建具有国际竞争力的人才制度体系

1. 专业技术人才政策继续优化

2017 年 11 月，人力资源和社会保障部办公厅出台《关于在部分职称系列设置正高级职称有关问题的通知》。通知是继 2016 年中共中央办公厅、国务院办公厅印发的《关于深化职称制度改革的意见》之后的重要制度建设

---

① 人力资源和社会保障部：《2017 年度人力资源和社会保障事业发展统计公报》，2018。

② 中共中央组织部：《2015 中国人才资源统计报告》，2017。

③ 人力资源和社会保障部：《2016 年度人力资源和社会保障事业发展统计公报》，2017。

④ 《公务员篇：锻造一支适应新时代发展要求的公务员队伍》，《中国组织人事报》2017 年 12 月 27 日。

⑤ 中共中央组织部：《2015 中国人才资源统计报告》，2017。

举措，明确规定：在工程系列、经济系列、会计系列、统计系列、技工院校教师系列、中等专业学校教师系列、工艺美术系列、艺术系列、实验技术系列、船舶系列、民用航空飞行系列增设正高级职称系列和正高级名称；农业系列继续开展农业技术推广研究员职称评审工作，可设置农业、林业相关专业；其他系列个别专业未设置到正高级职称的，在分类推进各系列职称制度改革时进一步完善。

2. 高技能人才激励政策不断完善

2018 年 3 月，中共中央办公厅、国务院办公厅出台《关于提高技术工人待遇的意见》。意见强调，要突出“高精尖缺”导向，大力提高高技能领军人才待遇水平，加强高技能领军人才服务保障，提高高技能领军人才政治、经济、社会待遇；实施工资激励计划，提高技术工人收入水平，完善符合技术工人特点的企业工资分配制度，建立企业技术工人工资正常增长机制，探索技术工人长效激励机制；构建技能形成与提升体系，支持技术工人凭技能提高待遇，加强终身职业技能培训，深入实施高技能人才振兴计划，加大校企合作培养技术工人力度；强化评价使用激励工作，畅通技术工人成长成才通道，完善技术工人评价工作，加大劳动和技能竞赛培养选拔技术工人工作力度，完善技术工人平等享受待遇政策等。

3. 实施更加开放的外国人才政策

2017 年 11 月，国家外国专家局、外交部、公安部印发《外国人才签证制度实施办法》。办法明确外国人申请外国人才签证（即 R 字签证）标准条件、办理程序规范、签证发放对象、签证有效期、国家有关部门的职责分工等内容。

4. 依托“人才工程”“人才计划”，实施更加积极的人才政策

地方主要依托“人才工程”“人才计划”实施人才政策。从人才管理部门单独出台人才政策到优化部门协作，政策加码全力招才；从粗放式招才到分类分层识别人才，依托产业精准引才；从经济奖励人才到优化创业环境，多管齐下立体用才。比如，北京市的《北京人才引进管理办法（试行）（2018）》《关于深化中关村人才管理改革构建具有国际竞争力的

引才用才机制的若干措施》，上海市的《上海市出入境“聚英计划”（2017～2021）相关政策实施办法》，深圳市的《关于实施“鹏城英才计划”的意见》《关于实施“鹏城孔雀计划”的意见》，广州市的《广州市“岭南英杰工程”实施意见》，武汉市的《百万大学生留汉计划》，合肥市的《关于进一步支持人才来肥创新创业的若干政策》，山东省的《关于做好人才支撑新旧动能转换工作的意见》，珠海市的《关于实施“珠海英才计划”加快集聚新时代创新创业人才的若干措施（试行）》，西安市的《西安市深化人才发展体制机制改革打造“一带一路”人才高地若干政策措施》（人才新政23条）、《西安市进一步加快人才汇聚若干措施》（“十三条措施”），等等。

三　公共部门人事制度改革与发展

当前，公务员管理的“四梁八柱”制度框架已经确立，聘任制公务员管理制度基本建立，地方公务员分级分类考录体现精准科学选人用人，行政执法类公务员改革更加体现岗位属性；事业单位公开招聘管理更加规范，事业单位公开招聘服务平台建设稳步推进，中央级科研事业单位绩效评价制度基本建立，县级以下事业单位职员等级晋升试点工作不断推进；国有企业法人治理结构日趋完善，国有企业工资决定机制建立。

（一）公务员管理制度改革主要举措

1. 公务员管理“四梁八柱”制度框架已经确立

目前，公务员管理进、管、出主要环节相关制度规定已经整体具备，“四梁八柱”性质的制度框架已经建构起来。[①] 随着《专业技术类公务员管理规定（试行）》《行政执法类公务员管理规定（试行）》的出台，公务员管理不断朝着科学化、精细化方向发展，需要进一步厘定公务员的分类标准

① 傅兴国：《新时代公务员管理工作的新任务新要求》，《求是》2018年4月16日。

和范围，推进公务员管理法规制度建设。

2. 聘任制公务员管理制度基本建立

2017 年 9 月，中共中央办公厅、国务院办公厅印发《聘任制公务员管理规定（试行）》。规定共 6 章 42 条，明确了聘任制公务员的界定、职位设置与公开招聘程序、聘任合同相关内容、聘任制公务员的日常管理等。其中特别强调，规定所称的聘任制公务员，是指以合同形式聘任、依法履行公职、纳入国家行政编制、由国家财政负担工资福利的工作人员。

3. 地方公务员分级分类考录体现精准科学选人用人

上海市区分专业执法特点，通过招录时间差异化安排、科学设置报考资格条件、创新笔试面试测评方式、严格考察等手段探索优化行政执法类公务员招录工作。黑龙江省将职位划分为省市类、公检法类、艰苦边远地区县乡类分别招考。杭州将面试卷设置为综合类、基层类、行政执法类（公安机关执法勤务类）、优秀村干部、优秀社区干部以及部属公安院校毕业生职位 6 类。福建省对于“不要求两年基层工作经历”的岗位，调整面试时间和题量，实施差异化面试，根据招聘岗位实际，精准确定面试测评要素，自主命题、自主面试。

4. 行政执法类公务员改革更加体现岗位属性

2018 年 3 月，中央全面深化改革委员会第一次会议审议通过了《公安机关执法勤务警员职务序列改革方案（施行）》《公安机关警务技术职务序列改革方案（施行）》。改革方案根据公安机关性质任务和人民警察职业特点，在试点基础上全面推开公安机关执法勤务警员和警务技术职务序列改革，尊重警务技术人才成长发展规律，完善公安机关执法勤务警员职务序列，建立警务技术职务序列，拓展职业发展空间。

（二）事业单位人事管理主要举措

1. 事业单位公开招聘更加规范

2017 年 9 月，《事业单位公开招聘违纪违规行为处理规定》经人社部第 135 次部务会审议通过。规定共 5 章 22 条，不仅明确了应聘人员违纪违规行为、招聘单位和招聘工作人员违纪违规行为处罚规定，还明确了处理程序。

2. 事业单位公开招聘服务平台建设稳步推进

2017 年 10 月，人社部印发《关于建立中央和国家机关所属事业单位公开招聘服务平台的通知》。通知要求，建立中央和国家机关所属事业单位公开招聘统一平台，集中统一发布单位招聘信息；在人力资源社会保障部门户网站设置“事业单位公开招聘”专栏，发布招聘公告、拟聘人员公示等信息。通知还强调，要严格执行公开招聘制度规定和工作纪律，招聘信息一经发布，应当严格执行。

3. 中央级科研事业单位绩效评价制度基本建立

2017 年 10 月，科技部、财政部、人社部联合印发《中央级科研事业单位绩效评价暂行办法》。办法明确，开展科研事业单位绩效评价，应重能力、重绩效、守规范、讲贡献；结合科研事业单位职责定位对基础前沿研究、公益性研究、应用技术研发进行评价。办法明确了绩效目标、评价指标、评价方法等。办法还要求，采取参与式、开放式评价模式，充分发挥第三方机构和专家学者的作用；建立包括综合评价、年度抽查评价等评价类型的科研事业单位绩效评价长效机制。

4. 建立县以下事业单位管理岗位职员等级晋升制度

2018 年 7 月，中央全面深化改革委员会第三次会议审议通过了《关于开展县以下事业单位管理岗位职员等级晋升制度试点工作的实施意见》。意见强调，“开展县以下事业单位管理岗位职员等级晋升制度试点，保持现有事业单位管理人员岗位等级设置和晋升制度不变，改造现有职员等级，建立主要体现德才兼备、个人资历、工作实绩的职员等级晋升制度，拓展基层事业单位管理人员执业发展空间”。

（三）国有企业人事管理的主要举措

1. 国有企业法人治理结构日趋完善

2017 年 4 月，国务院办公厅印发《关于进一步完善国有企业法人治理结构的指导意见》。意见指出，理顺出资人职责，转变监管方式，出资人机构依据法律法规和公司章程规定行使股东权利、履行股东义务；加强董事会建设，落实董事会职权，优化董事会组成结构，加强董事队伍建设，开展董事任期前和任期培训。

2017 年 7 月，《国务院办公厅关于〈中央企业公司制改制工作实施方案〉的通知》印发。通知明确，建立现代企业制度，改制企业要以推进董事会建设为重点，实现权利和责任对等，落实和维护董事会依法行使重大决策、选人用人、薪酬分配等权利。

2. 建立国有企业工资决定机制

2018 年 5 月，国务院出台《关于改革国有企业工资决定机制的意见》。意见指出，根据企业发展战略和薪酬策略、年度生产经营目标和经济效益，综合考虑劳动生产率提高和人工成本投入产出率、职工工资水平市场对标等情况，结合政府职能部门发布的工资指导线，合理确定年度工资总额。完善工资与效益联动机制，分类确定工资效益联动指标，全面实行工资总额预算管理，合理确定工资总额预算周期，强化工资总额预算执行。

四　就业创业状况及工作进展

2017 年，就业创业总体发展态势稳中向好，就业总量持续增长，城镇新增就业量明显增加；三大产业就业结构不断优化，城乡就业结构不断改善；市场主体大量涌现，创业带动就业效果显著。

（一）就业创业总体发展态势稳中向好

1. 就业总量持续增长，城镇新增就业量明显增加

截至 2017 年底，我国就业人员总量达到 77640 万人，[①] 比上年末增加

① 人力资源和社会保障部：《2017 年度人力资源和社会保障事业发展统计公报》，2018。

37 万人。近五年，就业总量逐年增长，从 76977 万人增加到 77640 万人，增加 663 万人。2017 年，城镇新增就业 1351 万人，我国城镇新增就业人数 2013～2017 年均保持在 1300 万人以上，分别是 1310 万人、1322 万人、1312 万人、1314 万人、1351 万人；城镇新增就业增长率呈现先减后增趋势，2017 年增长 2.8%。2017 年，城镇失业人员再就业人数为 558 万，较上一年增加 4 万，就业困难人员就业人数为 177 万，较上年增加 8 万。[①] 2017 年末，城镇登记失业人数为 972 万，城镇失业登记率为 3.90%，较上一年降低 0.13 个百分点。

2017 年，全国农民工总量达到 28652 万人，比上年增加 481 万人。2013～2017 年，农民工总量从 26894 万人增加到 28652 万人，增加 1758 万人；外出农民工数量从 16610 万人增加到 17185 万人，增加 575 万人。农民工总量年度环比增长率呈现先降后升态势，2013～2015 年从 2.41% 下降到 1.28%，2017 年又提升到 1.71%。

2. 三大产业就业结构不断优化，城乡就业结构不断改善

2017 年底，第一产业就业人数为 20962.8 万，比 2013 年第一产业就业人员减少 3208 万；第二产业就业人数为 21816.8 万，比 2013 年第二产业就业人员减少 1353 万；第三产业就业人数为 34860.4 万，比 2013 年第三产业就业人员增加 5224 万。2013～2017 年，我国第一和第二产业就业人数占比逐年下降，第三产业就业人数占比显著增加。目前，我国三次产业就业人数占比已从 2013 年的31.4∶30.1∶38.5 转变为 2017 年的 27.0∶28.1∶44.9。

在就业产业结构优化的同时，城乡结构也持续改善。2017 年，我国城镇就业人数为 42462 万人，乡村就业人数为 35178 万人。与 2013 年相比，城镇就业人数增加 4222 万人；乡村就业人数减少 3559 万人。2013～2017 年，城镇就业人数占比从 49.7% 增加到 54.7%，乡村就业人数占比从 50.3% 下降为 45.3%。

---

① 人力资源和社会保障部：《2017 年度人力资源和社会保障事业发展统计公报》，2018。

3. 市场主体大量涌现，创业带动就业效果显著

根据原国家工商行政管理总局数据，截至2017年底，全国实有市场主体9814.8万户，比上一年增加1109.4万户。其中，2017年新设市场主体1924.9万户，同比增长16.6%，比上年增幅提高5个百分点，平均每天新设5.27万户。[①] 全年新设企业607.4万户，同比增长9.9%，平均每天新设1.66万户，新设个体工商户1289.8万户，增长20.7%。[②] 据统计，2016年新设市场主体对城镇新增就业的贡献率达到40%。[③] 从2016年12月到2017年3月，网民创业热情指数从200左右提升至近350，促进了灵活就业、弹性就业等就业形式的发展，为保障就业发挥了重要作用。此外，大学生、农民工、科研人员等群体创业持续发展。近年来农民工返乡创业累计超过450万人，2016年登记的大学生创业人数达到61.5万人。[④]

（二）促进就业创业工作具体举措

2017~2018年，促进就业创业工作注重总体部署，继续加大重点群体就业促进力度，积极推动创业发展。

1. 总体部署今后一段时期的就业创业工作

2017年4月，《国务院关于做好当前和今后一段时期就业创业工作的意见》出台。意见强调，坚持实施就业优先战略，促进产业结构、区域发展与就业协同，缓解重点困难地区就业压力。支持新就业形态发展，完善适应新就业形态特点的用工和社保等制度。在促进以创业带动就业方面，优化创业环境，发展创业载体，加大政策支持力度。在抓好重点群体就业创业方面，鼓励高校毕业生多渠道就业，稳妥安置化解钢铁煤炭煤电行业过剩产能企业职工，促进退役军人就业创业。

---

① 中商情报网，http：//www. askci. com/news/finance/20180122/094856116532. shtml。

② http：//www. askci. com/news/finance/20180122/094856116532. shtml。

③ 国家工商行政管理总局网站，http：//home. saic. gov. cn/sj/tjsj/201704/t20170413_261385. html。

④ 人民网，http：//finance. people. com. cn/n1/2017/0728/c1004-29434995. html，2017年7月28日。

2. 促进高校毕业生基层就业

2017 年 11 月，中组部、人社部、教育部等五部门联合印发通知，共同启动《高校毕业生基层成长计划》。计划鼓励高校毕业生多渠道就业创业、加强青年人才选拔培养、引导人才向基层一线流动；坚持服务基层和培养人才相结合，市场主导和政府推动相结合，创新措施，着力在基层一线和困难艰苦地方培养锻炼青年人才。

3. 促进退役军人就业创业

2018 年，退役军人事务部等军地 12 部门联合印发《关于促进新时代退役军人就业创业工作的意见》。意见指出，促进退役军人就业创业，提升能力是基础，应完善多层次、多样化的教育培训体系；开展退役前技能储备培训；加强退役后职业技能培训；推行终身职业技能培训；鼓励参加学历教育。

4. 积极稳妥推进化解过剩产能中职工安置工作

2018 年 4 月，人社部、国家发展改革委等八部门印发《关于做好 2018 年重点领域化解过剩产能中职工安置工作的通知》。通知指出，在钢铁、煤炭和煤电行业领域拓宽去产能企业的分流职工安置渠道，鼓励企业内部挖潜，通过转型转产、主辅分离、设立人力资源公司和创业孵化基地等举措，拓宽内部安置渠道，优化指导服务。

5. 积极开展促进创业相关活动

2017 年，除了国务院出台《关于强化实施创新驱动发展战略进一步推进大众创业万众创新深入发展的意见》等政策文件外，人社部还着力加强创业培训师资队伍建设，组织创业引领者主题活动暨全国创业培训讲师大赛。此外，国务院建设了 120 家全国大众创业万众创新示范基地，工信部认定了 2200 余个省级创业示范基地，人社部确定了 71 家全国创业孵化示范基地。9 月，人社部在山东济南举办首届全国创业就业服务展示交流活动，全景展示我国创业培训、创业服务、创业孵化等领域的新理念、新技术、新模式和新成果，集中展示了全国各地 170 个优秀创业项目。

五　工资收入分配状况及工作进展

2017 年，全国居民人均可支配收入有所增长，实际增长率与上一年持平。全国城镇非私营单位就业人员年平均工资高于全国城镇私营单位就业人员平均工资水平。东部、西部、中部、东北地区的城镇非私营单位就业人员年平均工资和城镇私营单位就业人员平均工资依次递减。最低工资标准呈温和增长趋势，多地下调企业工资指导线，公立医院薪酬制度改革试点范围再扩大，事业单位绩效工资改革的多劳多得、优绩优酬导向效应正在显现。

（一）工资收入分配基本情况

2017 年，全年全国居民人均可支配收入为 25974 元，比上年增加 2153 元，增长 9.0%，扣除价格因素，实际增长 6.3%。城镇居民人均可支配收入 36396 元，比上年增加 2780 元，增长 8.3%，扣除价格因素，实际增长 6.5%。城镇居民人均可支配中位数 33834 元，增长 7.2%。农村居民可支配收入 13432 元，比上年增加 1069 元，增长 8.6%，扣除价格因素，实际增长 7.3%。农村居民人均可支配收入中位数 11969 元，增长 7.4%。[①] 2017 年，城乡居民人均收入倍差 2.71，较上年缩小 0.01。

2017 年，全国城镇非私营单位就业人员年平均工资 74318 元，比上年增加 6749 元，增长 10.0%，扣除物价因素，实际增长 8.2%。[②] 从四大区域看，年平均工资由高到低依次是：东部地区 84809 元、西部地区 68323 元、中部地区 61193 元、东北地区 59514 元，同比名义增长率由高到低依次为：中部地区 10.7%、东部地区 10.1%、西部地区 9.4%、东北地区 8.5%。最高和最低区域的平均工资之比为 1.4，与 2016 年持平。[③] 从行业门类看，年

① 国家统计局：《中华人民共和国 2017 年国民经济和社会发展统计公报》，2018。

② 数据来源于国家统计局网站。

③ 数据来源于国家统计局网站。

平均工资最高的三个行业分别是信息传输、软件和信息技术服务业，金融业，科学研究和技术服务业，分别为133150元、122851元、107815元，与2016年排序一致；平均工资最低的三个行业是农、林、牧、渔业，住宿和餐饮业，居民服务、修理和其他服务业，分别是36504元、45751元、50552元，分别为全国平均水平的49%、62%、68%。最高与最低行业平均工资之比为3.65，与上年相比差距扩大0.01。

2017年，全国城镇私营单位就业人员年平均工资为45761元，比上年增加2928元，同比名义增长6.8%。扣除物价因素，实际增长5.0%。[①] 从四大区域来看，年平均工资由高到低依次是：东部地区50592元、西部地区41242元、中部地区37723元、东北地区34694元，同比名义增长率从高到低依次为：中部地区、东部地区、西部地区、东北地区，分别为7.8%、6.9%、5.6%、4.5%。最高和最低区域的平均工资水平之比为1.46，比上年扩大0.03。[②] 从行业门类来看，年平均工资最高的三个行业分别是信息传输、软件和信息技术服务业，科学研究和技术服务业，金融业，分别为70415元、58102元、52289元，分别为全国平均水平的1.54倍、1.27倍、1.14倍；年平均工资最低的三个行业分别是农、林、牧、渔业，住宿和餐饮业，居民服务、修理和其他服务业，分别为34272元、36886元、38417元，分别为全国平均水平的75%、81%、84%。

（二）工资收入分配制度改革工作进展

1. 最低工资标准呈温和增长趋势

截至2017年12月，据不完全统计，有21个地方宣布已调整或将上调最低工资标准，分别是上海、深圳、天津、北京、江苏、山东、吉林、内蒙古、湖北、河南、福建、山西、陕西、宁夏、甘肃、湖南、青海、黑龙江、辽宁、江西、浙江。与2016年相比，提高了最低工资标准的地区多了12

---

① 数据来源于国家统计局网站，www. stats. gov. cn/tjsj/zxfb/201805/t20180515_ 1599417. html。

② 数据来源于国家统计局网站，www. stats. gov. cn/tjsj/zxfb/201805/t20180515_ 1599417. html。

个。最低工资较高的地区为上海、深圳、天津、北京，最低工资标准均超过了2000元。其中，上海月最低工资标准为2300元，属全国最高；小时最低工资标准最高的是北京的22元。相比之下，西南、西北、东北等地区的最低工资标准较低。

2. 多地下调企业工资指导线

截至2017年11月，有21个地方公布了2017年工资指导线，包括海南、天津、北京、江苏、河北、陕西、山西、福建、湖南、内蒙古、新疆等。与2016年相比，下调基准线的有海南、北京、内蒙古、山东、四川、宁夏、云南、甘肃等8个省份。其中，海南下调1.1个百分点，云南、甘肃下调1个百分点，北京、内蒙古、四川、山东、宁夏等5个省份下调0.5个百分点；天津、河北、江西、福建、湖南、新疆、广西、陕西等8个省份基准线与上年持平。仅有山西和吉林分别从上年的7%上调到8%、6%上调到7%。从上限方面看，江西不设上限，海南、天津、北京、河北、内蒙古、山东、四川、宁夏、甘肃等9个省份下调，宁夏下调幅度最大，由不设上限下调为13%；天津下调2个百分点；福建、广西、云南上限与上年持平。山西、湖南、新疆、山西和吉林5个省份上限进行了上调，除新疆外，都上调1个百分点。从下限来看，与2016年相比，海南、内蒙古、广西、甘肃4个省份进行了下调。其中，除海南从3.5%下降到3%之外，其他3个省份均下调1个百分点。天津、北京、河北、山西、江西、新疆、山东、四川、陕西、吉林、云南等11个省份与上年持平。福建、湖南、宁夏等3个省份下限上调，宁夏幅度最大，从2016年的0%提高到2017年的2%，上调2个百分点。

3. 公立医院薪酬制度改革试点范围再扩大

2017年12月，人社部、财政部、卫计委、中医药管理局印发《关于扩大公立医院薪酬制度改革试点的通知》。通知是《关于开展公立医院薪酬制度改革试点工作的指导意见》（人社部发〔2017〕10号）印发后，进一步深化公立医院薪酬制度改革的一项重要举措。通知要求，各省（区、市）结合实际，自主扩大公立医院薪酬制度改革试点范围，除了按照指导意见明确的试点城市外，其他城市至少选择 1 家公立医院开展薪酬制度改革试点，为期 1 年，鼓励试点医院推进医疗、医保、医药联动改革，推动建立多劳多得、优绩优酬的激励机制，进一步调动医务人员积极性。

4. 事业单位绩效工资改革逐步推进

2017 年，重庆、浙江、山西、江西、上海等地启动事业单位绩效工资制度改革，允许事业单位人员绩效工资水平动态调整，体现“多劳多得、优绩优酬”的导向。

重庆市 2017 年 11 月开展的绩效工资改革推出了三项新举措：一是建立绩效工资水平动态调整机制；二是允许事业单位灵活确定绩效工资构成比例，并对特殊岗位工作人员采取年薪制、协议工资、项目工资等灵活多样的分配方式；三是实行激励性特殊报酬在绩效工资外单列，以清单方式明确“科技成果转化、科研人员兼职收入、高等学校教师多点教学收入、医务人员多点执业收入”等 14 项收入项目不纳入事业单位绩效工资总量管理。

浙江省人社厅、财政厅于 2017 年 12 月出台《关于进一步完善省属事业单位绩效工资政策推动人才创新创业的若干意见（试行）》。意见按照“分类完善、放宽搞活”的总体思路，分类建立绩效工资水平动态调整机制，试行“绩效工资总量 + X”的管理模式。

山西省于 2017 年 10 月在 8 所本科院校和 4 所公立医院开展绩效工资自主分配试点，按照“高等院校、公立医院绩效工资总量不超过无收入财政拨款事业单位绩效工资总量 5 倍”的原则，核定下达年度绩效工资总量调控总额。

江西省 2017 年 11 月印发的《关于贯彻以增加知识价值为导向分配政策的实施意见》提出，构建体现增加知识价值的薪酬结构，对不同功能和资金来源的科研项目实行分类管理。

上海市 2017 年 11 月印发的《上海市激发重点群体活力带动城乡居民增收实施方案》提出，深化事业单位收入分配制度改革，结合科研机构行业特点，建立健全科研人员科研工作量核算和绩效评定办法。

六　社会保险状况和工作进展

2017年，我国社会保险的制度覆盖面、基金规模、待遇水平持续提升，统筹层次逐步提高，信息化建设能力不断增强，多层次社保体系建设逐步推进。

（一）社会保险总体情况

1. 社会保险覆盖面持续扩大①

2017年末，全国参加基本养老保险的人数为91548万，比2016年末增加3.1%，基本养老保险的法定人群覆盖率超过90%；② 参加基本医疗保险人数为117681万，比2016年末增加58.2%；参加失业保险人数总计18784万，比上年末增加3.8%；参加工伤保险的人数为22724万，比2016年末增加3.8%；参加生育保险的人数为19300万，比2016年末增加4.6%。

2. 社会保险基金规模继续扩大③

2017年，我国社会保险基金规模继续扩大，五项保险基金收入合计约67154亿元，比2016年增加25.4%；基金支出合计57145亿元，比2016年增加21.9%。其中，基本养老保险基金收入46614亿元，支出40424亿元，分别比2016年增长22.7%和18.9%；基本医疗保险基金收入17932亿元，支出14422亿元，分别比2016年增长37.1%和33.9%；失业保险基金收入1113亿元，支出894亿元，分别比2016年下降9.4%和8.4%；工伤保险基金收入854亿元，支出662亿元，分别比2016年增长15.9%和8.5%；生育保险基金收入642亿元，支出744亿元，分别比2016年增长23.0%和40.1%。

① 人力资源和社会保障部：《2017年度人力资源和社会保障事业发展统计公报》，2018。

② 人力资源和社会保障部原党组书记、部长尹蔚民在中国共产党第十九次全国代表大会新闻中心举行的“满足人民新期待　保障改善民生”记者招待会上（2017年10月22日）指出，扣除学龄前儿童和在校学生，基本养老保险制度的法定覆盖人群约为10亿人，覆盖率超过了90%。

③ 人力资源和社会保障部：《2017年度人力资源和社会保障事业发展统计公报》，2018。

3. 社会保障信息化建设稳步推进①

2017年，全国有12.5亿人的信息录入国家数据系统，基本实现全民基础信息与参保信息登记入库；社会保障卡持卡人数为10.88亿，普及率达到78.7%；社会保障信息服务手段继续创新，“互联网+人社2020行动计划”实施稳步推进。

（二）社会保险制度改革进展

1. 基本养老保险待遇水平继续增加

2017年，企业和机关事业单位退休人员基本养老保险待遇水平同步提高，总体涨幅按照2016年退休人员月人均基本养老金的5.5%左右确定。此次调整按照调整办法大体统一的原则，采用定额调整、挂钩调整与适当倾斜相结合的方法，合理确定三部分比重，强化调整的激励性导向。

城乡居民养老保险待遇水平也进一步提高。2017年，城乡居民月均基本养老金提高到125元。其中，由各级财政支付的基础养老金113元，基础养老金水平年增长率为2.6%，比试点初期增长超过一倍，占城乡居民基本养老金的90%以上。

2. 基本养老保险省级统筹制度进一步完善

人社部、财政部印发的有关通知提出，各地要加快实现养老保险基金省级统筹，全省执行相同的养老保险缴费基数、缴费比率政策，执行全国统一的待遇政策，强化基金收支管理和经办机构统一化、规范化管理。

3. 划拨部分国有资本充实社保基金

2017年11月9日，国务院印发《划转部分国有资本充实社保基金实施方案》，明确规定了国有资本的划拨范围、划拨对象、划拨流程、划拨步骤等内容。方案要求：2017年选择部分中央企业、部分省份开展试点工作，划拨比例统一为企业国有股权的10%；2018年以后，完成试点工作之外的其他符合条件的中央管理企业、中央行政事业单位所办企业以及中央金融机

① 人力资源和社会保障部：《2017年度人力资源和社会保障事业发展统计公报》，2018。

构的国有股权应当尽快完成划拨工作。

4.《企业年金办法》出台

2017年12月22日，人社部、财政部联合印发《企业年金办法》，对2004年出台的《企业年金试行办法》进行修订和完善。办法扩大了企业年金计划的适用范围，修订了企业和职工缴费比例，明确了个人账户中企业缴费及其投资收益的归属规则，适当放宽了待遇领取条件，完善了待遇领取方式。

5. 加快发展商业养老保险

2017年6月29日，国务院办公厅发布《关于加快发展商业养老保险的若干意见》，从四个方面部署推动商业养老保险发展：一是创新商业养老保险产品和服务，二是促进养老服务业健康发展，三是推进商业养老保险资金安全稳健运营，四是提升商业养老保险管理服务水平。

6. 开展生育保险和职工基本医疗保险合并实施试点工作

2017年，全国12个试点城市开展了合并生育保险和职工基本医疗保险的相关工作，将生育保险和职工基本医疗保险统一参保登记、统一基金征缴和管理、统一医疗服务管理、统一经办和信息管理，试点期限为一年。

7. 统筹医疗救助与城乡居民大病保险制度

《关于进一步加强医疗救助与城乡居民大病保险有效衔接的通知》提出，通过保障对象连接、支付政策衔接、经办服务衔接以及监督管理衔接来完善和促进医疗救助和大病保险制度的有效衔接。通知强调：要资助困难群众参加基本医疗保险制度，扩展重特大疾病医疗救助对象范围；落实大病保险倾斜性支付政策，提高重特大疾病医疗救助水平，实行县级行政区域内困难群众住院先诊疗后付费；规范医疗费用结算程序，加强医疗保障信息共享。

8. 异地就医结算系统对接工作取得重大进展

2017年底，全国所有省级平台均实现了与国家异地就医结算系统的对接。全国已有400个统筹地区的8499家跨省定点医疗机构、超过90%的三级定点医疗机构连接入网，80%以上的区县至少有一家定点医疗机构可以提供跨省异地就医住院医疗费用直接结算服务[1]。

9. 失业保险缴费费率阶段性降低

从 2017 年 1 月 1 日起，失业保险总费率为 1.5% 的省（区、市），可将总费率降至 1%，降低费率的期限执行至 2018 年 4 月 30 日；在省（区、市）行政区域内，单位及个人的费率应当统一，个人费率不得超过单位费率。

10. 工伤保险基金逐步实现省级统筹

2017 年 8 月 25 日，人社部、财政部印发的《关于工伤保险基金省级统筹的指导意见》要求，2020 年底前工伤保险基金实现省级统筹，在省（区、市）内统一工伤保险参保范围、缴费政策和标准、工伤认定和劳动能力鉴定办法、待遇支付标准、经办流程和信息系统。

11. 建立工伤保险待遇调整和确定机制

2017 年 7 月，人社部印发的《关于工伤保险待遇调整和确定机制的指导意见》要求，以当地上一年度工伤保险待遇水平为基数，综合考虑职工工资增长、居民消费价格指数变化、工伤保险基金支付能力、相关社会保障待遇调整情况等因素，兼顾不同地区待遇差距，及时调整工伤保险待遇水平。按照基金省级统筹要求，适度、稳步提升待遇，努力实现待遇平衡。工伤保险待遇原则上每两年至少调整一次。

七　劳动关系状况与工作进展

2017 年，劳动关系合同签订率保持平稳，实行特殊工时制度的企业明显增加；劳动人事争议立案受理案件数减少，案件调解成功率有所提升；加大劳动保障监察执法力度，劳动者合法权益得到有效保护；劳动人事争议仲裁与诉讼衔接机制不断加强，农民工工资支付进一步得到保障。

---

① 人力资源和社会保障部：《2017 年度人力资源和社会保障事业发展统计公报》，2018。

（一）劳动关系基本情况

1. 劳动合同签订率保持稳定，实行特殊工时制企业明显增加

2017年，全国企业劳动合同签订率达90%以上。截至2017年末，全国报送人力资源社会保障部门审查并在有效期内的集体合同累计为183万份，较2016年减少了8万份，同比减少了4%，覆盖职工1.6亿人。[①] 截至2017年末，经各级人力资源社会保障部门审批且在有效期内实行特殊工时制度的企业14.5万户，较2016年增加6.3万户；涉及职工1320万人，较2016年少112万人。[②]

2. 劳动人事争议立案受理案件数减少，案件调解成功率提升

2017年，劳动人事争议立案受理案件数量为78.5万件，比2016年减少4.4万件，下降5.2%，涉及劳动者97.9万人，比2016年减少13.3万人，下降12%；全国各地劳动人事争议调解仲裁机构共处理争议166.5万件，比2016年减少10.6万件，下降6.0%；涉及劳动者199.1万人，比上年减少27.7万人，下降12.4%；涉案金额416.4亿元，比2016年减少55.4亿元，下降11.8%；办结案件157.5万件，比2016年减少6.4万件，下降3.6%；案件调解成功率为67.9%，比2016年增加了2.1%，仲裁结案率为95.9%。[③] 终局裁决11.1万件，比2016年增加了0.7万件，占裁决案件数的33.1%。

3. 加大劳动保障监察执法力度，劳动者合法权益得到保障[④]

2017年，全国各级劳动保障监察机构共主动检查用人单位171.9万户次，涉及劳动者6910.7万人次。书面审查用人单位207.6万户次，涉及劳动者7449.2万人次。全年共查处各类劳动保障违法案件20.6万件。通过加大劳动保障监察执法力度，为308.7万名劳动者追发工资等待遇250.1亿

① 人力资源和社会保障部：《2017年度人力资源和社会保障事业发展统计公报》，2018。
② 人力资源和社会保障部：《2017年度人力资源和社会保障事业发展统计公报》，2018。
③ 人力资源和社会保障部：《2017年度人力资源和社会保障事业发展统计公报》，2018。
④ 人力资源和社会保障部：《2017年度人力资源和社会保障事业发展统计公报》，2018。

元，其中为218万名农民工追发工资等待遇196.4亿元。共督促用人单位与劳动者补签劳动合同167.5万份，督促1.7万户用人单位办理社保登记，督促2.8万户用人单位为60.3万名劳动者补缴社会保险费12.9亿元，追缴骗取的社会保险待遇或基金支出990.5万元，共依法取缔非法职业中介机构1971户。

（二）劳动关系工作进展

1. 劳动人事争议仲裁与诉讼衔接机制不断加强

2017年11月，人社部、最高人民法院出台《关于加强劳动人事争议仲裁与诉讼衔接机制建设的意见》。意见指出，逐步统一社会保险争议、人事争议等的受理范围；各地仲裁委员会和人民法院要严格按照法律规定处理劳动人事争议；规范受理程序衔接、保全程序衔接、执行程序衔接；完善裁审衔接工作机制，建立联席会议制度、信息共享制度、疑难复杂案例办案指导制度、联合培训制度。

2. 农民工工资支付进一步得到保障

2017年，财政部、国家发展改革委、工业和信息化部、住房和城乡建设部、人社部出台的《关于抓紧做好清理偿还政府欠款专项工作的通知》（财建〔2017〕623号）指出，地方政府投资工程项目因拖欠工程款导致欠薪的，要在2017年底之前优先全部清偿被拖欠的农民工工资。

2017年9月，人社部印发《拖欠农民工工资“黑名单”管理暂行办法》。办法明确：克扣、无故拖欠农民工工资报酬，数额达到认定拒不支付劳动报酬罪数额标准的；因拖欠农民工工资违法行为引发群体性事件、极端事件造成严重不良社会影响的，人力资源社会保障行政部门应当自查处违法行为并做出行政处理或处罚决定之日起20个工作日内，按照管辖权限将其列入拖欠工资“黑名单”。

2017年11月，12个单位联合下发《关于开展农民工工资支付情况专项检查的通知》，明确提出了5项具体工作措施，以工程建设领域和劳动密集型加工制造、餐饮服务等行业为重点，组织力量加大欠薪隐患排查力度，进一步摸清欠薪问题底数，对排查发现的欠薪问题和欠薪隐患，要建立工作台账，同时督促企业限期整改，做到问题不解决绝不销账。

2017 年 12 月，国务院办公厅印发《保障农民工工资支付工作考核办法》。办法指出，2017 年至 2020 年，对各地农民工工资支付工作实施年度考核，推动落实保障农民工工资支付工作属地监管责任，切实保障农民工劳动报酬权益。办法共 13 条，明确了考核的主体、对象、内容、程序，考核等级和评价标准，以及考核结果运用等事项。

八　人力资源服务业状况与工作进展

2017 年，人力资源服务市场规模继续扩大，人力资源服务业发展质量继续提升；人力资源服务机构总数增加，民营机构是最大主体；人力资源流动配置服务需求高速增长，人力资源市场配置的决定性作用显著提升；人力资源服务业态发展常态化；发布《人力资源服务业发展行动计划》，完善人力资源服务体系；出台《人力资源市场暂行条例》，人力资源市场法治化建设不断完善。

（一）人力资源服务业基本状况

1. 人力资源服务市场规模继续扩大，人力资源服务业发展质量继续提升

人社部的数据显示，2017 年人力资源服务市场规模继续保持两位数增长，增长率连续 3 年保持在 20% 以上。2017 年人力资源服务业全行业营业总收入 14442 亿元，比 2016 年增加 2592 亿元，增长 21.9%，远高于同期 GDP 增速（6.9%）和第三产业增加值增速（8.0%）。

人力资源服务业发展质量继续提升。2017 年扣除代收代付后的营业收入净额 3950 亿元，比 2016 年增加 892 亿元，增长 29.2%；人均营业收入 247 万元，比 2016 年增加 33 万元。

2. 人力资源服务机构总数增加，民营机构是最大主体

截至 2017 年底，全国县级以上公共就业和人才服务机构以及各类人力

资源服务企业总量约3.02万家，比2016年增加3400余家；全国各类人力资源服务机构共设立固定招聘（交流）场所2.1万个，全国建立各类人力资源市场网站1.2万个。

从服务机构构成类别上看，民营机构增长最快，依然是我国人力资源服务业的最大主体。截至2017年底，民营性质的人力资源服务企业21990家，占人力资源服务机构总量的72.9%；国有性质的服务企业1793家，占6.0%；县级以上公共就业和人才服务机构5259家，外资及港澳台资性质的服务企业235家，民办非企业等其他性质的服务机构885家，占比分别为17.4%、0.8%和2.9%。

3. 人力资源流动配置服务需求高速增长，人力资源市场配置的决定性作用显著提升

人社部的数据显示，2017年全国各类人力资源服务机构共帮助2.03亿人次实现就业和流动，比2016年增长14.7%。全国登记求职和要求提供流动服务的人次达4.13亿，比2016年提高19.1%；各类人力资源服务机构提供服务的人次为8.08亿，比2016年增长19.1%；3190万家次用人单位使用了人力资源服务，比2016年增长13.1%。

4. 人力资源服务业态发展常态化

2017年人力资源服务主要业态发展呈现如下特点：现场招聘会总体基本稳定，网络招聘保持高速发展；劳务派遣业务量保持低位运行，人力资源外包服务继续稳步增长；档案管理服务持续增长；人力资源培训、人力资源管理咨询服务和高级人才寻访服务等需求保持较快增长。根据人社部的数据，2017年全国各类人力资源服务机构共举办22.3万场次现场招聘会，比2016年增加2.3万场次，增长11.5%。其中，农民工专场招聘会约6.2万场次，比2016年增加1000场次，增长1.6%；高校毕业生专场招聘会约6.6万场次，比2016年增加1000场次，增长1.5%。参会用人单位约702万家次，比2016年增长2.1%；参会求职人员约1.1亿人次，比2016年增长1.7%；招聘岗位信息总计约1.04亿条，比2016年增长3.0%。

（二）人力资源服务业工作进展

1. 发布《人力资源服务业发展行动计划》，完善人力资源服务体系

2017 年 10 月，人社部印发的《人力资源服务业发展行动计划》指出，要充分发挥市场在人力资源配置中的决定性作用和更好发挥政府作用，完善服务体系，到 2020 年，人力资源服务业产业规模达到 2 万亿元，培育形成 100 家左右在全国具有示范引领作用的行业领军企业，行业从业人员达到 60 万名，领军人才达到 1 万名左右。行动计划提出，实施“骨干企业培育计划”、“领军人才培养计划”、“产业园区建设计划”和“互联网 +’人力资源服务行动”、“诚信主题创建行动”、“‘一带一路’人力资源服务行动”。

2. 出台《人力资源市场暂行条例》，人力资源市场法治化建设上新台阶

2018 年 7 月，国务院总理李克强签署国务院令，公布人力资源《人力资源市场暂行条例》。条例明确提出：建立统一、开放、竞争有序的人力资源市场体系，发挥市场在人力资源配置中的决定性作用；县级以上人民政府要将人力资源市场建设纳入国民经济和社会发展规划予以推进。条例还规定：公共人力资源服务机构应当免费提供职业介绍等八项服务，不断提高公共服务质量和效率；最大限度地缩减行政许可范围，实行“先照后证”，放宽市场准入；创新事中事后监督，实行“双随机一公开”抽查制度等。条例首次从立法层面明确了政府提高人力资源服务业发展水平的法定职责，对国家加强人力资源服务标准化建设、充分发挥人力资源服务行业协会的行业自律作用和促进行业公平竞争等都做了规定，为发展人力资源服务业提供了法制保障。

九　新时代人力资源发展的挑战与任务

2017 年，我国人力资源发展事业成绩斐然。党的十九大做出了中国特色社会主义进入新时代的重大政治判断，明确了我国发展新的历史方位。新

时代对人力资源发展提出了新要求。比如，人才创新创造活力需要进一步释放，公务员素质和专业化程度需要进一步提高；就业公平和质量、社会保障水平和质量需要进一步提升，维护权益力度需要进一步强化等等。因此，人力资源发展工作需要以公众最关心、最直接、最现实的利益问题为突破口，立足基本国情，更好地把握规律，要呈现新气象，取得新成绩。

（一）加快建设人才强国，建设高素质专业化的干部队伍，进一步深化人才发展体制机制创新、公共部门人事管理改革，需要人事管理制度不断健全优化并落地生根

党的十九大报告提出“人才是实现民族振兴、赢得国际竞争主动的战略资源”，对人才工作进行了新定位、提出了新要求、明确了新任务。落实党的十九大提出的加快建设人才强国的战略部署，需要加强制度建设，实现政策创新—制度创新—体制机制创新的传导转化，通过面向人人的落地制度让更加积极、更加开放、更加有效的人才政策转化成人才发展体制机制的比较优势，最大限度地释放人才活力。当前，在稳步推动人才发展体制机制创新的进程中，应尤其关注社会热点和改革难点。比如，落实各项人才评价改革政策，逐步解决分类评价不足、评价标准单一、评价手段趋同、评价社会化程度不高、用人主体自主权不到位等问题，有效发挥评价指挥棒作用，是当前深化人才发展体制机制改革的一项重要任务。比如，打破劳动力、人才社会性流动壁垒，统筹国际国内两个市场，充分发挥市场在资源配置中的决定作用与有效发挥政府引导、调控、服务、监管作用，努力营造实现人才价值、聚集人才和保障平衡发展、协同发展有机统一的制度环境，是当前深化人才发展体制机制改革亟待有新作为的领域。比如，进一步深化放管服改革，给人才松绑，落实用人单位自主权，强化服务基础，健全服务体系，提高服务质量，是当前深化人才发展体制机制改革必须重视的问题。

公务员是实现党和国家事业发展宏伟蓝图的中坚力量，新时代需要进一步建立健全和优化完善制度体系，建设高素质专业化的公务员队伍。一是要强化政治建设统领，着力提高专业素质，把好干部标准落到实处。把政治标准作为建设专业化公务员队伍的首要标准，坚持正确的选人用人导向，在考录、遴选、调任、聘任等各项工作中突出政治标准；提升培养、培训、考录和选拔的精准度，注重公务员专业知识、专业能力、专业作风、专业精神养成，提高公务员队伍领导和推动中国特色社会主义现代化建设发展的素质和能力。二要加快推进公务员分类管理改革。加快补齐制度短板，落实改革制度，比如，尽快厘定公务员分类标准和范围，明确专业技术类公务员、行政执法类公务员的进、管、出各环节的管理规范；有效实施职务职级并行制度。三是建立健全激励和容错纠错机制。进一步贯彻落实《关于进一步激励广大干部新时代新担当新作为的意见》，在严格管理的同时，教育、引导干部担当作为、干事创业；树立鲜明的重实绩的用人导向；充分发挥干部考核评价的激励鞭策作用；坚持辩证分析，建立容错纠错机制，约束与厚爱并重。

事业单位改革是机构改革的重要组成部分。根据党的十九大关于事业单位改革的总体要求，落实党和国家机构改革的部署安排，必然要求事业单位人事管理更加科学有效。一是健全优化人事管理制度。坚持突出公益性特征，进一步完善现行公开招聘制度、聘用制度、岗位管理制度，加快出台考核等管理办法，健全完善人事管理各环节的制度规范。二是深入开展事业单位管理岗位职员制改革。尽快推开县级以下事业单位职员等级晋升制度试点工作，及时总结经验，持续深化改革，逐步健全事业单位职员管理制度。三是加强不同类型事业单位人事管理制度建设。与事业单位分类改革保持良性互动，坚持问题导向，完善不同类型事业单位人事管理体系。四是规范事业单位人事管理行为。加强政策执行与落实管理，提高事业单位人事管理规范性，调动事业单位工作人员的积极性，提升事业单位公益服务的质量和水平。

（二）应对国内外经济形势发展变化的新挑战，促进就业需要更加注重公平与质量、强化风险防控、创新管理和服务方式

一方面，进入新时代，社会进步、劳动者素质提升、社会主要矛盾变化，强化了就业公平和就业质量诉求；另一方面，经济全球化和现代化深入发展，就业国际化和方式多样化特征更为突出。总之，就业影响因素更为复

杂。从长远看，应对就业结构性矛盾压力、突发风险压力、方式多元和质量发展压力变大，就业的战略管理、风险管理、质量管理的需求明显增强。

因此，当前和今后一段时期，促进就业，需要更多关注如下问题：一是坚持把促进就业作为重大政治责任，把握就业与经济社会发展的联动和互动关系，健全完善与宏观经济发展协同、与现代经济体系建设适配的就业促进长效机制，以应对贸易摩擦为契机，健全完善就业风险监测与防控机制，提高重点群体就业、新形态就业、危机应对性就业等方面的精准度，更好地实施积极就业政策，将就业优先战略落到实处。二是发展创业带动就业，营造创业生态，充分发挥创业对促进就业的倍增效应。三是构建劳动者终身职业培训制度，提高劳动者素质和能力，培养知识型、技能型、创新型劳动者，解决结构性就业矛盾。四是发展人力资源服务业，一方面，培育新的经济发展增长点；另一方面，破除劳动力社会化流动障碍，完善公平就业制度和机会就业发展机制，提高就业公平性和质量水平。

（三）促进平衡发展和充分发展，建立更加公平可持续的社会保障制度、维护和谐劳动关系需要进一步强化力度

进入新时代，社会主要矛盾已经发生变化，一方面，五大建设协同发展，社会保障发展和劳动关系协调取得长足进步，但我国仍然处在社会主义初级阶段，发展不平衡不充分问题突出且国际化影响加深，保发展压力大；另一方面，劳动者的保障意识、权益意识明显增强。因此，新时代背景下，当前一段时期，提高保障水平与质量、维护和谐劳动关系的任务更重。

在发展社会保险方面，坚持人人尽责、人人享有、量力而行，在发展中保障民生。一是以新业态从业人员、农民工和灵活就业人员为重点群体，全面实施全民参保计划，做到应保尽保。二是合理处理发展与保障的关系，推进社会保险费征缴体制改革，进一步协调发展成本、发展能力、保障水平、保障能力之间的关系，完善社会保险费支出分担机制，提高保险费率调整科学水平，健全多层次可持续的社会保障制度体系。三是提高社会保险基金统筹水平，强化社会保险的保障属性和公平特征。四是分类推进养老保险基金

运营，扩大基金收入来源，提高资金保障能力。

在和谐劳动关系维护方面，坚持统筹兼顾促进企业发展和维护职工权益、维护社会公平正义、保护劳动者和用人单位合法权益。一是进一步优化劳动关系三方协商机制和劳动人事争议多元处理机制，努力让劳动者体面劳动、全面发展，最大限度地增强劳动者的获得感、幸福感和安全感。二是完善监测预警体系，强化防范与注重应急处理并重，标本兼治，努力防范劳动关系风险和争议激化。三是加强劳动保障监察执法，推广“双随机”抽查执法方式，完善地区之间检查执法协作机制；严格执行拖欠农民工工资的相关惩罚办法，健全治理欠薪问题长效机制，有效治理拖欠农民工工资问题，与此同时，加大劳动用工、社会保险收缴与支付等行为规范性监察力度，维护良好人才资源权益保障与发展环境。

（四）提高人力资源发展质量，进一步加强行风建设、更好实施“互联网+”人社服务，提高公共服务水平

人力资源发展关乎国家发展，提高人力资源发展质量、强化服务是基础。随着我国经济社会快速进步，人力资源领域的公共服务需求不断增加，提升公共服务能力和质量成为重要的议题。针对当前人力资源服务不够规范、窗口服务意识不强、相关服务不够优质高效等现象，未来一个时期应进一步加强人力资源公共服务。一是要强化顶层设计，完善公共服务体系，进一步明确职责清单，优化管理体制机制、健全服务标准、规范服务行为。二是以深入实施“互联网+人社2020行动计划”为抓手，树立互联网思维，加快推进金宝工程建设，充分发挥大数据作用，有效运用云计算等手段，深度开发人力资源发展服务便民应用，比如，推广第三代社保卡，发展安全、高效、便捷的人力资源服务，发挥电子社保卡的身份凭证、医保结算、待遇领取、金融支付等功能，逐步实现全国社保一卡通。三是以加强窗口单位作风建设为突破口，强化监督，压实责任，把各级各类窗口单位打造成人民群众满意的人力资源公共服务平台，切实提高人力资源发展公共服务质量。

人力资源状况篇

Current Situation of Human Resources

B.2 我国人力资源基本状况

李学明*

摘　要： 2017年，我国供给侧结构性改革深入推进，经济转型升级步伐大大加快，人力资源发展继续保持良好势头。人力资源总量保持基本稳定，城镇化率不断提升，受教育水平稳步提高，社会保险参保水平进一步提升，劳动人口就业总体继续保持稳中向好态势。人才资源发展成效明显，科技人才队伍建设大力推进，以制造业为代表的技能人才发展取得显著成绩，高层次人才加速集聚，卫生人才队伍规模不断壮大，留学人员归国创业蓬勃发展。

关键词： 高质量发展　供给侧改革　人力资源发展

* 李学明，博士，中国人事科学研究院公共管理与人事制度研究室助理研究员。

一　人力资源基本状况

我国是世界上人力资源最为丰富的国家。目前，我国经济社会发展已经步入新时代。随着经济社会的持续发展和民生事业的不断进步，我国人力资源的城镇化水平、就业水平、总体受教育水平、社会保障水平稳步提高。

（一）人力资源城镇化率不断提升

截至2017年底，中国大陆总人口139008万，同比增加737万，增长率为0.53%。其中，城镇常住人口81347万[①]，占总人口的58.52%，同比增加2049万；城镇化率进一步提升，常住人口城镇化率同比提高1.17%。全年出生人口数量1723万，同比减少63万，出生率为12.43‰，同比下降0.52‰；死亡人口数量986万，同比增加9万，死亡率为7.11‰，同比增长0.02‰，人口自然增长率为5.32‰，同比下降0.52‰。[②] 全国人户分离人口[③]为2.91亿，同比减少100万人，其中流动人口[④]2.44亿，同比减少100万人，下降0.41%（见表1）。全国16~59岁的劳动人口总量90199万，同比减少548万，同比下降0.6%，占全国总人口的64.9%，同比下降0.7%，这是我国劳动人口持续减少的第六个年头（见图1）。

（二）人力资源受教育程度稳步提高

2017年，我国教育事业继续保持快速发展势头，研究生、普通本专科、

---

① 国家统计局：《中华人民共和国2017年国民经济和社会发展统计公报》，2018。

② 国家统计局：《中华人民共和国2017年国民经济和社会发展统计公报》，2018。

③ 人户分离的人口是指居住地与户口登记地所在的乡镇街道不一致且离开户口登记地半年以上的人口。

④ 流动人口是指人户分离人口中扣除市辖区内人户分离的人口。市辖区内人户分离的人口是指一个直辖市或地级市所辖区内和区与区之间，居住地和户口登记地不在同一乡镇街道的人口。

表1　2017年底我国人口总量及其构成

单位：万人，%

指　标	年末数	比重	同比
全国总人口	139008	100.0	0.53
城镇	81347	58.5	1.1
乡村	57661	41.5	-1.1
男性	71137	51.2	0
女性	67871	48.8	0
0~15岁(含不满16周岁)	24719	17.8	0.1
16~59岁(含不满60周岁)	90199	64.9	-0.7
60周岁及以上	24090	17.3	0.6
其中:65周岁及以上	15831	11.4	0.6

注：2017年底，0~14岁（含不满15周岁）人口为23348万人，15~59岁（含不满60周岁）人口为91570万人。

资料来源：国家统计局：《中华人民共和国2017年国民经济和社会发展统计公报》，2018。

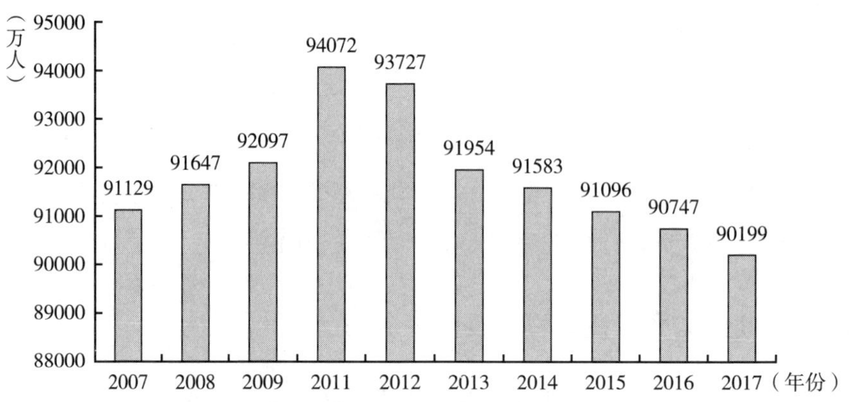

图1　2007~2017年我国劳动年龄人口情况

资料来源：历年国家统计局《中国国民经济和社会发展统计公报》。

中等职业教育、普通高中的教育招生规模持续扩大（见图2、图3）。

1. 研究生招生规模急剧扩大

全年共招生80.5万人，同比增加13.8万人，增长率为20.7%。在校研究生达到263.9万人，同比增加65.8万人，增长率为33.2%。毕业研究生

图 2　2012～2017 年我国研究生规模

资料来源：国家统计局：《中华人民共和国 2017 年国民经济和社会发展统计公报》，2018。

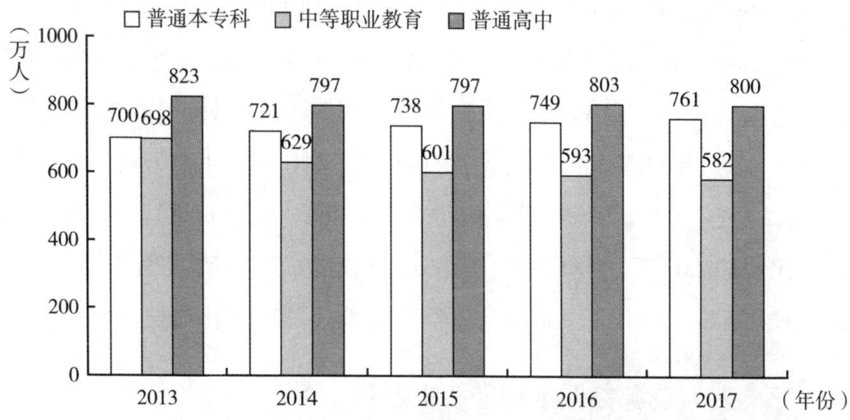

图 3　2013～2017 年我国本专科、中职、普高招生人数

资料来源：国家统计局：《中华人民共和国 2017 年国民经济和社会发展统计公报》，2018。

57.8 万人，同比增加 1.4 万人，增长率为 2.5%。①

2. 普通本专科招生人数持续增长

全年招生人数为 761.5 万，同比增加 12.9 万，增长率为 1.7%；在校生

① 国家统计局：《中华人民共和国 2017 年国民经济和社会发展统计公报》，2018。

人数达到2753.6万，同比增加57.8万，增长率为2.1%；毕业生人数为735.8万，同比增加31.6万人，增长率4.5%。①

3. 中职与普高招生人数基本稳定

2017年，中等职业教育②全年招生582.4万，同比减少10.9万，下降率1.8%；在校生总量1592.5万，同比减少6.6万，毕业生496.9万，同比减少36.8万。普通高中教育招生规模相比上年略有下降，招生人数为800.1万，同比减少2.8万，下降率为0.3%；在校生人数小幅增长，为2374.5万，同比增加7.9万，毕业生人数775.7万，同比小幅下降。③

4. 义务教育招生人数增长较快

初中、普通小学招生规模分别达1547.2万、1766.6万，同比分别增加60.0万、14.1万，增长率分别为4.0%和0.8%。初中、普通小学在校生人数分别为4442.1万、10093.7万，同比分别增加112.7万、180.7万，增长率分别为2.6%和1.8%。初中毕业生数量为1397.5万，同比减少26.4万，下降率为1.9%；普通小学毕业生数量为1565.9万，同比增加58.5万，增长率为3.9%。特殊教育招生人数为11.1万，同比增加1.9万人，增长率为20.7%；在校生57.9万，同比增加8.7万，增长率为17.7%；毕业生6.9万，同比增加1.0万，增长率为16.9%。九年制义务教育巩固率达93.8%，同比增长0.4%，直升高中阶段毛入学率为88.3%，同比增长0.8%。④

（三）人力资源参保水平进一步提升

2017年，我国进一步完善社会保障制度，稳步实施机关事业单位养老保险制度改革，深入推进城乡居民基本医疗保险制度整合，积极推动医疗、医保、医药制度联动改革，人力资源参保人数继续平稳增长（见图4）。

① 国家统计局：《中华人民共和国2017年国民经济和社会发展统计公报》，2018。
② 中等职业教育包括普通中专、成人中专、职业高中和技工学校。
③ 国家统计局：《中华人民共和国2017年国民经济和社会发展统计公报》，2018。
④ 国家统计局：《中华人民共和国2017年国民经济和社会发展统计公报》，2018。

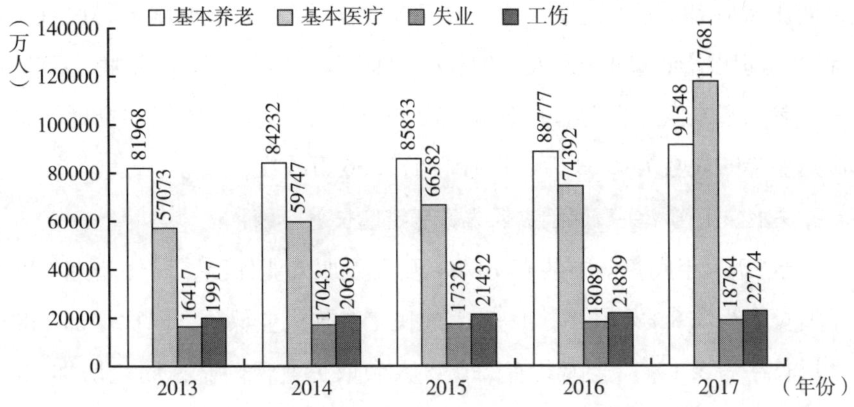

图4　2013～2017年我国社会保险参保人数状况

资料来源：人力资源和社会保障部：《2017年度人力资源和社会保障事业发展统计公报》，2018。

1. 基本养老保险参保人数增长较快

基本养老保险参保人数保持较快速增长。截至2017年底，全国有91548万人参加基本养老保险，同比增加2771万人，增长率为3.1%。其中，有40293万人参加城镇职工基本养老保险，同比增加2363万人，增长率为6.2%：参保职工29268万人，参保离退休人员11026万人，同比分别增加1441万人和922万人；参加城镇职工基本养老保险的农民工6202万人，同比增加262万人，增长率为4.4%；51255万人参加城乡居民基本养老保险，同比增加408万人，增长率为0.8%。① 年末全国享受城市居民最低生活保障的人数共1264万，享受农村居民最低生活保障的人数4047万，享受农村特困人员救助供养人数467万。②

2. 基本医疗保险参保人数大幅增长

截至2017年底，全国共有117681万人参加城乡基本医疗保险，同比增加43290万人，增长率为58.2%。其中，30323万人参加职工基本医疗保

① 人力资源和社会保障部：《2017年度人力资源和社会保障事业发展统计公报》，2018。

② 国家统计局：《中华人民共和国2017年国民经济和社会发展统计公报》，2018。

险，同比增加791万人，增长率为2.7%；87359万人参加城乡居民基本医疗保险，同比增加42499万人，增长率为94.7%。截至2017年底，6225万农民工参加基本医疗保险，同比增加1399万人。[①] 全年国家共资助参加基本医疗保险的人数为5203万，医疗救助3536万人次。[②]

3. 失业、工伤和生育保险参保人数稳定增长

截至2017年底，全国共有18784万人参加失业保险，同比增加695万人，增长率为3.8%。其中，4897万农民工参加失业保险，同比增加238万人，增长率为5.1%。全国共有220万人领取失业保险金，同比增加10万人，增长率为4.3%。22724万人参加工伤保险，同比增加834万人，增长率为3.8%，其中，7807万农民工参加工伤保险，同比增加297万人，增长率为3.9%。[③] 19300万人参加生育保险，同比增加849万人，增长率为4.6%。全年有1113万人次享受生育保险待遇，同比增加199万人次。[④]

（四）就业总体形势继续保持稳中向好

2017年，我国继续实施更加积极的就业政策，着力做好高校毕业生、困难群体及家庭等重点群体的就业工作，进一步扩大就业技能培训、岗位技能提升培训、创业培训的规模，积极推进公共就业服务专业化，持续完善公共就业服务体系，就业规模持续扩大，就业继续保持稳中向好的发展态势。

1. 就业总体规模继续扩大

截至2017年底，全国共有就业人员77640万，同比增加37万，增长率为0.05%，就业总体规模继续扩大（见图5），其中，城镇就业人员42462万，同比增加1034万，增长率为2.5%。[⑤] 高校毕业生就业率总体保持平

---

① 人力资源和社会保障部：《2017年度人力资源和社会保障事业发展统计公报》，2018。
② 国家统计局：《中华人民共和国2017年国民经济和社会发展统计公报》，2018。
③ 人力资源和社会保障部：《2017年度人力资源和社会保障事业发展统计公报》，2018。
④ 人力资源和社会保障部：《2017年度人力资源和社会保障事业发展统计公报》，2018。
⑤ 人力资源和社会保障部：《2017年度人力资源和社会保障事业发展统计公报》，2018。

稳，城镇新增就业人数稳中有增。截至2017年底，全国城镇新增就业人数1351万，相比2016年小幅增长，超额完成1000万人的就业目标（见图6）。2017年全年城镇失业人员再就业558万，其中就业困难人员177万，[①] 同比2016年略有增长（见图7）。

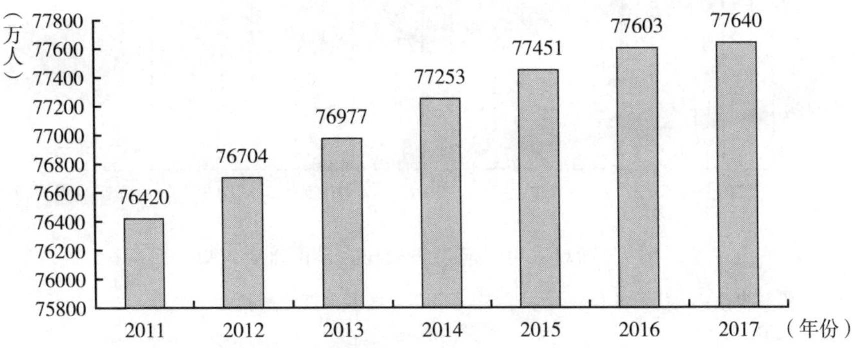

图5　2011～2017年我国就业人员总量

资料来源：人力资源和社会保障部：《2017年度人力资源和社会保障事业发展统计公报》，2018。

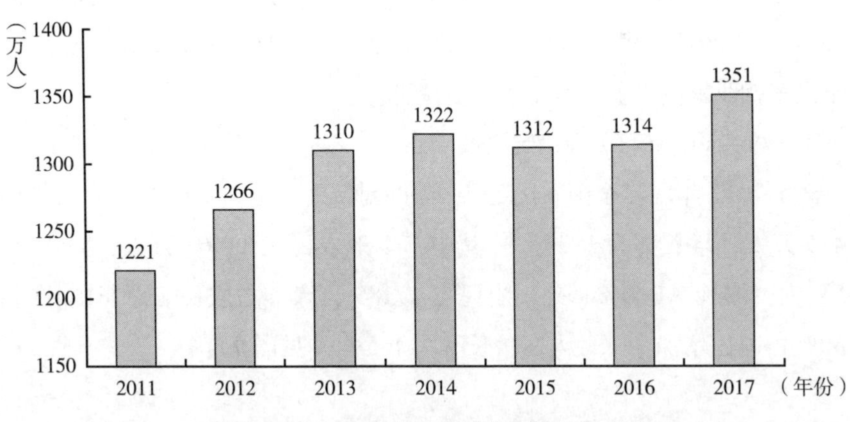

图6　2011～2017年我国城镇新增就业人数

资料来源：人力资源和社会保障部：《2017年度人力资源和社会保障事业发展统计公报》，2018。

① 人力资源和社会保障部：《2017年度人力资源和社会保障事业发展统计公报》，2018。

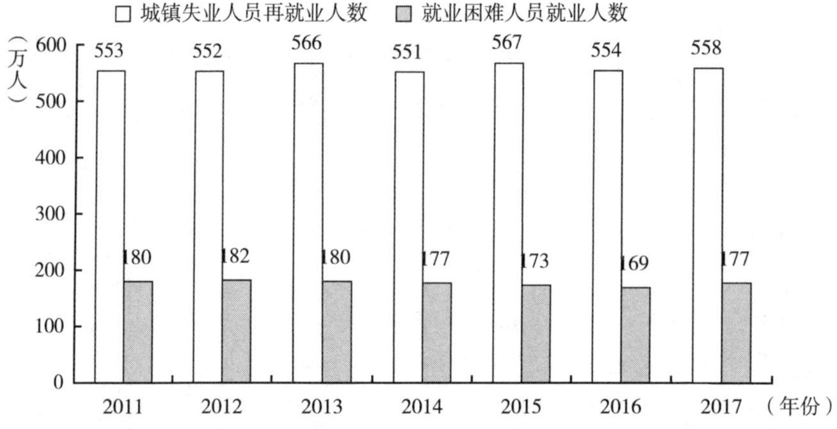

图7　2011～2017年城镇失业人员再就业人数

资料来源：人力资源和社会保障部：《2017年度人力资源和社会保障事业发展统计公报》，2018。

2. 城镇登记失业率稳中有降

截至2017年底，全国城镇登记失业人数为972万，同比减少10万，[①] 城镇登记失业率为3.90%，同比下降0.12个百分点，为近年来最低水平（见图8）。[②] 2017全年，全国共帮助5.1万户零就业家庭实现每户至少一人就业，零就业家庭失业率水平进一步降低。

3. 农村劳动力转移就业稳定增长

截至2017年底，全国农民工[③]总量再创新高，达到28652万人，同比增加481万人，增长率为1.7%。[④] 其中，本地农民工11467万人，同比增加230万人，增长率2.0%；外出农民工17185万人，占农民工总量的比重接近60%，同比增加251万人，增长率为1.5%（见图9）。[⑤]

---

① 人力资源和社会保障部：《2017年度人力资源和社会保障事业发展统计公报》，2018。

② 人力资源和社会保障部：《2017年度人力资源和社会保障事业发展统计公报》，2018。

③ 年度农民工数量包括年内在本乡镇以外从业6个月及以上的外出农民工和在本乡镇内从事非农产业6个月及以上的本地农民工两部分。

④ 人力资源和社会保障部：《2017年度人力资源和社会保障事业发展统计公报》，2018。

⑤ 人力资源和社会保障部：《2017年度人力资源和社会保障事业发展统计公报》，2018。

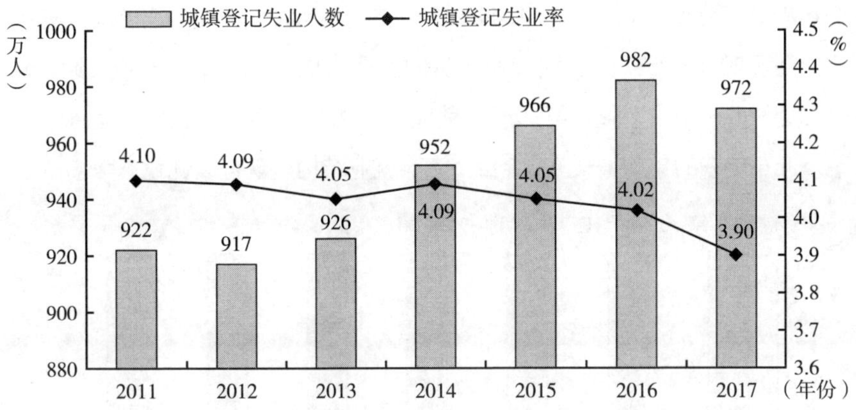

图 8　2011～2017 年城镇登记失业人数及登记失业率

资料来源：人力资源和社会保障部：《2017 年度人力资源和社会保障事业发展统计公报》，2018。

图 9　2011～2017 年我国农村劳动力转移就业人数

资料来源：人力资源和社会保障部：《2017 年度人力资源和社会保障事业发展统计公报》，2018。

4. 就业结构持续优化

随着经济供给侧结构性改革深入推进，经济转型升级步伐大大加快，第三产业就业人员占比逐年递增（见图 10）。截至 2017 年底，全国就业人员中，第一产业占 27.0%，较上年下降 0.7 个百分点；第二产业占 28.1%，较上年下降0.7个百分点；第三产业占44.9%，转上年增加1.4个百分点。[①] 如图11所示，纵观2011～2017年我国就业人员的产业构成发现，第一产业、第二产业就业人员的占比稳步下降，第三产业就业人员占比稳步增长，已接近45.0%的水平，近6年来的年均增长率达到1.5%，就业结构呈现持续优化态势。

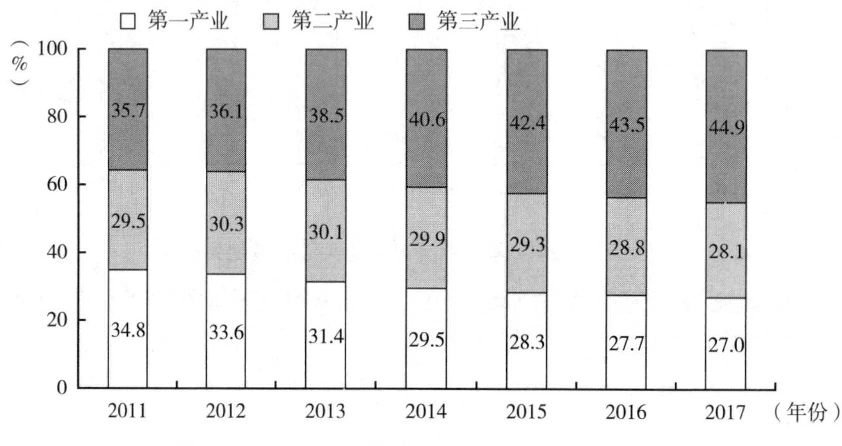

图10 2011～2017年我国就业人员产业分布结构

资料来源：人力资源和社会保障部：《2017年度人力资源和社会保障事业发展统计公报》，2018。

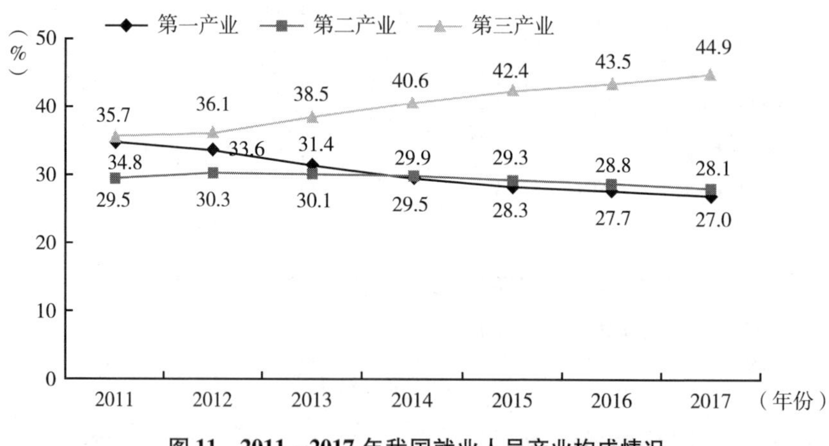

图11 2011～2017年我国就业人员产业构成情况

资料来源：人力资源和社会保障部：《2017年度人力资源和社会保障事业发展统计公报》，2018。

---

① 人力资源和社会保障部：《2017年度人力资源和社会保障事业发展统计公报》，2018。

二　人才资源发展状况

2017年，我国进一步加强人才队伍建设，人才资源发展取得明显成效。

（一）科技人才队伍建设进步明显

创新驱动实质上是人才驱动，我国一直高度重视科技人才队伍建设且成效斐然。科技人力资源总量持续增长，科技人才发展保障稳步增强，科技创新对经济社会发展的贡献明显提升。

1. 科技人才资源总量持续增长

近年来，我国科技人才资源特别是研发（R&D）人才总量持续稳定增长。2016年，我国科技人力资源总量达到8327万人，比2011年增加2027万人，增长32.2%。R&D人员总数为583.1万人，比2015年增长6.4%。截至2017年底，大学本科及以上学历的科技人力资源总量已超过3687万人，科学研究人员规模居世界首位。①

2. 科技人才事业发展保障建设进一步加强

2017年，研发经费支出大幅增长。全年研究与试验发展（R&D）经费支出达到17500亿元，同比增加2000亿元，增长率为11.6%（见图12），占国内生产总值的2.12%，同比增长0.04%，其中，基础研究投入920亿元，同比增加122亿元，增长率为15.3%（见图13）。② 2017年，科技人员重大研发项目立项强度继续加大。国家重点研发计划安排了42个重点专项1115个科技项目，国家科技重大专项安排课题454项，同比增长率为102.7%，国家自然科学基金资助项目43935项，同比增长6.7%。③

2017年，我国继续加强科技人才科研平台建设和科技成果转化支持。截至2017年底，我国累计建设了131个国家工程研究中心、217个国家工

① 科技部：《2016年我国科技人力资源发展状况分析》，2018。

② 国家统计局：《中华人民共和国2017年国民经济和社会发展统计公报》，2018。

③ 国家统计局：《中华人民共和国2017年国民经济和社会发展统计公报》，2018。

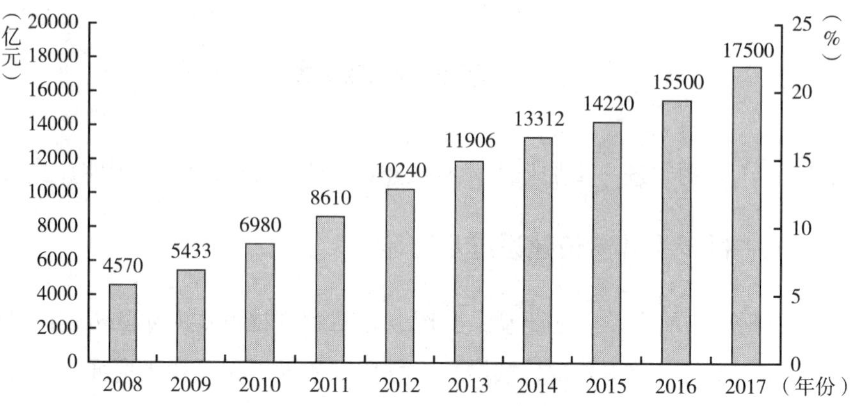

图 12　2008～2017 年我国研发经费支出

资料来源：国家统计局：《中华人民共和国 2017 年国民经济和社会发展统计公报》，2018。

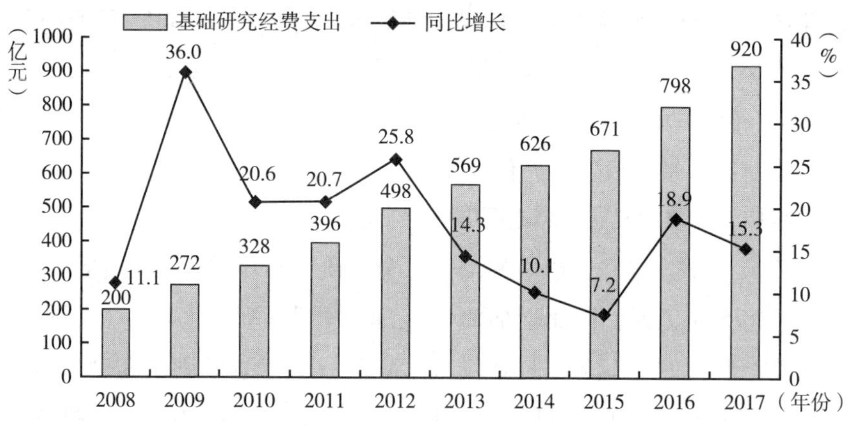

图 13　2008～2017 年我国基础研究经费投入

资料来源：国家统计局：《中华人民共和国 2017 年国民经济和社会发展统计公报》，2018。

程实验室、503 个国家重点实验室和 1276 家国家认定的企业技术中心。国家通过科技成果转化引导基金已累计设立资金总规模达 247.2 亿元的 5 只子基金，资金规模同比增加 73.7 亿元，增长率为 42.5%。①

① 国家统计局：《中华人民共和国 2017 年国民经济和社会发展统计公报》，2018。

3. 科技人才创新能力与成效明显提升

2017 年，境内外专利申请和授予量快速增长。如表 2 所示，全年专利申请受理数为 369. 8 万件，比上年增加 23. 3 万件，增长率为 6. 7%；专利申请授权数为 183. 6 万件，比上年增加 8. 2 万件，增长率为 4. 7%。如图 14 所示，截至 2017 年底，共获得 714. 8 万件有效专利，同比增加 86. 3 万件，其中境内有效发明专利 135. 6 万件，同比增加 25. 3 万件，增长率为 22. 9%。如图 15 所示，每万人口发明专利拥有量 9. 8 件，同比增加 1. 8 件。全年共签订技术合同 36. 8 万项，同比增加 4. 8 万件。①

表 2　2017 年专利申请受理、授权和有效专利情况

单位：万件，%

指　标	专利数	比上年增长
专利申请受理数	369. 8	6. 7
境内专利申请受理	351. 3	7. 1
专利申请授权数	183. 6	4. 7
境内专利授权	170. 5	5. 8
年末有效专利数	714. 8	13. 7
境内有效专利	620. 4	14. 8
有效发明专利	208. 5	17. 7
境内有效发明专利	135. 6	22. 9

资料来源：国家统计局：《中华人民共和国 2017 年国民经济和社会发展统计公报》，2018。

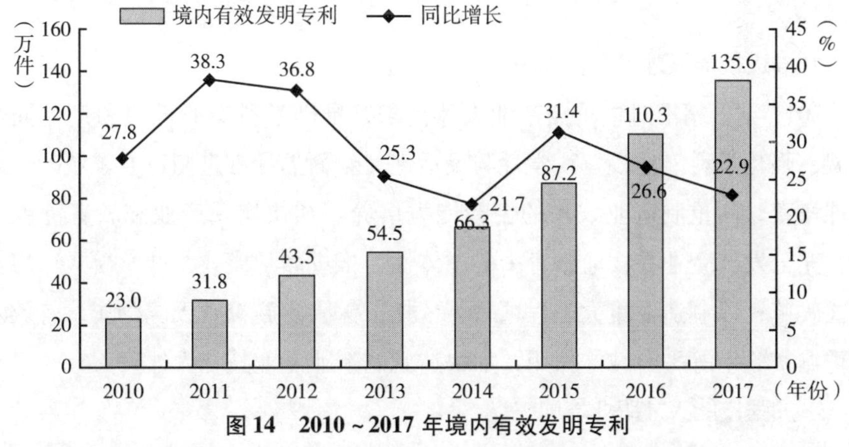

图 14　2010 ~ 2017 年境内有效发明专利

资料来源：国家统计局：《中华人民共和国 2017 年国民经济和社会发展统计公报》，2018。

① 国家统计局：《中华人民共和国 2017 年国民经济和社会发展统计公报》，2018。

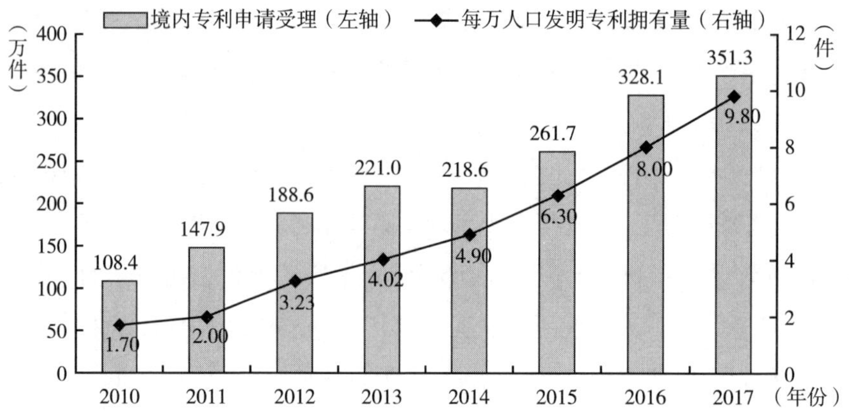

图 15　2010～2017 年境内专利申请受理和每万人口发明专利拥有量

资料来源：国家统计局：《中华人民共和国 2017 年国民经济和社会发展统计公报》，2018。

（二）技能人才发展成效显著

我国持续深化供给侧结构性改革，通过优化经济供给结构，积极推进制造业人才供给结构性改革，推动人力资源大国迈入人才强国，以制造业人才为代表的技能人才队伍建设取得显著成效，有力支撑制造行业持续快速发展。

1. 推进技能人才多元化培养

2017 年，精准对接重点产业人才需求，推动学科专业设置和产业同步发展，强化学科专业设置科学性与灵活性。全面倡导推进制造业领域的工匠精神培育，注重制造业人才的创新能力培养。加快实现产业和教育深度融合，充分发挥企业在职业教育中的主体性，推进教学模式、办学模式、培养模式改革；以制造业重大工程项目为依托，深入实施校企无缝合作，有效发挥重点实验室等平台载体作用，加快造就制造业专业技能人才。

2. 加强技能人才职业培训

截至 2017 年底，全年共组织 1690 万人次的各类职业培训，包括 897 万人次的就业技能培训、542 万人次的岗位技能提升培训、219 万人次的创业培训，以及 32 万人次的其他培训。此外，在全年的各类职业培训中，接受技能培训的农民工898万人次，城镇登记失业人员243万人。[①]

3. 促进技能人才发展平台优化

努力贯通制造业人才培养渠道，不断优化技能人才发展平台。截至2017年底，我国共有技工院校2490所，在校生338万，全年面向社会技能人才开展了456万人次培训。[②] 以高级技能人员、高级技师、技师为代表的技能人才队伍逐步壮大，一批国际领先的实验室、重点学科和工程中心等已经形成，在前沿技能创新、重大技能攻关等方面发挥日益重要的作用。

（三）卫生人才队伍规模不断壮大

2017年末，我国卫生人才数量再创历史新高，卫生技术人员达到891万人，[③] 比上年增加37万人，同比增长4.3%；比2008年末增加374万人，增长72.3%，如图16所示。各类各级卫生和社会服务机构建设取得明显进展，全国共有99.5万个医疗卫生机构，其中，乡镇卫生院达3.7万个，社区卫生服务中心（站）3.5万个。医护人员总量增长较快，截至2017年底，执业医师和执业助理医师335万人，同比增加18万人，增长率为5.7%，注册护士379万人，同比增加29万人，增长率为8.3%。[④]

（四）留学人员归国创业蓬勃发展

我国一直鼓励支持留学人员回国创新创业。2017年，我国留学人员回国数量再创新高，与此同时，我国留学回国与出国留学人数“逆差”正在逐渐缩小，留学人员归国创业持续发展。

1. 留学回国人数持续稳定增长

2017年，我国留学回国人数约48.1万人，比上年增加4.8万人。截至

① 人力资源和社会保障部：《2017年度人力资源和社会保障事业发展统计公报》，2018。

② 人力资源和社会保障部：《2017年度人力资源和社会保障事业发展统计公报》，2018。

③ 本数据来源于《中华人民共和国2017年国民经济和社会发展统计公报》，与《中国卫生和计划生育统计年鉴》统计数据有略微差距。

④ 国家统计局：《中华人民共和国2017年国民经济和社会发展统计公报》，2018。

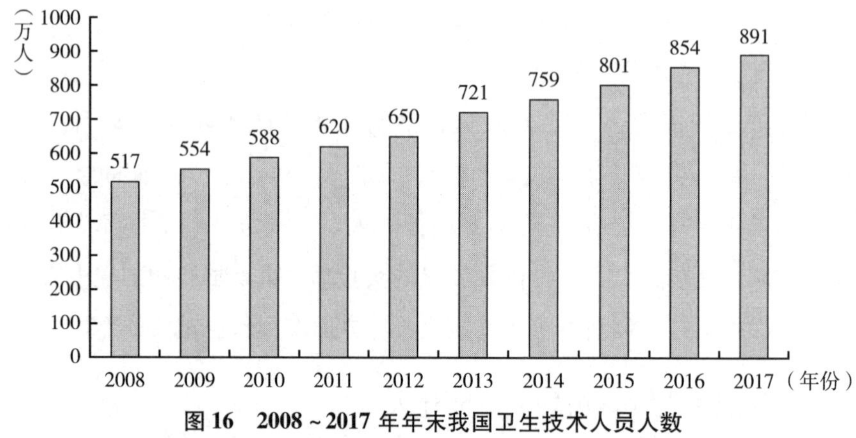

图 16　2008～2017 年年末我国卫生技术人员人数

数据来源：国家统计局《中华人民共和国 2017 年国民经济和社会发展统计公报》，2018。

2017 年末，我国留学回国人员总量已达 313.2 万人，比上年增加 48.09 万人，增长 18.1%。[①] 党的十八大以来，2012～2017 年回国人数约占回国总量的 74%。2008 年，留学回国人员占出国留学人员的比例为 38.3%，到 2017 年，这一比例增长到 79.1%，2013～2017 年此比例均保持在 75% 以上，如图 17 所示。新中国成立以来大规模的留学人才"归国潮"已经形成。

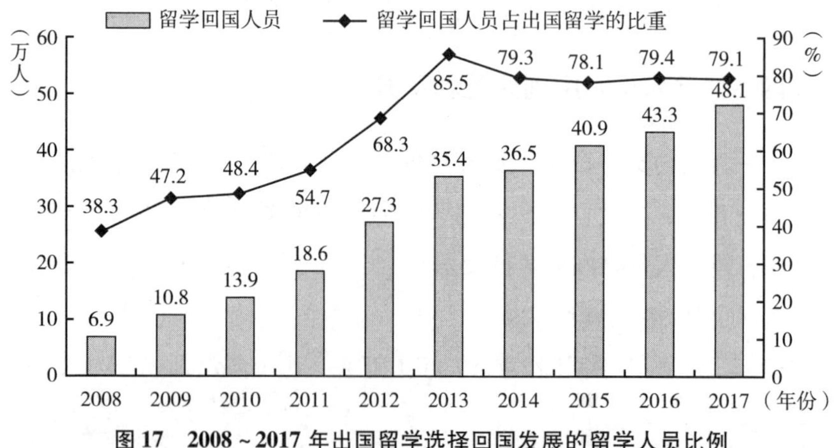

图 17　2008～2017 年出国留学选择回国发展的留学人员比例

资料来源：人力资源和社会保障部：《2017 年度人力资源和社会保障事业发展统计公报》，2018。

---

① 人力资源和社会保障部：《2017 年度人力资源和社会保障事业发展统计公报》，2018。

2. 留学回国与出国留学人数“逆差”逐步缩小

我国着力构建更积极、更开放、更有效的海外引才制度体系，努力推动留学人员回国服务。2017 年，我国出国留学人数、留学回国人数分别达到 60. 8 万、48. 1 万，比 2008 年分别增长 42. 8 万、41. 2 万，如图 18 所示。[①] 2008 年，出国留学与留学回国人数之比为 2. 61∶1，到 2017 年，这一比例降至 1. 26∶1。选择学成后回国发展的留学人员比例接近八成，留学回国与出国留学人数“逆差”逐步缩小。

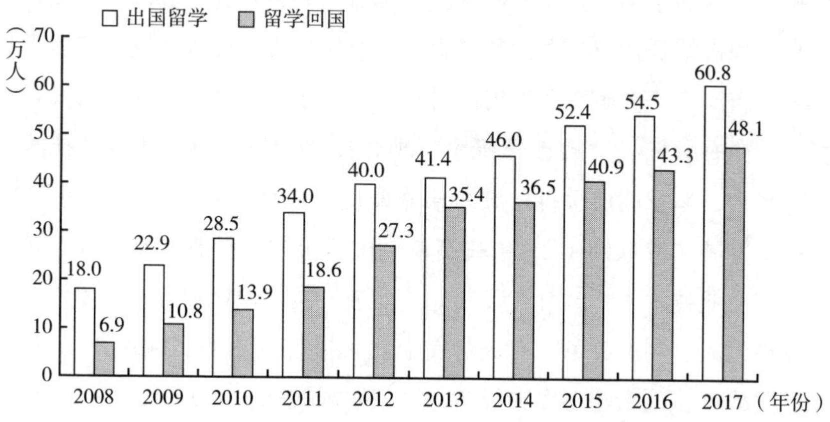

图 18　2008～2017 年我国出国留学与留学回国人数

资料来源：人力资源和社会保障部：《2017 年度人力资源和社会保障事业发展统计公报》，2018。

3. 留学人员归国创业成效明显

截至 2017 年底，全国共有 351 家各级各类留学人员创业园，比 2016 年增加 4 家。其中，省部共建留学人员创业园 49 家。入园企业总数达 2. 3 万家；实现技工贸收入总额 3227 亿元，比 2016 年增加 727 亿元；8. 6 万名留学人员在园创业，比 2016 年增加 0. 7 万人。[②]

---

① 人力资源和社会保障部：《2017 年度人力资源和社会保障事业发展统计公报》，2018。

② 人力资源和社会保障部：《2017 年度人力资源和社会保障事业发展统计公报》，2018；人力资源和社会保障部：《2016 年度人力资源和社会保障事业发展统计公报》，2017。

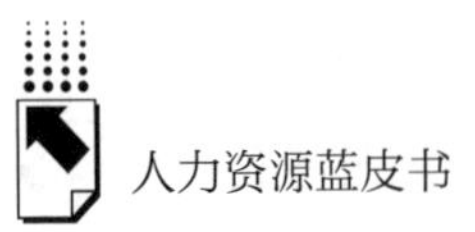

三　人力资源开发趋势展望

（一）大力发展高素质科技人才队伍

党的十九大报告指出，要通过深化科技体制改革，培养造就一大批具有国际视野和领先水平的战略科技人才、科技领军人才，大力发展高素质的青年科技人才和高水平创新型科研团队。站在世界科技前沿和产业高端，采取有效政策积极培养造就高层次科技人才，对于增强我国人才国际竞争力和提高自主创新能力、突破瓶颈发展高科技产业、推动经济社会快速发展具有重大意义。要有效依托“政产学研用”平台以及国家重点实验室、技术创新中心等平台，拓宽高层次科技人才培养渠道，强化创新与产业发展一体化；要进一步发展“互联网+”，依托高校、科研机构、行业企业，重点建设一批高层次专业技术人才教育实践基地，促进科技成果产业化；要不断深化科研事业单位人事制度改革，有效落实十九大报告提出的实施科教兴国战略、人才强国战略、创新驱动发展战略等国家发展战略，为加快建设创新型国家提供智力支持和人才支撑。

（二）着力造就技艺精湛的技能人才队伍

培养造就技艺精湛的技能人才队伍是加快实施人才强国、推动传统制造转向智能制造、适应新时代经济社会发展的需要。当前我国已进入新时代，为深化经济供给侧结构性改革和加速经济结构转型升级，必须培养造就一支技术过硬、技艺精湛的技能人才队伍。为此，要站在我国新一轮人才发展管理体制机制改革前沿，大力推进技能人才发展体制机制改革和政策创新。当前，我国在一定程度上存在技能人才结构性失衡的矛盾，大力培养造就技艺精湛的技能人才，要以市场需求为导向，积极适应经济和社会环境的发展要求，充分实现技能人才的价值；要通过校企协同育人机制，促进有关高校、职业学校创新人才培养模式，积极支持现代学徒制试点，加紧建设一批紧缺人才培养载体，大力开展“订单式”技能人才培养，不断改善实训条件，全面提升技能人才的技术技能水平；要依托高校、职校以及培训机构开展技术技能教育，打造线上线下一体化的混合式技能人才培养培训模式，大规模开展职业技能培训，造就技艺精湛的技能人才队伍。

（三）高水平建设企业经营管理人才队伍

随着全球经济一体化进程的加快，企业经营管理人才竞争日益激烈。站在世界科技前沿和产业高端的高层次企业经营管理人才是我国参与国际竞争、实现经济社会全面协调可持续发展的重要战略资源。着力建设高水平的经营管理人才队伍，是顺应国际发展趋势、适应国内经济社会发展需要的战略举措。我国应充分发挥人才开发的制度优势，以全球化视野，按照国际一流标准和与国际接轨的要求，加大培养引进高水平企业经营管理人才力度。以市场需求为导向，促进人才合理流动，积极营造符合企业家人才发展规律的市场环境与社会环境，培育一批国际知名企业家。依托知名跨国公司、高水平科研机构，以提高现代经营管理水平为核心，加强企业经营管理人才培养，大力提升企业经营管理人才的专业化和国际化水平，加快推进企业经营管理人才职业化和专业化发展。围绕我国经济社会发展的实际需要，不断健全企业经营管理人才的职业能力开发体系，着力引进战略规划、金融分析、品牌管理以及知识产权管理等方面的高层次管理人才。注重培养企业家专业能力、专业精神，增强企业经营管理人才适应新时代中国特色社会主义发展要求的能力。

（四）不断优化人才创新创业服务环境

《关于深化人才发展体制机制改革的意见》对当前和今后一个时期完善人才发展环境提出了明确要求。《关于支持和鼓励事业单位专业技术人员创新创业的指导意见》明确指出，鼓励和支持专业技术人员创新创业是最大限度激发和释放创新创业活力的重要举措；《关于进一步做好人力资源和社会保障领域深化简政放权放管结合优化服务改革工作有关问题的通知》明确提出，继续深化人力资源和社会保障领域行政审批制度改革，持续推进职业资格改革，支持鼓励专业技术人才创新创业。有效落实相关政策要求，必须适应经济社会发展需求，切实遵循社会主义市场经济规律和人才发展规律，充分发挥市场在人才资源配置中的决定性作用，逐步破除束缚人才发展的体制机制障碍，不断优化人才创新创业服务环境，进一步解放人才生产力，增强人才创新创业创造活力，推动科技创新成果快速转化为现实生产力，有力支撑和引领创新型经济和服务型经济发展。

参考文献

国家统计局：《中华人民共和国2017年国民经济和社会发展统计公报》，2018。

人力资源和社会保障部：《2017年度人力资源和社会保障事业发展统计公报》，2018。

中共中央办公厅、国务院办公厅：《关于分类推进人才评价机制改革的指导意见》，2018。

中共中央办公厅、国务院办公厅：《关于深化职称制度改革的意见》，2017。

人力资源和社会保障部：《关于支持和鼓励事业单位专业技术人员创新创业的指导意见》，2017。

中共中央办公厅、国务院办公厅：《关于提高技术工人待遇的意见》，2018。

党的十八届三中全会：《中共中央关于全面深化改革若干重大问题的决定》，2013。

党的十八届五中全会：《中共中央关于制定国民经济和社会发展第十三个五年规划的建议》，2015。

国务院：《中华人民共和国国民经济和社会发展第十三个五年（2016～2020年）规划纲要》，2016。

中共中央、国务院：《关于构建开放型经济新体制的若干意见》，2016。

中共中央办公厅、国务院办公厅：《深化科技体制改革实施方案》，2015。

中共中央办公厅、国务院办公厅：《关于加强外国人永久居留服务管理的意见》，2016。

教育部、人力资源和社会保障部、工业和信息化部：《制造业人才发展规划指南》（教职成〔2016〕9号）。

国家统计局、科学技术部、财政部：《2015年全国科技经费投入统计公报》，2016。

傅兴国：《新时代公务员管理工作的新任务新要求》，《求是》2018年第8期。

张义珍主编《中国人力资源和社会保障年鉴 2017（文献卷、工作卷）》，中国人事出版社，2017。

张珏：《以教育发展提升人力资源能级》，《光明日报》2018 年 5 月 8 日。

科技部：《2016 年我国科技人力资源发展状况分析》，2018。

仪征市委、市政府：《仪征市人才“十三五”发展规划》，2017。

B.3 我国科技人才发展现状与改革进展

李兵　左晓利　李普*

摘　要： 近年来，我国科技人才发展不断强化顶层设计和系统布局，体制机制改革不断深入，科研人员创新创业热情得到有效激发；重大人才工程统筹推进，科技人才队伍蓬勃发展，科技人才创新能力和国际影响力明显提升。中国特色社会主义进入新时代，加快建设创新型国家、有力支撑经济高质量发展、更好回应人民美好生活需要等新形势对科技人才发展提出了新要求，科技人才发展必将开启新征程。

关键词： 科技人才　人才体制机制　创新

党中央、国务院一直高度重视科技创新和科技人才发展工作，我国科技人才发展环境不断优化，科技人才队伍不断壮大，科技人才引领创新发展的作用愈加凸显。党的十九大报告提出，加快建设创新型国家，培养造就一大批具有国际水平的战略科技人才、科技领军人才、青年科技人才和高水平创新团队，为新时代我国科技人才发展指明了方向和重点。

一　科技人才发展规划与改革部署

“十三五”开局之初，中共中央、国务院印发《国家创新驱动发展战略

* 李兵，科技部人才中心副研究员；左晓利，科技部人才中心副研究员；李普，科技部人才中心主任。

纲要》，提出科技创新“三步走”的战略目标，将“建设高水平人才队伍、筑牢创新根基”作为重要战略任务之一。国务院印发《“十三五”国家科技创新规划》，提出坚持把人才驱动作为本质要求，落实人才优先发展战略，把人才资源开发摆在科技创新最优先的位置。

2016 年，中共中央发布《关于深化人才发展体制机制改革意见》，着眼于破除束缚人才发展的思想观念和体制机制障碍，解放和增强人才活力，形成具有国际竞争力的人才制度优势，聚天下英才而用之，明确了深化改革的指导思想、基本原则和主要目标，从管理体制、工作机制和组织领导等方面提出改革措施，是全国人才工作的重要指导性文件。

2017 年，科技部印发《“十三五”国家科技人才发展规划》，加强科技人才发展工作的战略谋划和顶层设计，以全面落实创新驱动发展战略为主线，确立在科技创新中人才资源优先开发的战略布局，提出到 2020 年形成规模宏大、素质优良、结构合理、富有活力的科技人才队伍，部署安排了推进科技人才结构调整、创新人才培养模式、加强海外高层次人才引进、营造良好创新创业生态等重点任务，着力推动我国科技人才队伍从量的增长向质的提升转变，为进入创新型国家行列、全面建成小康社会的目标提供有力支撑。

二　科技人才发展体制机制改革多点突破

深入贯彻落实中央关于人才发展体制机制创新的部署安排，科技人才发展体制机制改革陆续推出了一系列力度大、含金量高的政策措施，广大科研人员关心的热点焦点问题得到了较好解决。

（一）人才培养支持力度加大，突出使用中培养

一是深入实施重大人才工程，优化科技人才计划专项。中央引导示范，面向国际国内两种资源，国家“千人计划”和“万人计划”培养支持了一批高层次科技人才；部门、行业和地方全力跟进，以高层次人才、

高技能人才为重点，形成了统筹推进、上下联动、各具特色的人才工程体系。例如，创新人才推进计划共遴选支持了2000余名科技创新领军人才和300多个创新团队，推荐了6名科学家工作室首席科学家。实施“三区”人才支持计划，2016年支持中西部地区23个省区选派近18000名科技人员，加大对艰苦边远地区科技人才培养支持力度。《科技人才专项优化方案》经审议通过，2017年7月以科技部、财政部名义印发给科技人才工作相关部门，对中央财政支持的国家级科技人才计划（工程、项目）进行优化设计，加强有效衔接，进一步完善分类支持方式和稳定支持机制。

二是发挥国家科技计划聚人育人作用，在重大科技任务攻关中培养造就高层次创新人才和团队。全面完成中央财政科技计划管理改革，将分散在40多个部门近百项科技计划整合为新的五类计划，在国家科技计划中嵌入人才培养任务，发挥各类科技计划项目和基地使命作用，促进人才在项目实施中成长。国家科技重大专项围绕国家确定的战略目标系统部署，集中全国优势力量协同攻关，培养造就了一批以两院院士为代表、具备谋划相关领域整体布局能力的战略科技人才；一批具有重大技术创新能力、领衔国家科技任务的科技领军人才和青年科技人才；一大批勇于开拓、甘于奉献的一线创新人才、创新团队和国家重大科技任务实施管理人才，为培育我国科技创新的建制化力量奠定了坚实基础。出台《国家科技创新基地优化整合方案》，形成定位清晰、功能互补的国家科技创新基地体系，国家（重点）实验室面向世界科学前沿和国家重大需求开展引领性研究，截至2016年底，正在运行的国家重点实验室共254个，试点国家实验室共7个，是战略科学家和科技创新领军人才的培养高地；共建成国家工程中心和分中心360个，是培养造就高级工程技术人才的重要平台。自然科学基金设立“杰青”“优青”等人才专项，以优秀青年人才为直接支持对象，资助他们在科技前沿、基础研究领域开展自主选题研究，“十三五”以来累计资助“杰青”“优青”项目1195项，直接费用近24亿元；国家重点研发计划专门设立青年专项，支持青年人才开展自由探索研究。

（二）“聚天下英才而用之”的引才用才格局基本形成

一是突出“高精尖缺”导向，更加精准、更大力度地引进海外高层次人才。2016 年，中组部办公厅发布《国家引进海外高层次人才参考目录》，明确了 10 个国家引才重点领域和 129 个重点方向、2600 余名前沿科学和重点技术方向科学家名单、686 个国家引才承接平台。在国家“千人计划”示范带动下，各部门、地方积极实施各具特色的科技人才计划（工程、项目），引进培养支持了一大批高层次科技人才和创新团队。截至目前，国家“千人计划”已累计引进近 8000 名海外高层次人才回国（来华）工作，引才质量、数量超出预期。

二是扩大科技计划对外开放，充分利用外籍科学家聪明才智服务于我国科技创新活动。出台《关于推进外籍科学家领衔和深入参与国家科技计划的指导意见》，鼓励他们参与国家科技计划项目，为我国科技战略研究和科技发展建言献策。

三是规范、创新海外人才管理与服务。印发《国家海外高层次人才引进计划管理办法》，对进一步规范国家“千人计划”实施，完善统分结合、分工协作的工作机制，明确七大类引才项目的资格条件和遴选程序。全面实施外国人来华工作许可制度，正式启动实施外国人才签证制度，建立合理顺畅的人才签证、工作许可和工作居留的衔接机制。发布《关于允许优秀高校毕业生在华就业有关事项的通知》，鼓励符合条件的中国境内外国留学生和境外知名高校外籍毕业生来华工作。开展外国高层次人才服务“一卡通”试点，对引进的外国高层次人才岗位任职不简单套用“裸官”管理。持续推进外国人表彰奖励工作改革，已有 70 个国家和地区的 1549 名外国专家荣获中国政府友谊奖。

（三）以分类为基础创新科技评价制度，突出质量、绩效和贡献

一是深入推进“三评”改革。项目评审、人才评价、机构评估（“三评”）是科技评价活动的主要内容，“三评”改革是推进科技评价制度改革

的重要举措，是树立正确评价导向、优化科研生态环境的必然要求。“三评”改革工作早在2013年就已启动，在深入调研、广泛听取意见、充分论证的基础上，起草形成了《关于深化项目评审、人才评价、机构评估改革的意见》，先后经国家科改领导小组、国务院、中央深改委审议通过，于2018年7月正式向全社会发布。“三评”改革以激发科研人员的积极性创造性为核心，以构建科学、规范、高效、诚信的科技评价体系为目标，以改革科研项目评审、人才评价、机构评估为关键，推进分类评价制度建设。其中，将人才分类评价的总体要求细化为专门针对科技人才的具体改革举措，改革重点包括科学设立人才评价指标、树立正确人才评价使用导向、强化用人单位人才评价主体地位等。

二是实行科技人才分类评价。针对我国人才评价机制存在的分类评价不足、评价标准单一、用人主体自主权落实不够等突出问题，2018年2月中办、国办印发《关于分类推进人才评价机制改革的指导意见》（以下简称《意见》），提出建立体现不同职业、不同岗位、不同层次人才特点的分类评价标准和评价机制。意见明确提出，建立健全科技人才分类评价体系，以科研诚信为基础，以创新能力、质量、贡献、绩效为导向；对从事基础科学研究的人才，着重评价其提出和解决重大科学问题的原创能力、学术水平与影响；对从事应用研究和技术开发的人才，着重评价其技术创新与集成能力、产生的知识产权与标准、成果转化及效益等；对从事社会公益研究、科技管理服务和实验技术的人才，重在评价考核工作绩效。此外，意见还提出，科技人才评价实行代表性成果评价，突出评价研究成果质量、原创价值和对经济社会发展实际贡献；注重个人评价与团队评价相结合。

三是深化院士制度、职称制度、奖励制度改革。改进完善院士制度，建立院士退休退出制度，院士遴选、学术兼职、科学道德管理更加规范，院士称号进一步回归学术性、荣誉性本质。深化职称制度改革，从“一把尺子量到底”到“干什么、评什么”，各行各业专业技术人才评价更加科学实用。深化科技奖励制度改革，强化奖励的荣誉性和对人的激励，将沿用多年的申报推荐制改为公开提名制，强化定标定额评审、透明公开和诚信监督。

（四）以知识价值为导向完善激励制度，让科研人员“名利双收”

一是科技成果转移转化“三部曲”纵深推进。《促进科技成果转化法》《实施〈促进科技成果转化法〉的若干规定》《促进科技成果转移转化行动方案》“三部曲”贯彻落实不断深入。2017 年国务院印发《国家技术转移体系建设方案》，各部门、地方和高校院所制定了一系列促进科技成果转化的政策、制度措施，形成了促进科技成果转化的合力，并取得了显著成效：高校、科研机构科技成果转化量、质齐提升，2017 年全国技术合同成交额达到 1.3 万亿元，同比增长 17.7%。

二是建立体现知识价值的收入分配机制。2016 年中办、国办印发《关于实行以增加知识价值为导向分配政策的若干意见》，提出构建以基本工资、岗位津贴、绩效奖励为基本框架的“三元”收入分配制度，通过扩大科研机构、高校收入分配自主权，使科研人员收入与岗位职责、工作业绩、实际贡献紧密联系。推动中央有关事业单位全面实施绩效工资，完善高层次人才收入分配激励机制，科研人员基本工资稳步提高，绩效工资激励显著增强，让有真才实学、做出重要贡献的人才有成就感和获得感，知识创造价值、价值创造者获得合理回报的良性循环正在形成。

三是加大科研项目经费奖励激励。2018 年国务院发布《关于优化科研管理提升科研绩效若干措施的通知》，明确从科研项目经费中加大对科研人员奖励激励力度的具体举措，加大对承担国家关键领域核心技术攻关任务科研人员的薪酬激励力度，加大对基础前沿研究类机构的经常性经费等稳定支持力度，适当提高人员经费及补助标准，允许试点单位从稳定支持经费中提取不超过 20% 的部分作为奖励经费。

（五）引导人才合理流动，体制壁垒限制有所减弱

一是建立健全科技人才双向流动机制。2017 年人力资源和社会保障部出台《关于支持和鼓励事业单位专业技术人员创新创业的指导意见》，通过支持和鼓励事业单位专业技术人才接受选派到企业挂职或者参与项目合作、

兼职创新或者在职创办企业、离岗创新创业和事业单位设置创新型岗位等方式，促进科技人才在事业单位和企业之间合理流动，加快推动科技创新和科技成果转化。意见对流动人员的人事管理、社保管理、工资薪酬管理等均做出了具体规定。

二是促进地区之间人才合理有序流动。2017 年教育部发布《关于坚持正确导向促进高校高层次人才合理有序流动的通知》，提出要坚持正确的人才流动导向，服从服务于西部大开发、东北老工业基地振兴和“一带一路”倡议等国家重大发展战略，不鼓励东部高校从中西部、东北地区高校引进人才，强调科学合理统筹人才薪酬待遇，合理确定高层次人才薪酬待遇。

（六）深入推进科技领域放管服改革，激发科技人员创新创业活力

一是开展中央科研单位扩大自主权改革试点。2017 年科技部、教育部等 7 部委联合制定《扩大高校和科研院所自主权，赋予创新领军人才更大人财物支配权、技术路线决策权试点工作方案》，在 44 家中央高校和科研院所开展扩大自主权改革试点，推动建立科学合理、充满活力的科研管理和运行机制。

二是优化科研项目管理，把科研人员从不合理的项目评审和经费管理中解放出来。从项目申报上，强调聚焦国家重大战略任务，优化中央财政科技计划项目形成机制，合理确定项目数量；通过建立和完善国家科技管理信息系统，加强项目查重、避免重复申报，推行“材料一次报送”制度，实现一表多用；精简科研项目申报要求，减少不必要的申报材料。从项目过程管理上，针对关键节点进行“里程碑”式管理，减少科研项目管理周期内的各类评估、检查、抽查、审计等活动；自由探索类基础研究项目和实施周期三年以下的项目以承担单位自我管理为主，一般不开展过程检查。从项目结果验收上，合并财务验收和技术验收，由项目管理专业机构严格依据任务书在项目实施期末进行一次性综合绩效评价，避免重复多头检查，科技部、财政部会同相关部门加强科研项目监督检查工作统筹。下放技术路线决策权和

经费管理使用自主权，直接费用中除设备费外，其他科目费用调剂权全部下放给项目承担单位；科研人员具有自主选择和调整技术路线的权利，可在研究方向不变、不降低申报指标的前提下自主调整研究方案和技术路线，可根据项目需要自主组建科研团队。

三是构建支撑科技创新创业全链条的服务网络。出台相关政策，促进各类创新创业服务平台建设，截至2017年底，我国共有孵化器4069家，纳入火炬统计的众创空间5739家，创业孵化平台当年孵化创业团队和创业企业超过50万家。

四是深入实施农村特派员制度，服务农村农业现代化。来自高校、科研院所、企业的84.56万名科技特派员深入农村，与农民形成5.14万个双创利益共同体，直接服务农户1250万户，受益农民6000万人，带动农民增收1010万户，助力精准脱贫。目前通过备案的“星创天地”共1206家，将双创平台服务引入农村，促进了农村创新创业的低成本、专业化、便利化和信息化。

三　科技人才队伍量质齐提升

“十三五”以来，我国科技人才队伍蓬勃发展，规模持续扩大、素质水平不断提升、结构布局明显优化，科技人才引领发展的作用更加凸显。

（一）科技人才总量稳步增长，研发投入强度逐年加大

2016年，我国科技人力资源总量达到8327万人，比2015年增长5.2%，全社会研究与实验发展（R&D）人员总数达到387.8万人年（全时当量），比2015年增加11.9万人年，增长了3.2%。其中，R&D研究人员169.2万人年（全时当量），比2015年增加7.3万人年，增长4.5%，比同期R&D人员增速高1.3个百分点。

我国研发人力投入强度保持逐年增长态势。2016年我国万名就业人员中R&D人员数为50.0人年/万人，比2015年增加1.5人年/万人，增长

3.1%；万名就业人员中 R&D 研究人员数为 21.8 人年/万人，比 2015 年增加 0.9 人年/万人，增长 4.3%。①

我国 R&D 经费支出逐年增长。2016 年达到 15676.8 亿元，R&D 人员人均研发经费为 40.4 万元/年，比 2015 年增加 2.7 万元/年，增长 7.2%。

（二）科技人才素质不断提高，结构布局持续优化

科技人才队伍中高学历人员比重上升。2016 年我国大学本科及以上学历的科技人力资源总量为 3687 万人，比 2015 年增长 7.8%，相当于美国科学家工程师的数量（根据美国《科学与工程指标 2018》，2015 年美国科学家工程师总量为 2320 万人）。2016 年我国 R&D 人员总数为 583.1 万人，比 2015 年增长 6.4%。其中，博士 37.9 万人，硕士 84.6 万人，本科毕业生 260.8 万人，本科及以上学历的人数占 R&D 人员总量的 65.7%。2016 年全国研究生（含硕士、博士）毕业人数为 56.4 万人，比 2015 年增加 1.2 万人，增长 2.2%。

高层次人才队伍年龄结构进一步优化。我国院士队伍进一步扩大，年龄结构更趋年轻化，2017 年中国科学院增选 61 位院士，平均年龄 54 岁，60 岁（含）以下的院士占 91.8%；中国工程院增选 67 位院士，平均年龄 56 岁，60 岁（含）以下的院士占 85.1%。2016 年国家科技“三大奖”最年轻的第一完成人年龄均已降至 39 岁以下，越来越多的青年人才在科技创新的第一线“冒尖”。企业家队伍以中青年为主，为创新带来更多活力。

科技人才在各领域、机构、行业、地区的布局不断优化。从事基础研究的科技人才队伍迅速壮大，2016 年基础研究 R&D 人员全时当量为 27.5 万人年，比 2015 年增加 2.2 万人年，增长 8.7%，为加快提升我国原始创新能力提供了坚实基础。企业研发人员数量增长较快，2016 年企业 R&D 人员全时当量为 301.2 万人年，比 2015 年增加 10.1 万人年，增长 3.5%，增幅提

① 从国际比较看，我国研发人力投入强度在国际上仍处于落后水平，每万名就业人员中 R&D 人员数量仅高于土耳其和巴西等发展中国家，多数发达国家仍是中国的 2 倍以上。

升了3个百分点，有效地促进了技术创新能力提升和科技成果转移转化效率。重点产业集聚人才效应增强，科技人才支撑力量逐步壮大，工业各行业中从事汽车、航空航天、计算机、仪器仪表、医药等高端装备制造的R&D人员全时当量超过160万人年，占所有工业行业R&D人员全时当量总数的60%以上；研发机构中从事科学研究和技术服务的R&D人员全时当量约为11.2万人年，占研发机构R&D人员全时当量总数的28.7%。中、西部地区R&D人员全时当量增长较快，2016年东部、中部、西部、东北部地区R&D人员全时当量分别占全国总数的65.6%、16.8%、12.6%、5.0%。其中，中部和西部地区R&D人员全时当量增速分别为3.3%和4.6%，超过全国3.2%的平均水平。①

（三）科技人才创新能力加快提升，国际影响力显著增强

我国科技创新水平进入“三跑”并存、领跑并跑能力日益增强的历史性新阶段。一是部分新指标进入世界前列。2017年，国际科技论文总量比2012年增长70%，居世界第二，国际科技论文被引量首次超过德国、英国，跃居世界第二。发明专利申请量和授权量居世界第一，有效发明专利保有量居世界第三。我国科学家国际影响力提升，在诺贝尔生理学或医学奖、基础物理学突破奖、国际量子通信奖、维加奖、爱明诺夫奖等国际权威奖项上实现零的突破。二是人才引领创新发展作用显著增强。以潘建伟、赵忠贤等为代表的世界一流科学家，在量子通信、铁基超导材料等重大基础研究领域取得一批高水平原创性的理论成果和实验突破；C919大型客机总设计师吴光辉、“蛟龙号”载人潜水器研发骨干朱敏等高级研发和技能人才，带领团队在部分战略高技术领域实现了历史跨越；在人工智能、新能源汽车等新兴技术和产业领域也成长了一批优秀的创业人才，引领战略性新兴产业发展潮流。2017年，我国科技进步贡献率达到57.5%，国家创新能力排名升至第17位。

① 东北地区R&D人员全时当量比2015年减少0.02万人年。

四 新时代科技人才发展新要求

中国特色社会主义进入新时代，我们比历史上任何时期都更接近实现中华民族伟大复兴的目标，我国的科技创新也比历史上任何时候更接近世界科技前沿、更接近全球创新舞台中央。在我国发展新的历史起点上，建设世界科技强国、建设现代化经济体系、回应人民美好生活需要、解决不平衡不充分发展矛盾、推动政府职能转变，更需要依靠一支具有国际水平的创新型科技人才队伍，正如习近平总书记所说“我们比历史上任何时候都更加渴求人才”。科技人才发展应重点从以下五方面推进。

（一）围绕提高引领世界科技前沿的原始创新能力，积极参与全球高层次人才竞争

从历史发展来看，世界经济中心几经转移，科技创新一直是支撑经济中心地位的重要力量，领先的科技和尖端的人才流向哪里，发展的制高点和经济竞争力就转向哪里。美国、日本等世界主要国家纷纷谋求在高层次科技人才的“零和博弈”中占据上风、在战略必争领域赢得一席之地。当前，我国正处于世界新一轮科技革命和产业变革同国内转变发展方式的历史性交会期，科技创新既面临跨越赶超的历史机遇，也面临进一步拉大差距的严峻挑战。抢抓机遇、直面挑战，要不断强化抢跑、领跑意识。建设世界科技强国，我们要积极参与全球高层次人才竞争，培养引进一批能够登高望远、把握世界科技大势、研判科技发展方向的战略科技人才和科技领军人才，勇闯前沿领域“无人区”，着力强化提出原创理论，做出原创发现的能力。

（二）围绕提升支撑经济社会高质量发展的科技创新供给能力，加强科技人才发展系统布局

改革开放40年，我国社会生产力水平大幅提升，成为世界第二大经济体，但经济发展不少领域仍面临大而不强、大而不优的突出问题。经济发

展转方式、调结构，要依靠科技创新强化动力；东中西部区域发展不平衡、不协调，要依靠科技创新引领跨越发展；城乡发展不平衡、农业农村发展不充分，要依靠科技创新推动振兴；社会发展与经济发展不协调以及能源短缺、环境污染、人口老龄化、安全事故频发等问题，要依靠科技创新提供精准解决方案。总之，经济社会发展需要各类科技人才强力支撑。因此，我国科技人才发展要加强与技术创新、经济社会发展的深度融合，不断提高科技人才规模、质量和结构与经济社会发展相适应、相协调的水平与质量。

（三）围绕提升服务国家重大需求的自主创新能力，强化关键核心技术攻坚合力

近年来我国科技创新取得了一系列突破性成就，但我国科技发展水平特别是关键核心技术创新能力同国际先进水平相比还有很大差距，同实现“两个一百年”奋斗目标的要求还很不适应。核心技术是国之重器，要靠自主创新。突破核心技术，关键在于有效发挥人的积极性。科技人才发展要坚持国家战略需求和科学探索目标相结合，以基础技术、通用技术、非对称技术、“撒手锏”技术、前沿技术、颠覆性技术创新为突破口，汇聚关键核心技术攻坚合力，破除“创新孤岛”，打造融通各种资源、衔接各个产业、激发各方力量的系统创新链，培育产学研结合、上中下游衔接、大中小企业协同的良好创新格局，为攀登战略制高点、提高我国综合竞争力、保障国家安全提供支撑。

（四）围绕增强人才强国建设的后备力量储备，加大青年科技人才支持力度

创新驱动发展，从根本上要依靠一支规模宏大、结构合理、素质优良的科技创新人才队伍。青年科技人才是科技创新的希望和生力军，十年树木，百年树人，要破除论资排辈、求全责备等陈旧观念，加强战略规划和系统安排，优化完善制度设计，加大力度培养造就青年英才，引导鼓励更多青年人

才积极投身到科技创新事业中，不断提升青年人才的科学精神、创新思维、创新能力，充分释放“人才红利”，强化人才强国、科技强国建设基础。

（五）围绕优化科技人才发展环境，深入推进人才发展体制机制改革

我国科技体制改革、人才发展体制机制改革已取得阶段性成效，但科技人才发展仍然存在一些体制机制障碍。比如，科研领域还存在的“官本位”问题在一定程度上影响科研人员的创新热情；企业、大学、科研机构等各类创新主体在功能定位上还存在缺位、越位和错位现象，企业在科技研发中的主体地位不够突出，各类创新主体联合攻关机制还不够健全；科技人才计划还存在重复支持现象、人才帽子“俄罗斯套娃”现象和“马太效应”问题；科技人才评价中还存在“三唯”惯性，分类评价缺乏落实细则；科技项目管理还存在“重物轻人”问题，科研人员技术路线自主权、经费使用权受限等问题依然存在；部分改革政策在相关部门落实过程存在条块分割、系统协调不够、无法有效衔接等问题。总之，建设人才强国和打造我国人才制度优势，亟须进一步加快科技人才发展体制机制改革和政策创新。

B.4

我国卫生人才发展现状与进展（2013～2017年）

张光鹏　陈红艺*

摘　要： 本报告在对2013～2017年中国卫生人才发展现状和卫生人才培养培训、评价使用、流动配置和薪酬激励等环节分析的基础上，梳理总结了卫生人才发展中存在的问题，并结合新形势、新需求，提出了卫生人才发展的相关政策建议。

关键词： 卫生人才　卫生技术人员　医师

一　卫生人才发展现状[①]

（一）卫生人才队伍建设不断加强

1. 卫生人才数量不断增加

（1）卫生人员总体变化情况

截至2017年底，卫生人员总量达到1174.9万。其中，卫生技术人员898.8万，占卫生人员总量的76.5%；卫生技术人员中医师339.0万、护士380.4万、药剂师（士）45.3万、技师（士）48.1万，分别占卫生技术人

* 张光鹏，国家卫生计生委卫生发展研究中心研究员；陈红艺，国家卫生计生委卫生发展研究中心助理研究员。

① 本节2013～2016年数据来源于2013～2017年《中国卫生和计划生育统计年鉴》，2017年数据来源于2018年《中国卫生健康统计提要》。

员总量的37.8%、42.3%、13.4%、14.2%。

2013～2017年，各类卫生人员均快速增加。截至2017年底，卫生人员、卫生技术人员、执业（助理）医师、注册护士比2013年分别增加20%、24.7%、21.3%、36.7%，卫生技术人员占卫生人员的比重由2013年的73.6%增加到2017年的76.5%，执业（助理）医师占卫生技术人员的比重由38.8%下降到37.7%，注册护士占卫生人员的比重由38.6%上升到42.3%。

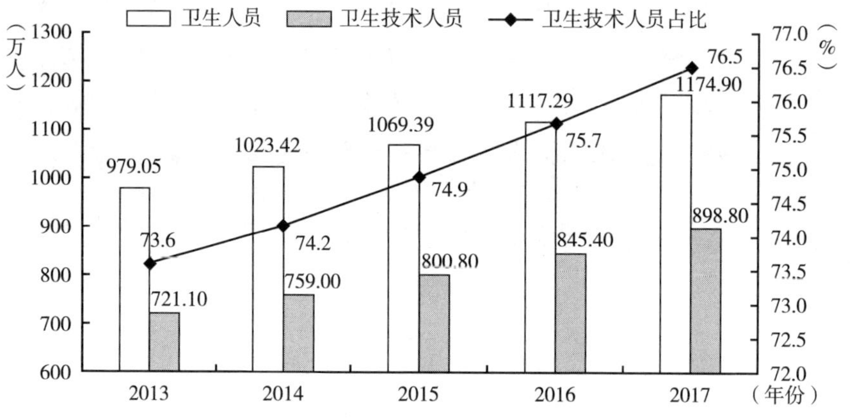

图1　2013～2017年卫生人员变化情况

（2）基层卫生人员变化情况

到2017年底，我国基层医疗卫生机构有卫生人员382.6万，占卫生人员总量的32.6%，与2013年（35.8%）相比，下降3.2个百分点。其中，社区卫生服务中心（站）55.5万，占基层卫生人员总量的14.5%；乡镇/街道卫生院137.4万，占36.0%；村卫生室114.7万，占30.0%；门诊部和诊所（医务室）75万，占19.6%。

在基层医疗卫生机构中，卫生技术人员250.5万，占基层卫生人员总量的65.5%；在卫生技术人员中，执业（助理）医师121.4万、注册护士76.9万。

与2013年相比，基层医疗卫生机构的各类卫生人员均有较大幅度的增加，卫生技术人员、执业（助理）医师、注册护士分别增加 17.2%、15.6%、33.5%；卫生技术人员占卫生人员的比重由 60.8% 增加到 65.5%。

表 1　2013 年和 2017 年基层卫生人员变化情况

单位：万人，%

项目	2013 年	2017 年	增长率
全国卫生人员数	979.0	1174.9	20.0
基层卫生人员数	351.4	382.6	8.9
卫生技术人员	213.8	250.5	17.2
执业(助理)医师	105.0	121.4	15.6
注册护士	57.6	76.9	33.5

（3）全科医生变化情况

截至 2017 年底，全科医生总量达到 25.27 万人。其中，乡镇卫生院有 11.09 万人，占 43.9%；社区卫生服务中心（站）8.39 万人，占 33.2%；医院 4.94 万人，占 19.5%。全科医生中，取得全科医生培训合格证书的 15.6 万人，占 61.9%；注册为全科医学专业的 9.6 万人，占 38.1%。

近年来，全科医生数量迅速增加，与 2013 年相比，全科医生增加 10.7 万人，增长 73.7%。此外，与社区卫生服务中心（站）和医院相比，乡镇卫生院全科医生数量增长最快，增长率为 95.2%。

（4）专业公共卫生机构人员变化情况

截至 2017 年，我国专业公共卫生机构有卫生人员 87.2 万。其中，卫生技术人员 60.9 万、执业（助理）医师 22.7 万、注册护士 15.6 万，每万人口公共卫生人员数为 6.28 人。

与 2013 年相比，专业公共卫生机构卫生人员增长 5.6%。其中，妇幼保健机构①、急救中心（站）、采供血机构、健康教育机构卫生人员增速较快，分别增长 38.5%、20.8%、13.8%、13.3%。

① 妇幼保健机构卫生人员迅速增加可能与近年来妇幼保健机构和计划生育技术服务机构合并有关。

表 2　2013 年和 2017 年专业公共卫生机构人员变化情况

单位：人，%

项目	2013 年	2017 年	年均增长率
专业公共卫生机构	826221	872208	5.6
疾控中心	194371	190778	-1.8
专科疾病防治机构	50713	48949	-3.5
健康教育机构	1877	2127	13.3
妇幼保健机构	308199	426881	38.5
急救中心(站)	13675	16514	20.8
采供血机构	31107	35392	13.8
卫生监督机构	82485	83002	0.6
计划生育技术服务机构	143794	68565	-52.3

2. 卫生人才分布趋于合理

近年来，我国大力加强基层卫生人才队伍建设，尤其是全科医生队伍建设，积极引导卫生人才向基层、西部地区和艰苦边远地区流动，先后实施了订单定向免费医学生培养、乡镇卫生院招聘执业医师、全科医生特设岗位计划、西部卫生人才培养等一系列政策措施和人才项目，探索实施人才一体化、柔性引进、县管乡用、多点执业等新型人才配置机制。农村和中西部地区卫生人力资源配置得到较大的改善。

（1）每千人口卫生技术人员配置情况

截至 2017 年，每千人口卫生技术人员、执业（助理）医师、注册护士分别为 6.47 人、2.44 人、2.74 人，与 2013 年相比，分别增加 1.2 人、0.4 人、0.7 人。2017 年，城市每千人口注册护士数是农村的 3.09 倍，与 2013 年（3.28 倍）相比，差距缩小。

表 3　2013 年和 2017 年城乡千人口卫生技术人员数

单位：人

项目	卫生技术人员		执业(助理)医师		注册护士	
	2013 年	2017 年	2013 年	2017 年	2013 年	2017 年
千人口数	5.27	6.47	2.04	2.44	2.04	2.74
城市	9.18	10.87	3.39	3.97	4.00	5.01
农村	3.64	4.28	1.48	1.68	1.22	1.62

（2）不同区域卫生人员配置情况

从区域分布来看，与2013年相比，2017年东部与中西部地区的差距逐渐缩小。2013～2017年，东、中、西部地区每千人口执业（助理）医师分别增加0.18人、0.51人、0.48人，注册护士分别增加0.41人、0.76人、0.98人。这说明近年来我国采取的一系列加强中西部地区人才队伍建设的项目/措施取得积极效果。

表4　2013～2017年不同地区每千人口卫生技术人员数

单位：人

地区	执业（助理）医师		注册护士	
	2013年	2017年	2013年	2017年
东部	2.48	2.66	2.48	2.89
中部	1.79	2.30	1.76	2.52
西部	1.79	2.27	1.78	2.76
合计	2.04	2.44	2.04	2.74

从省（区、市）分布来看，2013年每千人口执业（助理）医师数超过全国平均水平的有黑龙江、宁夏、江苏、吉林、青海、新疆、广东、山东、辽宁、山西、内蒙古、浙江、天津、上海、北京等15个省（区、市）（包括中部3个、西部4个），到2017年增加到16个（包含中部地区4个、西部地区4个）。注册护士与执业（助理）医师情况相差不大。2013年，有16个省（区、市）千人口注册护士数超过全国平均水平（包含中部2个，西部4个），到2017年，增加到17个（包含中部2个，西部7个，与2013年相比，西部增加贵州、四川、青海）。

3. 卫生人员素质明显提高

与2013年相比，我国高学历、高职称卫生技术人员占比增加，低学历、低职称卫生技术人员占比降低。截至2017年底，具有本科以上学历的卫生技术人员占33.8%，比2013年（28.6%）增加5.2个百分点；中专以下学历占26.7%，比2013年（32.7%）下降6.0个百分点。具有高级职称的卫生技术人员（7.8%）比2013年（7.5%）增加0.3个百分点；具有高级职称的执业（助理）医师（17.6%）比2013年（11.8%）增加5.8个百分点。

2017年，我国普通高等学校和中等职业学校招收医学生123.0万人，比2013年（114.0万）增加9万人；与2013年相比，在校医学生（416.8万人）和医学毕业生（116.8万人）分别增加44.1万人和10.9万人。

4. 卫生人员结构不断完善

十八大以来，我国各类卫生人员迅速增加。其中，护士数量增长最快，医护比倒置现象彻底得到扭转，2013年，医护比为1∶1，到2017年医护比为1∶1.12；全科医生快速增长，截至2017年底，全科医生达到25.3万人。根据健康中国建设和健康服务业发展需求，药师、精神科医师、儿科医师、临床护士等急需紧缺人才紧缺状况得到有效缓解，管理人员、健康服务人员等其他各类人员也得到快速发展。高层次人才队伍建设取得重要成绩，截至2017年底，医药卫生领域共有科学院院士89人、工程院院士123人。

5. 服务效能显著增强

2017年，医疗卫生机构诊疗人次数达到81.83亿人次。其中，医院34.39亿人次，基层医疗卫生机构44.29亿人次；与2013年相比，总诊疗人次增加8.69亿人次，医院和基层医疗卫生机构也均有所增加。入院病人数2.44亿人次，比2013年增加0.52亿人次。

医院医师日均诊疗人次数为7.1，比2013年减少0.2人次，医师日均担负床日数与2013年相同，均为2.6床日。

（二）人才制度机制不断创新

1. 符合行业特点的人才培养制度基本建立

持续推进住院医师规范化培训工作。2013年12月，七部委联合出台《关于建立住院医师规范化培训制度的指导意见》，对医师培养作出规范的制度性安排。从2014年开始，全面实施住院医师规范化培训，积极推进医教协同，在构建以“5 +3”为主体、“3 +2”为补充的临床医学人才培养体系的基础上，继续推进“5 +3 + X”的医学人才培养方式。2014 年，国家卫生计生委印发《住院医师规范化培训基地认定标准（试行)》和《住院医师规范化培训内容与标准（试行)》，制定统一规范的培训年限、培训内容、培训方法以及培训基地建设标准等，在夯实住院医师规范化培训工作的基础上，加强全方位建设，构建了住院医师规范化培训的质量保障体系。到 2017 年底，全国完成全科医生招收培养任务 3. 59 万人，其中，全科专业住院医师规范化培训 1. 05 万人、助理全科医生 0. 56 万人、转岗培训 1. 4 万人、定向医学生 0. 58 万人。

2. 卫生人才评价制度不断完善

人才评价是人才发展体制机制的重要组成部分，是人力资源开发和使用的前提，近年来，我国不断完善卫生人才的评价体系。2009 年，卫生部等六部委《关于加强卫生人才队伍建设的意见》要求建立以工作业绩为核心，以品德、知识、能力和服务为主要内容的人才评价指标体系，强化对卫生专业技术人员实践能力的考核，完善卫生专业技术资格标准条件。2011 年《医药卫生中长期人才发展规划（2011 ~2020 年)》除以上要求外，还提出根据各类卫生人才的工作特性和能力要求，建立健全卫生人才评价指标体系。2015 年，人社部、国家卫生计生委联合下发《关于进一步改革完善基层卫生专业技术人员职称评审工作的指导意见》（以下简称《意见》)，明确从健全评审体系、优化评审条件、完善评审标准和建立长效机制等方面完善基层卫生专业技术人员职称评聘工作，不再将论文、职称外语等作为申报的“硬杠杠”，职称外语成绩可不作为申报条件，对论文、科研不做硬性规定，可作为评审的参考条件，引导医生回归临床。

据调查，为留住基层卫生人才，在高级职称评审中，大多数省（区、市）有向基层倾斜政策。其中，6 个地方明确提出调整/降低/适度降低/放宽学历要求；20 个地方对论文不作要求或弱化论文要求（其中，6 个地方对论文不作硬性规定，5 个地方取消论文要求，其余地方弱化论文要求）；17 个地方取消职称外语或对其不作要求；14 个地方明确提出取消计算机或对其不作要求；4 个地方弱化科研要求，6 个地方对科研不作要求。大多数省（区、市）突出对临床实际能力的评价，增加临床业绩等要素。

论文、英语对基层卫生人员高级职称晋升是两个最大的难题，2015 年下发的《意见》明确，论文、职称英语作为评审参考条件，不作为职称评审的“硬杠杠”。《意见》发布后，各省（区、市）相继出台适合本地的指导意见。根据调查①，2015 年 16 个省（区、市）② 的县级医院、社区、街道/乡镇卫生院有 31363 人申报高级职称，占总申报总人数的 54.6%，2016 年，申报人数为 29617 人，虽然申报人数有所减少，但占总申报人数的比重增加到 55.0%。2015 年，县级医院、乡镇卫生院、社区卫生服务中心高级职称通过率分别为 71.4%、73.1%、74.6%，到 2016 年，这一比例分别增加到 75.8%、75.2%、76.4%。

表 5　2014～2016 年基层医疗卫生机构高级职称通过率

年份	2014	2015	2016
县级医院	68.7	71.4	75.8
乡镇卫生院	73.6	73.1	75.2
社区卫生服务中心	57.9	74.6	76.4

3. 卫生人才流动趋于平稳

2013～2016 年，我国平均每家医疗卫生机构流出卫生人员数总体呈下降趋势，且 2015～2016 年呈平稳态势。平均每家医院流出人数由 15.1 人下降到 13.0 人，专业公共卫生机构和基层医疗卫生机构流出人数没有明显的规律。

① 数据来源于卫生和健康委员会委托国家卫生计生委卫生发展研究中心开展的《卫生计生人才规划监测评估年度调查》（2013～2016 年度）。

② 为数据的可比性，特选择 2015 年、2016 年均参与调查的 16 个省份，分别为宁夏、江西、福建、山西、黑龙江、重庆、江苏、浙江、广西、辽宁、河南、天津、陕西、湖北、内蒙古、青海。

表6　2013～2016年卫生人员流出情况

单位：人，家

年份	合计			其中:医院			其中:专业公共卫生机构			其中:基层医疗卫生机构		
	总流出人员	机构数	平均每家机构流出人数	流出人数	机构数	平均每家机构流出人数	流出人数	机构数	平均每家机构流出人数	流出人数	机构数	平均每家机构流出人数
2013	18324	2961	6.2	10523	698	15.1	1332	346	3.8	3642	1829	2.0
2014	14511	2266	6.4	9534	641	14.9	950	265	3.6	3942	1319	3.0
2015	15044	2896	5.2	9403	707	13.3	1502	370	4.1	4169	1711	2.4
2016	15080	2925	5.2	9117	699	13.0	1491	449	3.3	4376	1752	2.5

注：2013～2016年样本量相同，均为全国20%县的事业单位。

2013～2016年流出的卫生人员中，具有本科学历的占比由25.5%上升到32.3%，具有研究生及以上学历的占比由7.0%下降到5.9%，中专及以下学历的占比也呈下降趋势，专科学历的占比变化不大。与总体趋势一致，近年来，医院（27.2%～34.8%）、专业公共卫生机构（28.8%～34.9%）、街道/乡镇卫生院（19.9%～24.2%）、社区卫生服务中心（31.1%～39.9%）流出人员中具有本科学历的占比均有不同程度的增加。另据调查，与不同机构内部卫生人员学历结构一致，医院和专业公共卫生机构流出人员中高学历人员占比远高于基层医疗卫生机构。

表7　2013～2016年流出人员的学历变化

单位：%

年份	研究生及以上	本科	专科	中专	高中	初中及以下
2013	7.0	25.5	31.9	22.3	7.1	6.3
2014	6.8	26.7	31.0	22.3	6.7	6.6
2015	5.5	30.5	31.5	21.2	6.4	5.0
2016	5.9	32.3	32.5	18.9	6.1	4.2

2013～2016年流出人员中，具有不同职称的卫生人员占比变化不大。从不同类型机构来看，专业公共卫生机构高级职称人员占比较大，且高于机

构本身高级职称人员的占比，也就是说，专业公共卫生机构高级职称人员，呈现各种表现形式的净流出状态。

表8　2013～2016年流出人员的职称变化情况

单位：%

年份	正高	副高	中级	初级	无职称
2013	3.7	6.3	21.6	47.4	21.1
2014	4.0	6.4	19.8	47.5	22.3
2015	3.2	6.4	21.5	52.3	16.5
2016	3.2	6.9	21.0	49.3	19.7

根据对2013～2016年流出人员用工形式的调查发现，近年来，在编人员占比逐年下降且趋于平稳，临时工的占比也由4.9%下降到4.1%，但合同制人员的占比逐年上升，由20.3%上升到29.0%，出现这种状况的原因与现行编制制度僵化有关。近年来，编制外卫生人员已经逐步成为医疗卫生机构员工重要组成部分，其作用也日益凸显，但在薪酬、福利等方面与编制内人员存在较大差距。编制外人员为获得编制内人员身份，经常参加其他机构的编制内人员的招聘考试，导致这部分人员稳定性较差。

表9　2013～2016年流出人员的用工性质分布情况

单位：%

年份	正式在编	合同制	返聘	临时工	派遣工	其他
2013	70.0	20.3	0.7	4.9	3.1	0.9
2014	63.6	26.5	0.9	5.0	3.4	0.6
2015	65.1	27.5	1.1	4.4	0.9	1.0
2016	64.2	29.0	0.8	4.1	1.2	0.8

对于人员流向，以进入其他医疗卫生/计生机构和离退休为主，分别占流出人员的36.9%和29.2%。此外，流出人员中每年还有5%左右的人员转行，不再从事卫生/计生工作。

表10　2013～2016年流出人员流出原因分布情况

单位：%

年份	升学/出国	转行,不再从事卫生/计生工作	进入其他医疗卫生/计生机构	离退休	死亡	不清楚/其他
2013	1.6	5.8	37.3	32.2	1.4	21.6
2014	2.3	6.6	33.8	30.3	1.3	25.7
2015	1.8	5.2	34.8	29.0	1.1	28.1
2016	1.3	4.8	36.9	29.2	1.3	26.4

4. 医务人员薪酬水平不断提高

2013～2016年，我国医务人员薪酬水平不断增加，年均增长率为11.1%。其中，乡镇/街道卫生院增长最快，为15.9%；其次是专业公共卫生机构，为14.8%。到2016年，在岗职工年均收入达到88578.9元，医院在岗职工年均收入最高，为98497.4元，乡镇/街道卫生院最低，为57899.1元。

表11　2013～2016年不同医疗卫生机构在岗职工年均收入

单位：元，%

项目	2013年	2014年	2015年	2016年	年均增长率
医院	72785	76749	93528.6	98497.4	10.6
专业公共卫生机构	54264	67120	77132.1	82126.6	14.8
街道/乡镇卫生院	37226	40866	52369.2	57899.1	15.9
社区卫生服务中心	62443	56021	73153.5	76649	7.1
合计	64520	68008	82544.3	88578.9	11.1

2016年，卫生专业技术人员年均收入为92194.3万元。其中，执业（助理）医师为95265.1万元，注册护士为84444.2万元，医生是护士的1.13倍。在执业（助理）医师中，全科医生为77839.5万元。

综合医院的医生年均收入是护士的1.21倍，医生（含全科医生）是全科医生收入的1.18倍；基层医疗卫生机构的医生收入是护士的1.08倍，全科医生是医生的1.21倍。因此，综合医院中全科医生收入应该引起关注。

表 12　2016 年卫生技术人员年均收入情况

单位：元/年

机构类型	卫生技术人员	执业(助理)医师	执业(助理)全科医生	注册护士
医院	102511.4	109884.9	89048.1	90861.2
综合医院	103732.6	111187.1	94128.1	91341.4
中医院	83347.9	91033.9	72450.9	78269.0
专科医院	123425.6	140169.1	87715.5	105645.7
专业公共卫生机构	77566.2	81726.5	—	77668.7
疾控中心	68495.4	70957.0	—	62918.4
基层医疗卫生机构	62668.7	63696.1	77273.7	58922.2
街道/乡镇卫生院	59795.0	60751.1	70943.5	56555.7
社区卫生服务中心	79346.5	83209.0	93693.9	73033.6
其他机构	107075.4	94618.9	97506.7	91759.7
合计	92194.3	95265.1	77839.5	84444.2

二　卫生人才发展面临的挑战

（一）基层卫生人才队伍发展缓慢

2013～2017 年，我国基层卫生人员总量由 351.4 万人增加到 382.6 万人，增长率为 8.9%，其增长速度远低于同期医院卫生人员的增长速度（29.9%），也低于全国卫生人员的增长速度（20.0%）。基层卫生人员占全国卫生人员的比重由 35.8% 下降到 32.6%。2013～2017 年，基层卫生技术人员由 213.8 万人增加到 250.5 万人，其增长速度低于同期医院和全国卫生技术人员的增长速度。

近年来，基层医疗卫生机构人员素质有了较大提高，但与医院相比，差距仍然较大。2017 年，医院本科以上学历人员占 40.8%，中级及以上职称人员占 30.6%，而乡镇卫生院本科以上学历人员占 12.4%，中级以上职称人员占 15.7%。

虽然近年来我国采取了一系列措施加强中西部地区基层医疗卫生机构建设，但由于经济水平、区域差异、城乡差距等原因，城乡间、区域间不平衡现象仍然存在，尤其是城乡间人员配置差距有不断加大的趋势。比如，2013年城市千人口卫生技术人员是农村的2.52倍，到2017年扩大到2.54倍，城乡千人口配置差由5.54人增加到6.59人；城乡千人口执业（助理）医师配置差由1.91人增加到2.29人；2017年，东部地区千人口执业（助理）医师、注册护士分别为2.66人和2.89人，均高于中西部地区。

（二）卫生人才结构性问题较为突出

1. 专业公共卫生人才队伍建设有待加强

2017年底，我国专业公共卫生机构人员87.2万，与2013年相比，增加4.6万。引起广泛关注的是，近年来，由于薪酬待遇、职业发展、社会地位等原因①，疾控中心人员不断减少，卫生监督机构人员增量微乎其微。2013～2017年，疾病预防控制机构人员由194371人减少到190778人，减少3593人，减幅为1.9%，卫生监督机构人员增加517人，增幅为0.6%。与此同时，2013～2017年，我国公共卫生类别执业（助理）医师由11.3万增加为11.4万，占执业（助理）医师的比重由4.0%下降到3.3%，每万人口公卫医师数总体呈下降趋势。

2. 急需短缺人才供应仍亟待加大力度

近年来，我国虽然加大了对急需紧缺人才的培养力度，但远不能满足医疗卫生服务需求，主要表现如下。一是全科医生短缺。到2017年，我国全科医生25.27万人，每万人口全科医生1.82人，占执业（助理）医师的比重为7.4%，远低于国际平均水平（30%～60%）。二是药师数量不足且增长缓慢。到2017年，药剂师（士）45.3万人，每千人口药剂师（士）0.34人②，与2013年（0.29人）相比，增加0.05人。三是儿科医师短缺。2016

① 根据国家卫生计生委卫生发展研究中心与中国疾病预防控制中心联合开展的《疾病预防控制机构人员流动情况调查》。

② 根据每千人口卫生技术人员数推算。

年，儿科执业（助理）医师11.5万人，占医师总数的4.0%，每千名儿童（0～14岁）儿科医师0.5人，远低于世界卫生组织规定标准（1.5名）。四是精神科医师、康复科医师短缺。

（三）体制机制有待进一步创新

近年来，我国虽然在卫生人才的激励保障、流动配置、评价使用等方面做了一些创新，但是，除了卫生人才的培养机制，尤其是住院医师规范化培训制度外，很多工作仍属于探索性、试点性、项目性的，人才管理的制度性障碍仍然存在，制约卫生人才的创造性活力。

1. 新形势下卫生人才的培养模式尚需进一步探究

虽然我国有比较完备的住院医师规范化培训制度，但当下人才培养周期长，培养速度不能满足医院发展对人才的需求，部分专业人才不够用、不适用等问题仍然明显。近年来，各省各地不断出台高层次人才培养和引进的相关政策，通过科研经费、住房、子女教育、职业发展等各种优惠政策大力吸引高层次人才和优秀人才。从近期效果来看，这些政策确实能够为单位带来一定的创新活力，但从长远来看，这种做法过于重视人才引进，对现有人才培养重视不够。此外，对科研型人才重视有加而对教学型人才重视不够导致对年轻医生的带教质量有一定影响。

2. 医疗卫生机构缺乏用人自主性与灵活性

现阶段，我国医疗卫生机构聘用编制人员均需通过人社部门和编制部门组织的事业单位公开招聘。这种方式往往比较强调公开招聘的“统一性”，而对医疗卫生专业性重视不足，用人自主权体现也不够充分；与此同时，编制动态调整机制不够健全，使得人员招聘和使用的灵活性和适应性有待提升。此外，编制、身份管理、所有制等体制性因素对人才顺畅流动也有一定影响。

3. 卫生人员激励机制尚需完善

医疗卫生人员社会责任大、培养周期长、职业准入严、工作时间长、工作风险大，但目前的薪酬水平、结构等与其职业特点不尽相符，保障性收入的基本工资占比较低。基层医疗卫生机构的卫生人员收入较低，2016 年医院卫生技术人员均年收入为基层的 1.64 倍。各类机构内部不同岗位类别人员的工资差距较小（医疗卫生机构医生年均收入是护士的 1.13 倍），知识水平、岗位职责、工作风险等要素参与分配体现不够。

三 进一步促进卫生人才发展的对策建议

（一）实施特定项目或计划，加强中西部地区和基层卫生机构人才队伍建设

新医改以来，中西部地区和基层医疗卫生机构人才队伍建设一直是政策制定者和研究者关注的焦点。近年来，我国采取了一系列加强中西部地区和基层卫生机构人才队伍建设的措施。如从 2010 年开始，国家实施的“农村订单定向医学生免费培养项目”，为基层医疗卫生机构培养从事全科医疗工作的卫生人才，截至 2017 年，共培养 3.9 万名医学生。从 2010 年开始，为支持中西部地区基层医疗卫生机构人才队伍建设，持续开展西部卫生人才培养项目，委托 6 家国家级医院为中西部地区县级医院培养技术骨干；坚持推进城市卫生人员对口支援农村卫生工作，开展万名医师支援农村卫生工程等项目。为解决基层全科医生紧缺和无执业医师问题，从 2013 年开始，在安徽、湖南、云南、四川等四省开展全科医生特设岗位计划试点工作，共招聘全科医生 1080 名，统一派驻到乡镇卫生院工作。

但目前，中西部地区和基层卫生机构建设仍然是我国卫生事业发展的薄弱环节，建议继续开展人才支持计划和项目，加大中西部和基层卫生人才队伍建设力度，促进中西部和基层卫生事业发展。

（二）健全人才培养制度，积极探索基层卫生人才培养模式

深化医学教育改革，形成有利于卫生人才成长的育人环境。遵循医学教育规律，以培养岗位胜任力为导向，构建终身教育培养体系，在从外部吸引

高素质人才的同时加强对内部人员的培养。加强医教协同，优化完善院校教育、毕业后教育、继续教育有机衔接的人才培养体系。在全面推进住院医师规范化培训的基础上，逐步形成“5 +3 + X”（5 年临床医学本科教育 +3 年住院医师规范化培训或 3 年临床医学硕士专业学位研究生教育 + X 年专科医师培训）的人才培训新模式。同时，建立健全基层卫生人才培养制度，加强以全科医生为重点的基层卫生人才培养，依托一系列人才培养项目，统筹规划各类卫生人才的培养培训。

（三）统筹推进卫生人才管理制度和政策创新

着力破除束缚人才发展的制度机制，创新激发卫生人才积极性的政策环境。一是建立适应行业特点的医务人员薪酬激励政策，薪酬总体水平要体现医务人员的技术劳动价值，建立多层次人才激励制度，增强卫生行业人员的荣誉感和归属感。二是实施更加开放的流动和执业政策，打破医务人员编制、身份、单位、部门和所有制限制，在岗位设置、收入分配、职称评定、管理使用等方面统筹考虑，由身份管理转为岗位管理，落实用人自主权。三是完善更加针对有效的培训设计和管理政策，以岗位需求为导向，以胜任能力为核心，强化对培训项目的统筹管理，针对重大需求，突出全局重点，精准实施设计，统筹规划。

社长致辞

蓦然回首，皮书的专业化历程已经走过了二十年。20年来从一个出版社的学术产品名称到媒体热词再到智库成果研创及传播平台，皮书以专业化为主线，进行了系列化、市场化、品牌化、数字化、国际化、平台化的运作，实现了跨越式的发展。特别是在党的十八大以后，以习近平总书记为核心的党中央高度重视新型智库建设，皮书也迎来了长足的发展，总品种达到600余种，经过专业评审机制、淘汰机制遴选，目前，每年稳定出版近400个品种。“皮书”已经成为中国新型智库建设的抓手，成为国际国内社会各界快速、便捷地了解真实中国的最佳窗口。

20年孜孜以求，“皮书”始终将自己的研究视野与经济社会发展中的前沿热点问题紧密相连。600个研究领域，3万多位分布于800余个研究机构的专家学者参与了研创写作。皮书数据库中共收录了15万篇专业报告，50余万张数据图表，合计30亿字，每年报告下载量近80万次。皮书为中国学术与社会发展实践的结合提供了一个激荡智力、传播思想的入口，皮书作者们用学术的话语、客观翔实的数据谱写出了中国故事壮丽的篇章。

20年跬步千里，“皮书”始终将自己的发展与时代赋予的使命与责任紧紧相连。每年百余场新闻发布会，10万余次中外媒体报道，中、英、俄、日、韩等12个语种共同出版。皮书所具有的凝聚力正在形成一种无形的力量，吸引着社会各界关注中国的发展，参与中国的发展，它是我们向世界传递中国声音、总结中国经验、争取中国国际话语权最主要的平台。

皮书这一系列成就的取得，得益于中国改革开放的伟大时代，离不开来自中国社会科学院、新闻出版广电总局、全国哲学社会科学规划办公室等主管部门的大力支持和帮助，也离不开皮书研创者和出版者的共同努力。他们与皮书的故事创造了皮书的历史，他们对皮书的拳拳之心将继续谱写皮书的未来！

现在，“皮书”品牌已经进入了快速成长的青壮年时期。全方位进行规范化管理，树立中国的学术出版标准；不断提升皮书的内容质量和影响力，搭建起中国智库产品和智库建设的交流服务平台和国际传播平台；发布各类皮书指数，并使之成为中国指数，让中国智库的声音响彻世界舞台，为人类的发展做出中国的贡献——这是皮书未来发展的图景。作为“皮书”这个概念的提出者，“皮书”从一般图书到系列图书和品牌图书，最终成为智库研究和社会科学应用对策研究的知识服务和成果推广平台这整个过程的操盘者，我相信，这也是每一位皮书人执着追求的目标。

“当代中国正经历着我国历史上最为广泛而深刻的社会变革，也正在进行着人类历史上最为宏大而独特的实践创新。这种前无古人的伟大实践，必将给理论创造、学术繁荣提供强大动力和广阔空间。”

在这个需要思想而且一定能够产生思想的时代，皮书的研创出版一定能创造出新的更大的辉煌！

社会科学文献出版社社长
中国社会学会秘书长

谢寿光

2017年11月

社会科学文献出版社简介

社会科学文献出版社（以下简称“社科文献出版社”）成立于1985年，是直属于中国社会科学院的人文社会科学学术出版机构。成立至今，社科文献出版社始终依托中国社会科学院和国内外人文社会科学界丰厚的学术出版和专家学者资源，坚持“创社科经典，出传世文献”的出版理念、“权威、前沿、原创”的产品定位以及学术成果和智库成果出版的专业化、数字化、国际化、市场化的经营道路。

社科文献出版社是中国新闻出版业转型与文化体制改革的先行者。积极探索文化体制改革的先进方向和现代企业经营决策机制，社科文献出版社先后荣获“全国文化体制改革工作先进单位”、中国出版政府奖·先进出版单位奖，中国社会科学院先进集体、全国科普工作先进集体等荣誉称号。多人次荣获“第十届韬奋出版奖”“全国新闻出版行业领军人才”“数字出版先进人物”“北京市新闻出版广电行业领军人才”等称号。

社科文献出版社是中国人文社会科学学术出版的大社名社，也是以皮书为代表的智库成果出版的专业强社。年出版图书2000余种，其中皮书400余种，出版新书字数5.5亿字，承印与发行中国社科院院属期刊72种，先后创立了皮书系列、列国志、中国史话、社科文献学术译库、社科文献学术文库、甲骨文书系等一大批既有学术影响又有市场价值的品牌，确立了在社会学、近代史、苏东问题研究等专业学科及领域出版的领先地位。图书多次荣获中国出版政府奖、“三个一百”原创图书出版工程、“五个‘一’工程奖”、“大众喜爱的50种图书”等奖项，在中央国家机关“强素质·做表率”读书活动中，入选图书品种数位居各大出版社之首。

社科文献出版社是中国学术出版规范与标准的倡议者与制定者，代表全国50多家出版社发起实施学术著作出版规范的倡议，承担学术著作规范国家标准的起草工作，率先编撰完成《皮书手册》对皮书品牌进行规范化管理，并在此基础上推出中国版芝加哥手册 ——《社科文献出版社学术出版手册》。

社科文献出版社是中国数字出版的引领者，拥有皮书数据库、列国志数据库、“一带一路”数据库、减贫数据库、集刊数据库等4大产品线11个数据库产品，机构用户达1300余家，海外用户百余家，荣获“数字出版转型示范单位”“ 新闻出版标准化先进单位”“专业数字内容资源知识服务模式试点企业标准化示范单位”等称号。

社科文献出版社是中国学术出版走出去的践行者。社科文献出版社海外图书出版与学术合作业务遍及全球40余个国家和地区，并于2016年成立俄罗斯分社，累计输出图书500余种，涉及近20个语种，累计获得国家社科基金中华学术外译项目资助76种、“丝路书香工程”项目资助60种、中国图书对外推广计划项目资助71种以及经典中国国际出版工程资助28种，被五部委联合认定为“2015-2016年度国家文化出口重点企业”。

如今，社科文献出版社完全靠自身积累拥有固定资产3.6亿元，年收入3亿元，设置了七大出版分社、六大专业部门，成立了皮书研究院和博士后科研工作站，培养了一支近400人的高素质与高效率的编辑、出版、营销和国际推广队伍，为未来成为学术出版的大社、名社、强社，成为文化体制改革与文化企业转型发展的排头兵奠定了坚实的基础。

宏观经济类

经济蓝皮书

2018 年中国经济形势分析与预测

李平 / 主编　2017 年 12 月出版　定价：89.00 元

◆　本书为总理基金项目，由著名经济学家李扬领衔，联合中国社会科学院等数十家科研机构、国家部委和高等院校的专家共同撰写，系统分析了 2017 年的中国经济形势并预测 2018 年中国经济运行情况。

城市蓝皮书

中国城市发展报告 No.11

潘家华　单菁菁 / 主编　2018 年 9 月出版　估价：99.00 元

◆　本书是由中国社会科学院城市发展与环境研究中心编著的，多角度、全方位地立体展示了中国城市的发展状况，并对中国城市的未来发展提出了许多建议。该书有强烈的时代感，对中国城市发展实践有重要的参考价值。

人口与劳动绿皮书

中国人口与劳动问题报告 No.19

张车伟 / 主编　2018 年 10 月出版　估价：99.00 元

◆　本书为中国社会科学院人口与劳动经济研究所主编的年度报告，对当前中国人口与劳动形势做了比较全面和系统的深入讨论，为研究中国人口与劳动问题提供了一个专业性的视角。

中国省域竞争力蓝皮书

中国省域经济综合竞争力发展报告（2017 ~ 2018）

李建平　李闽榕　高燕京 / 主编　2018 年 5 月出版　估价：198.00 元

◆　本书融多学科的理论为一体，深入追踪研究了省域经济发展与中国国家竞争力的内在关系，为提升中国省域经济综合竞争力提供有价值的决策依据。

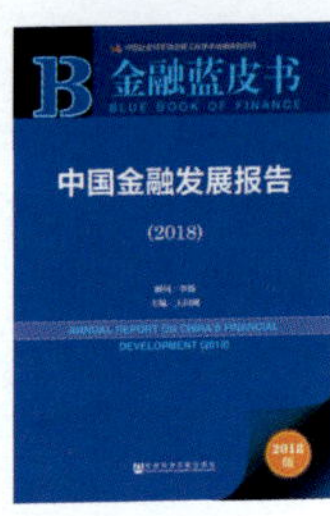

金融蓝皮书

中国金融发展报告（2018）

王国刚 / 主编　2018 年 6 月出版　估价：99.00 元

◆　本书由中国社会科学院金融研究所组织编写，概括和分析了 2017 年中国金融发展和运行中的各方面情况，研讨和评论了 2017 年发生的主要金融事件，有利于读者了解掌握 2017 年中国的金融状况，把握 2018 年中国金融的走势。

区域经济类

京津冀蓝皮书

京津冀发展报告（2018）

祝合良　叶堂林　张贵祥 / 等著　2018 年 6 月出版　估价：99.00 元

◆　本书遵循问题导向与目标导向相结合、统计数据分析与大数据分析相结合、纵向分析和长期监测与结构分析和综合监测相结合等原则，对京津冀协同发展新形势与新进展进行测度与评价。

社会政法类

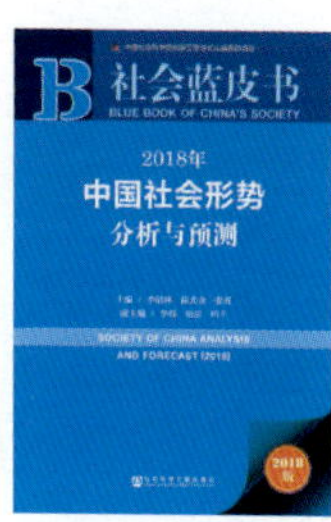

社会蓝皮书

2018年中国社会形势分析与预测

李培林　陈光金　张翼 / 主编　2017年12月出版　定价：89.00元

◆　本书由中国社会科学院社会学研究所组织研究机构专家、高校学者和政府研究人员撰写，聚焦当下社会热点，对2017年中国社会发展的各个方面内容进行了权威解读，同时对2018年社会形势发展趋势进行了预测。

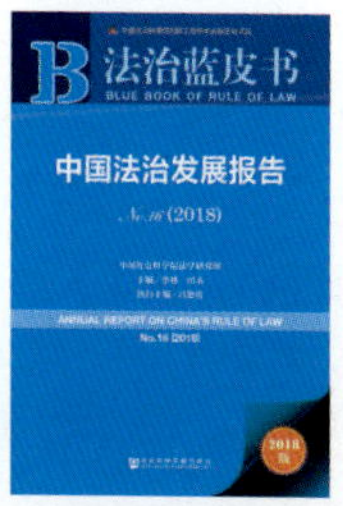

法治蓝皮书

中国法治发展报告 No.16（2018）

李林　田禾 / 主编　2018年3月出版　定价：128.00元

◆　本年度法治蓝皮书回顾总结了2017年度中国法治发展取得的成就和存在的不足，对中国政府、司法、检务透明度进行了跟踪调研，并对2018年中国法治发展形势进行了预测和展望。

教育蓝皮书

中国教育发展报告（2018）

杨东平 / 主编　2018年3月出版　定价：89.00元

◆　本书重点关注了2017年教育领域的热点，资料翔实，分析有据，既有专题研究，又有实践案例，从多角度对2017年教育改革和实践进行了分析和研究。

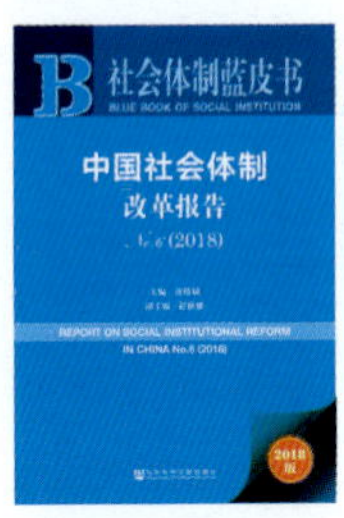

社会体制蓝皮书

中国社会体制改革报告 No.6（2018）

龚维斌 / 主编　2018 年 3 月出版　定价：98.00 元

◆　本书由国家行政学院社会治理研究中心和北京师范大学中国社会管理研究院共同组织编写，主要对 2017 年社会体制改革情况进行回顾和总结，对 2018 年的改革走向进行分析，提出相关政策建议。

社会心态蓝皮书

中国社会心态研究报告（2018）

王俊秀　杨宜音 / 主编　2018 年 12 月出版　估价：99.00 元

◆　本书是中国社会科学院社会学研究所社会心理研究中心“社会心态蓝皮书课题组”的年度研究成果，运用社会心理学、社会学、经济学、传播学等多种学科的方法进行了调查和研究，对于目前中国社会心态状况有较广泛和深入的揭示。

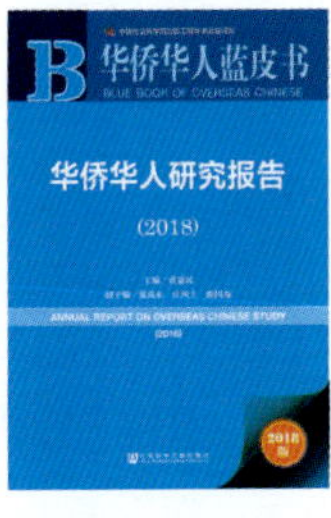

华侨华人蓝皮书

华侨华人研究报告（2018）

贾益民 / 主编　2017 年 12 月出版　估价：139.00 元

◆　本书关注华侨华人生产与生活的方方面面。华侨华人是中国建设 21 世纪海上丝绸之路的重要中介者、推动者和参与者。本书旨在全面调研华侨华人，提供最新涉侨动态、理论研究成果和政策建议。

民族发展蓝皮书

中国民族发展报告（2018）

王延中 / 主编　2018 年 10 月出版　估价：188.00 元

◆　本书从民族学人类学视角，研究近年来少数民族和民族地区的发展情况，展示民族地区经济、政治、文化、社会和生态文明“五位一体”建设取得的辉煌成就和面临的困难挑战，为深刻理解中央民族工作会议精神、加快民族地区全面建成小康社会进程提供了实证材料。

产业经济类

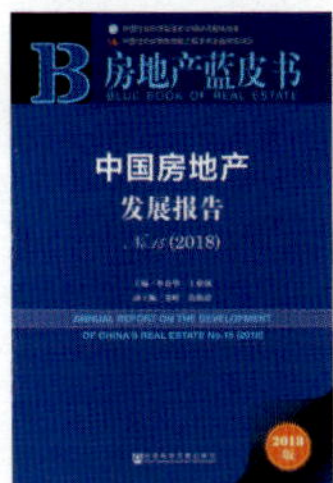

房地产蓝皮书

中国房地产发展报告 No.15（2018）

李春华　王业强 / 主编　2018 年 5 月出版　估价：99.00 元

◆　2018 年《房地产蓝皮书》持续追踪中国房地产市场最新动态，深度剖析市场热点，展望 2018 年发展趋势，积极谋划应对策略。对 2017 年房地产市场的发展态势进行全面、综合的分析。

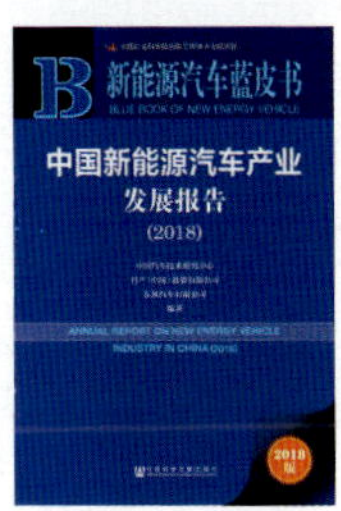

新能源汽车蓝皮书

中国新能源汽车产业发展报告（2018）

中国汽车技术研究中心　日产（中国）投资有限公司
东风汽车有限公司 / 编著　2018 年 8 月出版　估价：99.00 元

◆　本书对中国 2017 年新能源汽车产业发展进行了全面系统的分析，并介绍了国外的发展经验。有助于相关机构、行业和社会公众等了解中国新能源汽车产业发展的最新动态，为政府部门出台新能源汽车产业相关政策法规、企业制定相关战略规划，提供必要的借鉴和参考。

行业及其他类

旅游绿皮书

2017 ~ 2018 年中国旅游发展分析与预测

中国社会科学院旅游研究中心 / 编　2018 年 1 月出版　定价：99.00 元

◆　本书从政策、产业、市场、社会等多个角度勾画出 2017 年中国旅游发展全貌，剖析了其中的热点和核心问题，并就未来发展作出预测。

民营医院蓝皮书

中国民营医院发展报告（2018）

薛晓林 / 主编　2018 年 11 月出版　估价：99.00 元

◆　本书在梳理国家对社会办医的各种利好政策的前提下，对我国民营医疗发展现状、我国民营医院竞争力进行了分析，并结合我国医疗体制改革对民营医院的发展趋势、发展策略、战略规划等方面进行了预估。

会展蓝皮书

中外会展业动态评估研究报告（2018）

张敏 / 主编　2018 年 12 月出版　估价：99.00 元

◆　本书回顾了 2017 年的会展业发展动态，结合“供给侧改革”、“互联网 +”、“绿色经济”的新形势分析了我国展会的行业现状，并介绍了国外的发展经验，有助于行业和社会了解最新的展会业动态。

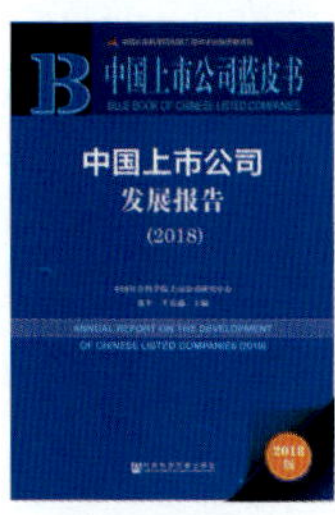

中国上市公司蓝皮书

中国上市公司发展报告（2018）

张平　王宏淼 / 主编　2018 年 9 月出版　估价：99.00 元

◆　本书由中国社会科学院上市公司研究中心组织编写的，着力于全面、真实、客观反映当前中国上市公司财务状况和价值评估的综合性年度报告。本书详尽分析了 2017 年中国上市公司情况，特别是现实中暴露出的制度性、基础性问题，并对资本市场改革进行了探讨。

工业和信息化蓝皮书

人工智能发展报告（2017 ～ 2018）

尹丽波 / 主编　2018 年 6 月出版　估价：99.00 元

◆　本书国家工业信息安全发展研究中心在对 2017 年全球人工智能技术和产业进行全面跟踪研究基础上形成的研究报告。该报告内容翔实、视角独特，具有较强的产业发展前瞻性和预测性，可为相关主管部门、行业协会、企业等全面了解人工智能发展形势以及进行科学决策提供参考。

国际问题与全球治理类

世界经济黄皮书

2018 年世界经济形势分析与预测

张宇燕 / 主编　2018 年 1 月出版　定价：99.00 元

◆　本书由中国社会科学院世界经济与政治研究所的研究团队撰写，分总论、国别与地区、专题、热点、世界经济统计与预测等五个部分，对 2018 年世界经济形势进行了分析。

国际城市蓝皮书

国际城市发展报告（2018）

屠启宇 / 主编　2018 年 2 月出版　定价：89.00 元

◆　本书作者以上海社会科学院从事国际城市研究的学者团队为核心，汇集同济大学、华东师范大学、复旦大学、上海交通大学、南京大学、浙江大学相关城市研究专业学者。立足动态跟踪介绍国际城市发展时间中，最新出现的重大战略、重大理念、重大项目、重大报告和最佳案例。

非洲黄皮书

非洲发展报告 No.20（2017 ~ 2018）

张宏明 / 主编　2018 年 7 月出版　估价：99.00 元

◆　本书是由中国社会科学院西亚非洲研究所组织编撰的非洲形势年度报告，比较全面、系统地分析了 2017 年非洲政治形势和热点问题，探讨了非洲经济形势和市场走向，剖析了大国对非洲关系的新动向；此外，还介绍了国内非洲研究的新成果。

国别类

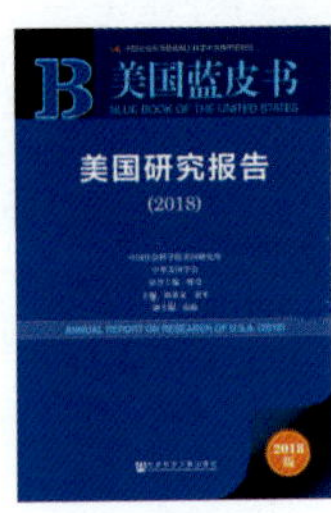

美国蓝皮书

美国研究报告（2018）

郑秉文　黄平 / 主编　2018 年 5 月出版　估价：99.00 元

◆　本书是由中国社会科学院美国研究所主持完成的研究成果，它回顾了美国 2017 年的经济、政治形势与外交战略，对美国内政外交发生的重大事件及重要政策进行了较为全面的回顾和梳理。

德国蓝皮书

德国发展报告（2018）

郑春荣 / 主编　2018 年 6 月出版　估价：99.00 元

◆　本报告由同济大学德国研究所组织编撰，由该领域的专家学者对德国的政治、经济、社会文化、外交等方面的形势发展情况，进行全面的阐述与分析。

俄罗斯黄皮书

俄罗斯发展报告（2018）

李永全 / 编著　2018 年 6 月出版　估价：99.00 元

◆　本书系统介绍了 2017 年俄罗斯经济政治情况，并对 2016 年该地区发生的焦点、热点问题进行了分析与回顾；在此基础上，对该地区 2018 年的发展前景进行了预测。

文化传媒类

新媒体蓝皮书

中国新媒体发展报告 No.9（2018）

唐绪军 / 主编　2018 年 6 月出版　估价：99.00 元

◆　本书是由中国社会科学院新闻与传播研究所组织编写的关于新媒体发展的最新年度报告，旨在全面分析中国新媒体的发展现状，解读新媒体的发展趋势，探析新媒体的深刻影响。

移动互联网蓝皮书

中国移动互联网发展报告（2018）

余清楚 / 主编　2018 年 6 月出版　估价：99.00 元

◆　本书着眼于对 2017 年度中国移动互联网的发展情况做深入解析，对未来发展趋势进行预测，力求从不同视角、不同层面全面剖析中国移动互联网发展的现状、年度突破及热点趋势等。

文化蓝皮书

中国文化消费需求景气评价报告（2018）

王亚南 / 主编　2018 年 3 月出版　定价：99.00 元

◆　本书首创全国文化发展量化检测评价体系，也是至今全国唯一的文化民生量化检测评价体系，对于检验全国及各地 " 以人民为中心 " 的文化发展具有首创意义。

地方发展类

北京蓝皮书

北京经济发展报告（2017 ~ 2018）

杨松 / 主编　2018 年 6 月出版　估价：99.00 元

◆　本书对 2017 年北京市经济发展的整体形势进行了系统性的分析与回顾，并对 2018 年经济形势走势进行了预测与研判，聚焦北京市经济社会发展中的全局性、战略性和关键领域的重点问题，运用定量和定性分析相结合的方法，对北京市经济社会发展的现状、问题、成因进行了深入分析，提出了可操作性的对策建议。

温州蓝皮书

2018 年温州经济社会形势分析与预测

蒋儒标　王春光　金浩 / 主编　2018 年 6 月出版　估价：99.00 元

◆　本书是中共温州市委党校和中国社会科学院社会学研究所合作推出的第十一本温州蓝皮书，由来自党校、政府部门、科研机构、高校的专家、学者共同撰写的 2017 年温州区域发展形势的最新研究成果。

黑龙江蓝皮书

黑龙江社会发展报告（2018）

王爱丽 / 主编　2018 年 1 月出版　定价：89.00 元

◆　本书以千份随机抽样问卷调查和专题研究为依据，运用社会学理论框架和分析方法，从专家和学者的独特视角，对 2017 年黑龙江省关系民生的问题进行广泛的调研与分析，并对 2017 年黑龙江省诸多社会热点和焦点问题进行了有益的探索。这些研究不仅可以为政府部门更加全面深入了解省情、科学制定决策提供智力支持，同时也可以为广大读者认识、了解、关注黑龙江社会发展提供理性思考。

宏观经济类

城市蓝皮书
中国城市发展报告（No.11）
著(编)者：潘家华 单菁菁
2018年9月出版 / 估价：99.00元
PSN B-2007-091-1/1

城乡一体化蓝皮书
中国城乡一体化发展报告（2018）
著(编)者：付崇兰
2018年9月出版 / 估价：99.00元
PSN B-2011-226-1/2

城镇化蓝皮书
中国新型城镇化健康发展报告（2018）
著(编)者：张占斌
2018年8月出版 / 估价：99.00元
PSN B-2014-396-1/1

创新蓝皮书
创新型国家建设报告（2018～2019）
著(编)者：詹正茂
2018年12月出版 / 估价：99.00元
PSN B-2009-140-1/1

低碳发展蓝皮书
中国低碳发展报告（2018）
著(编)者：张希良 齐晔
2018年6月出版 / 估价：99.00元
PSN B-2011-223-1/1

低碳经济蓝皮书
中国低碳经济发展报告（2018）
著(编)者：薛进军 赵忠秀
2018年11月出版 / 估价：99.00元
PSN B-2011-194-1/1

发展和改革蓝皮书
中国经济发展和体制改革报告No.9
著(编)者：邹东涛 王再文
2018年1月出版 / 估价：99.00元
PSN B-2008-122-1/1

国家创新蓝皮书
中国创新发展报告（2017）
著(编)者：陈劲 2018年5月出版 / 估价：99.00元
PSN B-2014-370-1/1

金融蓝皮书
中国金融发展报告（2018）
著(编)者：王国刚
2018年6月出版 / 估价：99.00元
PSN B-2004-031-1/7

经济蓝皮书
2018年中国经济形势分析与预测
著(编)者：李平 2017年12月出版 / 定价：89.00元
PSN B-1996-001-1/1

经济蓝皮书春季号
2018年中国经济前景分析
著(编)者：李扬 2018年5月出版 / 估价：99.00元
PSN B-1999-008-1/1

经济蓝皮书夏季号
中国经济增长报告（2017～2018）
著(编)者：李扬 2018年9月出版 / 估价：99.00元
PSN B-2010-176-1/1

农村绿皮书
中国农村经济形势分析与预测（2017～2018）
著(编)者：魏后凯 黄秉信
2018年4月出版 / 定价：99.00元
PSN G-1998-003-1/1

人口与劳动绿皮书
中国人口与劳动问题报告No.19
著(编)者：张车伟 2018年11月出版 / 估价：99.00元
PSN G-2000-012-1/1

新型城镇化蓝皮书
新型城镇化发展报告（2017）
著(编)者：李伟 宋敏
2018年3月出版 / 定价：98.00元
PSN B-2005-038-1/1

中国省域竞争力蓝皮书
中国省域经济综合竞争力发展报告（2016～2017）
著(编)者：李建平 李闽榕
2018年2月出版 / 定价：198.00元
PSN B-2007-088-1/1

中小城市绿皮书
中国中小城市发展报告（2018）
著(编)者：中国城市经济学会中小城市经济发展委员会
中国城镇化促进会中小城市发展委员会
《中国中小城市发展报告》编纂委员会
中小城市发展战略研究院
2018年11月出版 / 估价：128.00元
PSN G-2010-161-1/1

区域经济类

东北蓝皮书
中国东北地区发展报告（2018）
著(编)者：姜晓秋　2018年11月出版 / 估价：99.00元
PSN B-2006-067-1/1

金融蓝皮书
中国金融中心发展报告（2017～2018）
著(编)者：王力 黄育华　2018年11月出版 / 估价：99.00元
PSN B-2011-186-6/7

京津冀蓝皮书
京津冀发展报告（2018）
著(编)者：祝合良 叶堂林 张贵祥
2018年6月出版 / 估价：99.00元
PSN B-2012-262-1/1

西北蓝皮书
中国西北发展报告（2018）
著(编)者：王福生 马廷旭 董秋生
2018年1月出版 / 定价：99.00元
PSN B-2012-261-1/1

西部蓝皮书
中国西部发展报告（2018）
著(编)者：璋勇 任保平　2018年8月出版 / 估价：99.00元
PSN B-2005-039-1/1

长江经济带产业蓝皮书
长江经济带产业发展报告（2018）
著(编)者：吴传清　2018年11月出版 / 估价：128.00元
PSN B-2017-666-1/1

长江经济带蓝皮书
长江经济带发展报告（2017～2018）
著(编)者：王振　2018年11月出版 / 估价：99.00元
PSN B-2016-575-1/1

长江中游城市群蓝皮书
长江中游城市群新型城镇化与产业协同发展报告（2018）
著(编)者：杨刚强　2018年11月出版 / 估价：99.00元
PSN B-2016-578-1/1

长三角蓝皮书
2017年创新融合发展的长三角
著(编)者：刘飞跃　2018年5月出版 / 估价：99.00元
PSN B-2005-038-1/1

长株潭城市群蓝皮书
长株潭城市群发展报告（2017）
著(编)者：张萍 朱有志　2018年6月出版 / 估价：99.0(
PSN B-2008-109-1/1

特色小镇蓝皮书
特色小镇智慧运营报告（2018）：顶层设计与智慧
著(编)者：陈劲　2018年1月出版 / 定价：79.00元
PSN B-2018-692-1/1

中部竞争力蓝皮书
中国中部经济社会竞争力报告（2018）
著(编)者：教育部人文社会科学重点研究基地南昌大学中
中部经济社会发展研究中心
2018年12月出版 / 估价：99.00元
PSN B-2012-276-1/1

中部蓝皮书
中国中部地区发展报告（2018）
著(编)者：宋亚平　2018年12月出版 / 估价：99.00元
PSN B-2007-089-1/1

区域蓝皮书
中国区域经济发展报告（2017～2018）
著(编)者：赵弘　2018年5月出版 / 估价：99.00元
PSN B-2004-034-1/1

中三角蓝皮书
长江中游城市群发展报告（2018）
著(编)者：秦尊文　2018年9月出版 / 估价：99.00元
PSN B-2014-417-1/1

中原蓝皮书
中原经济区发展报告（2018）
著(编)者：李英杰　2018年6月出版 / 估价：99.00元
PSN B-2011-192-1/1

珠三角流通蓝皮书
珠三角商圈发展研究报告（2018）
著(编)者：王先庆 林至颖　2018年7月出版 / 估价：9
PSN B-2012-292-1/1

社会政法类

北京蓝皮书
中国社区发展报告（2017～2018）
著(编)者：于燕燕　2018年9月出版 / 估价：99.00元
PSN B-2007-083-5/8

殡葬绿皮书
中国殡葬事业发展报告（2017～2018）
著(编)者：李伯森　2018年6月出版 / 估价：158.00元
PSN G-2010-180-1/1

城市管理蓝皮书
中国城市管理报告（2017-2018）
著(编)者：刘林 刘承水　2018年5月出版 / 估价：15
PSN B-2013-336-1/1

城市生活质量蓝皮书
中国城市生活质量报告（2017）
著(编)者：张连城 张平 杨春学 郎丽华
2017年12月出版 / 定价：89.00元
PSN B-2013-326-1/1

城市政府能力蓝皮书
中国城市政府公共服务能力评估报告（2018）
著(编)者：何艳玲 2018年5月出版 / 估价：99.00元
PSN B-2013-338-1/1

创业蓝皮书
中国创业发展研究报告（2017～2018）
著(编)者：黄群慧 赵卫星 钟宏武
2018年11月出版 / 估价：99.00元
PSN B-2016-577-1/1

慈善蓝皮书
中国慈善发展报告（2018）
著(编)者：杨团 2018年6月出版 / 估价：99.00元
PSN B-2009-142-1/1

党建蓝皮书
党的建设研究报告No.2（2018）
著(编)者：崔建民 陈东平 2018年6月出版 / 估价：99.00元
PSN B-2016-523-1/1

地方法治蓝皮书
中国地方法治发展报告No.3（2018）
著(编)者：李林 田禾 2018年6月出版 / 估价：118.00元
PSN B-2015-442-1/1

电子政务蓝皮书
中国电子政务发展报告（2018）
著(编)者：李季 2018年8月出版 / 估价：99.00元
PSN B-2003-022-1/1

儿童蓝皮书
中国儿童参与状况报告（2017）
著(编)者：苑立新 2017年12月出版 / 定价：89.00元
PSN B-2017-682-1/1

法治蓝皮书
中国法治发展报告No.16（2018）
著(编)者：李林 田禾 2018年3月出版 / 定价：128.00元
PSN B-2004-027-1/3

法治蓝皮书
中国法院信息化发展报告 No.2（2018）
著(编)者：李林 田禾 2018年2月出版 / 定价：118.00元
PSN B-2017-604-3/3

法治政府蓝皮书
中国法治政府发展报告（2017）
著(编)者：中国政法大学法治政府研究院
2018年3月出版 / 定价：158.00元
PSN B-2015-502-1/2

法治政府蓝皮书
中国法治政府评估报告（2018）
著(编)者：中国政法大学法治政府研究院
2018年9月出版 / 估价：168.00元
PSN B-2016-576-2/2

反腐倡廉蓝皮书
中国反腐倡廉建设报告 No.8
著(编)者：张英伟 2018年12月出版 / 估价：99.00元
PSN B-2012-259-1/1

扶贫蓝皮书
中国扶贫开发报告（2018）
著(编)者：李培林 魏后凯 2018年12月出版 / 估价：128.00元
PSN B-2016-599-1/1

妇女发展蓝皮书
中国妇女发展报告 No.6
著(编)者：王金玲 2018年9月出版 / 估价：158.00元
PSN B-2006-069-1/1

妇女教育蓝皮书
中国妇女教育发展报告 No.3
著(编)者：张李玺 2018年10月出版 / 估价：99.00元
PSN B-2008-121-1/1

妇女绿皮书
2018年：中国性别平等与妇女发展报告
著(编)者：谭琳 2018年12月出版 / 估价：99.00元
PSN G-2006-073-1/1

公共安全蓝皮书
中国城市公共安全发展报告（2017～2018）
著(编)者：黄育华 杨文明 赵建辉
2018年6月出版 / 估价：99.00元
PSN B-2017-628-1/1

公共服务蓝皮书
中国城市基本公共服务力评价（2018）
著(编)者：钟君 刘志昌 吴正杲
2018年12月出版 / 估价：99.00元
PSN B-2011-214-1/1

公民科学素质蓝皮书
中国公民科学素质报告（2017～2018）
著(编)者：李群 陈雄 马宗文
2017年12月出版 / 定价：89.00元
PSN B-2014-379-1/1

公益蓝皮书
中国公益慈善发展报告（2016）
著(编)者：朱健刚 胡小军 2018年6月出版 / 估价：99.00元
PSN B-2012-283-1/1

国际人才蓝皮书
中国国际移民报告（2018）
著(编)者：王辉耀 2018年6月出版 / 估价：99.00元
PSN B-2012-304-3/4

国际人才蓝皮书
中国留学发展报告（2018）No.7
著(编)者：王辉耀 苗绿 2018年12月出版 / 估价：99.00元
PSN B-2012-244-2/4

海洋社会蓝皮书
中国海洋社会发展报告（2017）
著(编)者：崔凤 宋宁而 2018年3月出版 / 定价：99.00元
PSN B-2015-478-1/1

行政改革蓝皮书
中国行政体制改革报告No.7（2018）
著(编)者：魏礼群 2018年6月出版 / 估价：99.00元
PSN B-2011-231-1/1

华侨华人蓝皮书
华侨华人研究报告（2017）
著(编)者：张禹东 庄国土　2017年12月出版 / 定价：148.00元
PSN B-2011-204-1/1

互联网与国家治理蓝皮书
互联网与国家治理发展报告（2017）
著(编)者：张志安　2018年1月出版 / 定价：98.00元
PSN B-2017-671-1/1

环境管理蓝皮书
中国环境管理发展报告（2017）
著(编)者：李金惠　2017年12月出版 / 定价：98.00元
PSN B-2017-678-1/1

环境竞争力绿皮书
中国省域环境竞争力发展报告（2018）
著(编)者：李建平 李闽榕 王金南
2018年11月出版 / 估价：198.00元
PSN G-2010-165-1/1

环境绿皮书
中国环境发展报告（2017~2018）
著(编)者：李波　2018年6月出版 / 估价：99.00元
PSN G-2006-048-1/1

家庭蓝皮书
中国“创建幸福家庭活动”评估报告（2018）
著(编)者：国务院发展研究中心“创建幸福家庭活动评估”课题组
2018年12月出版 / 估价：99.00元
PSN B-2015-508-1/1

健康城市蓝皮书
中国健康城市建设研究报告（2018）
著(编)者：王鸿春 盛继洪　2018年12月出版 / 估价：99.00元
PSN B-2016-564-2/2

健康中国蓝皮书
社区首诊与健康中国分析报告（2018）
著(编)者：高和荣 杨叔禹 姜杰
2018年6月出版 / 估价：99.00元
PSN B-2017-611-1/1

教师蓝皮书
中国中小学教师发展报告（2017）
著(编)者：曾晓东 鱼霞
2018年6月出版 / 估价：99.00元
PSN B-2012-289-1/1

教育扶贫蓝皮书
中国教育扶贫报告（2018）
著(编)者：司树杰 王文静 李兴洲
2018年12月出版 / 估价：99.00元
PSN B-2016-590-1/1

教育蓝皮书
中国教育发展报告（2018）
著(编)者：杨东平　2018年3月出版 / 定价：89.00元
PSN B-2006-047-1/1

金融法治建设蓝皮书
中国金融法治建设年度报告（2015~2016）
著(编)者：朱小黄　2018年6月出版 / 估价：99.00元
PSN B-2017-633-1/1

京津冀教育蓝皮书
京津冀教育发展研究报告（2017~2018）
著(编)者：方中雄　2018年6月出版 / 估价：99.00元
PSN B-2017-608-1/1

就业蓝皮书
2018年中国本科生就业报告
著(编)者：麦可思研究院　2018年6月出版 / 估价：99.0
PSN B-2009-146-1/2

就业蓝皮书
2018年中国高职高专生就业报告
著(编)者：麦可思研究院　2018年6月出版 / 估价：99.0
PSN B-2015-472-2/2

科学教育蓝皮书
中国科学教育发展报告（2018）
著(编)者：王康友　2018年10月出版 / 估价：99.00元
PSN B-2015-487-1/1

劳动保障蓝皮书
中国劳动保障发展报告（2018）
著(编)者：刘燕斌　2018年9月出版 / 估价：158.00元
PSN B-2014-415-1/1

老龄蓝皮书
中国老年宜居环境发展报告（2017）
著(编)者：党俊武 周燕珉　2018年6月出版 / 估价：99.
PSN B-2013-320-1/1

连片特困区蓝皮书
中国连片特困区发展报告（2017~2018）
著(编)者：游俊 冷志明 丁建军
2018年6月出版 / 估价：99.00元
PSN B-2013-321-1/1

流动儿童蓝皮书
中国流动儿童教育发展报告（2017）
著(编)者：杨东平　2018年6月出版 / 估价：99.00元
PSN B-2017-600-1/1

民调蓝皮书
中国民生调查报告（2018）
著(编)者：谢耘耕　2018年12月出版 / 估价：99.00元
PSN B-2014-398-1/1

民族发展蓝皮书
中国民族发展报告（2018）
著(编)者：王延中　2018年10月出版 / 估价：188.00元
PSN B-2006-070-1/1

女性生活蓝皮书
中国女性生活状况报告No.12（2018）
著(编)者：高博燕　2018年7月出版 / 估价：99.00元
PSN B-2006-071-1/1

汽车社会蓝皮书
中国汽车社会发展报告（2017～2018）
著(编)者：王俊秀　2018年6月出版 / 估价：99.00元
PSN B-2011-224-1/1

青年蓝皮书
中国青年发展报告（2018）No.3
著(编)者：廉思　2018年6月出版 / 估价：99.00元
PSN B-2013-333-1/1

青少年蓝皮书
中国未成年人互联网运用报告（2017～2018）
著(编)者：季为民 李文革 沈杰
2018年11月出版 / 估价：99.00元
PSN B-2010-156-1/1

人权蓝皮书
中国人权事业发展报告No.8（2018）
著(编)者：李君如　2018年9月出版 / 估价：99.00元
PSN B-2011-215-1/1

社会保障绿皮书
中国社会保障发展报告No.9（2018）
著(编)者：王延中　2018年6月出版 / 估价：99.00元
PSN G-2001-014-1/1

社会风险评估蓝皮书
风险评估与危机预警报告（2017～2018）
著(编)者：唐钧　2018年8月出版 / 估价：99.00元
PSN B-2012-293-1/1

社会工作蓝皮书
中国社会工作发展报告（2016~2017）
著(编)者：民政部社会工作研究中心
2018年8月出版 / 估价：99.00元
PSN B-2009-141-1/1

社会管理蓝皮书
中国社会管理创新报告No.6
著(编)者：连玉明　2018年11月出版 / 估价：99.00元
PSN B-2012-300-1/1

社会蓝皮书
2018年中国社会形势分析与预测
著(编)者：李培林 陈光金 张翼
2017年12月出版 / 定价：89.00元
PSN B-1998-002-1/1

社会体制蓝皮书
中国社会体制改革报告No.6（2018）
著(编)者：龚维斌　2018年3月出版 / 定价：98.00元
PSN B-2013-330-1/1

社会心态蓝皮书
中国社会心态研究报告（2018）
著(编)者：王俊秀　2018年12月出版 / 估价：99.00元
PSN B-2011-199-1/1

社会组织蓝皮书
中国社会组织报告（2017-2018）
著(编)者：黄晓勇　2018年6月出版 / 估价：99.00元
PSN B-2008-118-1/2

社会组织蓝皮书
中国社会组织评估发展报告（2018）
著(编)者：徐家良　2018年12月出版 / 估价：99.00元
PSN B-2013-366-2/2

生态城市绿皮书
中国生态城市建设发展报告（2018）
著(编)者：刘举科 孙伟平 胡文臻
2018年9月出版 / 估价：158.00元
PSN G-2012-269-1/1

生态文明绿皮书
中国省域生态文明建设评价报告（ECI 2018）
著(编)者：严耕　2018年12月出版 / 估价：99.00元
PSN G-2010-170-1/1

退休生活蓝皮书
中国城市居民退休生活质量指数报告（2017）
著(编)者：杨一帆　2018年6月出版 / 估价：99.00元
PSN B-2017-618-1/1

危机管理蓝皮书
中国危机管理报告（2018）
著(编)者：文学国 范正青
2018年8月出版 / 估价：99.00元
PSN B-2010-171-1/1

学会蓝皮书
2018年中国学会发展报告
著(编)者：麦可思研究院　2018年12月出版 / 估价：99.00元
PSN B-2016-597-1/1

医改蓝皮书
中国医药卫生体制改革报告（2017～2018）
著(编)者：文学国 房志武
2018年11月出版 / 估价：99.00元
PSN B-2014-432-1/1

应急管理蓝皮书
中国应急管理报告（2018）
著(编)者：宋英华　2018年9月出版 / 估价：99.00元
PSN B-2016-562-1/1

政府绩效评估蓝皮书
中国地方政府绩效评估报告 No.2
著(编)者：贠杰　2018年12月出版 / 估价：99.00元
PSN B-2017-672-1/1

政治参与蓝皮书
中国政治参与报告（2018）
著(编)者：房宁　2018年8月出版 / 估价：128.00元
PSN B-2011-200-1/1

政治文化蓝皮书
中国政治文化报告（2018）
著(编)者：邢元敏 魏大鹏 龚克
2018年8月出版 / 估价：128.00元
PSN B-2017-615-1/1

中国传统村落蓝皮书
中国传统村落保护现状报告（2018）
著(编)者：胡彬彬 李向军 王晓波
2018年12月出版 / 估价：99.00元
PSN B-2017-663-1/1

中国农村妇女发展蓝皮书
农村流动女性城市生活发展报告（2018）
著(编)者：谢丽华　2018年12月出版 / 估价：99.00元
PSN B-2014-434-1/1

宗教蓝皮书
中国宗教报告（2017）
著(编)者：邱永辉　2018年8月出版 / 估价：99.00元
PSN B-2008-117-1/1

产业经济类

保健蓝皮书
中国保健服务产业发展报告 No.2
著(编)者：中国保健协会　中共中央党校
2018年7月出版 / 估价：198.00元
PSN B-2012-272-3/3

保健蓝皮书
中国保健食品产业发展报告 No.2
著(编)者：中国保健协会
中国社会科学院食品药品产业发展与监管研究中心
2018年8月出版 / 估价：198.00元
PSN B-2012-271-2/3

保健蓝皮书
中国保健用品产业发展报告 No.2
著(编)者：中国保健协会
国务院国有资产监督管理委员会研究中心
2018年6月出版 / 估价：198.00元
PSN B-2012-270-1/3

保险蓝皮书
中国保险业竞争力报告（2018）
著(编)者：保监会　2018年12月出版 / 估价：99.00元
PSN B-2013-311-1/1

冰雪蓝皮书
中国冰上运动产业发展报告（2018）
著(编)者：孙承华 杨占武 刘戈 张鸿俊
2018年9月出版 / 估价：99.00元
PSN B-2017-648-3/3

冰雪蓝皮书
中国滑雪产业发展报告（2018）
著(编)者：孙承华 伍斌 魏庆华 张鸿俊
2018年9月出版 / 估价：99.00元
PSN B-2016-559-1/3

餐饮产业蓝皮书
中国餐饮产业发展报告（2018）
著(编)者：邢颖
2018年6月出版 / 估价：99.00元
PSN B-2009-151-1/1

茶业蓝皮书
中国茶产业发展报告（2018）
著(编)者：杨江帆 李闽榕
2018年10月出版 / 估价：99.00元
PSN B-2010-164-1/1

产业安全蓝皮书
中国文化产业安全报告（2018）
著(编)者：北京印刷学院文化产业安全研究院
2018年12月出版 / 估价：99.00元
PSN B-2014-378-12/14

产业安全蓝皮书
中国新媒体产业安全报告（2016～2017）
著(编)者：肖丽　2018年6月出版 / 估价：99.00元
PSN B-2015-500-14/14

产业安全蓝皮书
中国出版传媒产业安全报告（2017～2018）
著(编)者：北京印刷学院文化产业安全研究院
2018年6月出版 / 估价：99.00元
PSN B-2014-384-13/14

产业蓝皮书
中国产业竞争力报告（2018）No.8
著(编)者：张其仔　2018年12月出版 / 估价：168.00元
PSN B-2010-175-1/1

动力电池蓝皮书
中国新能源汽车动力电池产业发展报告（2018
著(编)者：中国汽车技术研究中心
2018年8月出版 / 估价：99.00元
PSN B-2017-639-1/1

杜仲产业绿皮书
中国杜仲橡胶资源与产业发展报告（2017～20
著(编)者：杜红岩 胡文臻 俞锐
2018年6月出版 / 估价：99.00元
PSN G-2013-350-1/1

房地产蓝皮书
中国房地产发展报告No.15（2018）
著(编)者：李春华 王业强
2018年5月出版 / 估价：99.00元
PSN B-2004-028-1/1

服务外包蓝皮书
中国服务外包产业发展报告（2017～2018）
著(编)者：王晓红 刘德军
2018年6月出版 / 估价：99.00元
PSN B-2013-331-2/2

服务外包蓝皮书
中国服务外包竞争力报告（2017～2018）
著(编)者：刘春生 王力 黄育华
2018年12月出版 / 估价：99.00元
PSN B-2011-216-1/2

工业和信息化蓝皮书
世界信息技术产业发展报告（2017～2018）
著(编)者：尹丽波　2018年6月出版 / 估价：99.00元
PSN B-2015-449-2/6

工业和信息化蓝皮书
战略性新兴产业发展报告（2017～2018）
著(编)者：尹丽波　2018年6月出版 / 估价：99.00元
PSN B-2015-450-3/6

海洋经济蓝皮书
中国海洋经济发展报告（2015～2018）
著(编)者：殷克东 高金田 方胜民
2018年3月出版 / 定价：128.00元
PSN B-2018-697-1/1

康养蓝皮书
中国康养产业发展报告（2017）
著(编)者：何莽　2017年12月出版 / 定价：88.00元
PSN B-2017-685-1/1

客车蓝皮书
中国客车产业发展报告（2017～2018）
著(编)者：姚蔚　2018年10月出版 / 估价：99.00元
PSN B-2013-361-1/1

流通蓝皮书
中国商业发展报告（2018～2019）
著(编)者：王雪峰 林诗慧
2018年7月出版 / 估价：99.00元
PSN B-2009-152-1/2

能源蓝皮书
中国能源发展报告（2018）
著(编)者：崔民选 王军生 陈义和
2018年12月出版 / 估价：99.00元
PSN B-2006-049-1/1

农产品流通蓝皮书
中国农产品流通产业发展报告（2017）
著(编)者：贾敬敦 张东科 张玉玺 张鹏毅 周伟
2018年6月出版 / 估价：99.00元
PSN B-2012-288-1/1

汽车工业蓝皮书
中国汽车工业发展年度报告（2018）
著(编)者：中国汽车工业协会
中国汽车技术研究中心
丰田汽车公司
2018年5月出版 / 估价：168.00元
PSN B-2015-463-1/2

汽车工业蓝皮书
中国汽车零部件产业发展报告（2017～2018）
著(编)者：中国汽车工业协会
中国汽车工程研究院深圳市沃特玛电池有限公司
2018年9月出版 / 估价：99.00元
PSN B-2016-515-2/2

汽车蓝皮书
中国汽车产业发展报告（2018）
著(编)者：中国汽车工程学会
大众汽车集团（中国）
2018年11月出版 / 估价：99.00元
PSN B-2008-124-1/1

世界茶业蓝皮书
世界茶业发展报告（2018）
著(编)者：李闽榕 冯廷佺
2018年5月出版 / 估价：168.00元
PSN B-2017-619-1/1

世界能源蓝皮书
世界能源发展报告（2018）
著(编)者：黄晓勇　2018年6月出版 / 估价：168.00元
PSN B-2013-349-1/1

石油蓝皮书
中国石油产业发展报告（2018）
著(编)者：中国石油化工集团公司经济技术研究院
中国国际石油化工联合有限责任公司
中国社会科学院数量经济与技术经济研究所
2018年2月出版 / 定价：98.00元
PSN B-2018-690-1/1

体育蓝皮书
国家体育产业基地发展报告（2016～2017）
著(编)者：李颖川　2018年6月出版 / 估价：168.00元
PSN B-2017-609-5/5

体育蓝皮书
中国体育产业发展报告（2018）
著(编)者：阮伟 钟秉枢
2018年12月出版 / 估价：99.00元
PSN B-2010-179-1/5

文化金融蓝皮书
中国文化金融发展报告（2018）
著(编)者：杨涛 金巍
2018年6月出版 / 估价：99.00元
PSN B-2017-610-1/1

新能源汽车蓝皮书
中国新能源汽车产业发展报告（2018）
著(编)者：中国汽车技术研究中心
日产（中国）投资有限公司
东风汽车有限公司
2018年8月出版 / 估价：99.00元
PSN B-2013-347-1/1

薏仁米产业蓝皮书
中国薏仁米产业发展报告No.2（2018）
著(编)者：李发耀 石明　秦礼康
2018年8月出版 / 估价：99.00元
PSN B-2017-645-1/1

邮轮绿皮书
中国邮轮产业发展报告（2018）
著(编)者：汪泓　2018年10月出版 / 估价：99.00元
PSN G-2014-419-1/1

智能养老蓝皮书
中国智能养老产业发展报告（2018）
著(编)者：朱勇　2018年10月出版 / 估价：99.00元
PSN B-2015-488-1/1

中国节能汽车蓝皮书
中国节能汽车发展报告（2017～2018）
著(编)者：中国汽车工程研究院股份有限公司
2018年9月出版 / 估价：99.00元
PSN B-2016-565-1/1

中国陶瓷产业蓝皮书
中国陶瓷产业发展报告（2018）
著(编)者：左和平 黄速建
2018年10月出版 / 估价：99.00元
PSN B-2016-573-1/1

装备制造业蓝皮书
中国装备制造业发展报告（2018）
著(编)者：徐东华
2018年12月出版 / 估价：118.00元
PSN B-2015-505-1/1

行业及其他类

“三农”互联网金融蓝皮书
中国“三农”互联网金融发展报告（2018）
著(编)者：李勇坚 王弢
2018年8月出版 / 估价：99.00元
PSN B-2016-560-1/1

SUV蓝皮书
中国SUV市场发展报告（2017～2018）
著(编)者：靳军 2018年9月出版 / 估价：99.00元
PSN B-2016-571-1/1

冰雪蓝皮书
中国冬季奥运会发展报告（2018）
著(编)者：孙承华 伍斌 魏庆华 张鸿俊
2018年9月出版 / 估价：99.00元
PSN B-2017-647-2/3

彩票蓝皮书
中国彩票发展报告（2018）
著(编)者：益彩基金 2018年6月出版 / 估价：99.00元
PSN B-2015-462-1/1

测绘地理信息蓝皮书
测绘地理信息供给侧结构性改革研究报告（2018）
著(编)者：库热西·买合苏提
2018年12月出版 / 估价：168.00元
PSN B-2009-145-1/1

产权市场蓝皮书
中国产权市场发展报告（2017）
著(编)者：曹和平
2018年5月出版 / 估价：99.00元
PSN B-2009-147-1/1

城投蓝皮书
中国城投行业发展报告（2018）
著(编)者：华景斌
2018年11月出版 / 估价：300.00元
PSN B-2016-514-1/1

城市轨道交通蓝皮书
中国城市轨道交通运营发展报告（2017～2018）
著(编)者：崔学忠 贾文峥
2018年3月出版 / 定价：89.00元
PSN B-2018-694-1/1

大数据蓝皮书
中国大数据发展报告（No.2）
著(编)者：连玉明 2018年5月出版 / 估价：99.00元
PSN B-2017-620-1/1

大数据应用蓝皮书
中国大数据应用发展报告No.2（2018）
著(编)者：陈军君 2018年8月出版 / 估价：99.00元
PSN B-2017-644-1/1

对外投资与风险蓝皮书
中国对外直接投资与国家风险报告（2018）
著(编)者：中债资信评估有限责任公司
中国社会科学院世界经济与政治研究所
2018年6月出版 / 估价：189.00元
PSN B-2017-606-1/1

工业和信息化蓝皮书
人工智能发展报告（2017～2018）
著(编)者：尹丽波 2018年6月出版 / 估价：99.00元
PSN B-2015-448-1/6

工业和信息化蓝皮书
世界智慧城市发展报告（2017～2018）
著(编)者：尹丽波 2018年6月出版 / 估价：99.00元
PSN B-2017-624-6/6

工业和信息化蓝皮书
世界网络安全发展报告（2017～2018）
著(编)者：尹丽波 2018年6月出版 / 估价：99.00元
PSN B-2015-452-5/6

工业和信息化蓝皮书
世界信息化发展报告（2017～2018）
著(编)者：尹丽波 2018年6月出版 / 估价：99.00元
PSN B-2015-451-4/6

工业设计蓝皮书
中国工业设计发展报告（2018）
著(编)者：王晓红 于炜 张立群 2018年9月出版 / 估价：
PSN B-2014-420-1/1

公共关系蓝皮书
中国公共关系发展报告（2017）
著(编)者：柳斌杰 2018年1月出版 / 定价：89.00元
PSN B-2016-579-1/1

公共关系蓝皮书
中国公共关系发展报告（2018）
著(编)者：柳斌杰　　2018年11月出版 / 估价：99.00元
PSN B-2016-579-1/1

管理蓝皮书
中国管理发展报告（2018）
著(编)者：张晓东　　2018年10月出版 / 估价：99.00元
PSN B-2014-416-1/1

轨道交通蓝皮书
中国轨道交通行业发展报告（2017）
著(编)者：仲建华 李闽榕
2017年12月出版 / 定价：98.00元
PSN B-2017-674-1/1

海关发展蓝皮书
中国海关发展前沿报告（2018）
著(编)者：干春晖　　2018年6月出版 / 估价：99.00元
PSN B-2017-616-1/1

互联网医疗蓝皮书
中国互联网健康医疗发展报告（2018）
著(编)者：芮晓武　　2018年6月出版 / 估价：99.00元
PSN B-2016-567-1/1

黄金市场蓝皮书
中国商业银行黄金业务发展报告（2017~2018）
著(编)者：平安银行　　2018年6月出版 / 估价：99.00元
PSN B-2016-524-1/1

会展蓝皮书
中外会展业动态评估研究报告（2018）
著(编)者：张敏 任中峰 聂鑫焱 牛盼强
2018年12月出版 / 估价：99.00元
PSN B-2013-327-1/1

基金会蓝皮书
中国基金会发展报告（2017~2018）
著(编)者：中国基金会发展报告课题组
2018年6月出版 / 估价：99.00元
PSN B-2013-368-1/1

基金会绿皮书
中国基金会发展独立研究报告（2018）
著(编)者：基金会中心网　　中央民族大学基金会研究中心
2018年6月出版 / 估价：99.00元
PSN G-2011-213-1/1

基金会透明度蓝皮书
中国基金会透明度发展研究报告（2018）
著(编)者：基金会中心网
清华大学廉政与治理研究中心
2018年9月出版 / 估价：99.00元
PSN B-2013-339-1/1

建筑装饰蓝皮书
中国建筑装饰行业发展报告（2018）
著(编)者：葛道顺 刘晓一
2018年10月出版 / 估价：198.00元
PSN B-2016-553-1/1

金融监管蓝皮书
中国金融监管报告（2018）
著(编)者：胡滨　　2018年3月出版 / 定价：98.00元
PSN B-2012-281-1/1

金融蓝皮书
中国互联网金融行业分析与评估（2018~2019）
著(编)者：黄国平 伍旭川　　2018年12月出版 / 估价：99.00元
PSN B-2016-585-7/7

金融科技蓝皮书
中国金融科技发展报告（2018）
著(编)者：李扬 孙国峰　　2018年10月出版 / 估价：99.00元
PSN B-2014-374-1/1

金融信息服务蓝皮书
中国金融信息服务发展报告（2018）
著(编)者：李平　　2018年5月出版 / 估价：99.00元
PSN B-2017-621-1/1

金蜜蜂企业社会责任蓝皮书
金蜜蜂中国企业社会责任报告研究（2017）
著(编)者：殷格非 于志宏 管竹笋
2018年1月出版 / 定价：99.00元
PSN B-2018-693-1/1

京津冀金融蓝皮书
京津冀金融发展报告（2018）
著(编)者：王爱俭 王璟怡　　2018年10月出版 / 估价：99.00元
PSN B-2016-527-1/1

科普蓝皮书
国家科普能力发展报告（2018）
著(编)者：王康友　　2018年5月出版 / 估价：138.00元
PSN B-2017-632-4/4

科普蓝皮书
中国基层科普发展报告（2017~2018）
著(编)者：赵立新 陈玲　　2018年9月出版 / 估价：99.00元
PSN B-2016-568-3/4

科普蓝皮书
中国科普基础设施发展报告（2017~2018）
著(编)者：任福君　　2018年6月出版 / 估价：99.00元
PSN B-2010-174-1/3

科普蓝皮书
中国科普人才发展报告（2017~2018）
著(编)者：郑念 任嵘嵘　　2018年7月出版 / 估价：99.00元
PSN B-2016-512-2/4

科普能力蓝皮书
中国科普能力评价报告（2018~2019）
著(编)者：李富强 李群　　2018年8月出版 / 估价：99.00元
PSN B-2016-555-1/1

临空经济蓝皮书
中国临空经济发展报告（2018）
著(编)者：连玉明　　2018年9月出版 / 估价：99.00元
PSN B-2014-421-1/1

旅游安全蓝皮书
中国旅游安全报告（2018）
著(编)者：郑向敏 谢朝武　　2018年5月出版 / 估价：158.00元
PSN B-2012-280-1/1

旅游绿皮书
2017～2018年中国旅游发展分析与预测
著(编)者：宋瑞　　2018年1月出版 / 定价：99.00元
PSN G-2002-018-1/1

煤炭蓝皮书
中国煤炭工业发展报告（2018）
著(编)者：岳福斌　　2018年12月出版 / 估价：99.00元
PSN B-2008-123-1/1

民营企业社会责任蓝皮书
中国民营企业社会责任报告（2018）
著(编)者：中华全国工商业联合会
2018年12月出版 / 估价：99.00元
PSN B-2015-510-1/1

民营医院蓝皮书
中国民营医院发展报告（2017）
著(编)者：薛晓林　　2017年12月出版 / 定价：89.00元
PSN B-2012-299-1/1

闽商蓝皮书
闽商发展报告（2018）
著(编)者：李闽榕 王日根 林琛
2018年12月出版 / 估价：99.00元
PSN B-2012-298-1/1

农业应对气候变化蓝皮书
中国农业气象灾害及其灾损评估报告（No.3）
著(编)者：矫梅燕　　2018年6月出版 / 估价：118.00元
PSN B-2014-413-1/1

品牌蓝皮书
中国品牌战略发展报告（2018）
著(编)者：汪同三　　2018年10月出版 / 估价：99.00元
PSN B-2016-580-1/1

企业扶贫蓝皮书
中国企业扶贫研究报告（2018）
著(编)者：钟宏武　　2018年12月出版 / 估价：99.00元
PSN B-2016-593-1/1

企业公益蓝皮书
中国企业公益研究报告（2018）
著(编)者：钟宏武 汪杰 黄晓娟
2018年12月出版 / 估价：99.00元
PSN B-2015-501-1/1

企业国际化蓝皮书
中国企业全球化报告（2018）
著(编)者：王辉耀 苗绿　　2018年11月出版 / 估价：99.00元
PSN B-2014-427-1/1

企业蓝皮书
中国企业绿色发展报告No.2（2018）
著(编)者：李红玉 朱光辉
2018年8月出版 / 估价：99.00元
PSN B-2015-481-2/2

企业社会责任蓝皮书
中资企业海外社会责任研究报告（2017～2018）
著(编)者：钟宏武 叶柳红 张蒽
2018年6月出版 / 估价：99.00元
PSN B-2017-603-2/2

企业社会责任蓝皮书
中国企业社会责任研究报告（2018）
著(编)者：黄群慧 钟宏武 张蒽 汪杰
2018年11月出版 / 估价：99.00元
PSN B-2009-149-1/2

汽车安全蓝皮书
中国汽车安全发展报告（2018）
著(编)者：中国汽车技术研究中心
2018年8月出版 / 估价：99.00元
PSN B-2014-385-1/1

汽车电子商务蓝皮书
中国汽车电子商务发展报告（2018）
著(编)者：中华全国工商业联合会汽车经销商商会
北方工业大学
北京易观智库网络科技有限公司
2018年10月出版 / 估价：158.00元
PSN B-2015-485-1/1

汽车知识产权蓝皮书
中国汽车产业知识产权发展报告（2018）
著(编)者：中国汽车工程研究院股份有限公司
中国汽车工程学会
重庆长安汽车股份有限公司
2018年12月出版 / 估价：99.00元
PSN B-2016-594-1/1

青少年体育蓝皮书
中国青少年体育发展报告（2017）
著(编)者：刘扶民 杨桦　　2018年6月出版 / 估价：99.00元
PSN B-2015-482-1/1

区块链蓝皮书
中国区块链发展报告（2018）
著(编)者：李伟　　2018年9月出版 / 估价：99.00元
PSN B-2017-649-1/1

群众体育蓝皮书
中国群众体育发展报告（2017）
著(编)者：刘国永 戴健　　2018年5月出版 / 估价：99.00元
PSN B-2014-411-1/3

群众体育蓝皮书
中国社会体育指导员发展报告（2018）
著(编)者：刘国永 王欢　　2018年6月出版 / 估价：99.00元
PSN B-2016-520-3/3

人力资源蓝皮书
中国人力资源发展报告（2018）
著(编)者：余兴安　　2018年11月出版 / 估价：99.00元
PSN B-2012-287-1/1

融资租赁蓝皮书
中国融资租赁业发展报告（2017～2018）
著(编)者：李光荣 王力　　2018年8月出版 / 估价：99.00元
PSN B-2015-443-1/1

商会蓝皮书
中国商会发展报告No.5（2017）
著(编)者：王钦敏　　2018年7月出版 / 估价：99.00元
PSN B-2008-125-1/1

商务中心区蓝皮书
中国商务中心区发展报告No.4（2017~2018）
著(编)者：李国红 单菁菁　　2018年9月出版 / 估价：99.00元
PSN B-2015-444-1/1

设计产业蓝皮书
中国创新设计发展报告（2018）
著(编)者：王晓红 张立群 于炜
2018年11月出版 / 估价：99.00元
PSN B-2016-581-2/2

社会责任管理蓝皮书
中国上市公司社会责任能力成熟度报告No.4（2018）
著(编)者：肖红军 王晓光 李伟阳
2018年12月出版 / 估价：99.00元
PSN B-2015-507-2/2

社会责任管理蓝皮书
中国企业公众透明度报告No.4（2017~2018）
著(编)者：黄速建 熊梦 王晓光 肖红军
2018年6月出版 / 估价：99.00元
PSN B-2015-440-1/2

食品药品蓝皮书
食品药品安全与监管政策研究报告（2016~2017）
著(编)者：唐民皓　　2018年6月出版 / 估价：99.00元
PSN B-2009-129-1/1

输血服务蓝皮书
中国输血行业发展报告（2018）
著(编)者：孙俊　　2018年12月出版 / 估价：99.00元
PSN B-2016-582-1/1

水利风景区蓝皮书
中国水利风景区发展报告（2018）
著(编)者：董建文 兰思仁
2018年10月出版 / 估价：99.00元
PSN B-2015-480-1/1

数字经济蓝皮书
全球数字经济竞争力发展报告（2017）
著(编)者：王振　　2017年12月出版 / 定价：79.00元
PSN B-2017-673-1/1

私募市场蓝皮书
中国私募股权市场发展报告（2017~2018）
著(编)者：曹和平　　2018年12月出版 / 估价：99.00元
PSN B-2010-162-1/1

碳排放权交易蓝皮书
中国碳排放权交易报告（2018）
著(编)者：孙永平　　2018年11月出版 / 估价：99.00元
PSN B-2017-652-1/1

碳市场蓝皮书
中国碳市场报告（2018）
著(编)者：定金彪　　2018年11月出版 / 估价：99.00元
PSN B-2014-430-1/1

体育蓝皮书
中国公共体育服务发展报告（2018）
著(编)者：戴健　　2018年12月出版 / 估价：99.00元
PSN B-2013-367-2/5

土地市场蓝皮书
中国农村土地市场发展报告（2017~2018）
著(编)者：李光荣　　2018年6月出版 / 估价：99.00元
PSN B-2016-526-1/1

土地整治蓝皮书
中国土地整治发展研究报告（No.5）
著(编)者：国土资源部土地整治中心
2018年7月出版 / 估价：99.00元
PSN B-2014-401-1/1

土地政策蓝皮书
中国土地政策研究报告（2018）
著(编)者：高延利 张建平 吴次芳
2018年1月出版 / 定价：98.00元
PSN B-2015-506-1/1

网络空间安全蓝皮书
中国网络空间安全发展报告（2018）
著(编)者：惠志斌 覃庆玲
2018年11月出版 / 估价：99.00元
PSN B-2015-466-1/1

文化志愿服务蓝皮书
中国文化志愿服务发展报告（2018）
著(编)者：张永新 良警宇　　2018年11月出版 / 估价：128.00元
PSN B-2016-596-1/1

西部金融蓝皮书
中国西部金融发展报告（2017~2018）
著(编)者：李忠民　　2018年8月出版 / 估价：99.00元
PSN B-2010-160-1/1

协会商会蓝皮书
中国行业协会商会发展报告（2017）
著(编)者：景朝阳 李勇　　2018年6月出版 / 估价：99.00元
PSN B-2015-461-1/1

新三板蓝皮书
中国新三板市场发展报告（2018）
著(编)者：王力　　2018年8月出版 / 估价：99.00元
PSN B-2016-533-1/1

信托市场蓝皮书
中国信托业市场报告（2017~2018）
著(编)者：用益金融信托研究院
2018年6月出版 / 估价：198.00元
PSN B-2014-371-1/1

信息化蓝皮书
中国信息化形势分析与预测（2017~2018）
著(编)者：周宏仁　　2018年8月出版 / 估价：99.00元
PSN B-2010-168-1/1

信用蓝皮书
中国信用发展报告（2017~2018）
著(编)者：章政 田侃　　2018年6月出版 / 估价：99.00元
PSN B-2013-328-1/1

欧洲蓝皮书
欧洲发展报告（2017～2018）
著(编)者：黄平 周弘 程卫东
2018年6月出版 / 估价：99.00元
PSN B-1999-009-1/1

葡语国家蓝皮书
葡语国家发展报告（2016～2017）
著(编)者：王成安 张敏 刘金兰
2018年6月出版 / 估价：99.00元
PSN B-2015-503-1/2

葡语国家蓝皮书
中国与葡语国家关系发展报告·巴西（2016）
著(编)者：张曙光
2018年8月出版 / 估价：99.00元
PSN B-2016-563-2/2

气候变化绿皮书
应对气候变化报告（2018）
著(编)者：王伟光 郑国光
2018年11月出版 / 估价：99.00元
PSN G-2009-144-1/1

全球环境竞争力绿皮书
全球环境竞争力报告（2018）
著(编)者：李建平 李闽榕 王金南
2018年12月出版 / 估价：198.00元
PSN G-2013-363-1/1

全球信息社会蓝皮书
全球信息社会发展报告（2018）
著(编)者：丁波涛 唐涛 2018年10月出版 / 估价：99.00元
PSN B-2017-665-1/1

日本经济蓝皮书
日本经济与中日经贸关系研究报告（2018）
著(编)者：张季风 2018年6月出版 / 估价：99.00元
PSN B-2008-102-1/1

上海合作组织黄皮书
上海合作组织发展报告（2018）
著(编)者：李进峰 2018年6月出版 / 估价：99.00元
PSN Y-2009-130-1/1

世界创新竞争力黄皮书
世界创新竞争力发展报告（2017）
著(编)者：李建平 李闽榕 赵新力
2018年6月出版 / 估价：168.00元
PSN Y-2013-318-1/1

世界经济黄皮书
2018年世界经济形势分析与预测
著(编)者：张宇燕 2018年1月出版 / 定价：99.00元
PSN Y-1999-006-1/1

世界能源互联互通蓝皮书
世界能源清洁发展与互联互通评估报告（2017）：欧
著(编)者：国网能源研究院
2018年1月出版 / 定价：128.00元
PSN B-2018-695-1/1

丝绸之路蓝皮书
丝绸之路经济带发展报告（2018）
著(编)者：任宗哲 白宽犁 谷孟宾
2018年1月出版 / 定价：89.00元
PSN B-2014-410-1/1

新兴经济体蓝皮书
金砖国家发展报告（2018）
著(编)者：林跃勤 周文
2018年8月出版 / 估价：99.00元
PSN B-2011-195-1/1

亚太蓝皮书
亚太地区发展报告（2018）
著(编)者：李向阳 2018年5月出版 / 估价：99.00元
PSN B-2001-015-1/1

印度洋地区蓝皮书
印度洋地区发展报告（2018）
著(编)者：汪戎 2018年6月出版 / 估价：99.00元
PSN B-2013-334-1/1

印度尼西亚经济蓝皮书
印度尼西亚经济发展报告（2017）：增长与机
著(编)者：左志刚 2017年11月出版 / 定价：89.00元
PSN B-2017-675-1/1

渝新欧蓝皮书
渝新欧沿线国家发展报告（2018）
著(编)者：杨柏 黄森
2018年6月出版 / 估价：99.00元
PSN B-2017-626-1/1

中阿蓝皮书
中国-阿拉伯国家经贸发展报告（2018）
著(编)者：张廉 段庆林 王林聪 杨巧红
2018年12月出版 / 估价：99.00元
PSN B-2016-598-1/1

中东黄皮书
中东发展报告No.20（2017～2018）
著(编)者：杨光 2018年10月出版 / 估价：99.00元
PSN Y-1998-004-1/1

中亚黄皮书
中亚国家发展报告（2018）
著(编)者：孙力
2018年3月出版 / 定价：98.00元
PSN Y-2012-238-1/1

国别类

澳大利亚蓝皮书
澳大利亚发展报告（2017-2018）
著(编)者：孙有中 韩锋　2018年12月出版 / 估价：99.00元
PSN B-2016-587-1/1

巴西黄皮书
巴西发展报告（2017）
著(编)者：刘国枝　2018年5月出版 / 估价：99.00元
PSN Y-2017-614-1/1

德国蓝皮书
德国发展报告（2018）
著(编)者：郑春荣　2018年6月出版 / 估价：99.00元
PSN B-2012-278-1/1

俄罗斯黄皮书
俄罗斯发展报告（2018）
著(编)者：李永全　2018年6月出版 / 估价：99.00元
PSN Y-2006-061-1/1

韩国蓝皮书
韩国发展报告（2017）
著(编)者：牛林杰 刘宝全　2018年6月出版 / 估价：99.00元
PSN B-2010-155-1/1

加拿大蓝皮书
加拿大发展报告（2018）
著(编)者：唐小松　2018年9月出版 / 估价：99.00元
PSN B-2014-389-1/1

美国蓝皮书
美国研究报告（2018）
著(编)者：郑秉文 黄平　2018年5月出版 / 估价：99.00元
PSN B-2011-210-1/1

缅甸蓝皮书
缅甸国情报告（2017）
著(编)者：祝湘辉
2017年11月出版 / 定价：98.00元
PSN B-2013-343-1/1

日本蓝皮书
日本研究报告（2018）
著(编)者：杨伯江　2018年4月出版 / 定价：99.00元
PSN B-2002-020-1/1

土耳其蓝皮书
土耳其发展报告（2018）
著(编)者：郭长刚 刘义　2018年9月出版 / 估价：99.00元
PSN B-2014-412-1/1

伊朗蓝皮书
伊朗发展报告（2017～2018）
著(编)者：冀开运　2018年10月 / 估价：99.00元
PSN B-2016-574-1/1

以色列蓝皮书
以色列发展报告（2018）
著(编)者：张倩红　2018年8月出版 / 估价：99.00元
PSN B-2015-483-1/1

印度蓝皮书
印度国情报告（2017）
著(编)者：吕昭义　2018年6月出版 / 估价：99.00元
PSN B-2012-241-1/1

英国蓝皮书
英国发展报告（2017～2018）
著(编)者：王展鹏　2018年12月出版 / 估价：99.00元
PSN B-2015-486-1/1

越南蓝皮书
越南国情报告（2018）
著(编)者：谢林城　2018年11月出版 / 估价：99.00元
PSN B-2006-056-1/1

泰国蓝皮书
泰国研究报告（2018）
著(编)者：庄国土 张禹东 刘文正
2018年10月出版 / 估价：99.00元
PSN B-2016-556-1/1

文化传媒类

“三农”舆情蓝皮书
中国“三农”网络舆情报告（2017～2018）
著(编)者：农业部信息中心
2018年6月出版 / 估价：99.00元
PSN B-2017-640-1/1

传媒竞争力蓝皮书
中国传媒国际竞争力研究报告（2018）
著(编)者：李本乾 刘强 王大可
2018年8月出版 / 估价：99.00元
PSN B-2013-356-1/1

传媒蓝皮书
中国传媒产业发展报告（2018）
著(编)者：崔保国
2018年5月出版 / 估价：99.00元
PSN B-2005-035-1/1

传媒投资蓝皮书
中国传媒投资发展报告（2018）
著(编)者：张向东 谭云明
2018年6月出版 / 估价：148.00元
PSN B-2015-474-1/1

非物质文化遗产蓝皮书
中国非物质文化遗产发展报告（2018）
著(编)者：陈平　2018年6月出版 / 估价：128.00元
PSN B-2015-469-1/2

非物质文化遗产蓝皮书
中国非物质文化遗产保护发展报告（2018）
著(编)者：宋俊华　2018年10月出版 / 估价：128.00元
PSN B-2016-586-2/2

广电蓝皮书
中国广播电影电视发展报告（2018）
著(编)者：国家新闻出版广电总局发展研究中心
2018年7月出版 / 估价：99.00元
PSN B-2006-072-1/1

广告主蓝皮书
中国广告主营销传播趋势报告No.9
著(编)者：黄升民 杜国清 邵华冬 等
2018年10月出版 / 估价：158.00元
PSN B-2005-041-1/1

国际传播蓝皮书
中国国际传播发展报告（2018）
著(编)者：胡正荣 李继东 姬德强
2018年12月出版 / 估价：99.00元
PSN B-2014-408-1/1

国家形象蓝皮书
中国国家形象传播报告（2017）
著(编)者：张昆　2018年6月出版 / 估价：128.00元
PSN B-2017-605-1/1

互联网治理蓝皮书
中国网络社会治理研究报告（2018）
著(编)者：罗昕 支庭荣
2018年9月出版 / 估价：118.00元
PSN B-2017-653-1/1

纪录片蓝皮书
中国纪录片发展报告（2018）
著(编)者：何苏六　2018年10月出版 / 估价：99.00元
PSN B-2011-222-1/1

科学传播蓝皮书
中国科学传播报告（2016~2017）
著(编)者：詹正茂　2018年6月出版 / 估价：99.00元
PSN B-2008-120-1/1

两岸创意经济蓝皮书
两岸创意经济研究报告（2018）
著(编)者：罗昌智 董泽平
2018年10月出版 / 估价：99.00元
PSN B-2014-437-1/1

媒介与女性蓝皮书
中国媒介与女性发展报告（2017~2018）
著(编)者：刘利群　2018年5月出版 / 估价：99.00元
PSN B-2013-345-1/1

媒体融合蓝皮书
中国媒体融合发展报告（2017~2018）
著(编)者：梅宁华 支庭荣
2017年12月出版 / 定价：98.00元
PSN B-2015-479-1/1

全球传媒蓝皮书
全球传媒发展报告（2017~2018）
著(编)者：胡正荣 李继东　2018年6月出版 / 估价：99.00
PSN B-2012-237-1/1

少数民族非遗蓝皮书
中国少数民族非物质文化遗产发展报告（2018）
著(编)者：肖远平（彝） 柴立（满）
2018年10月出版 / 估价：118.00元
PSN B-2015-467-1/1

视听新媒体蓝皮书
中国视听新媒体发展报告（2018）
著(编)者：国家新闻出版广电总局发展研究中心
2018年7月出版 / 估价：118.00元
PSN B-2011-184-1/1

数字娱乐产业蓝皮书
中国动画产业发展报告（2018）
著(编)者：孙立军 孙平 牛兴侦
2018年10月出版 / 估价：99.00元
PSN B-2011-198-1/2

数字娱乐产业蓝皮书
中国游戏产业发展报告（2018）
著(编)者：孙立军 刘跃军　2018年10月出版 / 估价：99.00
PSN B-2017-662-2/2

网络视听蓝皮书
中国互联网视听行业发展报告（2018）
著(编)者：陈鹏　2018年2月出版 / 定价：148.00元
PSN B-2018-688-1/1

文化创新蓝皮书
中国文化创新报告（2017·No.8）
著(编)者：傅才武　2018年6月出版 / 估价：99.00元
PSN B-2009-143-1/1

文化建设蓝皮书
中国文化发展报告（2018）
著(编)者：江畅 孙伟平 戴茂堂
2018年5月出版 / 估价：99.00元
PSN B-2014-392-1/1

文化科技蓝皮书
文化科技创新发展报告（2018）
著(编)者：于平 李凤亮　2018年10月出版 / 估价：99.00元
PSN B-2013-342-1/1

文化蓝皮书
中国公共文化服务发展报告（2017~2018）
著(编)者：刘新成 张永新 张旭
2018年12月出版 / 估价：99.00元
PSN B-2007-093-2/10

文化蓝皮书
中国少数民族文化发展报告（2017~2018）
著(编)者：武翠英 张晓明 任乌晶
2018年9月出版 / 估价：99.00元
PSN B-2013-369-9/10

文化蓝皮书
中国文化产业供需协调检测报告（2018）
著(编)者：王亚南　2018年3月出版 / 定价：99.00元
PSN B-2013-323-8/10

文化蓝皮书
中国文化消费需求景气评价报告（2018）
著(编)者：王亚南　　2018年3月出版 / 定价：99.00元
PSN B-2011-236-4/10

文化蓝皮书
中国公共文化投入增长测评报告（2018）
著(编)者：王亚南　　2018年3月出版 / 定价：99.00元
PSN B-2014-435-10/10

文化品牌蓝皮书
中国文化品牌发展报告（2018）
著(编)者：欧阳友权　　2018年5月出版 / 估价：99.00元
PSN B-2012-277-1/1

文化遗产蓝皮书
中国文化遗产事业发展报告（2017～2018）
著(编)者：苏杨 张颖岚 卓杰 白海峰 陈晨 陈叙图
2018年8月出版 / 估价：99.00元
PSN B-2008-119-1/1

文学蓝皮书
中国文情报告（2017～2018）
著(编)者：白烨　　2018年5月出版 / 估价：99.00元
PSN B-2011-221-1/1

新媒体蓝皮书
中国新媒体发展报告No.9（2018）
著(编)者：唐绪军　　2018年7月出版 / 估价：99.00元
PSN B-2010-169-1/1

新媒体社会责任蓝皮书
中国新媒体社会责任研究报告（2018）
著(编)者：钟瑛　　2018年12月出版 / 估价：99.00元
PSN B-2014-423-1/1

移动互联网蓝皮书
中国移动互联网发展报告（2018）
著(编)者：余清楚　　2018年6月出版 / 估价：99.00元
PSN B-2012-282-1/1

影视蓝皮书
中国影视产业发展报告（2018）
著(编)者：司若 陈鹏 陈锐
2018年6月出版 / 估价：99.00元
PSN B-2016-529-1/1

舆情蓝皮书
中国社会舆情与危机管理报告（2018）
著(编)者：谢耘耕
2018年9月出版 / 估价：138.00元
PSN B-2011-235-1/1

中国大运河蓝皮书
中国大运河发展报告（2018）
著(编)者：吴欣　　2018年2月出版 / 估价：128.00元
PSN B-2018-691-1/1

地方发展类-经济

澳门蓝皮书
澳门经济社会发展报告（2017～2018）
著(编)者：吴志良 郝雨凡
2018年7月出版 / 估价：99.00元
PSN B-2009-138-1/1

澳门绿皮书
澳门旅游休闲发展报告（2017～2018）
著(编)者：郝雨凡 林广志
2018年5月出版 / 估价：99.00元
PSN G-2017-617-1/1

北京蓝皮书
北京经济发展报告（2017～2018）
著(编)者：杨松　　2018年6月出版 / 估价：99.00元
PSN B-2006-054-2/8

北京旅游绿皮书
北京旅游发展报告（2018）
著(编)者：北京旅游学会
2018年7月出版 / 估价：99.00元
PSN G-2012-301-1/1

北京体育蓝皮书
北京体育产业发展报告（2017～2018）
著(编)者：钟秉枢 陈杰 杨铁黎
2018年9月出版 / 估价：99.00元
PSN B-2015-475-1/1

滨海金融蓝皮书
滨海新区金融发展报告（2017）
著(编)者：王爱俭 李向前　　2018年4月出版 / 估价：99.00元
PSN B-2014-424-1/1

城乡一体化蓝皮书
北京城乡一体化发展报告（2017～2018）
著(编)者：吴宝新 张宝秀 黄序
2018年5月出版 / 估价：99.00元
PSN B-2012-258-2/2

非公有制企业社会责任蓝皮书
北京非公有制企业社会责任报告（2018）
著(编)者：宋贵伦 冯培
2018年6月出版 / 估价：99.00元
PSN B-2017-613-1/1

福建旅游蓝皮书
福建省旅游产业发展现状研究（2017~2018）
著(编)者：陈敏华 黄远水 2018年12月出版 / 估价：128.00元
PSN B-2016-591-1/1

福建自贸区蓝皮书
中国(福建)自由贸易试验区发展报告(2017~2018)
著(编)者：黄茂兴 2018年6月出版 / 估价：118.00元
PSN B-2016-531-1/1

甘肃蓝皮书
甘肃经济发展分析与预测（2018）
著(编)者：安文华 罗哲 2018年1月出版 / 定价：99.00元
PSN B-2013-312-1/6

甘肃蓝皮书
甘肃商贸流通发展报告（2018）
著(编)者：张应华 王福生 王晓芳
2018年1月出版 / 定价：99.00元
PSN B-2016-522-6/6

甘肃蓝皮书
甘肃县域和农村发展报告（2018）
著(编)者：包东红 朱智文 王建兵
2018年1月出版 / 定价：99.00元
PSN B-2013-316-5/6

甘肃农业科技绿皮书
甘肃农业科技发展研究报告（2018）
著(编)者：魏胜文 乔德华 张东伟
2018年12月出版 / 估价：198.00元
PSN B-2016-592-1/1

甘肃气象保障蓝皮书
甘肃农业对气候变化的适应与风险评估报告（No.1）
著(编)者：鲍文中 周广胜
2017年12月出版 / 定价：108.00元
PSN B-2017-677-1/1

巩义蓝皮书
巩义经济社会发展报告（2018）
著(编)者：丁同民 朱军 2018年6月出版 / 估价：99.00元
PSN B-2016-532-1/1

广东外经贸蓝皮书
广东对外经济贸易发展研究报告（2017~2018）
著(编)者：陈万灵 2018年6月出版 / 估价：99.00元
PSN B-2012-286-1/1

广西北部湾经济区蓝皮书
广西北部湾经济区开放开发报告（2017~2018）
著(编)者：广西壮族自治区北部湾经济区和东盟开放合作办公室
广西社会科学院
广西北部湾发展研究院
2018年5月出版 / 估价：99.00元
PSN B-2010-181-1/1

广州蓝皮书
广州城市国际化发展报告（2018）
著(编)者：张跃国 2018年8月出版 / 估价：99.00元
PSN B-2012-246-11/14

广州蓝皮书
中国广州城市建设与管理发展报告（2018）
著(编)者：张其学 陈小钢 王宏伟 2018年8月出版 / 估价：99.00元
PSN B-2007-087-4/14

广州蓝皮书
广州创新型城市发展报告（2018）
著(编)者：尹涛 2018年6月出版 / 估价：99.00元
PSN B-2012-247-12/14

广州蓝皮书
广州经济发展报告（2018）
著(编)者：张跃国 尹涛 2018年7月出版 / 估价：99.00
PSN B-2005-040-1/14

广州蓝皮书
2018年中国广州经济形势分析与预测
著(编)者：魏明海 谢博能 李华
2018年6月出版 / 估价：99.00元
PSN B-2011-185-9/14

广州蓝皮书
中国广州科技创新发展报告（2018）
著(编)者：于欣伟 陈爽 邓佑满 2018年8月出版 / 估价：9
PSN B-2006-065-2/14

广州蓝皮书
广州农村发展报告（2018）
著(编)者：朱名宏 2018年7月出版 / 估价：99.00元
PSN B-2010-167-8/14

广州蓝皮书
广州汽车产业发展报告（2018）
著(编)者：杨再高 冯兴亚 2018年7月出版 / 估价：99.
PSN B-2006-066-3/14

广州蓝皮书
广州商贸业发展报告（2018）
著(编)者：张跃国 陈杰 荀振英
2018年7月出版 / 估价：99.00元
PSN B-2012-245-10/14

贵阳蓝皮书
贵阳城市创新发展报告No.3（白云篇）
著(编)者：连玉明 2018年5月出版 / 估价：99.00元
PSN B-2015-491-3/10

贵阳蓝皮书
贵阳城市创新发展报告No.3（观山湖篇）
著(编)者：连玉明 2018年5月出版 / 估价：99.00元
PSN B-2015-497-9/10

贵阳蓝皮书
贵阳城市创新发展报告No.3（花溪篇）
著(编)者：连玉明 2018年5月出版 / 估价：99.00元
PSN B-2015-490-2/10

贵阳蓝皮书
贵阳城市创新发展报告No.3（开阳篇）
著(编)者：连玉明 2018年5月出版 / 估价：99.00元
PSN B-2015-492-4/10

贵阳蓝皮书
贵阳城市创新发展报告No.3（南明篇）
著(编)者：连玉明 2018年5月出版 / 估价：99.00元
PSN B-2015-496-8/10

贵阳蓝皮书
贵阳城市创新发展报告No.3（清镇篇）
著(编)者：连玉明 2018年5月出版 / 估价：99.00元
PSN B-2015-489-1/10

贵阳蓝皮书
贵阳城市创新发展报告No.3（乌当篇）
著(编)者：连玉明　　2018年5月出版 / 估价：99.00元
PSN B-2015-495-7/10

贵阳蓝皮书
贵阳城市创新发展报告No.3（息烽篇）
著(编)者：连玉明　　2018年5月出版 / 估价：99.00元
PSN B-2015-493-5/10

贵阳蓝皮书
贵阳城市创新发展报告No.3（修文篇）
著(编)者：连玉明　　2018年5月出版 / 估价：99.00元
PSN B-2015-494-6/10

贵阳蓝皮书
贵阳城市创新发展报告No.3（云岩篇）
著(编)者：连玉明　　2018年5月出版 / 估价：99.00元
PSN B-2015-498-10/10

贵州房地产蓝皮书
贵州房地产发展报告No.5（2018）
著(编)者：武廷方　　2018年7月出版 / 估价：99.00元
PSN B-2014-426-1/1

贵州蓝皮书
贵州册亨经济社会发展报告（2018）
著(编)者：黄德林　　2018年6月出版 / 估价：99.00元
PSN B-2016-525-8/9

贵州蓝皮书
贵州地理标志产业发展报告（2018）
著(编)者：李发耀 黄其松　　2018年8月出版 / 估价：99.00元
PSN B-2017-646-10/10

贵州蓝皮书
贵安新区发展报告（2017～2018）
著(编)者：马长青 吴大华　　2018年6月出版 / 估价：99.00元
PSN B-2015-459-4/10

贵州蓝皮书
贵州国家级开放创新平台发展报告（2017～2018）
著(编)者：申晓庆 吴大华 季泓
2018年11月出版 / 估价：99.00元
PSN B-2016-518-7/10

贵州蓝皮书
贵州国有企业社会责任发展报告（2017～2018）
著(编)者：郭丽　　2018年12月出版 / 估价：99.00元
PSN B-2015-511-6/10

贵州蓝皮书
贵州民航业发展报告（2017）
著(编)者：申振东 吴大华　　2018年6月出版 / 估价：99.00元
PSN B-2015-471-5/10

贵州蓝皮书
贵州民营经济发展报告（2017）
著(编)者：杨静 吴大华　　2018年6月出版 / 估价：99.00元
PSN B-2016-530-9/9

杭州都市圈蓝皮书
杭州都市圈发展报告（2018）
著(编)者：洪庆华 沈翔　　2018年4月出版 / 定价：98.00元
PSN B-2012-302-1/1

河北经济蓝皮书
河北省经济发展报告（2018）
著(编)者：马树强 金浩 张贵　　2018年6月出版 / 估价：99.00元
PSN B-2014-380-1/1

河北蓝皮书
河北经济社会发展报告（2018）
著(编)者：康振海　　2018年1月出版 / 定价：99.00元
PSN B-2014-372-1/3

河北蓝皮书
京津冀协同发展报告（2018）
著(编)者：陈璐　　2017年12月出版 / 定价：79.00元
PSN B-2017-601-2/3

河南经济蓝皮书
2018年河南经济形势分析与预测
著(编)者：王世炎　　2018年3月出版 / 定价：89.00元
PSN B-2007-086-1/1

河南蓝皮书
河南城市发展报告（2018）
著(编)者：张占仓 王建国　　2018年5月出版 / 估价：99.00元
PSN B-2009-131-3/9

河南蓝皮书
河南工业发展报告（2018）
著(编)者：张占仓　　2018年5月出版 / 估价：99.00元
PSN B-2013-317-5/9

河南蓝皮书
河南金融发展报告（2018）
著(编)者：喻新安 谷建全
2018年6月出版 / 估价：99.00元
PSN B-2014-390-7/9

河南蓝皮书
河南经济发展报告（2018）
著(编)者：张占仓 完世伟
2018年6月出版 / 估价：99.00元
PSN B-2010-157-4/9

河南蓝皮书
河南能源发展报告（2018）
著(编)者：国网河南省电力公司经济技术研究院
河南省社会科学院
2018年6月出版 / 估价：99.00元
PSN B-2017-607-9/9

河南商务蓝皮书
河南商务发展报告（2018）
著(编)者：焦锦淼 穆荣国　　2018年5月出版 / 估价：99.00元
PSN B-2014-399-1/1

河南双创蓝皮书
河南创新创业发展报告（2018）
著(编)者：喻新安 杨雪梅
2018年8月出版 / 估价：99.00元
PSN B-2017-641-1/1

黑龙江蓝皮书
黑龙江经济发展报告（2018）
著(编)者：朱宇　　2018年1月出版 / 定价：89.00元
PSN B-2011-190-2/2

湖南城市蓝皮书
区域城市群整合
著(编)者：童中贤 韩未名 2018年12月出版 / 估价：99.00元
PSN B-2006-064-1/1

湖南蓝皮书
湖南城乡一体化发展报告（2018）
著(编)者：陈文胜 王文强 陆福兴
2018年8月出版 / 估价：99.00元
PSN B-2015-477-8/8

湖南蓝皮书
2018年湖南电子政务发展报告
著(编)者：梁志峰 2018年5月出版 / 估价：128.00元
PSN B-2014-394-6/8

湖南蓝皮书
2018年湖南经济发展报告
著(编)者：卞鹰 2018年5月出版 / 估价：128.00元
PSN B-2011-207-2/8

湖南蓝皮书
2016年湖南经济展望
著(编)者：梁志峰 2018年5月出版 / 估价：128.00元
PSN B-2011-206-1/8

湖南蓝皮书
2018年湖南县域经济社会发展报告
著(编)者：梁志峰 2018年5月出版 / 估价：128.00元
PSN B-2014-395-7/8

湖南县域绿皮书
湖南县域发展报告（No.5）
著(编)者：袁准 周小毛 黎仁寅
2018年6月出版 / 估价：99.00元
PSN G-2012-274-1/1

沪港蓝皮书
沪港发展报告（2018）
著(编)者：尤安山 2018年9月出版 / 估价：99.00元
PSN B-2013-362-1/1

吉林蓝皮书
2018年吉林经济社会形势分析与预测
著(编)者：邵汉明 2017年12月出版 / 定价：89.00元
PSN B-2013-319-1/1

吉林省城市竞争力蓝皮书
吉林省城市竞争力报告（2017~2018）
著(编)者：崔岳春 张磊
2018年3月出版 / 定价：89.00元
PSN B-2016-513-1/1

济源蓝皮书
济源经济社会发展报告（2018）
著(编)者：喻新安 2018年6月出版 / 估价：99.00元
PSN B-2014-387-1/1

江苏蓝皮书
2018年江苏经济发展分析与展望
著(编)者：王庆五 吴先满
2018年7月出版 / 估价：128.00元
PSN B-2017-635-1/3

江西蓝皮书
江西经济社会发展报告（2018）
著(编)者：陈石俊 龚建文 2018年10月出版 / 估价：128.00元
PSN B-2015-484-1/2

江西蓝皮书
江西设区市发展报告（2018）
著(编)者：姜玮 梁勇
2018年10月出版 / 估价：99.00元
PSN B-2016-517-2/2

经济特区蓝皮书
中国经济特区发展报告（2017）
著(编)者：陶一桃 2018年1月出版 / 估价：99.00元
PSN B-2009-139-1/1

辽宁蓝皮书
2018年辽宁经济社会形势分析与预测
著(编)者：梁启东 魏红江 2018年6月出版 / 估价：99.00元
PSN B-2006-053-1/1

民族经济蓝皮书
中国民族地区经济发展报告（2018）
著(编)者：李曦辉 2018年7月出版 / 估价：99.00元
PSN B-2017-630-1/1

南宁蓝皮书
南宁经济发展报告（2018）
著(编)者：胡建华 2018年9月出版 / 估价：99.00元
PSN B-2016-569-2/3

内蒙古蓝皮书
内蒙古精准扶贫研究报告（2018）
著(编)者：张志华 2018年1月出版 / 定价：89.00元
PSN B-2017-681-2/2

浦东新区蓝皮书
上海浦东经济发展报告（2018）
著(编)者：周小平 徐美芳
2018年1月出版 / 定价：89.00元
PSN B-2011-225-1/1

青海蓝皮书
2018年青海经济社会形势分析与预测
著(编)者：陈玮 2018年1月出版 / 定价：98.00元
PSN B-2012-275-1/2

青海科技绿皮书
青海科技发展报告（2017）
著(编)者：青海省科学技术信息研究所
2018年3月出版 / 定价：98.00元
PSN G-2018-701-1/1

山东蓝皮书
山东经济形势分析与预测（2018）
著(编)者：李广杰 2018年7月出版 / 估价：99.00元
PSN B-2014-404-1/5

山东蓝皮书
山东省普惠金融发展报告（2018）
著(编)者：齐鲁财富网
2018年9月出版 / 估价：99.00元
PSN B2017-676-5/5

山西蓝皮书
山西资源型经济转型发展报告（2018）
著(编)者：李志强　2018年7月出版 / 估价：99.00元
PSN B-2011-197-1/1

陕西蓝皮书
陕西经济发展报告（2018）
著(编)者：任宗哲 白宽犁 裴成荣
2018年1月出版 / 定价：89.00元
PSN B-2009-135-1/6

陕西蓝皮书
陕西精准脱贫研究报告（2018）
著(编)者：任宗哲 白宽犁 王建康
2018年4月出版 / 定价：89.00元
PSN B-2017-623-6/6

上海蓝皮书
上海经济发展报告（2018）
著(编)者：沈开艳　2018年2月出版 / 定价：89.00元
PSN B-2006-057-1/7

上海蓝皮书
上海资源环境发展报告（2018）
著(编)者：周冯琦 胡静　2018年2月出版 / 定价：89.00元
PSN B-2006-060-4/7

上海蓝皮书
上海奉贤经济发展分析与研判（2017~2018）
著(编)者：张兆安 朱平芳　2018年3月出版 / 定价：99.00元
PSN B-2018-698-8/8

上饶蓝皮书
上饶发展报告（2016~2017）
著(编)者：廖其志　2018年6月出版 / 估价：128.00元
PSN B-2014-377-1/1

深圳蓝皮书
深圳经济发展报告（2018）
著(编)者：张骁儒　2018年6月出版 / 估价：99.00元
PSN B-2008-112-3/7

四川蓝皮书
四川城镇化发展报告（2018）
著(编)者：侯水平 陈炜　2018年6月出版 / 估价：99.00元
PSN B-2015-456-7/7

四川蓝皮书
2018年四川经济形势分析与预测
著(编)者：杨钢　2018年1月出版 / 定价：158.00元
PSN B-2007-098-2/7

四川蓝皮书
四川企业社会责任研究报告（2017~2018）
著(编)者：侯水平 盛毅　2018年5月出版 / 估价：99.00元
PSN B-2014-386-4/7

四川蓝皮书
四川生态建设报告（2018）
著(编)者：李晟之　2018年5月出版 / 估价：99.00元
PSN B-2015-455-6/7

四川蓝皮书
四川特色小镇发展报告（2017）
著(编)者：吴志强　2017年11月出版 / 定价：89.00元
PSN B-2017-670-8/8

体育蓝皮书
上海体育产业发展报告（2017~2018）
著(编)者：张林 黄海燕
2018年10月出版 / 估价：99.00元
PSN B-2015-454-4/5

体育蓝皮书
长三角地区体育产业发展报（2017~2018）
著(编)者：张林　2018年6月出版 / 估价：99.00元
PSN B-2015-453-3/5

天津金融蓝皮书
天津金融发展报告（2018）
著(编)者：王爱俭 孔德昌
2018年5月出版 / 估价：99.00元
PSN B-2014-418-1/1

图们江区域合作蓝皮书
图们江区域合作发展报告（2018）
著(编)者：李铁　2018年6月出版 / 估价：99.00元
PSN B-2015-464-1/1

温州蓝皮书
2018年温州经济社会形势分析与预测
著(编)者：蒋儒标 王春光 金浩
2018年6月出版 / 估价：99.00元
PSN B-2008-105-1/1

西咸新区蓝皮书
西咸新区发展报告（2018）
著(编)者：李扬 王军
2018年6月出版 / 估价：99.00元
PSN B-2016-534-1/1

修武蓝皮书
修武经济社会发展报告（2018）
著(编)者：张占仓 袁凯声
2018年10月出版 / 估价：99.00元
PSN B-2017-651-1/1

偃师蓝皮书
偃师经济社会发展报告（2018）
著(编)者：张占仓 袁凯声 何武周
2018年7月出版 / 估价：99.00元
PSN B-2017-627-1/1

扬州蓝皮书
扬州经济社会发展报告（2018）
著(编)者：陈扬
2018年12月出版 / 估价：108.00元
PSN B-2011-191-1/1

长垣蓝皮书
长垣经济社会发展报告（2018）
著(编)者：张占仓 袁凯声 秦保建
2018年10月出版 / 估价：99.00元
PSN B-2017-654-1/1

遵义蓝皮书
遵义发展报告（2018）
著(编)者：邓彦 曾征 龚永育
2018年9月出版 / 估价：99.00元
PSN B-2014-433-1/1

地方发展类-社会

安徽蓝皮书
安徽社会发展报告（2018）
著(编)者：程桦　　2018年6月出版 / 估价：99.00元
PSN B-2013-325-1/1

安徽社会建设蓝皮书
安徽社会建设分析报告（2017～2018）
著(编)者：黄家海 蔡宪
2018年11月出版 / 估价：99.00元
PSN B-2013-322-1/1

北京蓝皮书
北京公共服务发展报告（2017～2018）
著(编)者：施昌奎　　2018年6月出版 / 估价：99.00元
PSN B-2008-103-7/8

北京蓝皮书
北京社会发展报告（2017～2018）
著(编)者：李伟东
2018年7月出版 / 估价：99.00元
PSN B-2006-055-3/8

北京蓝皮书
北京社会治理发展报告（2017～2018）
著(编)者：殷星辰　　2018年7月出版 / 估价：99.00元
PSN B-2014-391-8/8

北京律师蓝皮书
北京律师发展报告 No.4（2018）
著(编)者：王隽　　2018年12月出版 / 估价：99.00元
PSN B-2011-217-1/1

北京人才蓝皮书
北京人才发展报告（2018）
著(编)者：敏华　　2018年12月出版 / 估价：128.00元
PSN B-2011-201-1/1

北京社会心态蓝皮书
北京社会心态分析报告（2017～2018）
北京市社会心理服务促进中心
2018年10月出版 / 估价：99.00元
PSN B-2014-422-1/1

北京社会组织管理蓝皮书
北京社会组织发展与管理（2018）
著(编)者：黄江松
2018年6月出版 / 估价：99.00元
PSN B-2015-446-1/1

北京养老产业蓝皮书
北京居家养老发展报告（2018）
著(编)者：陆杰华 周明明
2018年8月出版 / 估价：99.00元
PSN B-2015-465-1/1

法治蓝皮书
四川依法治省年度报告No.4（2018）
著(编)者：李林 杨天宗 田禾
2018年3月出版 / 定价：118.00元
PSN B-2015-447-2/3

福建妇女发展蓝皮书
福建省妇女发展报告（2018）
著(编)者：刘群英　　2018年11月出版 / 估价：99.00元
PSN B-2011-220-1/1

甘肃蓝皮书
甘肃社会发展分析与预测（2018）
著(编)者：安文华 谢增虎 包晓霞
2018年1月出版 / 定价：99.00元
PSN B-2013-313-2/6

广东蓝皮书
广东全面深化改革研究报告（2018）
著(编)者：周林生 涂成林
2018年12月出版 / 估价：99.00元
PSN B-2015-504-3/3

广东蓝皮书
广东社会工作发展报告（2018）
著(编)者：罗观翠　　2018年6月出版 / 估价：99.00元
PSN B-2014-402-2/3

广州蓝皮书
广州青年发展报告（2018）
著(编)者：徐柳 张强
2018年8月出版 / 估价：99.00元
PSN B-2013-352-13/14

广州蓝皮书
广州社会保障发展报告（2018）
著(编)者：张跃国　　2018年8月出版 / 估价：99.00元
PSN B-2014-425-14/14

广州蓝皮书
2018年中国广州社会形势分析与预测
著(编)者：张强 郭志勇 何镜清
2018年6月出版 / 估价：99.00元
PSN B-2008-110-5/14

贵州蓝皮书
贵州法治发展报告（2018）
著(编)者：吴大华　　2018年5月出版 / 估价：99.00元
PSN B-2012-254-2/10

贵州蓝皮书
贵州人才发展报告（2017）
著(编)者：于杰 吴大华
2018年9月出版 / 估价：99.00元
PSN B-2014-382-3/10

贵州蓝皮书
贵州社会发展报告（2018）
著(编)者：王兴骥　　2018年6月出版 / 估价：99.00元
PSN B-2010-166-1/10

杭州蓝皮书
杭州妇女发展报告（2018）
著(编)者：魏颖
2018年10月出版 / 估价：99.00元
PSN B-2014-403-1/1

河北蓝皮书
河北法治发展报告（2018）
著(编)者：康振海　　2018年6月出版 / 估价：99.00元
PSN B-2017-622-3/3

河北食品药品安全蓝皮书
河北食品药品安全研究报告（2018）
著(编)者：丁锦霞
2018年10月出版 / 估价：99.00元
PSN B-2015-473-1/1

河南蓝皮书
河南法治发展报告（2018）
著(编)者：张林海　　2018年7月出版 / 估价：99.00元
PSN B-2014-376-6/9

河南蓝皮书
2018年河南社会形势分析与预测
著(编)者：牛苏林　　2018年5月出版 / 估价：99.00元
PSN B-2005-043-1/9

河南民办教育蓝皮书
河南民办教育发展报告（2018）
著(编)者：胡大白　　2018年9月出版 / 估价：99.00元
PSN B-2017-642-1/1

黑龙江蓝皮书
黑龙江社会发展报告（2018）
著(编)者：王爱丽　　2018年1月出版 / 定价：89.00元
PSN B-2011-189-1/2

湖南蓝皮书
2018年湖南两型社会与生态文明建设报告
著(编)者：卞鹰　　2018年5月出版 / 估价：128.00元
PSN B-2011-208-3/8

湖南蓝皮书
2018年湖南社会发展报告
著(编)者：卞鹰　　2018年5月出版 / 估价：128.00元
PSN B-2014-393-5/8

健康城市蓝皮书
北京健康城市建设研究报告（2018）
著(编)者：王鸿春 盛继洪
2018年9月出版 / 估价：99.00元
PSN B-2015-460-1/2

江苏法治蓝皮书
江苏法治发展报告No.6（2017）
著(编)者：蔡道通 龚廷泰
2018年8月出版 / 估价：99.00元
PSN B-2012-290-1/1

江苏蓝皮书
2018年江苏社会发展分析与展望
著(编)者：王庆五 刘旺洪
2018年8月出版 / 估价：128.00元
PSN B-2017-636-2/3

民族教育蓝皮书
中国民族教育发展报告（2017·内蒙古卷）
著(编)者：陈中永
2017年12月出版 / 定价：198.00元
PSN B-2017-669-1/1

南宁蓝皮书
南宁法治发展报告（2018）
著(编)者：杨维超　　2018年12月出版 / 估价：99.00元
PSN B-2015-509-1/3

南宁蓝皮书
南宁社会发展报告（2018）
著(编)者：胡建华　　2018年10月出版 / 估价：99.00元
PSN B-2016-570-3/3

内蒙古蓝皮书
内蒙古反腐倡廉建设报告 No.2
著(编)者：张志华　　2018年6月出版 / 估价：99.00元
PSN B-2013-365-1/1

青海蓝皮书
2018年青海人才发展报告
著(编)者：王宇燕　　2018年9月出版 / 估价：99.00元
PSN B-2017-650-2/2

青海生态文明建设蓝皮书
青海生态文明建设报告（2018）
著(编)者：张西明 高华　　2018年12月出版 / 估价：99.00元
PSN B-2016-595-1/1

人口与健康蓝皮书
深圳人口与健康发展报告（2018）
著(编)者：陆杰华 傅崇辉
2018年11月出版 / 估价：99.00元
PSN B-2011-228-1/1

山东蓝皮书
山东社会形势分析与预测（2018）
著(编)者：李善峰　　2018年6月出版 / 估价：99.00元
PSN B-2014-405-2/5

陕西蓝皮书
陕西社会发展报告（2018）
著(编)者：任宗哲 白宽犁 牛昉
2018年1月出版 / 定价：89.00元
PSN B-2009-136-2/6

上海蓝皮书
上海法治发展报告（2018）
著(编)者：叶必丰　　2018年9月出版 / 估价：99.00元
PSN B-2012-296-6/7

上海蓝皮书
上海社会发展报告（2018）
著(编)者：杨雄 周海旺
2018年2月出版 / 定价：89.00元
PSN B-2006-058-2/7

社会建设蓝皮书
2018年北京社会建设分析报告
著(编)者：宋贵伦 冯虹 2018年9月出版 / 估价：99.00元
PSN B-2010-173-1/1

深圳蓝皮书
深圳法治发展报告（2018）
著(编)者：张骁儒 2018年6月出版 / 估价：99.00元
PSN B-2015-470-6/7

深圳蓝皮书
深圳劳动关系发展报告（2018）
著(编)者：汤庭芬 2018年8月出版 / 估价：99.00元
PSN B-2007-097-2/7

深圳蓝皮书
深圳社会治理与发展报告（2018）
著(编)者：张骁儒 2018年6月出版 / 估价：99.00元
PSN B-2008-113-4/7

生态安全绿皮书
甘肃国家生态安全屏障建设发展报告（2018）
著(编)者：刘举科 喜文华
2018年10月出版 / 估价：99.00元
PSN G-2017-659-1/1

顺义社会建设蓝皮书
北京市顺义区社会建设发展报告（2018）
著(编)者：王学武 2018年9月出版 / 估价：99.00元
PSN B-2017-658-1/1

四川蓝皮书
四川法治发展报告（2018）
著(编)者：郑泰安 2018年6月出版 / 估价：99.00元
PSN B-2015-441-5/7

四川蓝皮书
四川社会发展报告（2018）
著(编)者：李羚 2018年6月出版 / 估价：99.00元
PSN B-2008-127-3/7

四川社会工作与管理蓝皮书
四川省社会工作人力资源发展报告（2017）
著(编)者：边慧敏 2017年12月出版 / 定价：89.00元
PSN B-2017-683-1/1

云南社会治理蓝皮书
云南社会治理年度报告（2017）
著(编)者：晏雄 韩全芳
2018年5月出版 / 估价：99.00元
PSN B-2017-667-1/1

地方发展类-文化

北京传媒蓝皮书
北京新闻出版广电发展报告（2017～2018）
著(编)者：王志 2018年11月出版 / 估价：99.00元
PSN B-2016-588-1/1

北京蓝皮书
北京文化发展报告（2017～2018）
著(编)者：李建盛 2018年5月出版 / 估价：99.00元
PSN B-2007-082-4/8

创意城市蓝皮书
北京文化创意产业发展报告（2018）
著(编)者：郭万超 张京成 2018年12月出版 / 估价：99.00元
PSN B-2012-263-1/7

创意城市蓝皮书
天津文化创意产业发展报告（2017～2018）
著(编)者：谢思全 2018年6月出版 / 估价：99.00元
PSN B-2016-536-7/7

创意城市蓝皮书
武汉文化创意产业发展报告（2018）
著(编)者：黄永林 陈汉桥 2018年12月出版 / 估价：99.00元
PSN B-2013-354-4/7

创意上海蓝皮书
上海文化创意产业发展报告（2017～2018）
著(编)者：王慧敏 王兴全 2018年8月出版 / 估价：99.00元
PSN B-2016-561-1/1

非物质文化遗产蓝皮书
广州市非物质文化遗产保护发展报告（2018）
著(编)者：宋俊华 2018年12月出版 / 估价：99.00元
PSN B-2016-589-1/1

甘肃蓝皮书
甘肃文化发展分析与预测（2018）
著(编)者：马廷旭 戚晓萍 2018年1月出版 / 定价：99.
PSN B-2013-314-3/6

甘肃蓝皮书
甘肃舆情分析与预测（2018）
著(编)者：王俊莲 张谦元 2018年1月出版 / 定价：99.
PSN B-2013-315-4/6

广州蓝皮书
中国广州文化发展报告（2018）
著(编)者：屈哨兵 陆志强 2018年6月出版 / 估价：99.
PSN B-2009-134-7/14

广州蓝皮书
广州文化创意产业发展报告（2018）
著(编)者：徐咏虹 2018年7月出版 / 估价：99.00元
PSN B-2008-111-6/14

海淀蓝皮书
海淀区文化和科技融合发展报告（2018）
著(编)者：陈名杰 孟景伟 2018年5月出版 / 估价：99.
PSN B-2013-329-1/1

B.5

我国知识产权人才发展状况*

冯　凌**

摘　要： 本文首先介绍我国知识产权人才的规模、结构和质量概况并分析存在的问题；其次，从教育培训、评价和若干类典型知识产权人才制度建设方面，考察了知识产权人才开发工作的进展情况，尤其是2017～2018年的重点工作状况；最后，结合机构改革、放管服改革和人才体制机制改革的大背景，展望了知识产权人才的发展前景。

关键词： 知识产权　人才发展　人才开发

知识产权人才，具体是指“从事知识产权工作，具有一定的知识产权专业知识和实践能力，能够推动知识产权事业发展并对激励创新、引领创新、保护创新和服务创新作出贡献的人”。① 以其所从事的工作类别为依据，知识产权人才分为以下六类：一是知识产权行政管理和执法人员，包括专利管理和执法人员、商标管理和执法人员、版权管理和执法人员、海关管理和执法人员；二是知识产权审查人员，包括专利审查人员、商标审查人员；三是知识产权立法和司法人员，包括知识产权法官、检察官、公安人员；四是

* 本文的部分研究成果出自国家知识产权局资助并支持完成的《国家知识产权战略纲要实施十年评估——“知识产权人才队伍建设”专题评估报告》。

** 冯凌，博士，中国人事科学研究院副研究员，主要研究方向为人才开发、绿色就业和可持续发展教育。

① 国家知识产权局：《知识产权人才“十三五”规划》，2017。

企事业单位知识产权管理人员，包括专利工程师、知识产权专员、知识产权经理等；五是企事业单位知识产权教学研究人员，包括高等院校和科研院所专门从事知识产权研究或教学的人员；六是知识产权中介服务人员，包括专利代理人、知识产权律师、商标代理人、植物新品种权代理人。①

一　知识产权人才队伍概况

（一）人才规模不断扩大，门类齐全

据国家知识产权局统计，截至2017年底，全国知识产权从业人员总量超过50万人②。知识产权人才约计15万，包括：知识产权行政管理和执法人才2万余人，其中专利审查人才1万余人；企事业单位知识产权管理人才6万余人；高校院所知识产权教学科研人才1万余人；知识产权服务业人才6万余人，其中全国登记知识产权鉴定机构的鉴定人1100多人、拥有律师执业证和专利代理人执业证的“双证”律师近千人、执业专利代理人15730人。2007～2017年我国执业专利代理人数量变化情况如图1所示。知识产权人才增长迅速，与“十一五”末相比翻了两番。

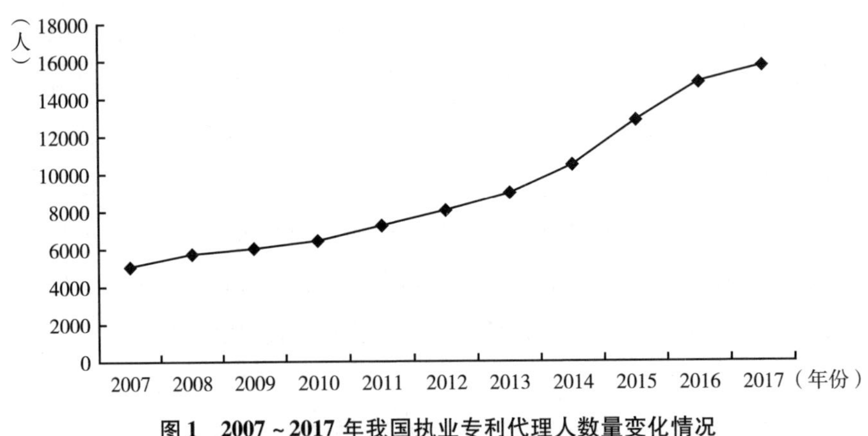

图1　2007～2017年我国执业专利代理人数量变化情况

---

① 袁娟、宋鱼水：《知识产权人才管理与开发》，知识产权出版社，2008，第16页。

② 数据来源：国家知识产权局人事司。

（二）人才素质有所提升，国际竞争力初步显现

我国知识产权人才素质不断提升，在知识产权国际合作中，我国已经实现了由学习者、跟随者、遵循者向参与者、推动者的转变。与此同时，我国在世界知识产权组织里的国际职员数量稳步提升，目前，已有约 30 人，标志性事件是，2014 年中国贸促会专利商标事务所所长马浩当选国际保护知识产权协会副会长，成为国际保护知识产权协会执行机构——事务局的 9 名成员之一。他是国际保护知识产权协会自 1897 年成立以来，进入事务局的首位中国人。这表明我国知识产权事业的发展和进步得到了国际社会的关注和认可，我国在世界知识产权界的地位和影响力有了极大提升。2017 年，国家知识产权局首次向世界知识产权组织的初级专业人员项目成功推送两名优秀国际职员。截至 2017 年底，国家知识产权局已建立了一支约 200 人的国际组织后备人才库。

审查人才的国际竞争优势初步显现，具体表现如下：审查周期逐步缩短，发明、实用新型和外观设计三种专利的平均周期分别由 2007 年的 26 个月、7 个月、7 个月左右减至 2016 年的 22 个月、3 个月和 3 个月左右，领先于欧洲和美国，与日、韩相当，处于国际较快水平。

知识产权司法人才素质能力有所提升，尤其是民事和行政法官的知识产权专业水平较高。2017 年全国法院一审知识产权案件 213480 件，创历史新高，年均增长超过 20%；结案数大幅上升，再审率和改判发回重审率双双下降。我国已经逐渐成为国际知识产权诉讼的“优选地”。

我国民营高新技术领军企业建立了规模较大、素质较高且具有国际竞争力的知识产权人才团队，如格力、华为、中兴等企业组建了上百人的知识产权人才团队。

知识产权服务业人才的整体服务水平有较快提升；新业务范围明显扩大，如专利挖掘、分析评议、专利导航、风险评估、知识产权布局等业务；同时还涌现出一批知识产权服务业中的创业人才。

（三）人才匮乏，素质能力不够，区域人才发展不平衡

存在当期数量严重不足的几类知识产权人才主要包括：版权行政管理和执法人才、知识产权审判人才、企业和科研机构知识产权管理人才、司法鉴定人才、版权经纪人、专利导航人才、知识产权评估人才、知识产权运营人才。知识产权审判和专利代理后备人才不足。与此同时，在各类知识产权人才队伍中，普遍存在高层次、复合型、国际化人才供给不足问题。

存在能力素质不够问题的几类人才主要有：知识产权行政执法人才、新兴领域的知识产权审查人才、知识产权刑事司法人才、知识产权统计人才、国有企业和科研机构知识产权管理人才。律师事务所中的知识产权服务人才良莠不齐问题也较为突出。

在区域分布上，发达地区和欠发达地区的知识产权人才队伍总量和素质差距较大。与此同时，欠发达地区还存在人才流失严重的问题。

二　知识产权人才开发工作进展情况

下文重点从教育培训、人才评价和若干类典型知识产权人才制度建设方面，考察知识产权人才开发工作进展情况，尤其关注 2017～2018 年的重点工作进展情况。

（一）知识产权学科建设取得一定进展

截至 2018 年 6 月，全国已有 76 所高校设置了知识产权本科专业，百余所高校招收知识产权研究方向的硕士研究生，38 所高校设立了知识产权学院。[①] 2012 年，教育部颁布实施新修订的《普通高等学校本科专业目录》，将知识产权专业列为法学学科门类法学专业下的特设专业，并实行设置备案制度。同时，教育部鼓励高校优化学科专业结构，扩大布点、优化布局，知

① 杨柳、昱知：《筑巢引凤聚英才强国建设筑根基》，《中国知识产权报》2018 年 7 月 4 日。

识产权专业迅速发展。

2009年，教育部制定的《学位授予和人才培养学科目录设置与管理办法》（学位〔2009〕10号）规定，学位授予单位需依据官方发布的一级学科目录，在一级学科学位授权权限范围内自主设置和调整二级学科。根据教育部办公厅2010年印发的《授予博士、硕士学位和培养研究生的二级学科自主设置实施细则》（教研厅〔2010〕1号），一些高校积极部署设立了知识产权硕士和博士授予点。值得关注的是，教育部近期批准同济大学上海国际知识产权学院自2019年开始在知识产权交叉学科博士点独立正式招生，设四个研究方向，即知识产权与竞争、知识产权与经济、知识产权与管理、知识产权与科技发展。

此外，一些高校的知识产权硕士和博士授予点在国际化培养方面进行了有益探索。例如，2016年11月，在联合国世界知识产权组织和国家知识产权局的支持下，上海市政府依托同济大学正式成立了“上海国际知识产权学院”。这是世界知识产权组织第七个世界知识产权高端人才培养基地，同时也是教育部、国家知识产权局委托的“一带一路”中国政府知识产权奖学金项目基地。又如，华中科技大学的中德知识产权研究所致力于通过国际合作与交流、跨学科培养、纵向横向研究项目相结合的途径，将学生培养成为具有国际视野、兼具多学科背景、既有理论深度又能解决政府和企业实际问题的复合型知识产权人才。该所目前和德国、瑞士、日本、美国等多个国家的知识产权研究机构、高校有密切联系，已先后派多名博士生到德国马普知识产权研究所、德国慕尼黑工业大学等国际著名机构交流深造。在中德知识产权研究所的基础上，华中科技大学中欧知识产权研究院于2018年3月揭牌，中欧知识产权研究院将在更大程度上培养国际化的知识产权人才。

高校为社会输送了大批知识产权人才。截至2017年6月底，本科层次上，已有61所高校开展知识产权本科专业、6所高校开展知识产权第二学士学位教育；本科毕业生1235人，招生2541人，本科在校生9928人。研究生层次上，全国共有39所高校设置了“知识产权”“知识产权法”“知识产权管理”等相关二级学科硕士点42个，二级学科博士点18个。硕士毕业生218人，博士毕业生29人。

（二）知识产权人才培训体系基本形成

国家知识产权局制定实施了一系列知识产权专业人才培训政策和措施，包括《全国知识产权教育培训指导纲要（修订版）》（2013年）、《全国知识产权教育培训分类指导大纲（试行）》（2014年）、《落实〈“十二五”国家自主创新能力建设规划〉知识产权人才专项工作实施方案》（2013年）、百千万知识产权人才工程、高层次人才引领计划、专业技术人才知识更新工程等，指导全国知识产权系统建立层次清晰、分工明确的知识产权人才培训体系。

经人力资源社会保障部批准，中国知识产权培训中心于2012年入选第二批国家级专业技术人员继续教育基地，为知识产权专业技术人才培养培训搭建公益性和示范性平台。培训中心在建立基地组织管理机构、健全完善规章制度、开展知识产权领域急需紧缺人才培养、承办国家级高级研修项目、加强教学研究、完善课程体系等方面积极开展工作。以促进专业技术人才队伍和知识产权人才队伍建设为重点任务，以更新专业知识、培育知识产权意识、掌握先进技术、提升专业技术水平为主要内容，深入实施专业技术人才知识更新工程，大力培养高层次、急需紧缺和骨干专业技术人才，每年定期举办国家级高级研修班。

国家知识产权局系统将企业急需的知识产权管理和中介服务人才作为培训重点群体，开展了大量基础性和专题性的培训活动。同时依托国家知识产权局专利审查员实践基地，有效培养了一批企业知识产权管理人员。

围绕《知识产权人才“十二五”规划》提出的知识产权培训基地建设工程的要求，国家知识产权局出台了《知识产权培训基地建设工程实施方案（2011～2015年）》《国家知识产权培训基地管理办法》《国家知识产权培训基地总结考核办法》《关于加强国家知识产权培训基地工作的意见》。截至2017年底，全国19个省区市经国家知识产权局批复设立国家知识产权培训基地26家，其中，中小微企业知识产权培训基地3家，师资队伍近千人。[①] 国家知识产权培训基地积极探索完善产学研联合培养模式，围绕知识产权创造、运用、保护、管理各环节，开展知识产权校企对接、建立联合培养试点、共享资源平台等工作，不断提升人才培训的针对性和实效性。各培训基地充分结合所在学校优势，围绕知识产权事业发展需要和国家知识产权局年度重点工作开展培训，形成了各自的特色项目。例如，国家知识产权局委托国家知识产权培训重庆基地（重庆理工大学）开展“探索建立知识产权人才产学研协同培养机制”项目，建立以市场为导向的产学研知识产权人才联合培养机制，形成了以“知识产权校企对接工程”为平台的知识产权人才实务能力培养机制。国家知识产权培训基地建设产生了良好的辐射带动作用，目前已建成超过50家各具特色的省级基地。[②]

（三）知识产权人才职称评审工作取得初步进展

按照中办、国办下发的《关于深化职称制度改革的意见》要求，国家知识产权局制定了《国家知识产权局贯彻落实〈深化职称制度改革的意见〉实施方案》（国知办发人字〔2017〕37号）。方案紧扣中央精神，结合工作实际，围绕完善职称评价标准、创新职称评价机制、改进职称管理服务方式、促进职称评价与人才培养使用相结合等方面制定了多项改革举措。例如，方案提出探索推行代表作制度；建立海外高层次人才和急需紧缺人才的职称评审绿色通道；增加标准制定、决策咨询、公共服务等评价指标的权重；建立以同行专家评审为基础的评价机制，更加注重社会和业内认可；合理下放中级职称评审权限；等等。一些地方知识产权局加强与当地人力资源社会保障部门的沟通联系，探索实行本地区的知识产权职称制度。截至2017年底，已经有十几个省开展了评审工作，有效评价和激励了知识产权专业技术人才。例如，江苏省将工程系列中的知识产权专业单列，在江苏省

---

① 杨柳、昱知：《筑巢引凤聚英才强国建设筑根基》，《中国知识产权报》2018年7月4日。

② 王明：《人才辉煌“十二五”（二）》，《中国知识产权报》2015年11月25日。

工程系列评审委员会中，增设知识产权专业高级和中级专业技术资格评审委员会，委托江苏省知识产权局组建并具体负责评委会日常工作。[①] 2017 年，全省有 37 人取得知识产权高级工程师职称，69 人取得知识产权工程师职称，总数达 106 人。

（四）诉讼代理人制度建设取得重要突破

《最高人民法院关于新修订的〈中华人民共和国行政诉讼法〉实施后专利代理人能否继续代理专利行政诉讼案件的批复》（法〔2015〕243 号）规定，经中华全国专利代理人协会推荐的专利代理人，可以接受当事人委托，在专利行政诉讼案件中担任诉讼代理人。中华全国专利代理人协会已于 2016 年启动了诉讼代理人的相关工作。这在法制层面为专利代理人提供了更有利的发展空间，是推动专利代理人才队伍建设的重大进展。截至 2018 年 4 月，中华全国专利代理人协会共推荐了 2309 名诉讼代理人。

2018 年 2 月最高人民法院制定的《最高人民法院关于适用〈中华人民共和国行政诉讼法〉的解释》明确规定，专利代理人经中华全国专利代理人协会推荐，可以在专利行政案件中担任诉讼代理人。2018 年 3 月全国总工会制定的《中华全国专利代理人协会诉讼代理管理办法》（全专协发字〔2018〕004 号）明确了取得专利民事案件和专利行政案件诉讼代理人资格的要求以及参加培训的要求。

（五）知识产权法院技术调查官制度建设稳步推进

为增强知识产权审判中对技术事实认定的科学性，提高审判质效，最高人民法院于 2014 年出台《关于知识产权法院技术调查官参与诉讼活动若干问题的暂行规定》，首次提出建立技术调查官制度。2017 年 2 月，中办、国办印发的《关于加强知识产权审判领域改革创新若干问题的意见》提出，

① 《江苏省人事厅关于印发〈江苏省知识产权专业高级工程师、工程师资格条件（试行）〉的通知》，法律快车，http：//www. lawtime. cn/info/zscq/difangzhengcefagui/2010123156999. html，2010 年 12 月 31 日。

“探索在编制内按照聘任等方式选任、管理技术调查官，细化选任条件、任职类型、职责范围、管理模式和培养机制，规范技术审查意见的采信机制”。北京、上海、广州的知识产权法院从2015年起试点这一制度。截至2017年7月，共有61名技术调查官，参与1144件案件。三地试点法院探索了不同的人事管理模式。广州知识产权法院的6名技术调查官都是法院的专职人员，被纳入在编公务员。北京和上海的技术调查官有的是从国家知识产权局等政府部门到法院交流任职的，常驻法院，1~2年期满后返回原单位；有的是从行业、企业中外聘的技术人才，兼职提供技术支持。技术调查官制度试点非常成功，三地知识产权法院对技术调查官意见的采纳率高达99%以上，审判质效也大幅提升，例如，北京市知识产权法院2016年技术类案件的结案数比上一年增加了85%。①

（六）知识产权行政管理人员挂职制度有序实施

为提高各级各类人才的综合素质，国家知识产权局大力实施干部挂职交流制度，建立了专利导航产业发展实验区干部交流挂职长效机制。“十二五”至2016年期间，共安排挂职交流干部1249名，其中，安排到地方政府、地方知识产权局、专利导航试验区、国有企事业单位、行业协会、高校和重点实验室、博士团、江苏科技镇长团等渠道交流的165名，安排扶贫支教的49名，借调到国防专利局的78名，接收地方知识产权局的交流干部30名；在局系统内交流的927名。

2017年，国家知识产权局共选派各层次人才105名赴京外专利审查协作中心进行交流锻炼；选派各层次人才112名到国家知识产权局下属单位和社会团体、地方政府、地方知识产权局系统、行业协会和高校交流挂职。

（七）知识产权专员制度点上先行

个别地方和一些用人单位探索实施了知识产权专员制度。福建省于

---

① 程姝雯、商西、尚黎阳：《法院这群“技术咖”帮法官防“忽悠”为当事人省鉴定费》，《南方都市报》2017年7月8日。

2017年在全国率先建立起全面覆盖高校、科研院所和企业的知识产权专员制度：在单位内部选拔培养知识产权专员，向有需求的单位派驻专员，内外并举，实现制度全覆盖；借助知识产权智库、103家知识产权工作服务站、知识产权培训班及远程教育平台，优化专员在岗培训及其他服务；建立动态管理的省知识产权专员库，对专员有需求的单位可由省知识产权局通过专员库进行推荐和对接；对符合条件的知识产权专员予以专项奖励，专员所在单位亟须授权的核心专利申请可优先转报国家知识产权局审查；在知识产权公共服务项目中，对专员工作成绩突出的单位予以优先支持。① 截至2017年6月，已有1705名专员入库。此外，一个能自动分级分类的专员管理系统也正在开发中。

中国科学院于2008年出台《中国科学院研究机构知识产权管理暂行办法》、2009年发布《中国科学院知识产权专员执业资格考试管理办法》，逐步完善知识产权专员的遴选、考核、培训与实践制度，明确了知识产权专员在科研项目知识产权全过程管理中的作用和职能。专员工作得到普遍认可，知识产权专员增幅明显，截至2016年底，全院共有311名院级知识产权专员，分布于105家院属单位；所级知识产权专员逐年增加，共计1080名。

三　知识产权人才发展前景展望

面向未来，随着我国创新主体知识产权创造能力的快速提升，市场主体对知识产权保护意识和运用知识产权参与市场竞争意识不断提高，相关国际合作和竞争日益常态化，对知识产权人才的需求必将进一步扩大。这为知识产权人才带来了更大发展机遇。

（一）国务院机构改革将促进知识产权人才统筹开发

当前，知识产权人才队伍建设协同性和系统性不够。2008年国务院颁

① 陈静：《福建在全国率先建立知识产权专员制度多管齐下全覆盖》，东南网，http://fjnews.fjsen.com/2017-02/13/content_19096775.htm，2017年2月13日。

布实施的《国家知识产权战略纲要》提出，建立教育部、司法部、人力资源社会保障部、国家工商行政管理总局、国家知识产权局、国家版权局之间的协调机制，统筹规划知识产权人才队伍建设。然而，纲要实施进程过半，该协调机制尚未建立，不利于统筹规划知识产权人才队伍建设。全国统筹指导力度有待提高，一些地区的内在动力还没有完全发挥出来。

2018 年 3 月 13 日，中共中央印发了《深化党和国家机构改革方案》，要求将国家知识产权局的职责、国家工商行政管理总局的商标管理职责、国家质量监督检验检疫总局的原产地地理标志管理职责进行整合，重新组建国家知识产权局，由国家市场监督管理总局管理。商标、专利执法职责交由市场监管综合执法队伍承担。[①] 这将有效解决商标、专利行政执法人才分头管理和重复执法的问题，同时，有利于促进知识产权行政执法人才的统筹开发。

（二）高校自主培养知识产权人才的活力将进一步被释放

当前，《学位授予和人才培养学科目录设置与管理办法》对在一级学科学位授权权限内方可自主设置和调整二级学科的规定，限制了高校自主设置调整知识产权二级学科。已经设立或正在探索的知识产权二级学科的发展状况也不容乐观。无论是法学下的知识产权法学二级学科，还是管理学下的知识产权管理学二级学科，都难以系统全面地覆盖知识产权专业内容。[②] 这导致某些院校相关博士点、硕士点未能通过教育部的学科评估而被撤销，制约了知识产权人才的培养。[③]

2018 年 4 月 19 日，国务院学位委员会颁布《关于高等学校开展学位授权自主审核工作的意见》。同月 27 日，《国务院学位委员会关于印发自主审

① 王勇：《关于国务院机构改革方案的说明》，《中华人民共和国全国人民代表大会常务委员会公报》，2018 年 4 月 15 日。

② 杨涛、李苑君：《试论我国知识产权人才培养的时代背景和基本模式》，《工业和信息化教育》2018 年第 2 期。

③ 冯飞：《加强知识产权学科建设培育高端人才》，《知识产权报》2017 年 3 月 8 日。

核单位名单的通知》显示，20 所高校被列为首批学位授权自主审核高校。这意味着名单中的高校将有较大的学科设置权，既能根据学科目录自设一级学科和专业学位类别，又可自设交叉学科，并按照一级学科进行管理。[①] 知识产权属于典型的交叉学科，且已经具备高校培养积极性和高社会需求的有利基础。此政策的发布实施将在一定程度上破解知识产权人才培养的体制机制障碍，极大地释放高校自主培养知识产权人才的活力。

（三）人才发展整体环境的优化将助力知识产权人才开发

当前，知识产权人才开发工作还存在一些突出问题，但多数知识产权人才开发的难点和堵点并非知识产权领域的个性问题，而是由人才发展整体环境中存在的体制机制障碍所致。

建设一支能够发展壮大知识产权事业的人才队伍需要更加开放的视野，更加有效的政策，更加有力的保障，更加活跃的市场。随着《关于深化人才发展体制机制改革的意见》的实施，人才发展整体环境不断优化，知识产权人才开发工作将逐步突破体制机制障碍，知识产权人才的支撑和引领作用将得以充分发挥。

参考文献

国家知识产权局：《知识产权人才“十三五”规划》，2017。

国务院：《关于新形势下加快知识产权强国建设的若干意见》，2015。

国务院：《国家知识产权战略纲要》，2008。

袁娟、宋鱼水：《知识产权人才管理与开发》，知识产权出版社，2008。

---

① 李玉兰：《高校学位授权自主审核意味着什么》，《光明日报》2018 年 4 月 28 日。

B.6
城镇劳动者科学素质与技能状况

黄 梅 谢 晶 孙一平*

摘 要： 城镇劳动者的科学素质与技能水平是衡量一个国家创新创业能力的重要因素。近年来，在规模不断壮大的同时，我国城镇劳动者的科学素质和技能水平也在逐年稳步提升。但随着生产智能化、信息化、专业化、精细化加速发展，城镇劳动者的科学素质和技能水平提升亟待加大力度。本文在梳理城镇劳动者科学素质和技能水平现状、总结提升城镇劳动者科学素质和技能水平主要做法、分析城镇劳动者科学素质和技能水平存在的突出问题的基础上，从内容体系建设、平台载体搭建与机制政策创新等方面就进一步提升城镇劳动者科学素质和技能水平进行了系统思考。

关键词： 城镇劳动者 科学素质 技能水平 科技创新

党的十九大报告提出，要“推动经济发展质量变革、效率变革、动力变革，提高全要素生产率”，“不断增强我国经济创新力和竞争力”。这一方面需要加快创新型国家建设，不断推动科技进步；另一方面需要全面提高劳动者科学素质和技能水平，建设知识型、技能型、创新型劳动者大军，整体提升生产力质量。本文所言之城镇劳动者特指在城镇就业的除公务员群体以

---

* 黄梅，中国人事科学研究院副研究员；谢晶，中国人事科学研究院助理研究员；孙一平，中国人事科学研究院副研究员。

外的 18～60 岁的人员。城镇劳动者科学素质和技能水平作为其掌握与运用科学技术和专门技术程度和能力的重要表征，是衡量一个国家创新创业水平的重要因素。

一 城镇劳动者科学素质与技能水平的基本情况

（一）城镇劳动人口规模

截至 2016 年底，中国大陆总人口为 138271 万，比 2010 年末增加 4180 万，其中城镇常住人口为 79298 万，占总人口的 57.4%。全国就业人员 77603 万，比 2010 年末增加 1498 万，其中，城镇就业人员 41428 万，占全国就业人员的 53.4%，城镇新增就业人员 1314 万，城镇失业人员再就业人数 554 万（见图 1）；全国农民工总量达到 28171 万，比 2010 年增加 3948 万，其中，外出农民工 16934 万；1980 年及以后出生的新生代农民工 14001 万，占农民工总量的 49.7%。总的来看，我国就业人员规模在不断扩大。

表 1　2010～2016 年全国就业人员数量

单位：万人

年份	2010	2011	2012	2013	2014	2015	2016
就业人员	76105	76420	76704	76977	77253	77451	77603
第一产业就业人员	27931	26594	25773	24171	22790	21919	21496
第二产业就业人员	21842	22544	23241	23170	23099	22693	22350
第三产业就业人员	26332	27282	27690	29636	31364	32839	33757

注：全国就业人员 1990 年及以后的数据根据劳动力调查、人口普查推算，2001 年及以后数据根据第六次人口普查数据重新修订。城镇单位数据不含私营单位。

资料来源：国家统计局网站统计数据中的年度数据。

（二）主要劳动人口受教育水平

近年来，主要劳动人口受教育水平呈现明显提高态势。截至 2016 年底，

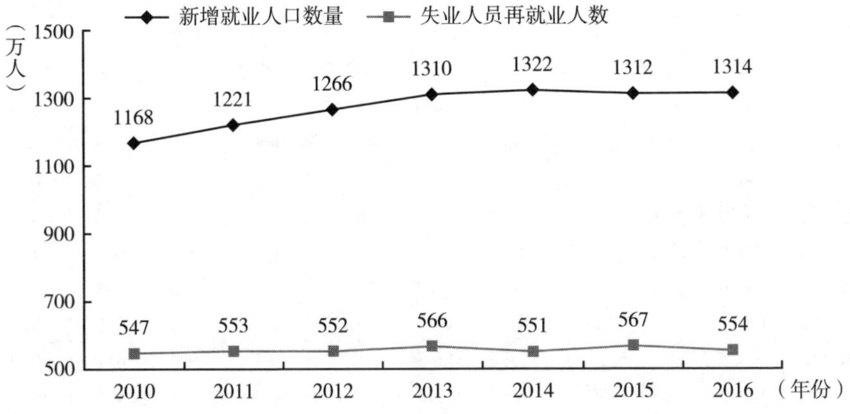

图1 2010～2016年城镇就业人口数量情况

资料来源：国家统计局网站“人口基本情况统计报表”。

全国主要劳动年龄人口受过高等教育的比例达到19.4%，比2010年的12.5%提高了6.9个百分点。具体而言，2016年全国就业人员中研究生及以上学历占0.8%，大学本科占7.7%，大学专科占9.6%，高等职业教育占1.3%（见表2）。从地区分布看，主要劳动年龄人口受过高等教育的比例排在前三位的依次是北京（55.8%）、上海（46.4%）和天津（36.1%）。教育事业的快速发展使就业人员的受教育水平显著提高，为经济社会发展提供了有力的人才保障和智力支持。

表2 2016年分地区全国就业人员受教育程度构成

单位：%

项目	合计	未上过学	小学	初中	高中	中等职业教育	高等职业教育	大学专科	大学本科	研究生及以上
全　国	100.0	2.6	17.5	43.3	12.3	4.9	1.3	9.6	7.7	0.8
北　京	100.0	0.2	2.4	22.0	12.1	7.5	1.7	19.7	27.6	6.8
天　津	100.0	0.5	8.5	33.7	11.3	9.9	1.8	14.5	17.6	2.2
河　北	100.0	1.1	12.9	50.4	12.8	5.3	1.1	9.5	6.2	0.5
山　西	100.0	1.3	11.6	46.2	13.2	5.5	0.9	11.4	9.2	0.7
内蒙古	100.0	2.1	16.0	45.7	11.8	3.6	0.7	11.5	8.0	0.5

续表

项目	合计	未上过学	小学	初中	高中	中等职业教育	高等职业教育	大学专科	大学本科	研究生及以上
辽　宁	100.0	0.5	12.6	49.7	9.6	5.4	1.5	10.4	9.5	0.8
吉　林	100.0	0.9	17.7	46.6	14.0	3.9	1.1	7.7	7.5	0.5
黑龙江	100.0	0.7	15.2	50.1	12.1	3.1	1.1	8.8	8.2	0.7
上　海	100.0	0.6	4.7	29.4	12.4	6.4	1.8	16.5	23.4	4.7
江　苏	100.0	2.1	13.1	38.4	13.5	6.0	2.2	13.3	10.3	1.0
浙　江	100.0	2.1	16.0	38.2	13.4	3.7	1.4	12.4	11.8	1.0
安　徽	100.0	7.1	20.3	45.8	8.7	3.4	0.9	7.7	5.6	0.5
福　建	100.0	2.7	21.6	38.8	11.3	5.7	1.1	9.4	8.7	0.6
江　西	100.0	2.3	20.5	46.3	13.7	4.1	1.2	7.1	4.5	0.3
山　东	100.0	2.5	14.3	48.1	12.2	6.4	1.3	8.4	6.2	0.6
河　南	100.0	2.5	15.3	50.1	13.9	3.7	1.3	8.1	4.7	0.4
湖　北	100.0	2.9	17.8	42.3	13.4	5.7	1.5	9.0	6.5	1.0
湖　南	100.0	1.6	16.9	44.2	16.3	4.1	1.3	8.6	6.4	0.6
广　东	100.0	0.7	11.1	42.9	17.7	6.8	2.2	11.0	7.1	0.5
广　西	100.0	1.5	19.8	49.9	9.5	5.0	1.2	7.8	4.9	0.5
海　南	100.0	2.2	13.0	51.4	12.4	5.6	1.0	8.0	6.2	0.2
重　庆	100.0	2.4	27.4	33.5	11.8	4.1	1.4	10.9	7.8	0.8
四　川	100.0	3.9	29.4	39.1	9.6	3.7	1.1	7.8	5.1	0.4
贵　州	100.0	9.7	32.5	37.8	6.2	3.0	0.5	5.2	4.8	0.2
云　南	100.0	5.5	34.0	41.3	5.7	3.4	0.7	4.7	4.3	0.4
西　藏	100.0	23.1	46.5	12.8	3.2	2.0	0.3	6.3	5.6	0.2
陕　西	100.0	2.5	13.4	45.1	14.7	3.9	1.5	10.6	7.6	0.7
甘　肃	100.0	5.3	26.7	38.1	11.4	3.5	0.9	7.3	6.4	0.4
青　海	100.0	6.9	26.0	35.0	9.1	3.0	0.8	10.5	8.4	0.2
宁　夏	100.0	6.4	17.0	40.4	10.3	3.9	0.8	11.0	9.7	0.6
新　疆	100.0	2.1	17.5	41.5	10.0	5.0	1.0	11.8	10.4	0.9

资料来源：国家统计局人口和就业统计司编《中国人口和就业统计年鉴（2017）》，中国统计出版社，2017，“表3－1”。

（三）城镇劳动者科学素质水平

第九次中国公民科学素质调查结果显示，2015 年我国具备基本科学素质公民的比例达到6.2%，比2010 年的3.3%提高近90.0%，进一步缩小了与西方主要发达国家的差距。从各地区情况看，公民科学素质水平均有较大幅度的提升。其中，上海、北京和天津具备基本科学素质公民的比例分别为18.7%、17.6%和12.0%，居全国前三位，基本达到美国和欧洲世纪之交的水平。江苏（8.3%）、浙江（8.2%）、广东（6.9%）和山东（6.8%）四省具备基本科学素质公民的比例超过了全国总体水平。福建（6.1%）、吉林（6.0%）、安徽（5.9%）等20个省（区、市）具备基本科学素质公民的比例平均超过5.0%。与2010年相比，2015年北京和上海增长幅度较大，安徽和河南排名进步较快，海南和新疆增长率较高。

从城镇劳动者的科学素质水平看，具备基本科学素质的比例从2010年的4.8%提升到2015年的8.2%，提升速度较快，对我国公民科学素质的整体提升起到了重要作用。受到教育年限的影响，城镇劳动者科学素质存在明显的个体差异。从学历角度看，尽管不排除存在有的人学历高但科学素质较低的现象，但就一般情况而言，学历高的人往往具有较高的科学素质。从不同经济发展地区情况看，城镇劳动者的科学素质也存在不同程度的差异，东部地区城镇劳动者具备基本科学素质的比例明显高于中部地区和西部地区。从城乡分布看，城镇居民的科学素质水平提升幅度较大，从2010年的4.9%提升到2015年的9.7%，而农村居民仅从2010年的1.8%提高到2015年的2.4%。从年龄分布看，中青年群体的科学素质水平较高，2015年18~29岁和30~39岁年龄段公民的科学素质水平分别达到11.6%和7.2%。

（四）城镇劳动者技能水平

截至2016年底，全国高技能人才4791万，其中技师251万，高级技师近85万，高技能人才占技能人才总量的6.0%，技能人才占就业人员总量的21.0%。职业技能鉴定机构8224个，职业技能鉴定考评人员28万，参加职业技能鉴定的人员12577万，取得不同等级职业资格证书的人员10500万。2017年末全国共有技工院校2490所，在校学生338万人。全年技工院校面向社会开展培训456万人次。2017年，平均年龄不到21岁的中国代表团在第44届世界技能大赛获得15枚金牌、7枚银牌、8枚铜牌、12个优胜奖，创下了我国参赛历史最好纪录，荣登金牌榜首位，向全世界展示了"中国工匠"的风采（见表3）。总的来看，我国技能人才总量持续扩大、质量不断提升。

表3　2011～2017年世界技能大赛获奖情况

单位：枚

年份	2011	2013	2015	2017
金　牌	0	0	5	15
银　牌	1	1	6	7
铜　牌	0	3	4	8
优胜奖	5	13	11	12

二　提升城镇劳动者科学素质和技能水平的主要做法①

（一）构建提升城镇劳动者科学素质的组织体系

1. 推进专业技术人才继续教育和实践锻炼

由人社部牵头，通过持续推进专业技术人才知识更新工程、稳步推进西部地区专业技术人员特殊培养等工作，不断提升专业技术人员的科学素质。2012～2017年，累计举办全国专业技术人员高级研修班1385个，培养高层次专业技术人员约9万人；完成急需紧缺和骨干专业技术人员培养培训任务566万人次；累计选拔1800名新疆、600名西藏少数民族特培学员到新疆、内地相关高校、科研院所和企事业单位进行特殊培养和实践锻炼。

① 此部分关于城镇劳动者科学素质提升的主要做法，是按照《全民科学素质行动计划纲要》的任务分工，重点涉及人社部、全国总工会、安监总局、团中央和全国总工会等部门。关于技能水平提升部分，主要强调人社部的一些具体措施。

2. 促进青年创业就业能力提升

由团中央牵头，主要通过开发青年创业课程、开展创业教育、举办青年创业讲坛、实施青年创业就业见习基地项目、宣传青年创业典型等行动提升青年人的就业创业能力。比如，在1200所高校开展大学生KAB创业教育，完善创业模块培训、创业案例教学和创业实务训练等培训方式。邀请党政领导、专家学者、企业家举办“创业公开课”，解读创业政策、传授创业知识、分享创业经历。

3. 开展女性人才创业就业培训

由全国妇联牵头，通过开展“创业创新巾帼行动”、加强妇女创新创业培训和搭建妇女创业创新服务平台等举措提升妇女的创业创新能力。2015～2017年，各级妇联累计开展妇女创业创新培训552万人次、竞赛2800多场，协调阿里巴巴、海尔集团、义乌工商学院等企业院校，开展巾帼电商骨干培训，增加受训人员实战经验。

4. 加强技能人才技能和安全知识教育

全国总工会通过建立金蓝领职工技能培训示范点，依托工会院校、职工技能实训基地和多媒体手段，加强校企结合、工学结合，构建立体的职工教育培训网络。原国家安监总局深入开展《安全生产法》宣传周活动，大力宣传安全生产法律法规，营造遵法、学法、懂法、用法的安全生产法治氛围，把安全生产纳入技能人才技能培训内容。

5. 落实农民工职业安全卫生知识培训

原各级安监部门始终坚持先培训后上岗、持证上岗的原则，积极开展农民工安全生产教育培训，近年来，农民工安全知识培训人次不断增加。各级卫生部门以“关爱农民工职业健康”为主题，大力开展系列活动，系统普及职业卫生知识。

6. 强化新成长劳动力引导培训

近年来，各级人社部门针对当年退役并有就业愿望的退役士兵和有需求的大中专院校毕业生等新就业群体，通过集中办班、咨询服务、印发资料以及利用互联网等手段，多形式、多层次、多途径对青年劳动力开展基本权益保护、劳动法规、实用技术、安全生产、城市生活常识、求职应聘等方面的引导性培训。

（二）持续打造城镇劳动者技能水平提升通道

1. 加强技能人才职业培训

由人社部牵头，通过推进高技能人才队伍建设、开展技能振兴专项活动，健全面向城镇技能劳动者的职业培训体系。2012～2017年，组织完成政府补贴性职业培训9716万人次，包括：就业技能培训5514万人次，岗位技能提升培训2840万人次，创业培训1057万人次，其他培训306万人次。

2. 推动农民工职业技能培训

由人社部牵头，通过加强农民工职业技能培训统筹管理、有重点地推动农民工培训、积极开展新市民素质提升培训、加强家庭服务从业人员培训、强化农民工职业安全卫生知识培训等行动提高农民工的科学素质和技能水平。2012～2017年，累计完成各类农民工培训4770万人次，占总培训量的49.0%。围绕城镇化进程的要求，人社部不断提高进城务工人员的职业技能水平和适应城市生活的能力。

3. 开展新成长劳动力技能培训

近年来，各级人社部门对“两后生”（初中、高中毕业后未能继续升学的学生）开展了劳动预备制培训，加快培养后备技能人才，同时组织有就业愿望的当年退役士兵和有需求的大中专院校毕业生参加相关职业技能培训，提高其就业能力。2012～2017年，共完成城乡未继续升学的应届初高中毕业生培训506万人次。

4. 实施困难企业职工技能培训

人社部、国家发改委、财政部联合组织实施特别职业培训计划，对困难企业在职职工开展在岗技能提升培训和转岗转业培训，帮助其实现稳定就业。此计划的工作重点是，在职工人数多、生产经营困难的大中型企业中积极开展职工在岗培训；培训所需资金按规定从企业职工教育培训经费中列支，不足部分可由企业所在地政府从就业专项资金予以适当支持。

（三）搭建城镇劳动者科学素质和技能水平提升平台

1. 加强继续教育基地建设

近年来，人社部印发《国家级专业技术人员继续教育基地建设管理办法》《专业技术人才知识更新工程国家级继续教育基地补助经费管理办法》《人力资源社会保障部办公厅关于国家级专业技术人员继续教育基地建设有关问题的通知》等文件，努力建设基地信息发布和工作平台。2011 年以来，累计建立 140 个国家级专业技术人员继续教育基地。

2. 搭建知识更新工程公共服务平台

2011 年以来，人社部不断加强理论研究，优化知识更新工程公共服务平台功能，完善工程综合服务管理网络体系，积极推动专业技术人员“互联网 +”继续教育；会同中国继续工程教育协会，积极开展国际交流工作；编辑出版知识更新工程公需科目教材。

3. 推进企业新型学徒制试点工作

2015 年以来，人社部开展了企业新型学徒制试点工作，通过两批 22 个试点省、自治区、直辖市的经验，有效推进了“招工即招生、入企即入校、企校双师联合培养”的技工院校（培训机构）与企业对接培养模式。据统计，全国组织新型学徒制试点企业 84 家，培养新型学徒制企业职工 9762 人。

4. 开展职工职业技能大赛

多年来，全国总工会不断深化职工职业技能大赛工作，拓宽技术工人职业发展渠道，推动企业建立技术工人培养、考核、使用和激励机制；持续深入开展职工技术创新活动，设立职工创新补助资金，推广运用创新工作室、创新示范岗等载体，保障职工经济社会权益和享有相应的荣誉等。

5. 推出青年创新创业服务项目

近年来，团中央推出了“创青春”中国青年创新创业大赛、青年创业园区、青年创业小额贷款、农村青年致富带头人培养计划、大学生创业引领计划等一系列服务青年创新创业的工作项目，着力培养和强化青年的创业精神和创业观念，加大项目推介力度，完善创业导师制度。

6. 创建妇女创业创新服务平台

2015～2017年，全国妇联通过直接和间接支持妇女以独立创建、合作共建、牵头领办等方式，创建女性众创空间、双创孵化器等女性创业服务平台3000多个，创建全国巾帼脱贫示范基地336个，引导妇女创办、领办家庭农场、农家乐30多万个，培养巾帼电商带头人10多万人。通过这些举措，示范带动400多万名农村妇女、91万贫困妇女通过发展电商、农家乐、手工编织等产业，实现创业增收和脱贫致富。

三　城镇劳动者科学素质和技能水平存在的突出问题

（一）科学素质和技能水平与市场需求不相适应

据统计，截至2016年底，我国技能劳动者占就业人口的比例仅为21.3%，高技能人才占技能人才的比例不足6.0%，初中及以下文化程度的农民工占农民工总量的比例高达70.0%。与此同时，用人单位普遍认为，人力资源的就业能力不仅仅指获得工作的能力，还包括维持工作和获得职业发展的能力。因此，就我国现行的人力资源市场供给而言，技能劳动力短缺，劳动者创新意识和能力不足、职业素质偏低现象明显，城镇劳动者的科学素质与技能水平还不能适应市场需求。

（二）科学素质与建设科技强国的要求有很大差距

2016年中共中央、国务院印发的《国家创新驱动发展战略纲要》明确了分“三步走”战略目标：到2020年进入创新型国家行列，到2030年跻身创新型国家前列，到2050年建成世界科技创新强国。实现上述目标的基础和必然要求是我国城镇劳动者的科学素质的稳步提高。统计表明，我国拥有近亿的科技人力资源，总量居世界第一，工程师队伍规模不断扩大。但从工程师质量看，在2012年的《世界竞争力报告》中，中国的“合格科学家和工程师”指标，在142个国家中仅排第33位；据《财富》杂志2012年公布的数据，美国“适合全球化要求”的工程师有54万，在印度符合全球化需求的工程师超过其总数的70%，而在中国只有16万，还不到全国工程师总数的1/10。由此看出，目前我国城镇劳动者的科学素质与实现上述目标的要求相比，还存在很大差距。

（三）技能水平与建设制造业强国的要求有较大差距

实现现代化，工业化是前提，建设制造强国是必然要求。2015年国务院印发的《中国制造2025》提出，力争到2025年，制造业整体素质大幅提升，迈入制造强国行列；到2035年，制造业整体达到世界制造强国阵营中等水平，全面实现工业化；到2050年，制造业综合实力进入世界制造强国前列。要实现上述目标，就要引导技术、人才、劳动力、资本等生产要素发挥叠加效应，协同投向实体经济特别是先进制造业。因此，必须推动形成高素质的创新创业人才队伍和技能人才大军，其中尤为重要的是增加技能人才，特别是高技能人才在就业人口中的比重。

（四）科学素质和技能水平提升内容和形式单一

当前，提升城镇劳动者素质和技能水平以培训为主，形式较为单一；在培训内容上，存在一定的重视文化知识忽视能力素质、重视职业技能忽视职业素养、重视就业技能忽视创新发展能力的现象；在离校后知识积累与在校知识积累的关联性方面，学历教育管理与继续教育管理各行其是，未纳入统一的标准框架，劳动者持续的知识积累和能力提升具有一定的体制障碍。

（五）科学素质提升的公共资源和社会资源统筹力度不够

城镇劳动者科学素质提升不仅需要政府努力，更需要企事业单位、社会团体等各方的共同参与和支持。但从目前情况看，在促进城镇劳动者科学素质提升过程中，公共教育培训资源与组织内部培训资源、社会培训资源的协同度还不够高。相关教育培训主体仍以政府公共资源为主，企业等其他主体的持续投入力度和参与程度明显不足。

四 进一步提升城镇劳动者科学素质与技能水平的未来展望

（一）强化以职业活动为导向的内容体系建设

1. 构建分层分类的科学素质和技能水平提升内容体系

针对城镇劳动者中高层次人才、专业技术人员、技能人才、农民工、高校毕业生、失业人员等群体科学素质或技能水平及其发展要求的不同状况，构建差异化的科学素质和技能水平提升内容体系和方式方法体系。例如，面向企业新进毕业生，重心应放在实现由知识向技能的转化、由技能向创新力的转化、由提高学习能力向提升创造素质的转化；面向农民工，应重点提高其职业技能水平和适应城市生活的能力；面向失业人员等弱势群体，应重点提高其技能水平以及就业能力、创业能力和适应职业变化的能力。

2. 强化职业发展教育与就业指导

贯彻落实《“十三五”促进就业规划》，强化职业发展和就业指导教育，提升城镇劳动者就业创业能力。鼓励职业院校和普通高校开展以职业道德、职业发展、就业准备、创业指导等为主要内容的就业教育和服务。建立专业化、全程化的高校毕业生就业指导体系，增强毕业生自我评估能力、职业开发能力及择业能力，切实转变就业观念。推进职业发展教育列入科普工作内容并提高重视程度。

3. 建设城镇劳动者终身职业教育体系

贯彻落实《现代职业教育体系建设规划（2014～2020年）》，将职业发展教育纳入城镇劳动者培训体系。统筹管理全日制和非全日制职业教育、学历和非学历职业教育，促进劳动者实现可持续的职业发展。强化非专业性职业素质（职业道德、人格和通用能力等）培养，提升可持续发展的职业能力。以构建国家资历框架为契机，推动教育资历与职业资历的衔接贯通。增强职业教育体系开放性，促使劳动者灵活接受职业教育。

（二）推动以高质量就业和充分就业为中心的平台载体建设

1. 统筹规划职业教育和技工教育

努力实现技工教育与职业教育统筹管理和同步规划，协调各部门在规划重点领域的重大工程、专项计划时同步规划职业教育，保证劳动者技能水平提升与产业发展契合。落实技工教育和职业教育服务地方和产业的基本方针，发挥地方政府主动性，突出省级政府统筹，赋予地方政府在学校布局规划、招生考试等方面更多的权限，鼓励因地制宜发展和特色发展。

2. 搭建开放的科学知识学习平台

利用现代信息技术，建立科学知识学习公共服务平台，提供知识普及、知识查询、知识测试等各类公共服务产品，提供讲科学、爱科学、学科学、用科学的精准服务。构建基于社交网络平台的“自主学习 + 在线讨论 + 知识搜索”的互动模式，开展不受时间和地点约束的互动学习。及时在线解答各种疑问，开展在线知识自主测试，提高学习效率。

3. 完善分行业、分专业、分职业的劳动者求职和企业用工需求对接平台

创新人力资源市场信息服务模式，形成并不断完善分行业、分专业、分职业的多层级人才供需对接平台。加强人力资源市场监测与预警，研究建立分行业、分专业、分职业的劳动者供给与需求指数。充分发挥新媒体作用，拓展劳动者获取用工需求信息渠道。开发运用求职者线上登记、注册等动态人力资源市场供给信息系统和线上培训交流系统。

4. 做实互联互通的研教产合作机制

推动建立科研、教育（培训）与产业之间的互联互通机制，鼓励研发人员、教育人员（培训人员）和产业技术（技能）人员加强合作交流，真正实现理论创新、技术创新与技术实现融合发展。重视行业组织在研教产合作中的推动作用，发挥其在形成行业发展战略、进行技术和产品研发、培育竞争优势、创新管理模式、开展国际合作等方面的积极作用。

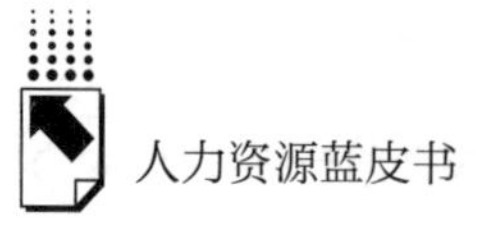

（三）加快以有效整合各方资源为目标的机制政策创新

1. 加强政策支持和经费保障

优化工作布局，把城镇劳动者素质和技能提升工作摆在各相关部门的突出位置。加大政府资金投入，创新科技投入方式，逐步提高教育、科普经费的增长速度，夯实城镇劳动者科学素质和技能水平提升的基础。出台优惠政策吸引各种社会力量出资，形成多渠道的投入机制。加快发展创业投资，引导社会资金加大科技创新和技能创造投入力度。

2. 形成各部门共同参与机制

协调科技、教育和人社等各部门的关系，合理分工、加强合作，建立健全城镇劳动者素质和技能提升参与机制，区分重点对象和人群有序开展工作。发挥科研机构、大学和高新技术企业的实验室、研发机构、企业技能创新工作室、技能大师工作室等机构作用，促进科技成果的推广与尊重知识尊重创造社会风气的营造。

参考文献

Miller, J. D. , "Scientific Literacy and Citizenship in the 21st Century", Shiele B. and E. H. Koster, MultimodeScience Centers for This Century, Multimondes, 2000.

任磊：《2007 中国公民科学素质调查深度访谈报告》，《科普研究》2008 年第 12 期。

何薇、张超、高宏斌：《中国公民的科学素质及对科学技术的态度——2007 中国公民科学素质调查结果分析与研究》，《科普研究》2008 年第 12 期。

魏红、吴春林、娄山敏子：《贵州省公众科学素养影响因素分析》，《经济信息时报》2007 年第 8 期。

《提高城镇劳动人口科学素质》，《北京科协》2006 年第 10 期。

陈国生：《提高城镇居民科学素质须抓好街道社区科协建设》，《科协论坛》2009 年第 7 期。

湖北省科协：《在城镇化进程中提高农民工科学素质问题的研究》，《科协论坛》2009 年第 3 期。

张超、何薇：《我国公众获取科技信息的途径与渠道》，亚太地区媒体与科技和社会发展研讨会，2008。

季国清、刘孝廷：《科学态度是科学素质的核心》，《北方论丛》2004 年第 3 期。

雷绮虹：《大力提高城镇劳动人口科学素质》，《大众科技报》2006 年第 5 期。

冷德熙：《企业在科普中的地位与作用》，《科协论坛》2007 年第 3 期。

李群、刘涛：《城镇劳动人口科学素质及影响因素——以京津沪渝湘川为例》，《中国科技论坛》2017 年第 5 期。

秦素青、陈永亨、廖景平、徐凤霞：《新型城镇劳动者的环境素养分析》，《中国经贸导刊》2016 年第 11 期。

《国家安全生产监察专员杨占科就"深入开展〈安全生产法〉宣传周活动，扎实推进安全生产法制建设"等相关话题接受人民网专访》，人民网，2017 年 12 月 4 日。

《共青团为广大青年打开创业通道》，中国共产党新闻网，http：//cpc. people. com. cn/gqt/n/2015/1015/c363174 - 27702726. html，2015 年 10 月 15 日。

《全国妇联四举措促进妇女创业就业取得新成效》，《中国妇女报》2017 年 12 月 7 日。

人力资源和社会保障部：《2012 年度人力资源和社会保障事业发展统计公报》，2013。

人力资源和社会保障部：《2013 年度人力资源和社会保障事业发展统计公报》，2014。

人力资源和社会保障部：《2014 年度人力资源和社会保障事业发展统计公报》，2015。

人力资源和社会保障部：《2015 年度人力资源和社会保障事业发展统计公报》，2016。

人力资源和社会保障部：《2016 年度人力资源和社会保障事业发展统计公报》，2017。

人才工作篇

Work Related to Talents

B.7
我国海外人才引进工作发展状况*

范青青　孙 锐　冯 凌**

摘 要： 2017年以来，我国海外人才引进工作成绩斐然，高层次人才加速聚集，留学回国人数再创新高，海外引进人才贡献突出。国家层面，我国启动了外国人才签证制度，全面实施外国人来华工作许可制度，改革外国人永久居留证件工作，组建国家移民管理局，并持续实施各项引才计划（项目），做好留学归国人才工作。地方层面，北京、上海、深圳、南京等地的海外引才工作都取得了突出成绩，出台了各项人才引进政策，吸引了一大批高端人才及急需紧缺人才投身到我国经济

* 本文中的海外人才包括外籍外裔人才和在国外留学或者工作的已经改变国籍或者没有改变国籍的人才。

** 范青青，中国人事科学研究院研究实习员；孙锐，博士，中国人事科学研究院研究员；冯凌，博士，中国人事科学研究院副研究员。

建设。展望未来，我国应在探寻和把握高层次人才流动规律的基础上，进一步完善人才引进工作机制，加强人才聚集发展软环境建设。

关键词： 海外人才 人才引进 海外引才制度

我国一直高度重视引进海外人才引进且成效斐然。随着科技发展，国际人才竞争更为激烈。党的十九大对人才引进工作提出了新要求，要“聚天下英才而用之”，实施更加积极、更加开放、更加有效的人才政策，海外人才引进工作进入新阶段。当前，各级党委政府进一步加大力度，努力打造人才发展竞争力，提升海外优秀人才聚集能力，以人才比较优势强化创新驱动力，带动各行业各领域全面嵌入全球产业链、价值链、创新链。

一 国家层面海外引才工作进展

（一）启动外国人才签证制度

早在2013年国务院发布的《中华人民共和国外国人入境出境管理条例》中已经增设了人才签证类别。2017年相继出台的《国务院关于强化实施创新驱动发展战略进一步推进大众创业万众创新深入发展的意见》《国务院关于促进外资增长若干措施的通知》等文件对《外国人才签证制度实施办法》的制定提出了明确要求，进一步扩大人才签证发放范围，完善外国人才评价标准，放宽人才签证有效期限，并对符合条件的外国人才签发5～10年的长期多次往返签证。

2017年11月28日，国家外国专家局、外交部和公安部联合印发《外国人才签证制度实施办法》。2018年1月1日，外国人才签证制度开始在北京、河北、四川、安徽、上海、广东等9个试点省市实施。2018年1月2

日，全国首张《外国高端人才确认函》由北京市外国专家局签发。截至2018年2月24日，外专部门共签发135份《外国高端人才确认函》。

自2018年3月1日起，人才签证制度在全国范围内实施。当前，外国人才来华签证的突出特点是“最长有效期”、“最长停留期”、“最短审发期”和“最优惠待遇”，主要体现在：签证的有效期可达10年，每次停留期可达180天，申请次日即可颁发签证，且享受“零费用”办理，外国人才及其家属免交签证费和急件费。[①]

（二）全面实施外国人来华工作许可制度

外国人来华工作许可制度是中国政府对外国人申请到中国工作实行的统一准入标准和审批监管制度。2015年12月，国务院决定将“外国人入境就业许可”和“外国专家来华工作许可”整合为“外国人来华工作许可”。2016年10月至2017年3月，北京、天津、河北、上海、安徽、山东、广东、四川、云南、宁夏等10个省（区、市）开展了外国人来华工作许可制度试点工作并取得积极进展。截至2017年3月28日，10个试点地区累计办理业务20188笔，核发《外国人工作许可通知》4375份、《外国人工作许可证》9638份，用人单位注册数达到21866家。[②]

2017年4月1日，外国人来华工作许可制度在全国范围内正式实施。现行外国人来华工作许可制度实现五个统一：统一管理职能，实行权责一致；统一评价标准，实行分类管理；统一申请条件，规范精简材料；统一审批流程，实行一网办理；统一证件名称，实行一号管理。[③] 未来，在华长期工作的外国人持有的新版《外国人工作许可证》将实现一人一码、终身不变，动态管理记录其工作管理、服务、信用等情况。[④]

---

① 《提供绿色通道吸引国际人才》，https：//www. sohu. com/a/226287497_ 120000。

② 数据由国家外国专家局整理所得。

③ 四川人社：《外国人来华工作需要注意哪些？政策解读告诉你》，http：//dy. 163. com/v2/article/detail/D539FJEK0514CMD2. html。

④ 国家外国专家局：《扎实推进外国人来华工作许可制度》，http：//www. safea. gov. cn/content. shtml？ id = 12749708。

（三）改革外国人永久居留证件工作

随着中国经济的迅速发展，越来越多的外籍人士到中国投资、工作、生活，并希望获得在华永久居留的资格。2004 年 8 月，《外国人在中国永久居留审批管理办法》的印发标志着外国人永久居留管理制度在我国正式建立。该办法规定，有四类人士可申请外国人永久居留证，除了“对中国有重大突出贡献或国家特别需要的外国籍人员”“对中国经济、科技发展和社会进步有重要推动作用的、在有关单位任职的外国籍高层次人才”“在中国有较高数额直接投资的外国籍投资者个人”，还包括“夫妻团聚、未成年人投靠父母、老年人投靠亲属等家庭团聚人员”。①

此前，中国的外国人永久居留证存在申请门槛过高、签证期限过短、办理手续复杂等问题，不利于海外人才尤其是海外高层次人才到我国创新创业。为解决以上问题，公安部于 2017 年 4 月印发《外国人永久居留证件便利化改革方案》，在我国正式启动外国人永久居留证件便利化改革。自 2017 年 6 月 16 日起，经批准取得在华永久居留资格的外国人开始获得公安部签发的 2017 版外国人永久居留身份证。

2017 版外国人永久居留身份证设计参照了中国第二代居民身份证的标准，内嵌非接触式集成电路芯片用于记录持证人个人资料和证件签发管理信息，并可以通过第二代居民身份证阅读机具读取证件信息。该证件是持证人在中国境内居留的身份证件，覆盖工作、金融、税收、住宿、通信、交通、教育、医疗、社保等服务领域，证件的含金程度大幅度提高。②

（四）组建国家移民管理局

经济全球化背景下，移民人才是一个国家创新创业的重要力量。随着经济社会的快速发展以及改革开放的不断推进，我国对海外人才的磁吸效应逐

① 《新版中国“绿卡”含金量大增》，http：//www. 1000plan. org/qrjh/article/67590。

② 《公安部公告：2017 新版外国人永久居留身份证启用》，http：//www. cngold. com. cn/20170617 d1970n156679783. html。

步增强，越来越多的海外人才选择来华工作生活。海外人才总量的增加既为我国的经济社会发展输入了新鲜血液，又对我国做好移民管理服务提出了更高要求。

2015 年 3 月发布的《中共中央国务院关于深化体制机制改革加快实施创新驱动发展战略的若干意见》和 2016 年 2 月发布的《关于加强外国人永久居留服务管理的意见》对海外高层次人才的引进管理、外国人永久居留服务制度的改革深化、技术移民制度的探索建立、移民管理机构设置及职责配备等工作提出了明确要求。① 2016 年 6 月，中国正式加入国际移民组织，加大参与移民问题的全球治理力度，推动移民领域的国际合作。

2018 年 3 月 17 日，全国人大通过国务院机构改革方案，在公安部下组建国家移民管理局，整合公安部的边防检查和出入境管理职责，建立健全签证管理协调机制，更好地形成了移民管理工作合力。国家移民管理局在 2018 年 4 月 2 日挂牌成立，并在此后的两个月内共审批 1881 名符合条件的外籍人士在华永久居留。其中，606 张外国人永久居留身份证已由北京公安出入境部门送至在京外籍人员手中，这些人中既包括国家“千人计划”引进人才、中关村外籍高层次人才、北京市服务业领域高层次人才、外籍华人，还有重点产业领域优秀企业家、高级管理和技术人才以及其配偶子女。②

（五）持续实施各项引才计划（项目）、做好留学归国人才工作

截至 2018 年 7 月，国家“千人计划”共分三个层次 8 个项目引进了一批海外高层次人才。其中，有 6 名诺贝尔奖获得者、75 名欧美发达国家的科学院院士、20 多位当选两院院士；2017 年第十四批国家“千人计划”青年项目、创业人才项目入选人员分别为 609 人、41 人。③

教育部“长江学者奖励计划”在 2017 年共有 53 位海外人才入选，其

① 胡芸：《成立国家移民局时机已成熟》，《北京青年报》2016 年 3 月 12 日。

② 数据由国家移民管理局官网整理所得。

③ 数据由千人计划官网整理所得。

中，特聘教授2人、讲座教授51人，同比2016年增加了13人。①

人力资源和社会保障部“赤子计划”在2017年共组织实施了31项资助项目，全年共吸引2000多人次的各类海外人才为国服务，1.6万余个人才技术合作项目参与对接，2000余个合作协议签订或合作意向达成。②发展至今，“赤子计划”已经形成一定规模，在海外人才回国创新创业方面发挥了重要的桥梁作用，成为人才工作的一张亮丽“名片”。各地方地部门依托“赤子计划”，根据本地发展需求，积极引进海外高精尖人才。例如，江西省组团赴美开展海外高层次人才招聘活动，3场招聘会场场爆满；河南“海外英才中原行”活动邀请39名海内外专家携带高科技项目与当地对接，现场签约合作项目协议28个。③

截至2017年底，我国留学回国人员总数已经累计达到313.2万人，其中，仅2017年的留学回国人员数量就达到了48.09万人，比2016年多出4.84万人，创历史新高（见图1）。与此同时，我国出国留学与留学回国人

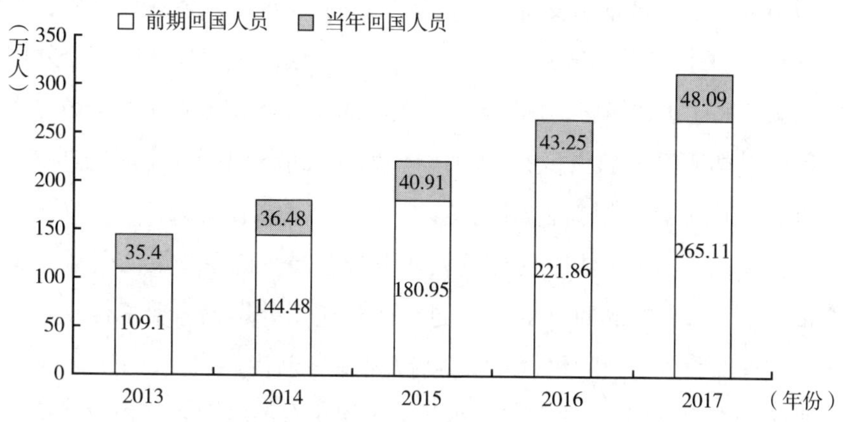

图1　2013～2017年留学回国人员情况

资料来源：人力资源和社会保障部。

① 数据由中国教育部官网整理所得。

② 数据由人力资源和社会保障部整理所得。

③ 赵兵：《服务归国人才“赤子计划”成名片》，《人民日报》2018年4月17日。

数比例已从2006年的3.15∶1下降到2017年的1.26∶1，且呈现加速回流态势。[①] 2017年，全国共组织吸引各类海外人才回国（来华）服务达4.3万人次，3.3万个项目与人才、资金对接。全国共建成各级各类留学人员创业园351个，其中省部共建创业园49家，入园企业总数2.3万家，8.6万名留学人才入园创业。[②]

二 典型城市海外引才工作进展

（一）北京：实施“中关村国际引才用才20条”

作为第一个国家级人才管理改革试验区，北京市中关村大力集聚国际顶尖人才，截至2018年2月，中关村已有“千人计划”专家1343名，占全国的近20%。[③]

2016年，公安部推出支持北京创新发展的20项出入境政策措施，其中有10项在中关村先行先试；2017年5月2日，朝阳区、顺义区两个外国人出入境服务大厅正式揭牌，标志着公安部批复北京市服务业扩大开放综合试点示范区（朝阳区、顺义区）10项出入境政策措施正式启动实施。至此，北京市初步形成了中关村科技服务人才、朝阳区商务服务人才、顺义区临空经济服务人才“三位一体”的外籍人才引智布局。这些政策的受益者将占到全市外籍人口总量的80%以上，进一步促进了外籍人才要素流动，将会形成适应首都服务业国际化发展的高端人才集聚新优势。[④]

2018年2月27日，北京市发布《关于深化中关村人才管理改革构建具有国际竞争力的引才用才机制的若干措施》（以下简称《措施》）共提出20

① 数据来源：《2017年人力资源和社会保障事业发展统计公报》，2018。

② 数据由人力资源和社会保障部整理所得。

③ 数据由创新创业中关村官网整理所得。

④ 《北京市外籍人才出入境改革“新十条”启动》，http：//finance.qianlong.com/2017/0502/1651393.shtml。

条政策，其中多项为全国首创。《措施》主要包括四个方面：便利人才出入境、开放国际人才引进使用、支持国际人才兴业发展和加强国际人才服务保障。《措施》是对先前出台政策的深化和发展，进一步健全了海外人才供需精准对接机制。例如，在申请永久居留方面，将中国籍高层次人才的外籍家属纳入“直通车”范畴、外籍人才子女可在北京口岸办理学习签证入境、外籍科研辅助人员办理工作类居留许可等政策，进一步解决了高层次人才的后顾之忧。截至2018年6月底，已为中关村外籍高层次人才及家属办理永久居留468人。①

北京市在2018年加快国际化人才社区的建设，初步计划在朝阳区望京、中关村大街、昌平区的未来科学城以及新首钢地区四个区域建立国际化人才社区，进一步优化首都世界高端智力引才用才地方品质。② 在国际化人才社区中将提供包括医疗、住房、子女教育等在内的全方位保障。

（二）上海：实施“出入境聚英计划”

近年来，上海市加大海外人才引进力度。2012～2017年，上海市引进的留学回国人员是上个五年的两倍多。据统计，2017年度落户上海市的留学人员，平均年龄只有27岁，其中，博士和硕士学历的占93%，毕业于世界排名前500名院校的占89%。截至2018年4月，来上海市工作和创业的留学人员已达15万余人，留学人员在上海市创办企业5000余家。③ 为了更好地服务来上海市创新创业的海外人才，上海市人才服务中心于2018年推出留学回国人员落户受理业务网络和微信服务号全流程在线预约服务。④

2018年1月16日，公安部、上海市政府召开“公安部、上海市政府推进上海科技创新中心建设合作机制2017年度会议”，正式推出“上海出入

① 数据由国家移民管理局整理所得。

② 孙锐：《构建“聚天下英才而用之”的支撑体系——十八大以来我国海外人才引进工作取得重要进展》，《人民论坛》2018年6月29日。

③ 数据由上海市人力资源和社会保障局整理所得。

④ 许婧：《上海加大引进“海归”力度欲成海外人才引力场》，中国新闻社，2018年4月22日。

境聚英计划（2017～2021）”。根据该计划，为了重点吸引适应国家经济社会发展需求的、急需紧缺的高端外籍人才，公安部将陆续出台一批出入境政策，并首先在上海市开展试点工作。

上海市公安局在2018年5月2日正式推出“2018年上海出入境聚英计划”三项新政，内容包括：一是顶尖人才可以推荐六名科研团队成员申办外国人永久居留身份证。二是允许在“双自”和“双创”单位工作的外籍人才兼职创新创业，这既突破了外籍人才只能在一家单位工作的限制，也为用人单位聘用外籍人才提供了更多储备和选择。三是为全球外籍优秀大学毕业生来沪发展提供长期居留和永久居留便利，依据该政策，国内重点高校的国际学生或境外知名高校的外籍学生，在上海找到工作之前，需要实习或创业的，可直接凭毕业文凭办理两年期居留许可，工作满三年的还可申请永久居留。①

上海市公安局与中国（上海）自由贸易试验区管理委员会、上海张江高新技术产业开发区管理委员会、徐汇区政府、杨浦区政府、复旦大学、上海交通大学、上海科技大学、中国科学院上海微系统与信息技术研究所、中国宝武钢铁集团有限公司九家单位会签《“上海出入境聚英计划”相关政策实施办法》，明确了“双自”“双创”单位对“高端外籍人才”的自行认定标准和推荐权限，以及居留证件的申办流程和审批条件、需要提交的具体申请材料等事项，既方便了外籍人才提交申请，也便于相关单位认定和推荐人才。

（三）深圳：实施海外人才引进新政

在“孔雀计划”政策的推动下，越来越多的海外高层次人才在深圳市聚集。截至2017年底，深圳市共引进2954名海外高层次人才，累计发放奖补金额9.16亿元，共有4363人次享受了奖励补贴。② 深圳市人社局2018年

---

① 何易、赵松：《“上海出入境聚英计划”推出三项新政，简政放权提升服务加速顶尖人才留沪　九家“双自”“双创”单位获顶尖外籍人才认定权》，《文汇报》2018年5月4日。

② 数据由深圳市人力资源和社会保障局整理所得。

2月7日公布的数据显示，2017年度深圳市引进“千人计划”专家人才46人、孔雀团队15个、海外高层次人才453人。①

从2017年11月1日起，深圳市启动实施《深圳经济特区人才工作条例》。至此，深圳经济特区的人才优先发展有了法治保障。同日，深圳市启用高层次人才“鹏城优才卡”，覆盖人群包括深圳市认定的高层次人才、“孔雀计划”海外高层次人才和优秀留学生。持卡人可在入户、配偶就业、子女入学、医疗保健、安居、出入境居留等方面享受优惠政策。

2017年11月11日，深圳市人社局发布深圳海内外人才引进成果及系列新政策，从公共服务、人才签证到参保缴费年龄规定等政策一应俱全。比如，进一步扩大“鹏城优才卡”的政策优惠面：扩大覆盖人群，在已认定的高层次人才基础上涵盖了外籍高端人才；扩大优惠政策范围，建立更全面的海外人才公共服务体系，覆盖社会保险、贷款、科技基金申请等生活的方方面面。比如，采用“互联网+政务服务”模式，实现外专、外交、公安之间信息互联互通互认，减少人才签证“跑路”环节，不断提高管理服务效率。比如，将放宽部分港澳台及外籍专家参保缴费年龄的限制，扩大海外人才公共服务的广度和深度。② 进一步落实人才签证政策，扩大外国人才签证发放范围，放宽签证有效期限，为高端外国人才出入境开辟绿色通道。在现有法律法规的框架下，进一步对外籍高层次人才及其外籍配偶、子女在申请办理签证或者居留证件等事务期间提供便利。③

（四）南京：实施“345”引才计划

2011年至2017年11月，南京市级各层次人才引进计划共吸引3.7万名

① 数据由深圳市委组织部整理所得。

② 《人社局启动“新时代”活动“鹏城优才卡”将获得更多福利》，http://life.szonline.net/contents/20171115/201711620.html。

③ 杜艳、余励斯：《深圳将出台人才引进新政扩大外国人才签证发放范围》，《南方日报》2017年11月15日。

海内外人才申报，3752 人入选，创办科技型企业 3545 家，其中，留学人员 2446 人。另据统计，截至2017 年11 月，已有3 万多名留学回国人员在南京市创业。①

2017 年 12 月，南京市提出实施“121”战略，即建设一个名城，打造两个中心，把南京建成最鼓励创新、最适合创新、最具创新创业活力的城市②。2018 年 4 月，南京市启动实施“345”海外高层次人才计划并出台《南京市“345”海外高层次人才引进计划实施细则（试行）》，旨在服务创新驱动发展“121 战略”，进一步集聚海外高层次人才来宁创新创业，全方位增强对外国人才的黏性。

“345”海外高层次人才计划包括 3 个子计划，分别是急需紧缺外国专家引进计划（即“3 计划”）、海外高端创新团队集聚计划（即“4 计划”）以及海外专家工作室柔性引才计划（即“5 计划”）。未来 5 年，南京市将引进 30 名该市产业发展和教科文卫事业发展急需的高精尖缺外国人才；引进 40 个以外国人才团队为主的一流创新团队；建设 50 个海外专家工作室。该计划的最大特色是在引才用才方面采用柔性方式，在人才流动方面提高人才横向和纵向流动性，并在身份、户籍、地域、人事关系等人才流动环节中进一步为人才松绑，打破以往的刚性制约，为南京市建设具有全球影响力的创新名城提供海外人才和智力支撑。③

三　构建更加优化的海外引才制度体系展望

2017 年以来，特别是党的十九大召开后，中央和地方有效落实“聚天下英才而用之”的部署要求，进一步完善海外人才和智力引进政策，加大工作力度。未来一个时期，我们应遵循高层次人才流动规律、把握海外人才

① 数据由南京市人力资源和社会保障局整理所得。

② 南京市“121”战略：建设具有全球影响力的创新名城，打造综合性国家科学中心和科技产业创新中心。

③ 毛庆：《南京市实施“345”海外高层次人才引进计划》，《南京日报》2018 年 4 月 12 日。

需求，提高人才工作效能，致力于建立更加积极、更加开放、更加有效的海外人才引进制度体系。[①]

（一）遵循高层次人才流动规律

实践证明，哪里有需求、哪里有空间、哪里有机会、哪里效率高，人才就会往哪里聚。[②] 要进一步吸引海外人才，就要真正破除海外人才发展的体制机制约束，给予海外人才广阔的成长、干事和发挥作用空间，实现其个人发展和国家发展的双赢。

当前，我们遵循高层次人才流动规律，出台了政策文件，切实转变政府职能、深化放管服改革，最大限度降低国际人才流入门槛，建立健全国际人才生态系统，打造人才发展高位平台。同时，企业、高校、科研机构的用人自主权进一步增强，其主体作用将会得到更好发挥。今后，我国应更加积极地融入国际创新创业网络，融入全球交流合作大循环，打造各国科技和产业精英人才便捷迁移、往来顺畅，科技智力成果自由交流、协同开发的国际重要人才集散枢纽。[③]

（二）完善人才引进工作机制

创新发展之地从来都是开放的人才汇聚之地。美国从全球引进的高端人才是其科技创新不可或缺的力量。有研究表明，占美国人口 14% 的海外引进人才获得的专利占美国专利总量的 1/3，创建了美国 1/4 的高科技公司。[④]

当前，实现中华民族伟大复兴，比历史上任何时期都更需要广开进贤之路、广纳天下英才，尤其急需引进和聚集一大批站在科技前沿、具有国际视野的创新创业人才。展望未来，随着中央和地方相关法律法规和政策文件的

---

① 孙锐：《0.06% VS 10%：我国的国际人才占比与发达国家还有差距，如何更大力度引进海外英才》，《瞭望》2017 年 8 月 22 日。

② 何鼎鼎：《引才用才，高效更需长效》，《人民日报》2018 年 6 月 26 日。

③ 孙锐：《人才强国战略："聚天下英才而用之"》，《瞭望》2018 年 4 月 3 日。

④ 孙锐：《以更加开放的视野集聚海外人才》，《学习时报》2017 年 8 月 14 日。

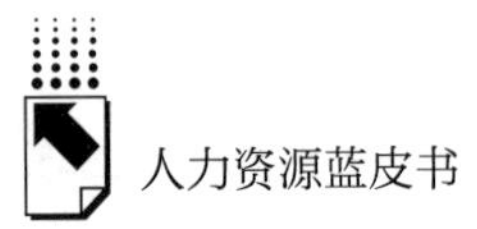

进一步完善，海外人才引进体制机制创新的改革步伐将进一步加快，市场化的人才引育、回报、流动机制将进一步健全，海外人才在人才签证、工作许可、项目申请、创新创业、医疗社保、家属安置、社会融入等多个方面的服务与保障将会进一步完善。

（三）健全人才聚集发展软环境

随着我国经济社会的进一步发展，我国对海外人才的“磁吸效应”越来越明显。为了更好地吸引、留住、开发国际人才资源，我国需要着力营造良好的“类海外”环境，特别是要加强构建人才诚信体系并推动人才发展法治建设。

随着各级党委政府人才引进政策与实践的稳步发展，我国人才聚集发展软的环境建设将持续快速推进，特别是要加大力度构建国际化且高品质、高效能的公共管理及服务体系，塑造中西交融、兼容并蓄、开放多元、和谐共进的现代化人才发展软环境，促进人才多样性集聚和多元化成长。①

参考文献

孙锐：《以更大力度引进和集聚海外英才》，《瞭望》2017 年 8 月 21 日。

孙锐：《0.06% VS 10%：我国的国际人才占比与发达国家还有差距，如何更大力度引进海外英才》，《瞭望》2017 年 8 月 22 日。

孙锐：《构建“聚天下英才而用之”的支撑体系——十八大以来我国海外人才引进工作取得重要进展》，《人民论坛》2018 年 6 月 29 日。

孙锐：《人才强国战略：“聚天下英才而用之”》，《瞭望》2018 年 4 月 3 日。

孙锐：《以更加开放的视野集聚海外人才》，《学习时报》2017 年 8 月 14 日。

孙锐：《中关村：构建国际人才比较优势》，《光明日报》2015 年 2 月 4 日。

赵兵：《服务归国人才“赤子计划”成名片》，《人民日报》2018 年 4 月 17 日。

袁于飞：《为祖国造大飞机——“千人计划”专家李东升的故事》，《光明日报》

① 孙锐：《中关村：构建国际人才比较优势》，《光明日报》2015 年 2 月 4 日。

2017 年 9 月 7 日。

胡芸：《成立国家移民局　时机已成熟》，《北京青年报》2016 年 3 月 12 日。

刘立峰：《606 名在京外籍人士获中国“绿卡”》，《北京青年报》2018 年 7 月 1 日。

许婧：《上海加大引进“海归”力度欲成海外人才引力场》，中国新闻社，2018 年 4 月 22 日。

何易、赵松：《“上海出入境聚英计划”推出三项新政，简政放权提升服务加速顶尖人才留沪　九家“双自”“双创”单位获顶尖外籍人才认定权》，《文汇报》2018 年 5 月 4 日。

杜艳、余励斯：《深圳将出台人才引进新政　扩大外国人才签证发放范围》，《南方日报》2017 年 11 月 15 日。

毛庆：《南京市实施“345”海外高层次人才引进计划》，《南京日报》2018 年 4 月 12 日。

何鼎鼎：《引才用才，高效更需长效》，《人民日报》2018 年 6 月 26 日。

吴江：《学习习近平人才思想，加快建设人才强国》，《人才研究》2017 年 12 月 21 日。

国家外国专家局：《扎实推进外国人来华工作许可制度》，http：//www. safea. gov. cn/content. shtml？ id = 12749708。

四川人社：《外国人来华工作需要注意哪些？政策解读告诉你》，http：//dy. 163. com/v2/article/detail/D539FJEK0514CMD2. html。

《提供绿色通道　吸引国际人才》，https：//www. sohu. com/a/226287497_ 120000。

《公安部公告：2017 新版外国人永久居留身份证启用》，http：//www. cngold. com. cn/2017 0617d1970n156679783. html。

《新版中国“绿卡”含金量大增》，http：//www. 1000plan. org/qrjh/article/67590。

《北京市外籍人才出入境改革“新十条”启动》，http：//finance. qianlong. com/2017/05 02/1651393. shtml。

B.8

深化职称制度改革：实践与发展趋势

孙一平*

摘　要： 职称是专业技术人才学术技术水平和专业能力的主要标志。近年来，中共中央先后印发多个重要文件，对深化职称制度改革作出了总体部署与安排。各地各部门根据国家职称制度改革意见精神，完善职称的评价标准、评价方式，提升公共服务水平，充分发挥人才评价正向激励作用，促进人才发展与经济社会发展深度融合。

关键词： 职称制度　人才评价体系　职称评审

职称制度是我国多元人才评价体系的重要组成部分。深化职称制度改革，构建多元化人才评价体系，对于树立正确用人导向、激励引导人才职业发展、加快建设人才强国具有重要作用。

一　新一轮改革概况

2016年至今，《关于深化人才发展体制机制改革的意见》《关于分类推进人才评价机制改革的指导意见》等一系列重要文件先后印发，其中《关于深化职称制度改革的意见》（本文简称《意见》）对深化职称制度改革进行了总体部署与安排。《意见》下发以来，各地各部门纷纷出台落实措施，

---

* 孙一平，中国人事科学研究院副研究员。

深化改革发展态势良好。

一是加强贯彻落实，各地职称制度改革进展顺利。在中央的统一部署下，各地制定出台改革实施意见，是2017年深化职称制度改革的重点任务。《意见》印发后，各地迅速行动，积极谋划，加快制定本地区实施意见。截至2018年6月底，30个省（区、市）发布了职称制度改革的实施意见或方案；其中多个地方，如湖北、湖南、安徽等，还出台了相关的配套文件或针对重点领域出台了专门文件。

二是聚焦重点领域，各系列职称制度改革稳步推进。改革涉及各行各业、各个专业领域，各系列职称制度改革必须与地方改革同步推进，配套进行。2017年11月，技工院校教师职称制度改革的意见率先发布。截至2018年5月，高校教师、基层卫生专业技术人员改革意见已经发布，会计、工程、农业、卫生、船舶等系列改革意见开始征求意见，社会科学研究、统计、文博等系列改革意见已具备良好基础，其他系列改革意见也正在稳步推进。①

三是完善配套政策，改革任务有序落实。职称制度改革是一项系统工程，需要制定共性配套政策协同推进。2017年《关于在部分职称系列设置正高级职称有关问题的通知》印发，健全了层级设置；研究制定了职称评审管理规定，规范职称评审全过程的监管；研究制定了职称评审信息化建设方案，进一步提高职称公共服务水平。

表1　各省份出台深化职称制度改革的情况统计

单位：个

省份	文件名(时间)	落实文件
河北	《关于深化职称制度改革的实施意见》(2017.05)	1
山西	《关于深化职称制度改革的实施方案》(2017.11)	1
吉林	—	2
辽宁	《关于深化职称制度改革的实施意见》(2017.07)	—

① 人力资源和社会保障部：《聚焦重点问题狠抓改革落实职称制度改革成效凸显——2017年深化职称制度改革工作综述》，人力资源社会保障部网站，2018年2月3日。

续表

省份	文件名(时间)	落实文件
黑龙江	《黑龙江省关于深化职称制度改革的实施意见》(2017.11)	—
陕西	《关于深化职称制度改革的实施意见》(2017.11)	3
甘肃	《关于全面深化职称制度改革的实施意见》(2017.12)	2
青海	《关于深化职称制度改革的实施意见》(2018)	1
山东	《关于深化职称制度改革的实施意见》(2018.01)	1
福建	《关于深化职称制度改革的实施意见》(2017)	—
浙江	《关于深化职称制度改革的实施意见》(2018.04)	—
河南	《河南省深化职称制度改革实施意见》(2017.07)	2
湖北	《关于深化职称制度改革的实施意见》(2017.12)	3
湖南	《关于深化职称制度改革的实施意见》(2017)	2
江西	《关于深化职称制度改革的实施意见》(2017.11)	1
江苏	《关于深化职称制度改革的实施意见》(2018.02)	3
安徽	《关于深化职称制度改革的实施意见》(2017.12)	4
广东	《关于深化职称制度改革的实施意见》(2017.12)	2
海南	《关于深化职称制度改革的实施意见》(2017.12)	—
四川	《关于深化职称制度改革的实施意见》(2018.03)	1
贵州	《贵州省关于深化职称制度改革的实施意见》(2018.05)	—
云南	《关于深化职称制度改革的实施意见》(2017.05)	2
北京	《北京市关于深化职称制度改革的实施意见》(2018.02)	—
上海	《关于深化职称制度改革的实施意见》(2018.05)	1
天津	《天津市关于深化职称制度改革的实施意见》(2017)	2
重庆	《重庆市深化职称制度改革的实施意见》(2018)	4
内蒙古	《关于深化职称制度改革的实施意见》(2017.09)	1
新疆	《自治区进一步深化职称制度改革的实施意见》(2018.03)	—
宁夏	《关于深化职称制度改革的实施意见》(2017.11)	1
广西	《关于深化职称制度改革的实施意见》(2017.11)	3
西藏	《西藏自治区深化职称制度改革工作实施方案》(2017)	—

资料来源：作者收集整理。

二　各地的主要做法与特点

按照中央深化职称制度改革的部署要求，各地各部门积极谋划，主动研究，围绕重点问题领域，提出了许多特色鲜明的改革举措，取得了积极成效。

（一）健全职称制度体系，拓展职业发展空间

健全制度体系是改革的首要任务，也是各项举措落地见效的基本保障，包括完善职称系列、健全层级设置、促进职称与职业资格制度相衔接三个重点。各地探索和实践呈现以下特点。

一是重点在专业设置完善和创新上发力。坚持以市场需求为导向设置和调整职称序列，是解决新兴职业和非公单位专业技术人员职称评审难问题时需考虑的重要举措。《意见》指出职称系列可根据专业领域设置相应专业类别。经过本轮改革，大部分省份的实施意见制定了专业设置方面的措施。

二是新设置专业与区域发展相结合，关注战略性新兴产业，凸显和强化区域比较优势。辽宁、广东、北京等地结合本地产业和区域发展实际，及时调整职称专业设置情况，增设战略性新兴产业相关专业及区域特色专业，促进新兴行业发展。针对新兴领域、新兴专业，广东、海南等地加强研究论证，实现专业设置的动态调整，广东提出要在规范清理各系列专业设置基础上，构建分类清晰、定期更新的职称专业目录。

表2　部分省份新增评审专业

省份	新增专业
辽宁	生物技术、海洋、金融、生态环境保护、能源资源、现代物流、通信、旅游、工业设计、电子商务、科技服务、知识产权、食品安全等
湖北	生物制药、智能制造、动漫等
江西	新能源、新材料、生物和新医药、信息技术、航空制造、先进装备制造、锂电与电动汽车、文化暨创意、绿色食品等
广东	智能制造、绿色低碳、生物医药、文化创意、网络信息、人工智能、知识产权、新材料、新能源等
北京	人工智能、创意设计、知识产权、技术经纪、科学传播等
江苏	思想政治工作、工业设计、文化创意等
上海	网络文学、社会工作、医学工程、景观造型设计等

注：在实施方案中明确提出专业设置名称的省份。
资料来源：作者收集整理。

三是积极部署开展正高级职称评审工作。通过搭建人才成长阶梯引导推动专业技术人才队伍建设。各地积极部署开展正高级职称评审工作。上海、

吉林等地制定完善工程、会计、工艺美术等系列正高级职称评审标准，稳步推行评价工作。

（二）坚持分类评价，完善评价标准

标准是职称制度的核心。在完善职称评价标准方面，《意见》将职称评价标准归纳为品德、能力和业绩三个方面，科学分类评价专业技术人才能力素质，并提出了三个方面的举措，包括：坚持德才兼备、以德为先，科学分类评价专业技术人才能力素质，突出评价专业技术人才的业绩水平和实际贡献。各地贯彻落实的具体探索和实践呈现以下特点。

一是重视职业道德。大部分省份制定了职业道德评价与建设的举措，如实施学术造假"一票否决"制，建立职称申报和评价诚信档案，建立完善失信黑名单制度，并纳入全国信用信息共享平台，以此来倡导科学精神，引导专业技术人员强化社会责任，坚守道德底线。

二是坚持分类评价、能力导向。分类制定评价标准，避免"一把尺子量到底"，实现"干什么、评什么"。辽宁、广西、上海等地注重突出不同学科特点，对基础应用学科、现代农业科学、哲学社会科学等分类制定评价标准；山东、青海等地按照各系列专业设置的不同，细化制定专业评价标准；山西省提出要完成所有系列（专业）评价标准条件修订工作，构建体现行业特色、专业特点的职称分类评价标准体系。①

三是建立有针对性的基层人才评价标准与模式，引导基层专业技术人才队伍建设，主要的举措包括：单独分组、单独制定条件、单独评审，侧重考察其基层工作实绩贡献。内蒙古对在旗县（市、区）及以下基层一线和艰苦边远地区工作的专业技术人才，将基层工作经历作为职称评聘的条件。②实施基层有效的职称评价制度。河北、甘肃等省，在此基础上还采取了"定向评审、定向使用"制度。山东实行基层专业技术人才职称的"双通

① 详见山西省《关于深化职称制度改革的实施方案》，2017 年 11 月。

② 详见内蒙古《关于深化职称制度改革的实施意见》，2018。

道”，专业技术人才可以自主选择基层职称或全省统一的职称。基层专业技术岗位统筹使用。河北逐步推行县（市、区）域内教育、卫生、农业等专业技术岗位的统筹使用，同时向乡（镇、街道）、农村（社区）倾斜；山东探索对基层高级专业技术岗位进行总量控制、比例单列，不再占用单位专业技术岗位结构比例总数。

（三）创新评价机制，推动评价与使用相结合

明确的评价标准必须通过科学规范的评价方式和顺畅的评价机制才能落地。《意见》在创新评价机制方面提出了四个关键举措，包括：丰富职称评价方式、拓展职称评价人员范围、推进职称评审社会化和加强职称评审监督。各地的探索实践有以下特点。

一是探索多元化的评审方式。已经公布职称改革实施方案的省份中，河北、山西等 20 个地方①提出，在原来评价方式的基础上，采用个人述职、面试答辩、实践操作、业绩展示等多种评价方式；河北、湖北、江西、黑龙江、上海、广西、山东、江西等 8 个地方实行定性与定量相结合方式；河北利用先进信息技术手段，如大数据、云计算等，探索人才评价的新方式；黑龙江和云南建立专家推荐制度，从业内同行专家的专业视角客观评价人才，并提高评价的效率和效果；湖北、江西、四川等省探索完善（专业）水平能力测试评价机制，提升评审质量。

二是建立和完善社会化评审机制。已经公布职称改革实施方案的省份中，河北、山西等 20 个地方②提出，拓展职称评价人员范围，服务包括从非公有制经济组织、社会组织中的专业技术人员到离岗创业人员、在内地工作的港澳台专业技术人才、特定外籍人才③、海外引进人才、高技能人才等

---

① 此外，还包括辽宁、黑龙江、甘肃、福建、浙江、湖北、江西、江苏、安徽、广东、海南、四川、云南、北京、上海、内蒙古、广西、新疆。

② 此外，还包括辽宁、黑龙江、甘肃、福建、浙江、湖北、江西、江苏、安徽、广东、海南、四川、云南、北京、上海、内蒙古、广西、新疆。

③ 持有外国人永久居留证或各地颁发的海外高层次人才居住证。

多种类型人才。为了满足各方面职称评价需求、服务产业结构优化升级和实体经济发展，各地积极构建社会化评审机制，典型做法包括：浙江由专业能力和管理水平强、影响力大的行业协会学会和行业龙头企业共同制定相关评价标准，组织开展职称评审工作。黑龙江在评审专家不足、执行回避制度难度大、评审能力薄弱的地区探索实行市（地）际间联合评审。福建和浙江还着力完善评审专家遴选机制，探索专家评审实名制，建立评委工作业绩档案，建立评审专家履职评价、晋级、淘汰和退出机制。

三是完善综合监管体系。一是，加强核准备案管理。河北落实申报人和单位诚信共同承诺制度，实行申报推荐数量核准备案，突出职称公益性，严禁社会组织以营利为目的开展职称评审。完善各级职称评审委员会评估与管理制度。甘肃、安徽等地明确界定了评审委员会的评审专业和人员范围，安徽同时还提出不得设立不同专业或非相近专业相混合的综合性评审委员会。二是，完善专家库管理。江苏探索建立评审专家跨区域交流机制，要求自主评审单位评审委员会有一定比例的外聘专家。安徽、宁夏等地优化评审专家结构，遴选企业、科研机构、基层专家进入各级评审委员会。

四是坚持评价与人才培养使用相结合。推进职称评审与专业技术人才继续教育制度相衔接。浙江制订专业科目学时登记细则，明确学习内容、学时数量和登记标准等要求。推进职称与岗位聘用相结合，适当调整专业技术岗位结构比例。河北围绕雄安新区建设、冬奥会筹办、大气环境治理等重点工作，提高专业技术岗位结构比例，促进高层次人才创新创业。健全岗位统筹管理机制，动态调整事业单位岗位结构比例。安徽按照“控制总量、盘活存量、优化结构、增减平衡”的原则，建立岗位管理“五统筹”机制①。

---

① 具体是指，统筹区域布局，整合岗位资源配置，动态调控岗位总量和结构比例；统筹行业发展，拓展公共服务供给，对承担公共服务较多的教育、卫生、科研等重点行业和重点领域予以重点保障；统筹优化结构，促进整体能力提升，着力调整优化主体岗位和辅助岗位比例；统筹各类人才，拓宽岗位等级晋升通道，对于引进的高层次、急需紧缺人才和基层人才可采取“一事一议”等方式评聘职称；统筹岗位绩效，发挥薪酬分配激励导向作用，引导人才向创新岗位集聚。

（四）完善管理服务方式，提升公共服务水平

随着人才工作多元化、精细化趋势日益增强，消除过度干预、保障和落实用人主体自主权，已成为广泛共识。各地的探索和实践呈现以下特点。

一是发挥基层、用人单位和社会组织作用，积极探索下放职称评审权限的有效方式。下放评审权限的三个重点：一是高校。截至 2018 年 5 月底，甘肃、湖南等 8 个地方已经发布下放高校职称评审权通知。二是重点园区和企业联盟。围绕服务创新发展和企业转型升级，湖北、陕西等地向自由贸易实验区、高新技术园区等区内重点单位探索下放高级职称评审权。三是行业组织。浙江在建立企业社会化评审机制的同时，以特种设备高级职称社会化评审为突破口，建立以行业协会为主体的职称评价体系，实现由“政府评”向“业内评”的转变；深圳鼓励和支持社会组织制定承接职称评定工作管理办法等规章制度，明确职称评定操作流程，实现了政府部门承担的职称评定职能向社会组织转移。

二是进一步提升职称评审公共服务水平。为专业技术人才提供科学、客观、公正、便捷的人才评价服务是职称制度改革的重要内容。推动区域协调与互认。京津冀区域着力构建京津冀职称工作协调机制，落实京津冀职称互认协议；广东依托粤港澳大湾区战略，探索人才评价结果粤港澳互认；安徽针对通用性强的专业积极探索跨区域职称互认。利用大数据、云计算等技术，推进“互联网 + 职称”建设。江苏提出 2020 年底前全部实现职称评审网上申报、审核与评审；浙江、内蒙古等地开展职称网上申报、网上审核，探索职称电子证书；安徽等地完善高层次人才综合信息服务体系建设，衔接贯通省、市、县三级的高层次人才“一站式”服务平台。开辟职称评审“绿色通道”或“直通车”。上海、陕西、甘肃、北京等地对海外高层次人才、急需紧缺人才，打破常规、简化手续；新疆及新疆生产建设兵团出台细则，专门为对口援疆省市、港澳台及“一带一路”沿线国家专业技术人才参加职称评审开辟渠道。

三　改革发展趋势

下一步，必须深入贯彻习近平新时代中国特色社会主义思想，按照党的十九大的总体部署和中央确定的重点改革任务，进一步加强研究，统筹谋划，持续深化职称制度改革各项工作。

完善职称制度的重点环节与机制。一是建立新专业设置的标准管理、程序与动态评估机制。经过此轮改革，不同区域设置的新专业亟待统筹管理，从中央到地方分类明晰、等级完备、动态调整和定期发布的职称系列专业类别和专业目录及其管理机制也亟待建立健全。① 二是建立评价标准的标准管理、程序流程与动态评估机制。要发挥《职业分类大典》的指导作用，评价标准宜先粗后细、先广后窄，切实做到可操作、可实现；必须厘清国家标准、行业标准和企事业组织内部标准的关系，不同类型的标准有不同的应用范围和使用价值。②

培育行业组织承接开展职称评价服务的能力。作为社会基本构成单元，完善国家治理的重要主体，许多行业组织都面临着人才职业化程度不强、服务专业化水平不高、组织市场化运作不够等问题，承接政府职称评价职能转移与购买服务方面的能力亟待提高。有关部门要深化放管服改革，加大力度逐步向行业组织转移相关评价职能并强化监管职能，扶持行业组织建立科学、公正、客观、规范的人才评价机制。

与事业单位改革结合推进。一是继续推进人才管理体制改革和人才管理

① 以知识产权专业技术人才为例，知识产权职称评审工作在全国范围内尚未普遍开展，各省自行在不同系列下选择相近专业或设置新专业、制定评价标准、组建单独评委会，如广东在自然研究人员系列，安徽和上海在工程师系列。两种系列的职称评审标准并不完全相同。新专业和新序列的产生、动态管理迫切需要明确建立标准和程序。

② 各方面普遍反映，标准应源于工作、源于岗位；应坚持结果导向，进行评价与认证的素材尽可能取自日常工作成果，尽量减少因评价而额外增加的工作，一些地方也开始探索大数据等先进技术的应用；标准应持续改进，要适应业务发展需求，随行业和专业变化需要而调整、随人才能力的提升而修订。

方式转变，进一步健全法人治理结构，理顺政府、行业组织以及用人单位在职称评价制度中的结构关系，明确各方的权利义务，加强政府对职称工作的宏观管理、政策制定、公共服务和监督保障等职能，建立职称管理服务权力清单和责任清单；对用人单位要去除管理上过多的行政束缚，赋予其在人才引进、使用、评价和激励等方面更多自主权。二是贯彻落实《事业单位人事管理条例》，创新事业单位编制管理方式，改进岗位管理模式。建立动态调整机制，探索高层次人才协议工资制等分配办法。研究制定不同岗位结构比例与最高等级的调整办法，开展事业单位专业技术岗位组织工作、事业单位岗位职员等级晋升制度。三是重视发挥行业组织在资格（职称）评价中的主体作用，厘清政府主管部门与行业组织权责关系、完善社会组织承接职称评审监督管理办法、建立健全跟踪测评质量保障机制和信息通报共享机制。

与职业资格制度加强衔接。一是建立职称制度与职业资格对应关系的统筹机制。职业分类是衔接基础，但对应关系到底如何，既需要各个职业（专业）根据职业能力标准和发展阶梯逐一研究突破，也需要从制度框架上统筹安排。[①][②] 二是构建我国资历框架，发挥其基础和引领作用。目前我国的职业资格证书制度、职称制度、学历证书制度独立成体系，三者之间缺乏水平参照机制。有些地方在落实方案中提出要推动职称制度与专业学位研究生培养制度相衔接，但是如何推动则更多需要系统谋划，而国家资历框架为职称与学历资历衔接提供了可能。通过建立国家资历框架、认证平台等制度

---

① 《意见》要求，促进职称制度与职业资格制度有效衔接。根据国家职称制度改革总体部署，在职称与职业资格密切相关的职业领域建立职称与职业资格对应关系，探索职称与职业资格制度衔接。初级、中级职称实行全国统一考试的专业不再进行相应的职称评审或认定。受职称、职业资格管理权限的影响，各省举措区别不大，多数为与《意见》保持一致的原则性规定。

② 以准入类职业资格注册建筑师为例，如《安徽省关于在部分职业领域建立专业技术类职业资格和职称对应关系的指导意见（试行）》中规定，“对于取得一级注册结构工程师、一级建筑师或一级建造师资格的人员，可聘任工程师职务；对于取得二级注册结构工程师、二级建筑师或二级建造师资格的人员，可聘任技术员或助理工程师职务”。而调研发现，协会及建筑师普遍认为，鉴于注册建筑师的考试标准与难度，一级建筑师与正高级职称对应、二级与副高级对应较为合理；或者将职业资格与职称相结合，取得建筑师职业资格后，不必参加职称考试，结合资历与业绩直接参加评审。

体系，为各类人才建立终身学习档案。

处理好改革、发展与稳定的关系。职称制度改革，涉及很多人的利益。在推进过程中，必须正确处理各种关系，特别是改革与稳定的关系，做到总体目标与分步实施相统一、阶段性与连续性相结合、改革力度与承受度相协调，促进经济持续发展，维护社会和谐稳定。制定出台职称管理服务配套政策和措施，尽快推出职称评审管理规定；统筹设计各地各部门职称评审管理信息化建设；针对各地各部门共性问题，加强研究和指导。

参考文献

《聚焦重点问题狠抓改革落实职称制度改革成效凸显——2017 年深化职称制度改革工作综述》，人力资源社会保障部网站，2018 年 2 月 3 日。

《人社部相关负责人就〈关于分类推进人才评价机制改革的指导意见〉进行解读》，人社部网站，2018 年 3 月 2 日。

蔡学军、谢晶：《职称框架体系研究》，中国人事科学研究院，2016。

蔡学军、孙一平：《职称评聘结合与评聘分开问题研究》，中国人事科学研究院，2016。

傅昌波、简燕平：《行业协会商会与行政脱钩改革的难点与对策》，人民网—理论频道，2016 年 10 月 31 日。

《保障和落实用人主体自主权——深化人才发展体制机制改革系列评论之四》，《中国组织人事报》2016 年 4 月 8 日。

B.9
职业资格制度改革状况（2017 ~2018）

谢 晶 黄 梅*

摘 要： 2017 ~2018 年是职业资格制度改革取得突破性进展的一年，集中清理工作全面完成，国家职业资格目录清单公布，证书管理逐步规范，评价标准逐步完善，行业企业积极进行改革探索。当前进一步深化职业资格制度改革是发展专业服务和提升专业服务质量、实行更加开放人才政策、巩固集中清理工作成果的客观需要。完善职业资格设置标准、强化职业资格监管机制、做好职业资格与相关制度衔接、完善国家职业资格法规体系将是深化职业资格制度改革的重点。

关键词： 职业资格 人才评价 国家职业资格目录

职业资格制度作为人才评价制度，是目前世界各国普遍采用的一项重要制度。我国自 1994 年开始实行职业资格制度，二十多年来，它在推动人才培养和评价方式改革和发展、提升劳动者素质、提高专业（技术）服务质量、规范人力资源市场秩序等方面发挥了积极作用，得到全社会普遍认可。2017 年，全年共有 1456.8 万人取得职业资格证书，其中 257.8 万人取得各类专业技术人员资格证书，1199 万人取得不同等级技能人员职业资格证书。①

* 谢晶，中国人事科学研究院助理研究员；黄梅，中国人事科学研究院副研究员。

① 人力资源和社会保障部：《2017 年度人力资源和社会保障事业发展统计公报》，2018。

2017~2018年是职业资格制度改革取得突破性进展的一年，集中清理工作全面完成，国家职业资格目录清单公布，证书管理逐步规范，评价标准逐步完善，行业企业积极进行改革探索，为建立符合社会主义市场经济体制要求，设置科学、运行规范、依法监管的国家职业资格制度打下了良好的基础。

一 2017~2018年职业资格制度改革状况

2017~2018年职业资格制度改革围绕巩固职业资格清理成果、加强顶层设计、规范证书管理、完善评价标准、创新技能人才评价机制等方面开展相关工作。

（一）巩固职业资格许可和认定改革成果

2014年，人力资源和社会保障部（以下简称“人社部”）按照《国务院机构改革和职能转变工作方案》，牵头开展减少职业资格许可和认定工作，并经国务院同意印发了《关于减少职业资格许可和认定有关问题的通知》。自此至2016年底，人社部报请国务院批准，分七批取消了434项国务院部门设置的职业资格，减少总量达70%以上，初步实现了预期改革目标，即基本取消国务院部门设置的、没有法律法规或国务院决定作为依据的准入类职业资格，基本取消国务院部门和全国性行业协会、学会未经批准自行设置的水平评价类职业资格。[①]

为了进一步巩固改革成果，防止已取消的职业资格许可和认定事项反弹或变相恢复，人社部于2016年底部署开展减少职业资格许可和认定工作“回头看”，要求各地区、各有关部门开展自查并针对存在问题进行整改。各地区、各部门高度重视，周密部署，制定专门工作方案，强化责任落实，

---

① 汤涛：《减少职业资格许可和认定事项情况》，国务院政策例行吹风会，2016年11月25日。

普遍建立了责任到人、层层督办、齐抓共管的工作机制。此项工作历时半年完成并取得了良好成效，各地、各有关部门建立了职业资格监管长效机制，确保了违规职业资格事项清理到位，推动了职业资格清理整顿工作向纵深发展，在全社会营造了职业资格制度改革的良好氛围。

（二）发布《国家职业资格目录》

实行目录清单管理制度是建立职业资格管理长效机制的一项重要措施。[①] 2017 年初，人社部提出职业资格改革方案，[②] 明确要实行国家职业资格目录清单制度，进入清单的许可类和水平评价类的资格要依照有关程序，报国务院审定，以人社部的名义对外发布。不允许在清单之外许可和认定职业资格；除准入类职业资格外，清单之内其他职业资格不允许与就业创业挂钩。同时提出，国家职业资格目录清单要建立调整更新机制，以确保适时调整、动态更新。纳入目录清单的职业资格分为准入和水平评价两大类，准入类职业资格的设置必须有法律法规或国务院决定作为依据，必须是涉及关系公共利益或涉及国家安全等的职业（工种）；而水平评价类职业资格涉及的应该是具有较强的专业性和社会通用性，技术技能要求较高的职业（工种）。

2017 年 9 月 12 日，人社部正式发布《国家职业资格目录》（简称《目录》），涉及专业技术人员和技能人员两个群体，《目录》中包括 140 项职业资格，其中，准入类职业资格 41 项（专业技术人员 36 项，技能人员的 5 项），水平评价类职业资格 99 项（专业技术人员 23 项，技能人员 76 项）。《国家职业资格目录》的颁布实施，有利于用人单位更好地发挥人才培养和评价的主体作用；有利于加快政府职能转变，提高职业资格管理的科学化规范化水平；有利于人才多元评价体系的健全和完善；有利于市场活力和社会创造力的激发。

① 汤涛：《减少职业资格许可和认定事项情况》，国务院政策例行吹风会，2016 年 11 月 25 日。

② 《进一步减少和规范职业资格许可和认定事项改革方案》（人社部发〔2017〕2 号），2017 年 1 月 5 日。

（三）规范职业资格证书管理

近年来，职业资格“挂证”问题突出，在一定程度上扰乱了公平竞争的市场发展秩序，带来了众多安全隐患，影响了国家职业资格制度的健康有序发展。为此，2017 年 4 月，人社部会同多家行业主管部门开始对这类行为进行集中治理，加大执法力度，对各领域“挂证”问题进行全面排查，不仅严肃查处经核实确认的“挂证”当事人、当事企业、违规中介，而且建立了“挂证”行为黑名单，曝光查处的“挂证”行为，形成严查重惩的高压态势。通过此次集中治理，有效地遏制了“挂证”的泛滥势头；相关市场主体和从业人员的法律意识、规则意识和社会责任感等得到了增强，从“不敢挂”“不能挂”开始向“不愿挂”转变；全社会对“挂证”危害性的认识进一步深化，初步形成共同参与“挂证”治理、促进相关行业健康发展的良好局面。同时，相关部门深入分析了“挂证”问题产生的制度性根源，有针对性地开展了行业性资质管理制度的修订和完善，力图清除“挂证”问题滋生的源头，使职业资格“挂证”的治理工作制度化、常态化。

（四）完善国家职业技能标准

国家职业技能标准是在职业分类的基础上，开展职业教育培训和人才评价，根据职业（工种）的活动内容，对从业人员的工作能力水平做出的规范性要求。为了贯彻落实党的十九大提出的“建设知识型、技能型、创新型劳动大军”的要求，充分发挥职业技能标准在技能人才队伍建设中的引领作用，人社部对 2012 版《国家职业技能标准编制技术规程》进行修订，于 2018 年 3 月 7 日颁布《国家职业技能标准编制技术规程（2018 年版）》。此次修订的重点：一是在国家职业技能标准中融入了“工匠精神”和“敬业精神”的内涵，使其成为职业道德要求的重要内容；二是落实“考培分离”“鉴培分离”，将“申请参加职业技能鉴定人员必须具备相关培训经历”的条件从职业技能鉴定申报条件中删除；三是强调对技能人才成长的支持，打破职业资历、工作年限等的制约，变更申报条件中“连续从事本职业工作年限”的要求，将其修改为“累计从事本职业或相关职业工作年限”，力图促进人才（特别是技能人才）合理流动、有效配置；四是强调安全生产在职业标准中的重要性，对涉及安全生产或操作的关键技能要求进行标注，此类关键技能一旦考核为“不合格”，不论其他技能考核情况如何，均视为技能鉴定“不合格”。此次修订立足新时代中国特色社会主义基本国情，贯彻新发展理念，反映经济社会发展和科技进步需要，将会对完善职业资格制度，建立以职业活动为导向、以职业能力为核心的国家职业技能标准体系，满足人才评价需求，促进从业人员的素质提升，推进人力资源市场发展等发挥积极重要作用。

（五）创新技能人才评价机制

技能人才是创造社会财富的中坚力量，是实施制造强国战略的有生力量。职业资格制度在引导技能人才培养、开发、激励和使用中发挥了重要作用。在大量职业资格取消后，如何对技能人才进行有效评价成为社会关注的焦点。2018 年 2 月，中共中央办公厅、国务院办公厅印发的《关于分类推进人才评价机制改革的指导意见》要求，“健全以职业能力为导向、以工作业绩为重点、注重职业道德和知识水平的技能人才评价体系”，并对构建多层次职业标准、完善多元化评价方式、开展技能人才分类评价等事项做出部署安排。这些要求和部署安排为今后一段时期建立科学合理的技能人才评价机制提供了基本遵循。

二　深化职业资格制度改革面临的形势和任务

职业资格制度是经济社会发展到一定阶段的产物。一个国家或地区设置哪些职业资格、采取怎样的评价模式，与其职业结构特征、专业服务发展水平、劳动力市场准入制度，以及经济、政治、文化发展现状等因素密切相关。当前，我国的职业资格制度已经完成清理整顿，进入了规范发展的新阶段，进一步推进职业资格制度改革面临新形势和新任务。

（一）落实国家对职业资格制度改革的总体要求

2017 年初，人社部出台《进一步减少和规范职业资格许可和认定事项的改革方案》（简称《方案》），《方案》明确了深化职业资格制度改革的指导思想、基本原则和目标任务，围绕进一步加大减少取消职业资格许可认定工作力度、实施国家职业资格目录清单管理、全面清理行业准入证和上岗证等、强化对职业资格设置实施的监管服务、完善技能人才职业技能等级认定并做好与职业资格的衔接、加强国家职业资格法治建设等六项改革任务提出了一系列改革举措，并对落实上述改革部署进行了系统安排。目前，前三项任务已经取得阶段性成果，后三项任务是下一步职业资格制度改革工作启动的重点。

（二）促进专业服务发展和提升专业服务质量的客观要求

发达国家通过职业资格制度对特定职业进行规制，以达到提高专业服务质量、优化人力资源配置以及同时保障消费者利益等目的。从美国的情况看，前工业化阶段（1870 年前），职业资格证书主要集中在律师、医师、牙医师、教师等少数职业领域。而进入工业化阶段（1900 年）特别是由工业化向后工业化转移的 30 年间，美国专业化运动达到了最高峰，共颁布执业许可法律 399 部，会计、建筑、工程、测量等领域的职业资格制度快速发展。当前，我国正在实施创新驱动发展战略，人才特别是专业化人才是实施创新驱动发展的主力军，“十三五”期间以及今后一个时期，随着供给侧结构性改革深入推进和制造业服务业的扩大开放，我国职业资格制度将进入建设发展的重要战略机遇期。

（三）实行更加开放的人才政策的客观要求

当前，各领域的国际合作日益频繁，人才跨国流动和跨国从业持续发展，如在工程科技领域，石油、工程服务、IT 等方面人才的跨国交流服务已为常态。但目前我国在这些领域的国际竞争力还比较薄弱，专业服务在我国国际贸易中所占份额不高，“中国服务”品牌不多。随着“一带一路”建设等国际合作的持续推进和更加开放人才政策的深入实施，我国的制造业要“走出去”，专业服务也要“走出去”；要从国外引进急需紧缺高层次人才，国内的技术技能人才也要随着“中国制造”和“中国服务”在国际间和“一带一路”上流动起来。为此，职业资格制度的优化完善和职业资格的国际互认成为一项极为必要、重要和紧迫的基础工作。比如，加快推进职业资格的国际互认，夯实人才流动的基础，比如，借鉴“亚投行”“丝路基金”模式，吸引和组织“一带一路”沿线国家共同探索建立职业资格的“丝路标准”“丝路模式”。

（四）制定和实施国家资历框架的客观要求

“国家资历框架”是国际上通用的衔接资格证书的基本工具，它通常是将整个国家范围内存在的不同类型和层次的所有资历（如文凭证书、学历学位、职业资格证书等）进行整理、编排和规范，不考虑这些知识、技能和能力是以什么方式或在什么地方获得的，而是用学习成果的形式来对获得某一层次资历所须掌握的知识、技能和能力进行明确规定和描述。从国际经验看，国家资历框架已成为促进教育文凭与职业资格有效衔接、建设学分转换互认体系、畅通继续教育与终身教育渠道、搭建终身学习“立交桥”等的基础性举措和通用工具。截至2015年，全球已有154个国家和地区实施或正在构建国家资历框架（UNESCO，2015）。国家“十三五”规划纲要明确提出要“制定国家资历框架”。因此，在国家资历框架视域下推进职业资格制度改革，一方面可以有效促进职业资格、职业培训与继续教育等制度的相互关联或一体化发展；另一方面也可以有效统筹学历学位和职业资格制度，实现“两个”证书衔接。

（五）巩固集中清理工作成果和深化制度改革的客观要求

减少职业资格许可和认定事项工作是放管服改革的重要内容，取消不必要的职业资格许可和认定事项，可以降低制度性交易成本、推进供给侧结构性改革。国家经过“七连清”已经圆满完成对职业资格的集中清理工作，

当前和今后一个时期，如何巩固集中清理工作成果和深入贯彻落实国务院一系列重要决定精神、完善职业资格制度还有许多问题亟待解决。比如，如何更好处理职业资格制度与学历文凭、职称、技能等级鉴定、继续教育与培训制度的关系；如何推进立法和制度建设，建立符合我国国情的职业资格框架体系；如何改革完善分类体系、等级标准体系和认证服务体系，提升我国职业资格制度的科学化、国际化水平；等等。“七连清”具有明显的时效性、阶段性和战役性特征，从长远看，具有根本性、长期性和稳定性的制度建设任重道远。

三　职业资格制度建设的主要趋势

（一）完善职业资格设置标准

确定进入目录清单的职业资格标准是实行国家职业资格目录清单管理制度的首要任务。已经公布的《国家职业资格目录》中包括两大类别“准入类”和“水平评价类”，二者的宗旨和目的不同，设置的标准也有所不同。“准入类”职业资格的选择要以《行政许可法》为依据，符合其“维护公共利益、规范人力资源市场秩序”的基本要求，此外，还应考虑是否与国家和人民的安全利益相关；而“水平评价类”职业资格的选择更重要的是关注“提升专业服务和技能水平质量”，其设置需要考虑其职业分类属性，通常要体现社会通用性较强、技术技能水平要求较高、专业性较强、人员配置的市场化程度要求较高等特点。此外，职业领域会随经济社会发展而变化，职业资格目录反映的是国家职业领域发展的现状，因此，职业资格目录的设置需要与时俱进，具有时代感和前瞻性，追踪职业发展趋势，关注经济发展和科技进步对职业领域发展的影响，及时客观地反映职业的发展变化。

（二）强化职业资格监管机制

职业资格监管机制是保证职业资格质量、保障职业资格制度有效实施的关键。要强化事前事中事后的监管，确保资格设置、制度实施、证书管理等一系列环节的规范有序。因此，职业资格的设立调整必须事前进行周密论证并依法依规进行，与此同时，建立健全职业资格认证机构管理制度。通过制定国家职业资格标准制定技术规范，完善命题、阅卷、考务等管理办法以及国家职业资格考试保密制度和纪律要求等来强化事中监管。加强事后监管，建立健全国家职业资格证书质量监测评估标准体系和第三方评估机制。加强职业资格制度与继续教育、会员管理、行业自律和职业诚信等制度的关联复合。

（三）做好职业资格与相关制度的衔接

完整的职业发展体系包括从专业认证、资格认证到继续教育等一系列环节，这些环节紧密相连，相关制度必须相互衔接。2017 年初国务院印发的一系列文件中都提到，要“贯通职业资格、学历等认证渠道”;[①] 要“做好职业资格制度与技能人才职业技能等级认定政策的衔接，建立职业资格、职业技能等级与相应的职称、学历比照认定制度”。[②] 因此，要进一步深化国家职业资格制度的综合配套改革，加强职业资格制度建设，完善其与技能等级鉴定、继续教育和国家基本职业培训包等制度之间的沟通衔接，构建国家职业资历体系，搭建各类人才职业发展立交桥。

（四）完善国家职业资格法规体系建设

从世界主要国家（地区）职业资格设立的依据与办法看，各国都有较完善的职业资格证书法律体系，并制定了较系统的制度规范，使职业资格证书制度的实施有法可依。我国目前已经初步形成了由综合法律、行业管理法律法规和单项法律法规组成的一套法律法规体系。但相关法律法规存在规定过于原则、可操作性不强、关联程度不够等问题。因此，应适时启动相关工

---

① 2017 年 1 月，《国务院关于印发“十三五”促进就业规划的通知》（国发〔2017〕10 号）。

② 2017 年 1 月，《人力资源社会保障部关于印发进一步减少和规范职业资格许可和认定事项改革方案的通知》（人社部发〔2017〕2 号）。

作，制订专门的职业资格法律法规，明确国家职业资格的法律地位、资格分类、职业范围、设置权限、标准程序、管理体制以及权责关系等；推进行业立法，统一规范职业资格名称、资格性质、执业活动范围、报考条件、职业标准、认证程序、证书发放与管理以及资格管理部门的职责权限、法律责任；进一步发挥国家职业资格主管部门在有关职业资格法律法规草案编制和立法过程中的指导、监督和协调作用。

参考文献

《人力资源社会保障部职业能力建设司张立新司长答记者问》，国务院关于“简政放权深化行政审批制度改革进展情况”新闻发布会，2014 年 9 月 10 日。

人力资源和社会保障部：《关于印发进一步减少和规范职业资格许可和认定事项改革方案的通知》（人社部发〔2017〕2 号）。

人力资源和社会保障部：《关于公布国家职业资格目录的通知》（人社部发〔2017〕68 号），2017 年 9 月 12 日。

《多措并举　形成合力　集中治理职业资格证书挂靠工作取得初步成效》，http：//www. mohrss. gov. cn/SYrlzyhshbzb/dongtaixinwen/buneiyaowen/201802/t20180205_287953. html，2018 年 2 月 5 日。

汤涛：《高技能人才工作取得显著成绩　展望未来任重道远》，http：//www. mohrss. gov. cn/SYrlzyhshbzb/dongtaixinwen/buneiyaowen/201710/t20171016_279317. html，2017 年 10 月 16 日。

《职业能力建设事业迎来跨越式发展》，《中国劳动保障报》2018 年 1 月 18 日。

中共中央办公厅、国务院办公厅：《关于分类推进人才评价机制改革的指导意见》（中办发〔2018〕6 号）。

中共中央办公厅、国务院办公厅：《关于提高技术工人待遇的意见》，2018 年 3 月。

国务院：《关于印发“十三五”促进就业规划的通知》（国发〔2017〕10 号）。

张男星、罗建平：《国家资历框架的理念与实践——访教育部学位与研究生教育发展中心王立生主任》，《大学》（研究版）2016 年第 9 期。

UNESCO，Global Inventory of Regional and National Qualifications Frameworks Volume Ⅰ：Thematic Chapters，UNESCO Institute for Lifelong Learning，2015.

B.10

人力资源社会保障系统行政执法现状与展望

徐　维*

摘　要： 本文对行政执法的理解依从有关政策文件。人社系统的行政执法具有相关法律法规支撑。人社系统不断加强行政执法能力建设，注重夯实工作基础，创新工作机制，行政执法效能不断提高。当前，人社系统行政执法仍然存在制度设计理想化、法条规定原则化以及不同部门对执法标准认知有一定差异等问题。随着各项制度的日趋完善优化，人社系统行政执法职责将更清晰，执法权配置将更科学，执法程序将更规范，执法手段也将更多样。

关键词： 人力资源社会保障系统　行政执法　行政许可

本文对行政执法的理解依从《关于全面推进人力资源社会保障部门法治建设的指导意见》（人社部发〔2015〕62号）① 的有关内容。人力资源社

* 徐维，博士，中国人事科学研究院法制与绩效研究室助理研究员，主要研究方向为人力资源法制、绩效管理等。

① 《法治政府建设实施纲要（2015～2020年）》《推行行政执法公示　执法全过程记录　重大执法决定法制审核三项制度试点工作方案》等文件中，提出要重点规范行政许可、行政处罚、行政强制、行政征收、行政收费、行政检查6类执法行为。《关于全面推进人力资源社会保障部门法治建设的指导意见》中重点规范的执法行为涉及行政许可、行政确认、行政检查、行政处罚等类别，与前者存在差异。本文重点探讨人社执法，故采取后者关于重点规范执法行为的相关规定。

会保障系统（以下简称“人社系统”）的行政执法主要包括行政许可、行政确认、行政检查、行政处罚四类行为。

一 人社系统行政执法的法律法规依据

人社系统的行政执法权限在宪法和有关法律法规中具有比较清晰的界定和说明。

（一）宪法、法律

《宪法》是我国的根本大法，具有最高法律效力，是制定其他法律的依据。人社系统行政执法的法律法规必须遵循宪法精神和原则。除《宪法》外，主要还有5部法律中共46条规定的内容界定了人社系统的行政执法权限：《中华人民共和国劳动法》[①] 11条、《中华人民共和国劳动合同法》[②] 7条、《中华人民共和国社会保险法》[③] 15条、《中华人民共和国就业促进法》[④] 9条、《中华人民共和国民办教育促进法》[⑤] 4条。这些规范基本是授权规范，主要为职权性内容，规定了权力的承接对象[⑥]，不涉及详细的组织规范。具体承接对象主要是县及县以上层级的政府人力资源和社会保障部门。从行政执法行为的类别来看，除行政许可、行政处罚、行政强制行为有单行法规定之外，其他行政执法行为并无相应的单行法规定。

（二）行政法规、部门规章

除上述法律外，在人社系统内部，还有大量的行政法规和部门规章对人社系统的执法活动予以规范。具体而言，相关行政法规有《劳动保障监

---

① 第3、6、37、69、89、90、91、94、95、100、101条。

② 第54、57、80、84、85、88、92条。

③ 第16、34、36、42、45、57、58、61、63、79、84、86、87、88、91条。

④ 第15、40、43、52、53、64、65、66、67条。

⑤ 第11、45、62、64条。

⑥ 主要是县级以上的人社部门。

察条例》等十余部，部门规章有《就业服务与就业管理规定》等四十余部。

（三）地方性法规、地方规章

针对具体执法事项，各地出台了大量的地方性法规、地方规章，比如，社保基金管理方面，有《湖南省基本医疗保险监督管理办法》《广东省社会保险基金监督条例》等。

（四）司法解释

与人社系统执法相关的司法解释主要为最高人民法院关于审理劳动争议案件的四个司法解释，分别是《最高人民法院关于审理劳动争议案件适用法律若干问题的解释》（法释〔2001〕14 号）、《最高人民法院关于审理劳动争议案件适用法律若干问题的解释》（二）》（法释〔2006〕6 号）、《最高人民法院关于审理劳动争议案件适用法律若干问题的解释（三）》（法释〔2010〕12 号）、《最高人民法院关于审理劳动争议案件适用法律若干问题的解释（四）》（法释〔2003〕4 号）。

（五）其他政策文件

《人力资源和社会保障法治建设实施纲要（2016 - 2010 年）》是人社系统法治建设的纲领性文件，也是人社系统行政执法的重要依据。人社系统的执法组织设计主要体现在《关于全面推进人力资源社会保障部门法治建设的指导意见》（人社部发〔2015〕62 号）等政策文件中，人社系统执法的具体要求主要体现在《人力资源社会保障部关于全面落实行政执法责任制的指导意见》（人社部发〔2017〕81 号）等政策文件中。

二　人社系统行政执法状况

人社系统行政执法主体包括各级人力资源社会保障机构及其授权、委托执法的组织。《关于全面推进人力资源社会保障部门法治建设的指导意见》（人社部发〔2015〕62 号）明确，要重点规范行政许可事项、职业资格认定和工伤认定、社会保险待遇确认、劳动保障监察执法检查与处罚、社会保险费征收与欠费强制划拨①等执法行为。因此，人社系统行政执法主要涉及行政许可、行政确认、行政检查、行政处罚等 4 类。

（一）行政许可

人社系统共有 11 项行政许可事项：部本级实施的 4 项和地方实施的 7 项，均采取一站式办理方式。

部本级实施的 4 项②分别是：国外职业资格证书及发证机构资格审核和注册、设立人才中介服务机构及其业务范围审批、补充保险经办机构资格认定、中央企业实行不定时工作制和综合计算工时工作制审批。2018 年 3 月，人社部设立行政许可申请受理窗口，实施一站式审批。为更好办理行政许可事项，人社部出台《人力资源社会保障部办理行政许可事项服务规范》并制定详细的服务指南，规范行政许可行为。目前，人社部已经在官网上发布了行政许可事项目录及服务指南。

地方实施的 7 项包括：③ 省级人社部门实施的 2 项（中外合作职业技能培训机构设立、分立、合并、变更及终止审批，中外合作职业技能培训项目

① 根据中共中央办公厅、国务院办公厅印发的《国税地税征管体制改革方案》，自 2019 年 1 月 1 日起，基本养老保险费、基本医疗保险费、失业保险费、工伤保险费、生育保险费等各项社会保险费交由税务部门统一征收。税务部门的强制性将有助于落实《社会保险法》第 63 条关于欠缴社保费的罚则，包括欠费强制划拨，故本文未将社会保险费征收与欠费划拨纳入。值得一提的是，为贯彻落实《机关事业单位养老保险制度改革方案》的要求，2017 年 9 月中央国家机关养老保险管理中心成立，负责经办在京中央国家机关事业单位基本养老保险及其职业年金，基本养老保险当期征缴工作有序开展。

② 2017 年 7 月公布的《人力资源社会保障部行政审批事项公开目录》中列出的是 5 项，其中“行业职业技能考核鉴定机构设立审批”已由国务院常务会议审议决定取消，故共计 4 项。

③ 2017 年 9 月公布的《人力资源社会保障系统中央指定地方实施行政许可事项目录》中标明的是 10 项，其中“地方职业技能考核鉴定机构设立审批”“文艺、体育和特种工艺单位招用未满 16 周岁的未成年人审批”已由国务院常务会议审议决定取消，“台港澳人员在内地就业许可”正在研究取消阶段，暂不纳入，故共计 7 项。

审批），省、市、县均可实施的4项（民办职业培训学校设立、分立、合并、变更及终止审批，设立人力资源服务机构及其业务范围审批，地方企业实行不定时工作制和综合计算工时工作制审批，劳务派遣经营许可），[①] 省级人社部门和省级人民政府实施的1项，即设立技工学校（技师学校）审批。这些审批事项均依托行政服务中心实行了“一个窗口对外”“一站式办公”。与此同时，各地正在深入推进放管服改革，按属地管理原则下放审批权限。例如浙江省，将设立人才中介服务机构审批、职业介绍机构资格认定、举办民办职业技能培训机构审批、劳务派遣经营许可、特殊工时制度审批等5项行政审批事项及相关行政处罚权，下放到市、县（市、区）人社部门执行。[②]

（二）行政确认

人社系统的行政确认主要包括职业资格认定、工伤认定、社会保险待遇确认等。社会保险待遇确认包括失业保险待遇核定、[③] 工伤保险待遇核定、[④] 工伤保险待遇先行支付、[⑤] 参加基本养老保险职工退休条件的确认、[⑥] 特殊工种岗位确认[⑦]等，涉及劳动者养老、医疗、工伤、失业等方面的待遇，直

---

① 目前，各地均推行下放劳务派遣经营许可，原来在省级层面办理的劳务派遣经营许可逐渐下放至市、县人社行政部门或行政审批局管辖。如湖北省人力资源和社会保障厅办公室下发了《关于下放劳务派遣经营许可有关问题的通知》（鄂人社办发〔2018〕49号）。

② 《浙江省人力资源和社会保障厅关于下放和调整部分人力资源社会保障行政审批及其他行政权力的通知》（浙人社发〔2014〕106号）。

③ 《失业保险条例》第25条：“社会保险经办机构具体承办失业保险工作，履行下列职责：（一）负责失业人员的登记、调查、统计；（三）按照规定核定失业保险待遇，开具失业人员在指定银行领取失业保险金和其他补助金的单证。”

④ 《工伤保险条例》第46条：“经办机构具体承办工伤保险事务，履行下列职责：（五）按照规定核定工伤保险待遇。”

⑤ 《社会保险法》第42条：“由于第三人的原因造成工伤，第三人不支付工伤医疗费用或者无法确定第三人的，由工伤保险基金先行支付。工伤保险基金先行支付后，有权向第三人追偿。”

⑥ 《国务院关于工人退休、退职的暂行办法》（国发〔1978〕104号）第1条：“全民所有制企业、事业单位和党政机关、群众团体的工人，符合下列条件之一的，应该退休。”

⑦ 《国家劳动总局关于贯彻执行〈国务院关于工人退休、退职的暂行办法〉的若干具体问题的处理意见（草案）》（1978年7月11日）第4条的规定。

接影响劳动者的相关权益。

1. 发布职业资格目录并进行职业资格证书核发

根据国务院推进放管服改革部署，经过清理规范，2017 年 9 月人社部发布《关于公布国家职业资格目录的通知》（人社部发〔2017〕68 号），向社会公布国家职业资格目录。此目录共包括职业资格 140 项。其中，专业技术人员职业资格 59 项，技能人员职业资格 81 项。此目录之外一律不得许可和认定职业资格。职业资格证书核发流程清晰，法定办结时限、承诺办结时限明确，服务窗口首问负责制的实施与落实，有效推动了职业资格证书认定核发的质效。2017 年全年共有 1473 万人参加了职业技能鉴定，1199 万人取得不同等级职业资格证书，其中，取得技师、高级技师职业资格的 43 万人。①

2. 工伤认定办法从各地探索统一走向省内统一

工伤认定申请主体提出申请并递交材料，社会保险行政部门受理申请并根据审核需要对事故伤害进行调查核实，自受理申请之日起 60 日内作出工伤认定决定。实践中认定难点问题包括“突发疾病死亡情形工伤认定”“工伤认定中的劳动关系问题”等。由于各地工伤认定标准不一致，往往会产生同案不同判等问题。从各地经验看，通常采用发布指导性案例、会议纪要等方式统一工伤认定标准，从源头上减少因执法标准不一致而引发的工伤行政争议纠纷。例如，温州市人社局法规处自 2010 年起开始探索工伤认定联席会议模式，联合温州市法制办、中级人民法院，专门研究《工伤保险条例》出台后工伤认定实务中面临的问题，形成 9 个综述，指导地方工伤认定执法，取得了良好的效果。

2017 年，国家人社部、财政部发布《关于工伤保险基金省级统筹的指导意见》（人社部发〔2017〕60 号），要求在省（区、市）内统一工伤认定和劳动能力鉴定办法。②

---

① 数据来源：《2017 年度人力资源和社会保障事业发展统计公报》，2018。

② 统一工伤保险参保范围和参保对象、统一工伤保险费率政策和缴费标准、统一工伤认定和劳动能力鉴定办法、统一工伤保险待遇支付标准、统一工伤保险经办流程的“五统一”模式。

3. 全面取消社会保险待遇资格集中认证

全国各地不再要求参保人在规定时间到指定地点进行社会保险待遇认证。认证工作以数据比对为主要方式进行，即实现人社部门建立的全民参保登记库、持卡人员数据库、就医结算数据库、业务监测数据库的数据资源与公安、民政、卫生健康等部门的人口、殡葬及就医等数据共享，用数据比对取代社会保险待遇资格的集中认证。同时，还可充分利用手机APP、互联网等远程认证手段。

4. 工伤保险待遇调整逐步科学化

2017年，人社部出台《关于工伤保险待遇调整和确定机制的指导意见》（人社部发〔2017〕58号），全面建立工伤保险待遇调整和确定机制，科学合理确定待遇调整水平，提高工伤保险待遇给付服务与管理水平，推进建立更加公平、更可持续的工伤保险制度，不断增强人民群众的获得感与幸福感。

（三）行政检查

人社部每年统一部署三大专项检查活动，即农民工工资支付专项检查、清理整顿人力资源市场秩序专项检查、劳动用工与社会保险专项检查。

1. 农民工工资支付专项检查全面治理拖欠农民工工资问题

根据《劳动法》，县及县以上层级人社部门承担用人单位逾期不支付劳动报酬、加班费或者经济补偿的加付赔偿金、对克扣劳动者工资报酬的处罚等职责。2017年，为深入贯彻落实《国务院办公厅关于全面治理拖欠农民工工资问题的意见》，加强拖欠农民工工资问题全面治理，人社部会同公安部、住房和城乡建设部和全国总工会等12个部门和单位组织开展2017年“两节”期间农民工工资支付情况专项检查。2017年7月，人社部印发《治欠保支三年行动计划（2017～2019）》（人社厅发〔2017〕80号），明确治欠保支工作行动目标、措施和具体要求。2017年12月，国务院办公厅印发《保障农民工工资支付工作考核办法》（国办发〔2017〕96号），对省级政府保障农民工工资支付工作实施年度考核，推动落实属地监管责任，切实保障农民工劳动报酬权益。①

2. 清理整顿人力资源市场秩序专项检查有效规范市场秩序

2017年2月17日，人社部会同全国工商总局发布《关于开展清理整顿人力资源市场秩序专项行动的通知》，对人力资源服务机构、劳务派遣机构、从事职业中介活动的组织和个人、各类招工用人单位进行专项执法检查。在2017年2月20日至3月20日的专项行动期间，全国共出动执法人员12.9万人次，检查单位15.3万户次，查处违法案件5967件，依法严惩严重侵害劳动者合法权益的违法行为。2018年持续开展清理整顿人力资源市场秩序活动，保持对人力资源市场领域违法行为惩治高压态势，进一步改善人力资源市场秩序。

3. 劳动用工与社会保险专项检查有效遏制侵权行为

2017年6月，以工资、工时和社会保险为重点，组织开展用人单位遵守劳动用工与社会保险法律法规情况专项检查活动。2017年，全国各级劳动保障监察机构共查处各类劳动保障违法案件20.6万件，与2016年相比，违法案件数量下降了36%，侵害劳动者合法权益的违法行为得到有效遏制。②

2017年，全国各级劳动保障监察机构共主动检查用人单位171.9万户次，涉及劳动者6910.7万人次。书面审查用人单位207.6万户次，涉及劳动者7449.2万人次。全年共查处各类劳动保障违法案件20.6万件。通过加大劳动保障监察执法力度，为308.7万名劳动者追发工资等待遇250.1亿元，其中，为218万名农民工追发工资等待遇196.4亿元。共督促用人单位与劳动者补签劳动合同167.5万份，督促1.7万户用人单位办理社保登记，督促2.8万户用人单位为60.3万名劳动者补缴社会保险费12.9亿元，追缴骗取的社会保险待遇或基金支出990.5万元，共依法取缔非法职业中介机构

① 具体内容参见《人力资源社会保障部2017年贯彻落实〈法治政府建设实施纲要（2015－2020年）〉情况报告》。

② 《人力资源社会保障部2017年贯彻落实〈法治政府建设实施纲要（2015－2020年）〉情况报告》。

1971户。向公安机关移送涉嫌拒不支付劳动报酬犯罪案件4081件，公安机关立案3084件。[①]

（四）行政处罚

人社系统的行政处罚权主要集中在县及县以上层级人社部门的劳动保障监察机构。各级人社部门在落实权力清单基础上，进一步完善相关制度推动行政处罚行为的规范化。

1. 行政处罚权责清晰

劳动用工（含劳务派遣）、劳动标准、就业、社会保险、人力资源市场、职业技能培训等方面的行政处罚权集中在县以上层级人社部门。省级人社部门承担：对未经政府人社部门批准擅自设立中外合资人才中介机构的处罚，对中外合资人才中介机构不依法接受检查、不按规定办理许可证变更等手续、提供虚假信息或者采取其他手段欺骗用人单位和应聘人员的处罚，对未经批准擅自设立中外合作办学机构或者以不正当手段骗取中外合作办学许可证行为的处罚等。部本级承担：对受托人、账户管理人、托管人、投资管理人违反企业年金基金管理规定的处罚，对企业年金基金管理机构资格申请人隐瞒有关情况或者提供虚假材料的处罚，对企业年金基金管理机构资格申请人采用贿赂、欺诈等不正当手段取得企业年金基金管理机构资格的处罚等。

2. 完善制度推动行政处罚行为规范化

行政许可行政处罚双公示制度推动行政处罚行为的透明化。随着行政许可行政处罚双公示制度的推进，人社系统的行政处罚[②]行为更加透明，权力在阳光下运行的要求得到进一步落实。

《人力资源社会保障部关于全面落实行政执法责任制的指导意见》（人社部发〔2017〕81号）提出，“建立健全行政执法裁量权基准制度。按照

① 数据来源：《2017年度人力资源和社会保障事业发展统计公报》，2018。

② 行政处罚事项公示内容包括行政处罚决定书文号、处罚名称、处罚类别、处罚事由、处罚依据、行政相对人代码、处罚结果和处罚机关等。

法律、法规、规章的有关规定，科学合理细化量化行政处罚等具体行政行为的裁量权，完善适用规则，严格规范裁量权行使，避免执法的随意性”。行政裁量基准细化推动行政处罚行为的标准化。各地人社部门先后出台行政处罚裁量基准规则，规范裁量权行使，促进执法规范化。

三　人社系统行政执法存在的主要问题

人社系统行政执法涉及的市场主体范围广、[①] 任务重、专业性强，要进一步提高执法质效，应逐步解决如下问题。

（一）制度设计理想化带来落实难的问题

2017 年 11 月，人力资源和社会保障部发布《关于全面落实行政执法责任制的指导意见》（人社部发〔2017〕81 号），明确提出要健全完善执法程序，推行行政执法公示制度、探索建立执法全过程记录制度、严格执行重大执法决定法制审核制度、建立健全行政执法裁量权基准制度。这些制度为全面规范执法行为提供了依据。但有的制度设计在实施层面出现了落实难的问题。以“双随机、一公开”制度的落实为例，随机抽取检查对象，随机选派执法检查人员的要求遭遇地方执法人员数量有限的困境，抽查情况及查处结果及时向社会公开的要求因各地执法人员执法意识差异而存在较大不同。

行政执法案卷评查制度是行政执法监督的重要方式，制度设计初衷是规范行政执法行为，提高行政执法效能，防范行政执法风险。人社部门的行政执法案卷评查制度确实发挥了有效作用，但制度落实过程中也存在一些问题。由于尚未出台案卷评查的具体办法，各地法制部门和人社部门的案件质量评查标准不同，造成执法人员无所适从。例如，有的省法制办要求必须制

① 执法对象既包括参保企业、民办培训机构、职业介绍机构，也包括职业技能培训机构、职业技能考核鉴定机构、医疗保险机构以及个体工商户等。

作行政处罚调查终结报告，省人社厅却并无此要求。省人社厅要求行政处理决定书或行政处罚决定书送达之日即可结案，省法制办则要求有执行情况才可结案。

（二）部门间执法标准的认知差异性带来执行难的问题

比如，我国已经初步建立了劳动保障行政执法与刑事司法的衔接机制，政府人社部门、公安机关与人民检察院、人民法院可根据各自职能，依法履行拒不支付劳动报酬犯罪案件的调查、移交、侦办、审查批捕、审查起诉和审判等工作职责。《最高人民法院关于审理拒不支付劳动报酬刑事案件适用法律若干问题的解释》即属于这类制度规范，明确了“以转移财产、逃匿等方法逃避支付劳动者的劳动报酬”的认定内容，但缺乏具体认定依据标准等衔接性规范，致使在实际操作层面，对涉嫌拒不支付劳动报酬刑事案件的移送和查处工作仍然存在一定的困难。人社部门和公安机关在认定移交标准上存有争议，有时人社部门认为符合移交标准，而公安机关则认为调查不够充分，不具备移交条件。

（三）法条原则性带来执法缺乏具体标准问题

人社系统行政执法涉及多个领域，但法律条文规定较为原则，缺乏针对实际情况的具体标准规定，致使具体执法实践面临困难。以人社部门涉诉应诉最多的工伤认定为例，工伤认定的法律依据主要为国务院出台的《工伤保险条例》的第14、15、16条。其中，第15条第1款规定，“在工作时间和工作岗位，突发疾病死亡或者在48小时之内经抢救无效死亡的”视为工伤。实际执法过程中，由于个案之间存在较大差异，执法人员对于法条的理解也有较大出入，如何判定是否在工作时间和工作岗位上发生、如何定义“突发疾病”、如何理解48小时的起算时间等都存在争议，执法中根本无法对照直接适用法条。各地尽管采取依据司法解释或行政执法联系会议纪要作为变通的处理方式，但仍会发生同样案件不同处理，或是处理结果畸轻畸重等问题。

四　人社系统行政执法的发展趋势

人社系统行政执法涉及面广，关乎民生。在法治中国建设背景下，在各项相关制度设计日趋完善的基础上，人社系统行政执法科学化、规范化水平必将持续稳步提升。

（一）执法职责更加清晰，执法权配置更加科学

随着权力清单、执法责任制等相关制度的推行，各级人社部门将在梳理执法依据、分解执法职权的基础上，合理确定执法机构、执法人员的具体职责及其问责规范。权限配置的主要趋势是：横向整合、纵向下放并举，执法权配置将更加科学。

横向上，可以将就业、人力资源市场管理、社会保险、劳动用工（含劳务派遣）、职业技能培训等方面的行政处罚权、行政检查权、行政强制权进行归并，由劳动保障监察执法机构集中行使，最大程度地避免人社系统内部权责交叉、多头执法。

纵向上，按照国务院“行政执法机构主要在城市和区、县设置”的要求，进一步深化劳动保障监察执法体制改革，在厘清不同层级劳动保障监察职能的基础上，将具体执法权下放给县（区）一级行政机关，实现行政执法权下移，国家、省一级的行政机关一般不行使执法权，主要行使决策、监督和指导等方面的职权。纵向上，执法权的下放，执法重心的下移，可在一定程度上解决多层重复执法问题。这种权限配置方式已经在一些地方实行并形成较为成熟的经验，如 2014 年浙江省人社厅下发了《关于下放和调整部分人力资源社会保障行政审批及其他行政权力的通知》（浙人社发〔2014〕106 号），2015 年内蒙古自治区人社厅将 25 项行政处罚项目下放到各盟市，2017 年广东省江门市将 128 项社保经办业务的前台受理权限下放至镇（街）。

（二）执法程序更加规范，程序不当引发的行政应诉案件逐步减少

《人力资源和社会保障法治建设实施纲要（2016－2020 年）》明确提出

了完善执法程序的要求。随着国务院行政执法三项制度在人社系统的推进以及《关于在人力资源和社会保障领域推广随机抽查规范事中事后监管的通知》的落实，人社系统行政执法程序规范化的制度保障不断强化。在地方层面，相关规范也逐步健全完善，比如，2017 年，广西壮族自治区人社厅印发的《广西壮族自治区人力资源社会保障行政执法程序办法》（桂人社发〔2017〕69 号），对规范行政执法程序做出了具体规定。正因如此，人社系统行政执法在调查取证和法定程序等方面的不规范现象①得以有效改善。保持并强化这种良好态势，因程序瑕疵引发的行政败诉案件必将大大减少。

（三）执法手段更加多样化，信息技术提升执法效能

提醒、约谈、告诫、“双随机”抽查、社会公布、责令改正、行政及刑事处罚等多种手段的综合运用，将日益强化对违法主体及有关责任人员的监管。比如，江西省人社厅下发的《关于做好劳务派遣行政许可审批权限下放和年检取消衔接落实工作的通知》（赣人社字〔2018〕91 号）（以下简称《通知》）提出，从 2018 年起，在全省将劳务派遣单位年检改为年度报告公示。该《通知》规定，人社部门对劳务派遣单位提交的《劳务派遣经营情况年度报告书》进行随机抽查，抽查比例不低于劳务派遣单位总数的 20%，必要时可进行实地核查；对抽查、核查和处理结果载入企业信用记录，及时推送到企业信用信息公示平台。基于各地执法方式的创新实践，人社系统行政执法方式体系将逐步健全优化，推动并保障执法质效提升。

随着《“互联网 + 人社”2020 行动计划》的落实，技术进步将进一步助力人社系统执法手段和方式的发展完善，提高执法实践与社会需要的契合度。例如，在国家层面，人社部 2017 年在全国统一组织开展的养老保险四项重点指标专项核查，首次对社保大数据和国家人口库数据进行信息比对分析，为确认基金违规问题、进行整改和追回基金提供了强有力的手段支撑，

① 如送达不规范、超过法定认定时限等问题，劳动保障监察执法未执行“立、查、审”相分离制度，报批程序不规范等。

化解了一些执法难点问题，取得了较好的成效。在地方层面，也有很多应用新技术和建立新机制的实践探索。比如，在工伤认定领域，河北省唐山市投入使用工伤认定网申系统，保证用人单位用手机微信可对事故进行报备，通过互联网可提出工伤认定申请；通过公开招标方式引入三家商业保险公司合作开展工伤认定调查，对重大伤亡事故 24 小时内、一般性工伤事故 72 小时内进入事故现场调取固定监控视频、考勤、救治等客观证据，大大提高了调查取证的时效性和针对性。

参考文献

《法治政府建设实施纲要（2015~2020 年)》，2015。

《关于全面推进人力资源社会保障部门法治建设的指导意见》，2015。

《人力资源和社会保障法治建设实施纲要（2016－2020 年)》，2016。

《人力资源社会保障部关于全面落实行政执法责任制的指导意见》，2017。

《人力资源社会保障部行政审批事项公开目录》，2017。

《人力资源社会保障系统中央指定地方实施行政许可事项目录》，2017。

《人力资源社会保障部 2017 年贯彻落实〈法治政府建设实施纲要（2015－2020 年)〉情况报告》，2017。

《2017 年度人力资源和社会保障事业发展统计公报》，2018。

《中国人力资源和社会保障年鉴》，中国劳动社会保障出版社、中国人事出版社，2017。

公共部门人事管理篇 

Personnel System in the Public Sector

B.11

十八大以来我国公务员管理实践与探索

刘军仪 *

摘　要： 党的十八大以来，中国特色社会主义事业开创了新局面，同时也对公务员管理和公务员队伍建设提出了新的要求。围绕建设高素质专业化公务员队伍的目标，我国公务员管理在深化分类管理改革、强化面向基层选拔导向、推行职务与职级并行制度、完善交流和考核机制、加强队伍能力建设、完善监督和纪律惩戒等各方面均取得新进展。

关键词： 公务员制度　公务员管理　分类管理

* 刘军仪，博士，中国人事科学研究院公务员管理研究室副研究员。

党的十八大以来，以习近平同志为核心的党中央高度重视干部队伍建设，习近平总书记站在党和国家发展全局的战略高度，就加强干部队伍建设提出了一系列新思想、新观点、新要求。适应新形势，回应新需求，落实新要求，我国的公务员管理不断优化完善，法制化、科学化、专业化水平稳步提高，为加强高素质干部队伍建设、提高执政能力、推进服务型政府建设、促进国家治理体系和治理能力现代化提供了有效保障。

一　公务员管理面临的新形势

党的十八大以来，习近平总书记对全面深化改革整体布局和重大问题做出了一系列重要指示，提出了治国理政的新理念、新思想。公务员是我们党治国理政的主体，面对新任务新要求，公务员管理工作要紧跟时代步伐，进一步提高管理的法治化、科学化、精细化水平，努力建设一支高素质专业化公务员队伍，为实现“两个一百年”奋斗目标提供坚实的人才保障。

（一）深化干部人事制度改革对公务员管理提出新要求

党的十八大以来，习近平总书记对“怎样是好干部、怎样成长为好干部、怎样把好干部用起来”提出了新要求，对解决好“用什么理念选人”“选什么样的人”“依据什么选人”“德与才的关系”等问题提出了新的论断。与此同时，干部人事制度改革在选人用人导向、选拔任用机制、考核评价机制、激励保障机制等方面都提出了新要求。因此，公务员管理要贯彻党的干部路线方针政策，把好干部的政治要求落在实处，坚持严管和厚爱结合、激励和约束并重的原则，完善优化选拔任用、考核评价、培训教育、激励保障、监督惩戒等机制。

（二）深化机构和行政体制改革对公务员管理提出新要求

党的十八届三中全会对深化行政体制改革进行了部署，深化行政体制改革的目标就是实现政府治理现代化。党的十九大再次提出，要深化机构和行政体制改革，“转变政府职能，深化简政放权，创新监管方式，增强政府公信力和执行力，建设人民满意的服务型政府”。实现这些战略目标，需要根据社会经济发展变化的新需求进一步创新行政管理方式，不断提高公共管理的科学化水平，加快建立法治型、服务型政府；需要从国家改革发展的战略高度出发，促使公务员创新工作思路，改进工作方式，转变工作作风，强化为民服务意识和廉政意识，更好地尽职履责。

（三）推进国家治理能力现代化对公务员管理提出新要求

党的十九大报告提出，要完善和发展中国特色社会主义制度、推进国家治理体系和治理能力现代化。推进国家治理体系和治理能力现代化是实现“两个一百年”奋斗目标、“五位一体”总体布局和“四个全面”战略布局的重要保障，正确处理政府与市场和社会的关系，进一步优化机构职能配置，提高决策质量和政策执行效率。公务员作为治国理政的主体，其能力素质和职业道德水准直接关系到国家治理能力现代化的进程。因此，公务员管理要坚持提高政治站位，融入推进国家治理体系和治理能力现代化进程，找准服务大局的结合点、发力点，实现公务员管理工作与党和国家中心工作同频共振。[①] 面对新时代改革发展的新任务，公务员队伍建设要进一步增强使命感、紧迫感，切实增强“八种本领”，提升专业精神和专业能力，不断提升队伍治国理政的能力和服务意识，不断提高公共服务质量和行政效率，进而在管理的各个环节全面落实中央的部署要求。

二　公务员管理的新实践和新探索

党的十八大以来，面对新要求、新任务和新挑战，我国的公务员管理在深化分类、强化面向基层的选拔导向、探索建立职务与职级并行、完善交流

① 傅兴国：《新时代公务员管理工作的新任务新要求》，http：//www. qstheory. cn/dukan/qs/2018 -04/15/c_ 1122669795. htm，2018 年 5 月 26 日。

和考核机制、加强能力建设、完善监督和纪律惩戒等方面均有新进展，为进一步健全中国特色公务员制度体系、彰显中国特色公务员制度优势奠定了良好的基础。

（一）公务员分类改革取得新进展

《公务员法》实施以来，陆续在工商、税务、质检、公安、海关、证监会等部门和上海、深圳等地进行了分类管理和聘任制试点。经过多年的实践探索，目前公务员分类改革已经取得了阶段性成果。

一是推进司法人员分类管理。2015 年 9 月 15 日，中央全面深化改革领导小组第十六次会议审议通过《法官、检察官单独职务序列改革试点方案》，一方面开展法官、检察官单独职务序列和工资制度改革试点，增强职业认同感，另一方面注重向基层倾斜，重点加强市（地）级以下法院、检察院建设。同时，稳步推进公安机关人民警察职务序列改革。根据《关于全面深化公安改革若干重大问题的框架意见》的总体要求，按照《公安机关执法勤务警员职务序列改革试点方案》《公安机关警务技术职务序列改革试点方案》的具体安排，2016 年开始在部分地区开展公安机关人民警察职务序列改革试点工作。2018 年 3 月 28 日，中央全面深化改革委员会第一次会议审议通过了《公安机关执法勤务警员职务序列改革方案（试行）》《公安机关警务技术职务序列改革方案（试行）》等文件。

二是加强聘任制公务员试点管理。在系统总结《聘任制公务员管理试点办法》实施工作的基础上，2017 年 9 月，中共中央办公厅、国务院办公厅印发《聘任制公务员管理规定（试行）》，从总则、职位设置与招聘、聘任合同、日常管理、纪律监督等方面对聘任制公务员管理进行了规定，旨在健全用人机制，满足机关吸引和使用优秀人才的需求，提高公务员队伍专业化水平，规范公务员聘任工作，保障机关和聘任制公务员合法权益。

三是加快推进分类管理法规建设。2016 年 7 月，中共中央办公厅、国务院办公厅印发《专业技术类公务员管理规定（试行）》与《行政执法类公务员管理规定（试行）》，明确了两类公务员的职位设置、职务与级别、职务任免与升降、管理和监督等内容，为行政执法类和专业技术类公务员建立了符合其特点的管理制度，标志着公务员分类管理的制度框架体系基本确立。

（二）向基层倾斜的选拔导向取得新突破

党的十八大报告明确提出，要“优化领导班子配备和干部队伍结构，注重从基层一线培养选拔干部，拓宽社会优秀人才进入党政干部队伍渠道”。为了加大从基层一线培养选拔干部的力度，中央和地方在公务员考录工作中进行了实践和探索。

一是积极引导和鼓励高校毕业生面向基层就业。从 2012 年开始，省级以上的党政机关录用公务员除部分特殊职位外，全部从具有两年以上的基层工作经历的人员中招考。此举使省级以上党政机关具有基层工作经历的人员比例逐年上升，显著改善了领导机关公务员队伍的经历结构。

二是中央机关和各省（区、市）探索在公务员招考中定向招录“大学生村官”“三支一服”“西部志愿者”“特岗教师计划”四个服务基层项目的人员。此举促进了优秀高校毕业生到基层去，对乡镇公务员的招录工作发挥了积极作用。

三是探索从优秀村干部中考录乡镇公务员，从优秀工人、农民等生产一线人员中考录公务员。这些基层一线工作人员具有基层工作经验、了解基层工作实际，有利于基层工作的开展、强化党的执政基础。

2014 年，《关于加强乡镇干部队伍建设的若干意见》《关于做好艰苦边远地区基层公务员考试录用工作的意见》先后出台，提出了一系列旨在解决当前艰苦边远地区基层岗位招人难、留人难的改革措施。其中，《关于做好艰苦边远地区基层公务员考试录用工作的意见》（以下简称《意见》），允许各地根据艰苦边远地区实际情况，适当放宽招录条件，包括适当降低学历要求、放宽招考专业限制、适当调整年龄条件、不限制工作年限和经历、合理确定开考比例和单独划定笔试合格分数线；允许各地根据实际和队伍建设需要面向本市、县户籍或在本市、县长期生活工作的人员招考；对在西藏和四川、云南、甘肃、青海四省藏区以及新疆南疆地区县乡给予进一步的政策支持，包括单设职位招考、设置一定数量职位面向当地县乡事业编制人员和退役士官士兵招考、必要时可不设开考比例。从 2015 年公务员招考开始，各地按照《意见》精神，招录计划向基层倾斜，有效缓解了基层招人难问题。

（三）职务与职级并行制度得到稳步推进

《2010－2020 深化干部人事制度改革规划纲要》明确提出，要“建立健全干部职务与职级并行制度”。党的十八大以来，公务员职务与职级并行制度建设在试点基础上不断向前推进。2015 年 1 月 15 日，中共中央办公厅和国务院办公厅联合印发《关于县以下机关建立公务员职务与职级并行制度的意见》，对实行公务员职务与职级并行、职级与待遇挂钩制度提出具体要求。意见对职级设置、职级晋升条件、职级晋升办法、职级晋升后的待遇、职级晋升后的管理、职务职级并行制度的实施范围等作了具体规定。该意见出台后，100 多万名基层公务员晋升了职级，在破除基层公务员职务晋升“天花板”效应、完善公务员激励机制、激发基层公务员队伍活力等方面发挥了重要作用。2015 年，按照中央全面深化改革领导小组明确的年度重点改革任务，开展地市以上机关建立公务员职务与职级并行制度的试点工作。2016 年底，全国人大常委会作出授权国务院在部分地区和部分在京中央机关暂时调整适用《公务员法》有关规定的决定，授权国务院在部分地区和部分在京中央机关开展公务员职务与职级并行制度的试点工作。

（四）公务员平时考核得到深入推进

根据党的十八大关于“完善干部考核评价机制”和习近平总书记“考察识别干部，功夫要下在平时”的要求，公务员平时考核试点范围不断扩大，试点内容不断深入。随着公务员平时考核工作的不断推进，不少试点地区和单位在攻克重点、难点问题方面进行了有益探索。2014 年 9 月，在深入总结各地各部门实践经验的基础上，中组部、人社部和国家公务员局联合印发《关于深入开展公务员平时考核试点工作的通知》，明确了平时考核的原则、内容和指标，规范了平时考核的程序和方法，并对平时考核结果使用进行了规定，进一步推进公务员平时考核工作。2015 年 5 月 26 日，中组部干部一局、国家公务员局在京联合举办中央和国家机关公务员平时考核工作专题培训班，落实全国公务员管理工作会议部署，交流推广先进经验做法，推动平时考核工作深入开展。从实践来看，各试点部门和地方高度重视公务员平时考核试点工作，从实际出发，建立起较为简便易行、行之有效的平时考核机制。这不仅强化了公务员日常管理和监督，也促进了公务员能力提升、作风转变，取得了较好的成效。

（五）公务员公开遴选步入常态化

2013 年 1 月，中组部、人社部联合印发《公务员公开遴选办法（试行)》，对公开遴选的原则、程序与权限、纪律与监督等作出明确规定，标志着公开遴选各项工作步入常态化。

经过几年的实践发展，公开遴选越来越受到重视，工作的规范化、科学化水平不断提升，工作成效显著。

一是公开遴选范围逐年扩大。从最开始仅有 11 个中央机关扩大到 61 个中央机关；职务层次从科员、副主任科员扩展至处长、副处长、主任科员、副主任科员和科员。

二是公开遴选职位数量稳步增加。从 2012 年正式实施公开遴选，职位数量逐年递增。2015 年，中央机关公开遴选公务员职位较 2014 年增加了约一半。

三是工作机制得到调整与完善。2015 年，中央机关公开遴选和公开选调有新的调整与完善。首先，职位资格条件设置方面，明确“除选调生外，应符合在本级机关工作的最低年限；没有规定的，须在本机关工作 2 年以上”，引导基层公务员有序流动。其次，考试内容方面，面试实行“一职一卷”，由各遴选、选调部门根据职位特点自主命题，部分单位可根据职位需要进行业务水平测试。再次，报名方法方面，可通过报名系统直接上传

《报名推荐表》，提高工作效率。最后，报考对象方面，从2015年开始，在职公务员、参照公务员法管理机关（单位）工作人员不能报名参加中央机关公务员录用考试，公开遴选成为中央机关面向基层选拔公务员的主要方式。

同年，为了拓宽社会优秀人才进入公务员队伍渠道，中央和国家机关首次开展公开选调公务员：选调范围是国有企业事业单位中从事公务的人员，选调部门包括党委、政府、群团等机关和一些直接联系服务企事业单位的部门，选调职位主要为专业性较强、需要具体相应工作经历、人才需求急迫的岗位。

实践证明，公开遴选工作成效显著，领导机关公务员队伍的来源和经历结构明显改善，有效畅通了基层公务员的上行通道，进一步拓宽了选人用人的视野和渠道。

（六）公务员管理监督逐步加强

党的十八大以来，为了贯彻落实全面从严治党要求，中央不断加强对公务员的管理和监督，以坚定理想信念为根本，健全公务员监督约束机制，持续加强公务员队伍思想政治建设、作风建设和职业道德建设。

一是把好入口关。坚持好干部标准，加强公务员招录工作的规范性和安全性，从源头上确保公务员队伍的纯洁。2015年11月，中组部、人社部和国家公务员局出台《公务员录用面试组织管理办法（试行）》，从面试试题命制与管理、面试考场管理、面试考官管理、面试工作人员管理、面试考生管理、面试实施、安全与保密、纪律与监督等方面提出了明确的规范性要求。2016年8月，中组部、人社部、国家公务员局联合印发了《公务员考试录用违纪违规行为处理办法》，完善违纪违规行为处理程序，加大对考试作弊行为的惩处力度，为提高违纪违规行为处理工作的规范化水平提供了制度保障。

二是把好选拔关。2014年1月，中组部颁布《关于加强干部选拔任用工作监督的意见》，一方面规范干部选拔任用工作，严格按制度规定选人用人；另一方面着力加强干部选拔任用工作的监督，坚决防止“带病提拔”。

三是把好管理关。2013年，中组部颁布《关于进一步规范党政领导干部在企业兼职（任职）问题的意见》，在以往政策规定的基础上，加强对党政领导干部在企业兼职（任职）的管理，体现从严管理干部的要求。为了促使领导干部自觉践行“三严三实”要求，推动形成能者上、庸者下、劣者汰的用人导向和从政环境。2015年7月，中共中央办公厅印发《推进领导干部能上能下若干规定（试行）》，规定了干部“下”的6种渠道，包括到龄免职（退休）、任期届满离任、问责处理、调整不适宜担任现职干部、健康原因调整和违纪违法；指明了5类情形下应当追究问责和问责的5种方式、领导干部不适宜担任现职应调整的10种具体情形、问题官员“复出”的前提条件。此外，为贯彻落实党的十八大以来中央关于加强公务员道德建设的新要求，2016年，中组部、人社部和国家公务员局联合印发《关于推进公务员职业道德建设工程的意见》，推进公务员职业道德建设，进一步规范公务员职业行为。

四是把好出口关。2017年4月，中组部、人社部、国家工商总局、国家公务员局联合印发《关于规范公务员辞去公职后从业行为的意见》，一方面强调通过严厉的监督检查防止公务员利用之前的权力变相腐败，包括规定作为原领导班子成员的公务员和非领导班子成员的公务员辞职后在一定时期内不得从事的职业范畴、申请辞职时要如实报告从业去向、健全公务员辞职从业备案和监督检查制度，要求工商、市场监管部门对经查实的违规从业人员和接收企业给予相应处罚；另一方面，支持人才合理流动，充分尊重和保障辞去公职人员合法就业和创业的权益。

三　新时代公务员管理改革需要深化的重点工作

（一）推动公务员分类管理配套办法出台

2016年，中办、国办印发《专业技术类公务员管理规定（试行）》和

《行政执法类公务员管理规定（试行）》，标志着公务员分类管理的制度框架体系基本确立。后续改革面临一些难点亟待突破，包括：科学界定三类公务员的范围，制定清晰的职位职责规范，合理设置公务员的分类结构、职位设置配比，平衡三类公务员的职业发展空间和薪酬待遇，这些都需要法律支持和配套制度的保障。因此，下一步要从“进、管、出”环节加强分类管理制度建设，加快分类管理配套办法出台，从而使得两个规定能够落地实施。

（二）建立激励与约束并重的管理制度

党的十九大报告提出了坚持严管和厚爱结合、激励和约束并重的干部工作要求。公务员管理需要贯彻落实这一要求，一方面，要在公务员选拔任用、职务升降、考核评价、监督约束等管理环节认真贯彻落实全面从严治党的要求，建立公务员监督约束机制，从严管理各级各类公务员；另一方面，要进一步健全正面激励保障制度。强化对公务员尤其是基层公务员的关心关爱，激发公务员干事创业的激情；注重从提拔任用、职级待遇、权益保障等方面完善正向激励政策；建立公务员容错纠错机制，支持公务员履职担当。

（三）不断完善公务员管理法规制度

进入新时代，随着社会、政治、经济的发展，完善公务员管理法规制度势在必行。党的十八大以来公务员管理改革取得的一系列重要成果，需要及时跟进上升为法律规范，对相关制度也需要做出配套规范。此外，《公务员法》立法之初，由于当时条件不成熟预留的制度空间，现在条件已经成熟了的可以进行规范。因此，在坚定中国特色公务员制度发展方向的基础上，需要对公务员法进行立法回头看，适时进行调整完善，适应新时代的新要求，保障改革的平稳推进。

（四）持续推进公务员职业道德建设

从严治党、依法行政、加快转变政府职能，对新时代公务员队伍建设标准提出了新要求，迫切需要提升公务员的公共服务精神、道德修养和专业素养。公共服务精神的养成，不仅要靠公务员修身加强自律，也需要组织制度保障和支撑。因此，要把加强公务员职业道德建设作为重要抓手，推动职业道德建设具体化、常态化，打造一支高素质专业化的公务员队伍。坚持把政治建设摆在首要位置，牢固树立“四个意识”和“四个自信”，强化公务员坚定理想信念、党性修养等政治道德的要求，提升公务员道德自觉。同时，要健全公务员纪律惩戒法规体系，认真贯彻落实各项处分规章，及时惩处违纪违法行为、规范履职行为。

B.12
行政执法职责分布与行政执法类公务员职位设置展望*

苗月霞　李学明**

摘　要： 2016年7月，中办、国办印发的《行政执法类公务员管理规定（试行）》提出，行政执法类公务员的职位设置范围等具体办法，需由中央公务员主管部门进一步确定或另行规定。职位设置是实行公务员科学分类管理的基础工作和关键环节，要真正落实《行政执法类公务员管理（试行）》，必须制定行政执法类公务员职位设置等配套政策。为此，本文梳理了有关行政执法类公务员职位设置的制度规定，分析了相关政府部门行政执法职责的分布现状，总结了典型地方探索实行行政执法类公务员职位设置的实践经验，并尝试在此基础上提出行政执法类公务员职位设置的政策建议。

关键词： 行政执法类公务员　职位设置　行政执法职责

2016年7月，中办、国办印发了《行政执法类公务员管理规定（试行）》（以下简称《管理规定》），这对深入推进我国公务员分类管理具有重要意义。但是，《管理规定》只是对行政执法类公务员管理作出了原则规

* 本文为2017年人力资源和社会保障部部级课题“行政执法类公务员配套制度研究”的部分成果。

** 苗月霞，博士，中国人事科学研究院公共管理与人事制度研究室主任、研究员；李学明，博士，中国人事科学研究院公共管理与人事制度研究室助理研究员。

定，其职位设置范围、具体职务名称、职数比例核定、晋升职务的任职年限等具体办法，还需另行规定。行政执法类公务员职位设置是落实《管理规定》、真正推进行政执法类公务员分类管理的基础工作和关键环节，科学合理设置行政执法类公务员职位，需要了解相关制度规定、行政执法职责分布状况，同时也需要参考地方行政执法类公务员职位设置的有益经验。

一 行政执法类公务员职位设置的制度依据

实行公务员分类管理是世界各国公务员制度的通行做法，是提升人事管理科学化和专业化的基础工作，由此也成为我国公务员制度实施以来着力推进的改革探索。在我国公务员制度不断发展完善的过程中，关于行政执法类公务员职位设置原则等相关规定也不断明晰。

1993 年颁布的《国家公务员暂行条例》就提出，“国家行政机关实行职位分类制度”，要求“进行职位设置”，但该条例对公务员的职位如何分类和设置没有明确规定。

2006 年出台的《中华人民共和国公务员法》（以下简称《公务员法》）第 14 条提出，“国家实行公务员职位分类制度”，并明确规定，“公务员职位类别按照公务员职位的性质、特点和管理需要，划分为综合管理类、专业技术类和行政执法类等类别。国务院根据本法，对于具有职位特殊性，需要单独管理的，可以增设其他职位类别”。但《公务员法》对各类公务员的职位范围界定仍没有具体说明。①

为推进《公务员法》关于公务员分类管理相关规定的落实，2016 年 7 月，中办、国办印发的《管理规定》对行政执法类公务员及其职责特点进行了界定：行政执法类公务员是指依照法律、法规对行政相对人直接履行行政许可、行政处罚、行政强制、行政征收、行政收费、行政检查等执法职责

① 萧鸣政、唐秀锋、金志峰：《我国公务员职位分类与管理：30 年的改革实践与分析》，《中国行政管理》2016 年第 9 期。

的公务员，其职责具有执行性、强制性。此界定为行政执法类公务员职位设置提供了基本的制度依据。

二　行政执法职责的分布状况

《管理规定》还提出，行政执法类公务员职位根据工作性质、执法职能和管理需要，在以行政执法工作为主要职责的机关或者内设机构设置。由此，系统全面地梳理政府部门的行政职责分布现状，是做好行政执法类公务员职位设置的前提。2017 年，中国人事科学研究院课题组承担了人力资源和社会保障部部级课题“行政执法类公务员管理配套制度研究”，系统梳理了工商、税务、质检、食药监、安监、公安、城管、海关、环保、司法等行政执法职责较为集中的政府部门以及一些城市行政部门的执法职责，分析总结了我国政府部门行政执法职责的分布特征。由于篇幅限制，本文仅以工商和税务两个部门、北京和开封两个城市为例进行说明。

（一）省级及以上行政部门的执法职责以组织协调为主

除少数特设机构之外，省级及以上政府部门的行政执法职责以组织、协调和指导为主。如国家发展改革委的行政许可事项是分级设置的，兼具综合管理与行政执法职责，主要履行政策法规制定等综合管理职能。并且，省级及以上政府部门的行政执法人员也较少。以工商、税务部门（见表 1）为例，就其担负的行政职责内容看，省级及以上政府部门的执法职责多为决策性行政许可，除涉及重特大案件或跨区域案件处理外，行政强制、行政处罚和行政检查职责事项很少，基本没有行政收费职责。

（二）地市级及以下行政部门的执法职责以具体执行为主

本文梳理比较了北京市、区两级行政部门的行政执法职责，[①] 聚焦执法

① 《北京市人民政府关于进一步加强和改善行政执法工作的意见》。

表 1　工商、税务部门不同层级机构的行政执法职责

<table>
<tr><th>部门</th><th colspan="2">层级</th><th>机构设置
（内设/直属机构）</th><th>执法职责内容
（权力和职能）</th><th>执法职责
类型</th></tr>
<tr><td rowspan="10">工商</td><td>中央</td><td>工商管理总局</td><td>商标评审委员会</td><td>依法认定驰名商标</td><td>行政许可</td></tr>
<tr><td>省</td><td>工商行政管理局</td><td>经济检查总队</td><td>组织查处重大企业违法案件</td><td>组织、协调执法</td></tr>
<tr><td rowspan="2">市</td><td rowspan="2">工商行政管理局</td><td>消费者权益保护分局</td><td>查处损害消费者权益案件；查处食品安全案件</td><td>行政强制、行政处罚</td></tr>
<tr><td>经济检查支队</td><td>查处重大经济案件、企业违法案件</td><td>行政检查、行政处罚</td></tr>
<tr><td rowspan="3">县（区）</td><td rowspan="3">工商行政管理局</td><td>商标广告监管科</td><td>查处商标违法行为；查处违法广告</td><td>行政强制、行政处罚</td></tr>
<tr><td>市场规范管理科</td><td>查处合同欺诈等违法行为</td><td>行政检查、行政处罚</td></tr>
<tr><td>经济检查大队</td><td>查处市场有关企业违法案件</td><td>行政检查、行政处罚</td></tr>
<tr><td rowspan="2">乡镇（街道）</td><td rowspan="2">工商分局（所）</td><td>市场巡查中队</td><td>负责辖区食品安全、企业及其他市场主体的检查工作</td><td>行政检查</td></tr>
<tr><td>经济检查中队</td><td>查办一般程序案件；打击不当竞争、非法传销等行为</td><td>行政检查、行政处罚</td></tr>
<tr><td colspan="5"></td></tr>
<tr><td rowspan="12">税务</td><td>中央</td><td>国家税务总局</td><td>稽查局</td><td>负责组织重大税收案件调查</td><td>组织、协调执法</td></tr>
<tr><td rowspan="4">省</td><td rowspan="3">国家税务局</td><td>国际税务管理处</td><td>组织对大型企业的日常检查</td><td>组织、协调执法</td></tr>
<tr><td>稽查局</td><td>组织查处税收违法案件</td><td>组织、协调执法</td></tr>
<tr><td>直属税务分局</td><td>负责省属国税税收征收管理</td><td>行政征收</td></tr>
<tr><td>地方税务局</td><td>大企业处</td><td>承担有关税源日常检查工作</td><td>行政检查</td></tr>
<tr><td rowspan="7">市</td><td rowspan="5">国家税务局</td><td>车辆购置税征收管理分局</td><td>负责车辆购置税的日常检查</td><td>行政检查</td></tr>
<tr><td>稽查局</td><td>负责重大税收案件调查</td><td>行政检查</td></tr>
<tr><td>进出口税收管理处</td><td>负责检查进出口税收情况</td><td>行政检查</td></tr>
<tr><td>大企业税收管理处</td><td>负责对大型企业日常检查</td><td>行政检查</td></tr>
<tr><td>所得税处</td><td>实施企业所得税等征收工作；实施有关税种的日常检查</td><td>行政征收、行政检查</td></tr>
<tr><td rowspan="2">地方税务局</td><td>征收管理处</td><td>负责税务登记、税收征管工作</td><td>行政征收</td></tr>
<tr><td>稽查处（局）</td><td>查处税收违法案件</td><td>行政处罚</td></tr>
</table>

续表

部门	层级		机构设置（内设/直属机构）	执法职责内容（权力和职能）	执法职责类型
税务	县（区）	国家税务局	税源管理科	负责税收日常检查、税务登记	行政检查
			进出口税收管理科	负责进出口税收的日常检查	行政检查
			纳税评估科	负责流转税、所得税等税种的日常检查	行政检查
			征收管理科	承担税务登记、税款征收工作	行政征收
			稽查局	查处税收违法案件	行政处罚
		地税分局	征收管理科	承担税务登记、税收征管工作	行政征收
	乡镇（街道）	基层税务所*	征收管理股	负责税务登记、税款征收	行政征收
			办税服务厅	负责税务登记、税款征收；处理一般性违规行为	行政征收、行政处罚

注：“*”基层税务所是指直接负责税收征收管理（包括稽查等）和为纳税人服务的一线单位。
资料来源：根据全国工商、税务部门的“三定”方案（2017年）整理。

职责中的行政处罚，可以发现，北京市政府部门的行政处罚职责绝大多数在区级层面执行，市级层面的行政处罚等具体执行事项很少（见表2）。

表2　北京市市/区部分行政部门的行政处罚职责比较（2016年）

单位：项

部门	层级	行政处罚	部门	层级	行政处罚
工商行政管理局	市	36	质量技术监督局	市	2
	区	1029		区	390
食品药品监督管理局	市	48	安全生产监督管理局	市	37
	区	477		区	357
公安局	市	620	环保局	市	38
	区	1041		区	294

资料来源：北京市市/区行政部门的行政处罚职责清单数量（2016年）。

再以中国人事科学研究院课题组调研的河南省开封市为例，作为一个地级市政府，其政府部门2016年的行政执法职责主要涉及行政许可、行政处罚、行政强制、行政征收、行政检查等五大类，其中行政处罚等具体执法职责数量较大，且集中在食药监、质监和公安等以行政执法为主要职责的政府部门（见表3）。

表3　开封市部分政府部门行政执法职责有关情况统计（2016年）

单位：项

单位	行政执法职责数目情况统计						单位	行政执法职责数目情况统计					
	小计	行政许可	行政处罚	行政强制	行政征收	行政检查		小计	行政许可	行政处罚	行政强制	行政征收	行政检查
市公安局	252	20	187	23	0	22	市住建局	12	5	0	0	0	7
市司法局	80	1	76	0	0	3	市国土局	18	2	16	0	0	0
市环保局	66	6	47	3	2	8	市民政局	33	4	20	2	0	7
市城管局	134	13	108	0	2	11	市发改委	9	2	5	0	0	2
市交通局	199	14	171	14	0	0	市教育局	17	1	12	0	0	4
市安监局	135	3	125	4	0	3	市科技局	2	0	1	1	0	0
市质监局	220	5	197	7	0	11	市审计局	16	0	2	3	0	11
市工商局	126	4	104	11	0	7	市体育局	11	1	10	0	0	0
市食药监局	309	6	287	10	0	6	市规划局	4	4	0	0	0	0

资料来源：开封市政府部门2016年行政执法职责清单数目。

（三）基层政府行政执法职责具有很强的综合性

虽然《管理规定》将行政执法类公务员的执法职责明确划分为六种类型，但在公务员行政执法过程中，很多情况下有些职责很难明确划分并完全独立履行。而且，政府层级越往下，其行政执法职责的综合性越强。以交通部门的行政执法职责为例，在中央层面，交通运输部的内设机构根据不同管理领域分别进行指导执法；在省级层面，相应机构的行政许可和行政检查职责是综合履行的；在市级及以下层面，行政检查、强制和处罚职责体现出更强的综合性（见表4）。

正是基于市级及以下政府部门行政执法职责实际存在的交叉综合特征，党的十八届四中全会通过的《中共中央关于全面推进依法治国若干重大问题的决定》提出，要深化行政执法体制改革，根据不同层级政府的事权和职能，按照减少层次、整合队伍、提高效率的原则，合理配置执法力量，大

表4　交通部门不同层级机构的行政执法职责

层级		机构设置（内设/直属机构）	执法职责内容（权力和职能）	执法职责类型
中央	交通运输部	公路局	负责公路建设市场监管工作	指导执法
		水运局	负责水路建设和运输市场监管	指导执法
		公安局	指导航运、海事、港口公安工作	指导执法
省	交通运输厅	运输港口处	港口经营许可、监管	行政许可 行政检查
		路政管理处	涉路施工活动许可、监管	
市	交通管理局	秩序管理处	承担道路秩序管理	行政检查 行政强制 行政处罚
		事故预防与处理处	负责道路事故预防与处理	
		路政管理处	查处路政违法案件	
县（区）	交通管理局	秩序管理科	承担道路秩序管理	行政检查 行政强制 行政处罚
		事故预防与处理科	负责道路事故预防与处理	
		路政管理科	查处路政违法案件	
乡镇（街道）	交通管理分局（所）	秩序管理科	负责辖区道路秩序管理工作	行政检查 行政强制 行政处罚
		路政管理科	查办路政违法案件；打击违法违规行为	

资料来源：根据全国交通部门的“三定”方案（2017年）整理。

幅减少市、县两级政府执法队伍种类，重点在食品药品安全、工商质检、公共卫生、安全生产、文化旅游、资源环境、农林水利、交通运输、城乡建设、海洋渔业等领域内推行综合执法，有条件的领域可以推行跨部门综合执法。

为落实中央精神，《中央编办关于印发开展综合行政执法体制改革试点工作意见的通知》（中央编办发〔2015〕15号）提出，在北京等22个省（自治区、直辖市）的138个试点城市开展综合行政执法体制改革试点，探索行政执法职能和机构整合的有效方式，探索理顺综合执法机构与政府部门的职责关系。2017年5月，河北省秦皇岛市城市管理综合执法局把市政道路、市容环卫、城市绿化、供水、供热、规划、建设、房产、环保、食药监和水务等14个行业和部门管理职能进行横向整合，[①] 探索推进基层政府行政执法体制改革。

① 《秦皇岛市城市管理综合执法局挂牌成立》，河北机构编制网，2017年5月8日。

上述不同层级政府部门行政执法职责的分布状况和特点，是落实《管理规定》，科学合理设置行政执法类公务员职位的重要现实依据。

三　地方行政执法类公务员职位设置的试点经验

为实施公务员职位分类管理，原国家人事部与有关部门合作，先后开展了设立执法类公务员岗位的试点，如设立法医官、鉴定官、企业注册官、质监官等。[①] 2004 年 7 月，原国家人事部和国家工商总局联合发文，批准在上海市工商局进行“企业注册官”试点，首批 280 名企业注册官在上海产生。2005 年 2 月，原国家人事部、国家质量技术监督检验检疫总局联合下发文件，在内蒙古、黑龙江、江苏、福建、云南 5 省区质检机构开展质检系统行政执法类公务员管理试点工作，相关省区 1 万多名在职公务员拥有了新的职级序列。[②] 地方的早期探索为更广泛和深入地推进行政执法类公务员分类改革积累了经验。

2006 年《公务员法》出台后，我国在一些政府部门和地方开展了行政执法类公务员分类改革试点。2008 年 8 月，新成立的国家公务员局将全国唯一的公务员分类管理改革城市试点任务交给深圳。2010 年，深圳市政府办公厅印发了《深圳市行政机关行政执法类公务员管理办法（试行)》，明确行政执法类公务员是指在本市各级行政机关所属执法单位中主要履行监管、处罚、稽查等执法职责的职位上工作的非领导职务公务员。根据该办法，除了已经先行改革的公安系统警员，深圳市确定了规划国土、环保、交通、文化、劳动监察、社保、地税、市场监管、药品监管、卫生监督、动物卫生监督、城市管理、监狱劳教等部门中的整建制执法单位为行政执法类试点单位，其中的非领导职务公务员统一套转为行政执法类公务员。2015 年，深圳市修订发布了《深圳市行政机关行政执法类公务员管理办法》，进一步完善了深圳市行政执法类公务员管理的相关制度。

---

① 杨士秋：《治国之举——建设中国特色公务员制度》，中国人事出版社，2011。

② 应松年：《公务员法》，法律出版社，2010。

上海市自2015年起启动实施行政执法类公务员分类管理改革试点工作，第一批率先在浦东新区、徐汇区和嘉定区三个区的市场监管和城管执法部门开展试点，有近1.3万人列入改革范围；2016年7月，《管理规定》出台后，上海市进一步扩大了行政执法类公务员分类管理改革试点范围，制定了《关于扩大本市行政执法类公务员分类管理改革试点的指导意见》。2017年2月，上海市启动第二批扩大行政执法类公务员分类管理改革试点工作，覆盖规土、水务、交通、环境监察、劳动监察、社团监察、农业、文化执法、医保监督、动物卫生监督等基层专业执法队伍，涉及3000余人。上海市改革试点取得了阶段性成效，初步建立了分类招录、因类施训、单列管理、严肃纪律、职业保障的管理新机制。①

深圳和上海的试点改革为今后在全国范围内推进行政执法类公务员分类管理提供了有益经验，两个城市开展行政执法类公务员分类改革的重点部门——市场监管部门的行政执法职责设置可供参考（见表5）。

表5　上海和深圳市市场监管部门的行政执法职责

地方	层级	部门	机构设置（内设/直属机构）	执法职责内容（权力和职能）	执法职责类型
上海	市	工商行政管理局	消费者权益保护处	组织查处侵犯消费者权益案件	组织、协调执法
			合同监督管理处	组织查处合同违法行为	组织、协调执法
	区/县	市场监管局	市场主体监督管理科	负责市场主体监督管理	行政检查、行政处罚
			商标广告监督管理科	负责商标广告监督管理	行政检查、行政处罚
			消费者权益保护科	负责依法保护消费者权益	行政检查、行政处罚
			计量和认证监督管理科	负责计量和认证监督管理	行政检查、行政处罚
			特种设备安全监察科	负责特种设备安全监察	行政检查、行政处罚
			食品安全监督管理科	负责食品安全监督管理	行政检查、行政处罚
			药品化妆品监督管理科	负责药品化妆品安全监督管理	行政检查、行政处罚
			医疗器械监督管理科	负责医疗器械监督管理	行政检查、行政处罚
	街/镇	市场监督管理所		负责市场监督管理	行政检查、行政处罚

① 上海市公务员局网站，http：//www. shacs. gov. cn/Dynamic/DynamicDetail/cfb85890 - 2a45 - 453e - ac14 - ece726487d6a？type = local。

续表

地方	层级	部门	机构设置（内设/直属机构）	执法职责内容（权力和职能）	执法职责类型
深圳	市	市场和质量监督管理委员会	市场处	依法规范市场经营秩序；组织查处合同欺诈等违法行为	组织、协调执法
			标准处	负责标准化管理	组织、协调执法
			质量处（认证监管处）	负责重大质量事故调查处理	组织、协调执法
			公平竞争管理处	组织查处不正当竞争等经济违法行为，实施反垄断执法调查	组织、协调执法
	区/县	市场监督管理委员会	消费者权益保护处	实施消费者权益保护措施，保护消费者合法权益	行政检查、行政处罚
			企业信用管理处（外商企业登记管理处）	实施商事主体信用监管；监管商事主体登记事项	行政检查
			广告处	监管广告活动；查处发布虚假广告等违法行为	行政检查、行政处罚
			计量处	监管市场计量行为	行政检查、行政处罚
			特种设备安全监察处	监督管理特种设备的生产、经营、使用	行政检查、行政处罚
			电子商务监督管理处	监管电子商务市场主体；规范网络商品交易服务行为	行政检查、行政处罚
			食品药品监管综合处	开展食药品安全专项检查；开展食药品安全事故调查	行政检查、行政处罚
			食品生产安全监管处	承担食品生产环节的安全监督管理工作；开展生产环节食品安全专项整治	行政检查、行政处罚
			食品流通安全监管处（酒类专卖管理办）	承担食品流通环节的安全监督管理工作；负责酒类市场的监督管理	行政检查、行政处罚
			食品餐饮安全监管处	承担食品餐饮环节的安全监督管理工作；开展餐饮食品安全专项整治	行政检查、行政处罚
			食用农产品安全监管处	承担食用农产品质量安全监督管理工作；实施食用农产品抽样检验和后处理	行政检查、行政处罚

续表

地方	层级	部门	机构设置（内设/直属机构）	执法职责内容（权力和职能）	执法职责类型
深圳	区/县	市场监督管理委员会	药品生产安全监管处	承担药品生产安全监管工作；实施药品生产相关监督管理	行政检查、行政处罚
			药品流通安全监管处	承担药品流通安全监管工作；监督实施药品经营及使用质量管理规范	行政检查、行政处罚
			医疗器械生产安全监管处	承担医疗器械生产安全监管工作；实施医疗器械注册、备案、生产活动的检查	行政检查、行政处罚
			医疗器械流通安全监管处	承担医疗器械流通安全监管工作；实施医疗器械流通使用质量管理规范	行政检查、行政处罚

资料来源：根据上海、深圳市市场监管部门的“三定”方案（2017 年）整理。

四　行政执法类公务员职位设置展望

科学合理地设置行政执法类公务员职位，是实施行政执法类公务员分类管理的前提和基础。综合考量已有公务员管理相关制度规定、政府部门行政执法职责分布现状和行政执法类公务员分类管理改革试点经验等多方面因素，要很好地落实《管理规定》，科学合理地设置行政执法类公务员职位，应遵循以下几项原则。

一是根据行业类别设置行政执法类公务员职位。目前大多数部门难以做到对行政执法职位的精细化管理，如果从横向上按照不同执法职责设置行政执法类公务员职位，会因为同一执法职位涉及不同部门的不同执法行业（业务）领域，影响到不同部门公务员的考录、评价、激励的公平性和科学性。按照部门设置行政执法类公务员职位，便于不同部门根据执法领域的不同特点和具体情况制定相应的管理办法，符合《管理规定》提出的根据管理需要设置行政执法类公务员职位的要求。

二是主要在地市级及以下政府部门设置行政执法类公务员职位。根据政府不同层级执法职责分布的不同特点，对于省部级及以上政府部门，原则上只在执法职责非常集中的直属机构、垂直管理机构、派出机构和特设机构设置行政执法类公务员职位；对于地市级及以下行政部门，可在执法职责较为集中的内设机构、直属机构、垂直管理机构、派出机构设置职位，除内设机构外一般实行整建制的套转改革。地方政府部门可以根据实际情况和管理需要，按照法律法规规定的既定审批程序，设置具体的执法机构和执法职位。

三是行政执法类公务员职位设置应统筹协调、兼顾平衡。设置行政执法类公务员职位，既要以现行公务员分类管理制度为基础，兼顾与综合管理类、专业技术类的职位设置平衡，保证公务员队伍建设的稳定性，又要充分体现行政执法类公务员的工作性质和职位特点，在《管理规定》框架下，增强对基层行政执法类公务员的激励作用，设置符合行政执法工作规律与执法职责特点的行政执法类公务员职位。同时，还要兼顾公务员制度改革的总体方向，统筹考虑全面深化干部人事制度改革和完善公务员管理制度的要求。

四是推进行政执法类公务员职位设置工作应自上而下和自下而上有机结合。推进行政执法类公务员职位设置工作，应与政府职能转变相配套，与国家行政体制改革的总体进程相适应。这首先要求行政执法类公务员职位设置做好顶层设计，确立清晰的职位设置目标和落实措施，将行政执法工作与政府职能转变和机构改革有机结合，自上而下做好总体谋划。其次，我国各地区、部门、行业之间差异很大，具体情况复杂多样，行政执法类公务员职位设置应充分调动基层积极性，鼓励地方因地制宜开展工作，自下而上总结经验，由易到难分步实施和有序推进，积极稳妥地落实《管理规定》，共同推进行政执法类公务员分类管理改革顺利开展。

党的十九大报告提出，要建设高素质专业化干部队伍，把好干部标准落到实处，注重培养专业能力、专业精神，增强干部队伍适应新时代中国特色社会主义发展要求的能力。行政执法类公务员是我国干部队伍的重要组成部分，在落实国家治理任务前沿发挥着重要作用。实行行政执法类公务员分类管理，做好行政执法类公务员职位设置的相关工作，一直是我国公务员管理制度设计和地方探索的重要课题。结合新一轮政府机构改革和政府治理能力提升，努力做好行政执法类公务员职位设置等基础工作，可以为更好实施公务员科学分类管理积累有益经验，为实现十九大提出的新时代干部队伍建设目标贡献力量。

参考文献

《中华人民共和国公务员法》，2006。

《行政执法类公务员管理规定（试行）》，2016。

《中共中央关于全面推进依法治国若干重大问题的决定》，2015。

《深圳市行政机关行政执法类公务员管理办法》，2015。

《北京市行政执法岗位及人员管理办法（征求意见稿）》，2015。

《北京市人民政府关于进一步加强和改善行政执法工作的意见》，2015。

《上海市关于扩大本市行政执法类公务员分类管理改革试点的指导意见》，2017。

《关于深入推进城市执法体制改革改进城市管理工作的指导意见》，2015。

林弋：《公务员法立法研究》，党建读物出版社，2016。

谭功荣：《公务员制度比较研究》，重庆出版社，2007。

应松年：《公务员法》，法律出版社，2010。

杨士秋：《公务员制度与管理》，中国劳动社会保障出版社，2011。

杨士秋：《治国之举——建设中国特色公务员制度》，中国人事出版社，2011。

B.13
事业单位人事制度改革进展与展望

丁晶晶*

摘　要： 2017年事业单位人事制度改革在规范公开招聘、深化改革事业单位工作人员评价制度、开展落实事业单位自主权试点、推进事业单位绩效工资制度改革、鼓励事业单位人员创新创业、完善事业单位法人治理结构等方面取得了新进展，促进和保障了事业单位人事管理的规范化、科学化水平的提升。为有效落实新时代党中央对事业单位改革、发展公共服务、加强干部队伍建设等方面的要求，事业单位人事制度改革要坚持问题导向，进一步确立公益导向，明确发展定位，完善分类管理，落实单位自主权，激发事业单位人才活力。

关键词： 事业单位　人事制度改革　人事管理

根据改革总体部署，我国事业单位人事制度改革持续推进，事业单位人事管理规范化、科学化水平逐步提高。进入新时代，事业单位人事制度改革要适应新形势，落实新要求，为发展公益服务提供有效保障。

一　进一步规范事业单位人事管理

事业单位人事制度改革的重要目标之一是推进事业单位人事管理的规范

* 丁晶晶，中国人事科学研究院助理研究员。

化。目前，虽然事业单位人事管理水平不断提高，但在公开招聘、绩效工资、纪律处分等方面出现的一些新问题，对制度规范性、可操作性提出了更高要求，事业单位人事行政主管部门及时出台相关政策规定和配套措施，进行制度细化与规范。

（一）规范事业单位公开招聘岗位资格条件设置

2017 年 10 月，人力资源和社会保障部（以下简称“人社部”）印发《关于事业单位公开招聘岗位条件设置有关问题的通知》（以下简称《通知》），针对事业单位公开招聘岗位条件设置方面出现的问题，明确提出：招聘岗位条件设置要遵从科学性原则，尤其是不能设置带有指向性或歧视性的条件。

在专业设置方面，《通知》指出，根据实际，可以从宽确定专业要求：在一个招聘岗位上，既可以设置一个或多个相近专业，也可以按专业大类来设置，对于招聘岗位没有特别专业要求的，可设置为专业不限。

在专业标准方面，《通知》明确了专业参考目录的确定依据：岗位资格中的专业名称可参考当地省级组织、人力资源社会保障部门确定的考录公务员专业参考目录、招聘事业单位工作人员专业目录，也可参照教育部门的专业目录。此外，《通知》还强调，招聘岗位条件公布后，不得擅自更改，如需更改，则要提前发布变更或补充公告。

《通知》还特别明确了公开招聘过程中不同主体的职责，如资格审查应由用人单位或主管部门具体负责，事业单位人事综合管理部门则负责监督。

（二）推进事业单位公开招聘平台建设

为进一步规范中央和国家机关所属事业单位公开招聘工作，2017 年 10 月，人社部印发的《关于建立中央和国家机关所属事业单位公开招聘服务平台的通知》明确提出，在人力资源社会保障部门户网站设置“事业单位公开招聘”专栏，建立中央和国家机关所属事业单位公开招聘统一服务平台。该平台建设不仅有利于拓宽事业单位选人用人视野、应聘人员及时了解招聘信息以及广泛接受社会监督，还有利于发挥中央和国家机关所属事业单位在公开招聘中的示范引领作用。

中央和国家机关所属事业单位公开招聘服务平台有三大功能：一是集中发布招聘信息，主要发布公开招聘公告、拟聘人员公示等信息。二是开展政策咨询和信息交流，刊载政策规定，提供政策咨询，及时解答公开招聘中遇到的问题。同时，也为各单位交流经验提供平台。三是提供下载服务，用人单位和应聘人员可在此下载公开招聘公告模板、报名表格、拟聘人员公示模板、聘用合同范本等。此外，中央事业单位人事综合管理部门设立专门的监督举报方式并在平台上予以公布。

（三）完善事业单位绩效工资管理

为调节事业单位收入分配关系，深化事业单位工资制度改革，2017 年，有关主管部门出台加强事业单位绩效工资总额管理和总额核定的办法。事业单位绩效工资总额核定工作全面开展，明确事业单位绩效工资总额的核定要根据其以往的绩效工资水平和目前的绩效状况进行。今后各事业单位必须严格在批准的工资总额范围内，根据本单位人员状况进行自主分配，一般情况下不得突破总额限制。

同时，对有关行业的工资制度提出了改革规范的政策意见。例如，2017 年 7 月，国务院办公厅出台的《关于建立现代医院管理制度的指导意见》提出，要统筹考虑编制内、外人员，在岗位设置、收入分配、职称评定、管理使用等方面体现公平性。在核定的绩效工资总额范围内，公立医院可以进行自主分配，要兼顾学科平衡，体现岗位差异，做到优绩优酬、多劳多得，并可根据医院实际需要，实行协议薪酬、目标年薪制。

（四）加强事业单位公开招聘的违纪处理

为了对公开招聘中出现的违纪违规行为进行规范管理，以确保招聘工作的公开、公平、公正，2017 年 9 月 25 日，人社部第一百三十五次部务会审议通过了《事业单位公开招聘违纪违规行为处理规定》（以下简称《规定》)。此《规定》自2018年1月1日起开始正式施行。

《规定》细化和落实了《事业单位人事管理条例》(国务院令第652号)等有关法律法规的相关要求，主要针对近年来事业单位公开招聘中的问题，对应聘人员、招聘单位、招聘工作人员的违纪违规行为分别做出处理规定，并明确了处理程序。

此外，《规定》还明确了由中央事业单位人事综合管理部门开展全国的综合管理与监督，也明确了公开招聘违纪违规行为认定与处理由各级事业单位人事综合管理部门、事业单位主管部门、招聘单位按权限具体实施。

（五）增强事业单位工作人员纪律处分的适用性

为增强事业单位工作人员纪律处分的适用性，2017年6月，人社部发布《关于贯彻执行〈事业单位工作人员处分暂行规定〉若干问题的意见》(以下简称《意见》)。

《意见》明确，法人证书中“举办单位”栏所记载的部门为主管部门；被依法判处刑罚的事业单位工作人员不适用于第十三条、第十四条关于减轻或免予处分的规定，必须按照《事业单位工作人员处分暂行规定》第二十二条的规定执行，且用人单位必须要在判决生效后一个月内，做出处分决定；对于“双肩挑”人员，当给予其降低岗位等级或者撤职处分时，必须同时降低其在管理和专业技术两类岗位的等级；对于无岗位等级可降的工作人员，可以采取降低其薪级工资的处分，在处分解除之后，薪级工资仍不可恢复为处分前的水平。

同时，《意见》对用人单位的行为也进行了规范：单位如果对工作人员的违纪违法行为不处分或者不按规定处理的，应对相关人员追究责任。若办案期限超过12个月，人事综合管理部门或主管部门可责令相关单位或部门在1个月内做出处分决定。处分期满后，应在期满之日起一个月内解除处分，自处分期满之日起计算处分解除时间。

《意见》还明确，事业单位工作人员在受处分期间，不会因其交流到其他事业单位工作或者原处分决定单位出现合并、分立等情形，而改变或不执行原处分。公务员在受处分期间交流到事业单位的，原处分决定继续执行。已退休的工作人员若出现违纪违法行为，虽不对其进行处分决定，但仍应明确其应受处分的种类，如果要给予降低岗位等级或者撤职以上处分的，其养老保险等相应待遇按有关规定执行。

二　推动事业单位人事制度的改革创新

在规范管理的同时，为促进公益事业的发展，落实中央关于深化人才发展体制机制改革和事业单位分类改革的要求，有关部门和事业单位积极探索，推动事业单位人事制度的改革创新。

（一）开展落实事业单位自主权试点

为进一步落实事业单位自主权，2017 年 3 月，科学技术部办公厅、教育部办公厅、中央编办综合司、中央组织部办公厅、发展改革委办公厅、财政部办公厅、人力资源社会保障部办公厅发布《关于开展“扩大高校和科研院所自主权、赋予创新领军人才更大人财物支配权技术路线决策权”试点工作的通知》，并联合印发《关于开展扩大高校和科研院所自主权，赋予创新领军人才更大人财物支配权技术路线决策权试点的工作方案》（以下简称《方案》）。

《方案》提出，在选拔、使用单位内设机构负责人时，不简单套用领导干部管理规定进行管理，探索直接选拔专业技术人员担任领导职务。在绩效工资分配方面，试点单位可以在核定的绩效工资总量范围内，自主确定绩效考核办法和绩效工资分配方式，并要向关键岗位、业务骨干和高层人才倾斜。单位负责人的绩效工资由主管部门确定，但要与单位的目标考核挂钩。在分配方式上，采取多种灵活的方式，特别是对于股权期权激励、成果转化奖励不纳入绩效工资总量，兼职或离岗创业收入不纳入绩效工资总量的计算范围。

（二）完善事业单位法人治理结构

为进一步落实事业单位法人自主权，健全法人治理机制，2017 年 9 月，中宣部、文化部等 7 部门联合印发的《关于深入推进公共文化机构法人治理结构改革的实施方案》明确指出，要以理事会为主要形式，引入多元主体，相关行政主管部门、理事会、管理层各司其责、各负其事，[①] 形成多元治理结构。进一步落实公共文化机构人事管理自主权，并扩大其收入分配自主权。

一些地方在探索完善事业单位法人治理结构的过程中，也形成了一些可借鉴经验。例如，为加强事业单位日常运行监管，确保其不偏离公益性方向，山东省引入外部监事，重点进行制度执行监督、决策行为监督、业务活动监督以及财务监督，推动了事业单位人事管理体制和机制的创新。[②]

（三）深化事业单位人才评价和绩效评价制度改革

人才评价和绩效评价是事业单位人事管理和人才队伍建设的基本环节，也是事业单位及其工作人员十分关注的焦点问题。2017 年以来，随着职称制度改革、分类推进人才评价政策和科研事业单位绩效评价办法等文件的出台，事业单位人才评价和绩效评价制度改革取得重大突破。

1. 建立科学的人才分类评价机制

2018 年 2 月，中共中央办公厅、国务院办公厅印发的《关于分类推进人才评价机制改革的指导意见》明确，人才评价要体现职业属性、岗位要

---

① 相关行政主管部门负责对公共文化机构和理事会建设进行监督指导、绩效考核。理事会负责本单位发展规划、财务预决算、重大业务、章程拟订和修订等决策事项，履行人事管理和监督职责。管理层按照理事会决议开展日常业务管理、财务资产管理和一般工作人员管理等。

② 《山东省省属实行法人治理结构事业单位外部监事管理办法（试行）》进一步明确了外部监事的职责、权利和义务，并建立了外部监事责任追溯制度。山东省财政厅、山东省机构编制委员会办公室、山东省卫生和计划生育委员会、山东省科技厅联合印发《省属实行法人治理结构事业单位外部理事（董事）、外部监事报酬管理暂行办法》，规定了外部监事报酬的确定标准、兼职取酬、支付单位、经费来源和绩效管理等。

求，应分类健全人才评价标准，坚持凭能力、实绩、贡献科学评价人才，同时还应突出品德评价并作为人才评价的首要内容。在人才评价主体方面，在同行评价的基础上，引入市场评价和社会评价，对于不同的人才突出不同评价主体的作用；在评价手段选择上，可根据情况科学灵活采用不同的评价方式，以提高评价的针对性和精准性；在评价周期设置上，应根据人才特点分别采取短期评价和长期评价。

要加快推进重点领域人才①评价改革。要保障和落实用人单位的自主权，与人才培养、使用、激励等结合，严格规范评价程序，② 同时在评审专家的遴选机制方面要健全轮换、回避、问责、退出等机制。

2. 推进职称制度改革

职称制度是事业单位专业技术人才管理的基本制度。2017 年 1 月，中共中央办公厅、国务院办公厅印发《关于深化职称制度改革的意见》，对职称制度改革做出全面安排，包括调整职称职务系列、改革职称层级设置、完善分类评价标准和方式、促进职称与职业资格及事业单位岗位管理的结合等。

该意见针对经济社会发展的需要，提出了取消、整合、增设职称系列的具体要求。在职称层级设置上，将正高级职称的适用范围拓展到各职称序列。

在职称评价上，要坚持德才兼备，以德为先，突出专业技术人才的业绩水平和实际贡献。并且，要根据职业属性和岗位的不同，分别设置不同的评价标准，不唯论文和研究成果来评价，特别是对于在艰苦边远地区和基层一线工作的专技人员、实操性强的人员可不作论文要求，或是以其他形式的成果③来替代论文。另外，离岗创业、兼职的专技人员可凭其工作业绩参加职称评审。且特别强调，今后还会重点考察专业技术人才的职业道德，完善诚

① 包括科技人才、教育人才、新技术技能人才、哲学社会科学和文化艺术人才、医疗卫生人才、基层一线和青年人才等。

② 主要包括申报、审核、公示、反馈、申诉、巡查、举报、回溯等程序。

③ 包括专利成果、项目报告、工作总结、工程方案、设计文件、教案、病历等成果形式。

信承诺和失信惩戒机制。

该意见提出，要促进职称制度与职业资格制度、用人制度有效衔接，在职称和职业资格关联度高的领域，专技人员的职业资格可与职称的相应层级进行对应并可加以认定，不需再进行职称评定。根据职称与岗位的紧密程度，分别试行评聘结合①和评聘分开②的方式。

3. 开展中央级科研事业单位绩效评价工作

事业单位绩效评价是实施绩效工资制度、提高事业单位工作效率、促进社会事业发展的重要方式。2017 年 10 月，科技部、财政部、人社部制定《中央级科研事业单位绩效评价暂行办法》，启动中央级科研事业单位绩效评价工作。

该办法明确，科研事业单位绩效评价工作由科技部、财政部、人社部、主管部门、科研事业单位各司其责，并对从事基础前沿研究、公益性研究、应用技术研发的科研事业单位，提出了不同的评价原则和方式。比如，基础前沿研究单位主要突出研究质量、原创价值和实际贡献等，公益研究单位主要突出实现国家目标和履行社会责任等，应用技术研发单位突出成果转化、技术转移和经济社会影响等。

（四）鼓励事业单位人员创新创业

为实施创新驱动发展战略、促进创新创业，2017 年 4 月，人社部出台《关于支持和鼓励事业单位专业技术人员创新创业的指导意见》，分别对到企业挂职或者参与项目合作、兼职创新或者在职创办企业、离岗创新创业的不同情形提出了人事管理的新要求，并提出可以设置创新岗位和流动岗位以推动创新创业工作的开展。

到企业挂职或者参与项目合作的专技人员，单位除了要与其变更聘用合同，以确定工资待遇、考核等，还应与企业一起，三方约定工作期限、报

---

① 岗位职责结合紧密，可评聘结合，在岗位结构比例内开展职称评审。

② 不实行岗位管理，通用性强、广泛分布在各社会组织的职称系列和新兴职业，可采用评聘分开方式。

酬、权益分配等权利义务。经单位同意的创业人员可在3年内保留人事关系，可继续在原单位参加社会保险，还可参加年底评优且不占优秀名额。此外，参与“双创”的专技人员还可按规定继续在原单位参加考核、岗位竞聘、职称评审等。

事业单位可根据创新需要分别设置创新岗位、特设岗位和流动岗位。创新岗位主要从事研发、转化、推广、服务等；特设岗位不受岗位总量和结构比例限制，可实行灵活、弹性的工作时间；流动岗位则主要为兼职人员[①]提供，设置流动岗位后，可按规定申请调整工资总额，用于发放流动岗位人员工作报酬。

（五）推动事业单位人事管理的实践创新

事业单位人事制度改革创新不仅仅体现在国家层面的重大政策文件的出台上，也表现为各行业、地方在实践中的积极探索。其中，高校在双一流建设中的用人制度改革最具典型性和影响力。

2017年1月，教育部、财政部、国家发展改革委印发《统筹推进世界一流大学和一流学科建设实施办法（暂行）》，对世界一流大学和一流学科建设提出了明确要求。为此，各高校纷纷加强用人制度改革创新，以吸引一流人才，不断提升自身人力资源战略管理能力，深化人事制度改革，树立人才强校的观念。

为实现优中选优的人才战略，一些高校纷纷探索更加严格的人员退出机制，通过建立聘期考核制度，建立“非升即走、非升即转”的聘用制度改革。例如，中国人民大学规定，如果教师在本级职务任职满一定年限但未能晋升高一级职务者，不再续聘原岗位，可按规定程序申请非教师岗位或在规定时间内调离学校。华南师范大学实行“预聘制”，新进教师不纳入编制管理，当4年聘期结束晋升高级岗位后即可转成长期聘用，如果第二个合同期不能转为长期聘用的，不再续聘。上海财经大学建立“常任

① 兼职人员可包括创新实践经验的企业管理人才、科技人才和海外高水平创新人才。

轨”教师制度，即在获得常任教职之前，对申请该职位系列的教师设置6年试用期，期满考核合格后方可担任“常任轨”教师。这些改革实践，在一定程度上推动了高校教师由固定用人向合同用人转变、由身份管理向岗位管理转变。

为更好地吸引人才、激励人才、留住人才，一些高校还纷纷向高层次人才和重点岗位倾斜，建立了年薪制、项目制、协议工资制、团队薪酬制等更加灵活多样的分配形式。例如，一些高校对高层次的优秀人才实行双方约定的协议工资，对常任制教师实行年薪制，对创新团队则实行以项目为基础的奖励性成果转化收入机制。此外，在本校分配中坚持绩效导向，如上海海洋大学实施二级学院“任务＋绩效”拨款模式，发挥学院在岗位考核、分配激励中的主体作用。

三　事业单位人事制度改革的展望

中国特色社会主义建设进入新时代，事业单位人事制度改革要在系统总结改革发展实践的基础上，适应新形势、应对新挑战、落实新要求，必然要坚持问题导向，采取新举措，深化放管服改革，健全完善制度，优化人事分类管理体制和管理方式。

（一）事业单位的发展定位应以公益性为基准

《中共中央关于深化党和国家机构改革的决定》指出，事业单位依然存在定位不准、职能不清、效率不高等问题。党的十九大报告提出，“深化事业单位改革，强化公益属性，推进政事分开、事企分开、管办分离”。

上述论断和部署进一步明晰了事业单位的独特属性和功能定位，也再次明确了事业单位改革的路径模式，这是推进新时代事业单位人事制度改革必须依据的基本前提。因此，深化改革，建立健全适应公益属性的事业单位人事制度体系，是当前和今后一段时间需要研究的重大课题。

（二）人事分类制度要适应机构分类改革的新要求

《中共中央关于深化党和国家机构改革的决定》指出，应区分情况实施公益类事业单位改革，根据服务对象的不同，将公益类事业单位分为面向社会提供公益服务的事业单位和主要为机关提供支持保障的事业单位。前者要继续贯彻政事分开、公益优先的原则，明确与主管部门间的责权利关系，在保持运营独立性的同时要接受主管部门的监督，并不以追求利润为目标而丧失公益属性。后者则要进一步加强与机关各项工作的配合度，人员可由机关进行统筹使用和管理。

因此，深化推进事业单位分类改革必然要求深化事业单位人事分类管理体制改革，即根据事业单位分类实行相应的人事分类管理制度。例如，不同行业的事业单位、面向社会提供公益服务的单位和主要为机关提供支持保障的事业单位，在人员调配、管理权限、人事监督等方面，如何建立符合自身特点的制度规范和政策措施，需要深入研究。

（三）人力资源配置应与公共服务发展布局相匹配

人力资源配置如何更好保障公共服务健康有序发展一直是事业单位人事管理面临的重要问题，这不仅涉及技术方法问题，也涉及管理体制和管理方式问题。党的十九大报告提出，要完善公共服务体系，加快推进基本公共服务均等化。为落实此要求，需要具有一支规模适量、结构合理、绩效优良的公共服务提供者队伍。因此，首先，要根据公共服务的发展需求确定事业单位的用人规模，在编制允许范围内增减岗位总量，避免超编用人、编外用人问题。其次，要根据实际，有效配置事业单位工作人员的地区、专业、学历、能级结构与分布，避免人岗不匹配问题。最后，要完善岗位设置与人员配置机制，保障人力资源配置的适应性。

（四）人才队伍建设应体现高素质专业化干部队伍建设的要求

党的十九大强调，要建设高素质专业化的干部队伍。事业单位集中了大批高素质人才，事业单位人才队伍建设质量直接关系我国干部队伍建设效果。进入新时代，事业单位人才队伍建设应在盘活人员存量的同时不断提高人员素质和能力。一方面，要提高政治素质、道德素质、业务能力和创新能力等，另一方面，要拓宽通道，更多引进并留住优秀人才。因此，事业单位人事制度要与时俱进，不断健全完善。

（五）相关部门应加快配套制度建设和加大政策落实力度

要健全事业单位人事管理法规体系，必须加快配套政策法规建设，及时出台奖励、聘用合同管理、竞争上岗、考核、交流、培训、人事监督等方面的具体规范，建立完善的政策法规体系，对事业单位人事管理的各个具体环节均规定可操作性的制度，避免出现无法无规可依的情况。

目前，事业单位人事管理已经出台了一系列的政策法规，但在实践中明显存在实施不到位的问题。因此，在今后的工作中必须采取相应措施，将相关文件精神和政策法规进一步落到实处。一些存在政策冲突的地方可由相关部门进行解释和说明，以明确操作细则；一些政策规定不清晰的部分，应根据实施存在的问题加以明确规定；同时应明确各相关人事行政管理部门的监管责任，加强对事业单位法律法规落实情况的核查工作。

因此，事业单位人事制度改革的中心任务就是要贯彻落实十九大精神，按照干部人事制度改革和事业单位总体改革的要求，以公益性为导向，以完善聘用制度和岗位管理为主要内容，搞活用人机制，分类建立事业单位人事管理制度，实现事业单位人事管理的科学化、法制化。

B.14

国企人事制度改革进一步深化

佟亚丽*

摘　要： 2017年国企改革动作频频。央企重组全面提速，董事会建设加快推进，混合所有制改革迈出实质性步伐，公司制改革接近尾声。本文从进一步完善国有企业法人治理结构、稳妥有序开展国有控股混合所有制员工持股、推进经理层任期制和契约化管理、改革国有企业工资决定机制、持续深化企业内部三项制度改革五个方面，论述了推进国有企业人事制度改革的政策措施和实践探索。

关键词： 国有企业　人事制度　法人治理

2017年"十项改革试点"全面推开，其中，有超过一半的改革内容与人事制度改革有关，再次凸显出人事制度改革在国企改革中的重要程度。国企改革从"顶层设计"加速向"深化施工"迈进。

一　进一步完善国有企业法人治理结构

（一）推进公司制改制

公司制是现代企业制度的有效组织形式，我国国有企业改革将推进公司

---

* 佟亚丽，中国人事科学研究院副研究员。

制改制作为建立中国特色现代国有企业制度的必要条件。2017 年 7 月，国务院办公厅下发的《中央企业公司制改制工作实施方案》指出，2017 年底前，除了中央金融和文化企业之外的中央企业要全部改制为有限责任公司或股份有限公司。这一方案的出台旨在在建立健全公司法人治理结构的基础上形成市场化的经营机制。

国资委提供的材料显示，中央企业集团层面，截至 2017 年底，除个别企业由于特殊原因未完成改制外，其余企业均已全部完成工商变更登记，取得了新的营业执照，成为按照《公司法》登记的公司制企业。2018 年 3 月，十三届全国人大一次会议《政府工作报告》确认，中央企业集团和子企业、地方国企基本完成公司制改制，现代企业制度不断健全，实现了国有企业改革历史性突破，为国有企业改革进一步深化提供了必要的基础。

（二）落实董事会职权

国企改革的重点之一是要建立现代企业制度，落实董事会职权核心是实现所有权和经营权分离。

2017 年 5 月国办下发的《关于进一步完善国有企业法人治理结构的指导意见》要求，国有独资、全资公司要用三年的时间，全面建立外部董事占多数的董事会，国有控股企业实行外部董事派出制度，完成外派监事会改革。该意见还从理顺国有企业出资人职责角度和其他规定方面，规范了各个治理主体的权责。国务院办公厅印发的《关于开展落实中央企业董事会职权试点工作的意见》规定，授予企业董事会六项权力：[①] ①中长期发展决策权；②经理层成员选聘权；③经理层成员业绩考核权；④经理层成员薪酬管理权；⑤职工工资分配管理权；⑥重大财务事项管理权等。

国资委披露的数据显示，截至 2017 年 6 月，在 102 家中央企业中，建立了规范的董事会的已达 83 家，占比超过 80%。4 家中央企业开展了落实董事会职权试点；中央企业外部董事人才库已经达到 417 人，专职外部董事

① 参见《关于开展落实中央企业董事会职权试点工作的意见》。

增加到33人。各省（区、市）国资委所监管一级企业中有88%已经建立了董事会。[①]

党的十九大提出，全面推进规范董事会建设，切实落实董事会职权。[②]按此要求，2018年混改企业董事会建设加快推进，陆续启动落实中央企业董事会职权的试点工作，并以此为重点，完善公司法人治理结构，实现权利和责任对等。

（三）国有企业公司制改制基本完成

国有企业在推进改制的同时，在建立健全市场化经营机制方面进行了富有成效的探索。统筹推进落实董事会职权、突出董事会的决策者地位，界定了董事会、监事会、经营层和党组织的职权范围。建立有效制衡、规范运转的治理结构，逐步带动企业管理理念、运营机制、企业文化等各领域深刻转变，为国有企业科学治理、高效决策创造了条件。[③]通过市场化选聘经营管理者、建立职业经理人制度、完善用工制度和开展员工持股，实施差异化薪酬分配等试点工作，加快构建灵活高效的市场化经营机制。

二　有序开展国有控股混合所有制企业员工持股

（一）稳妥推进国有企业混合所有制改革

混改是国企改革的重要突破口。2017年2月23日，国资委主任肖亚庆在首届中国企业改革发展论坛上重申了2016年中央经济工作会议所提出的目标定位。他表示，新一轮混改要积极引入各类投资者，实现股权多元化，

---

① 王晓易：《破解政企分开难题，国企落实董事会职权改革试点将范围扩大》，《第一财经日报》2017年6月11日。

② 肖亚庆：《深化新时代国有企业改革》，《先锋队》2018年1月11日。

③ 周雷：《央企公司制改制基本完成》，《经济日报》2018年4月25日。

探索集团层面股权多元化改革。

党的十九大后，深化国有企业改革的重点任务之一是发展混合所有制。“积极推进国有企业，特别是那些主业处于充分竞争行业或领域的商业类国有企业进行混合所有制改革”。[①]

国资委按照完善治理、强化激励、突出主业、提高效率的要求，“有效探索重点领域混合所有制改革试点”。[②] 探索混合所有制企业优先股、特殊管理股制度，推动三批试点任务落地见效，加快形成可复制、可推广的制度性经验。与此同时，进一步加强对地方国企混改的协调指导，推动形成国有企业混合所有制改革新局面。

（二）开展国有控股混合所有制企业员工持股

员工持股是国企混合所有制改革的重要内容之一。2016 国资委印发的《关于国有控股混合所有制企业开展员工持股试点的意见》（以下简称《意见》），明确规定开展试点企业必须具备以下条件：首先，主业处于充分竞争的行业或领域的商业类企业；其次，股权结构合理，非公有制资本股东所持股份达到一定比例，且公司董事会中有非公有资本股东推荐的董事。[③] 不仅如此，还要求试点企业的治理结构健全，建立了市场化的劳动人事分配制度和业绩考核评价体系，且超过 90% 营业收入和利润来源于所在企业集团外部市场。

《意见》明确了持股员工范围。参与持股人员应是“在公司关键岗位工作的科研人员、经营管理人员和科研骨干”，[④] 且与本公司签订了劳动合同。中央及地方政府任命的国企领导人员不得持股。“优先支持转制的科研院所、高新技术企业、科技服务型企业开展员工持股试点”。[⑤] 员工持股主要

---

① 肖亚庆：《深化国有企业改革》，《中国产经》2017 年 12 月 15 日。
② 肖亚庆：《深化新时代国有企业改革》，《先锋队》2018 年 1 月 11 日。
③ 《关于国有控股混合所有制企业开展员工持股试点的意见》。
④ 《中共中央国务院关于深化国有企业改革的指导意见》，《人民日报》2015 年 9 月 14 日。
⑤ 《国务院关于国有企业发展混合所有制经济的意见》（国发〔2015〕54 号）。

采取增资扩股、出资新设等方式。

《意见》发布后，2017 年 6 月，10 家中央企业子企业被选为首批试点。之后，这首批 10 家企业员工持股试点子企业已经全部完成首期出资入股。11 月底，制定员工持股操作办法和实施细则的省、自治区、直辖市已有 22 个，正在开展员工持股试点的企业共有 158 户分布于 27 个省区市。①

2018 年国企改革进入全面施工期，混改进程再提速。员工持股在中央层面，将持续深入推进首批 10 家央企员工持股试点，发现问题及时研究解决，视情况适时扩大试点范围。在地方层面，江苏、广东、上海、江西、湖北等地正在积极推进在符合条件的企业开展员工持股，之后湖南、山东、辽宁等多省也在积极跟进员工持股试点。

（三）建立激励约束长效机制

国企员工持股改革的初衷是使员工利益与企业利益紧密结合，增强企业活力，调动员工积极性。国务院发展研究中心企业研究所国有企业研究室主任项安波说："相较于其他形式的激励，员工持股方式能更有效地把国有资本和人力资本及创造性劳动结合起来，发挥国有资本作用的同时，激发人力资源的创造性劳动。"② 探索实行混合所有制企业员工持股。"坚持试点先行，在取得经验基础上稳妥有序推进，通过实行员工持股建立激励约束长效机制。"③

2018 年国务院国资委将继续探索重点领域混合所有制改革，大力推动国有企业改制上市，根据不同企业功能定位，逐步调整国有股权比例。在系统总结国有控股混合所有制企业员工持股试点经验的基础上，扩大试点范围。

---

① 王璐、孙韶华、班娟娟：《国企混改升级　集团层面将迎突破》，《人民周刊》2018 年 3 月 15 日。

② 江航：《探索军工企业市场化改革之路》，《军工文化》2018 年 6 月 15 日。

③ 《中共中央　国务院关于深化国有企业改革的指导意见》（中发〔2015〕22 号）。

三　推行职业经理人制度

（一）加大国有企业高管人员市场化选聘和管理力度

《国务院办公厅关于进一步完善国有企业法人治理结构的指导意见》提出，要造就一大批政治坚定、善于经营、充满活力的董事长和职业经理人。[①]该意见要求，根据企业产权结构、市场化程度等不同情况，有序推进职业经理人制度建设，逐步扩大职业经理人才队伍；国有独资公司要积极探索推行职业经理人制度，畅通企业经理层成员与职业经理人的身份转换通道。[②] 2017年国企市场化选聘试点再扩大，逐步增加国企高管的市场化选聘比例。同时，除了试点企业外，其他央企和地方国企也在积极跟进。

2018 年，经理层市场化选聘和契约化管理有序推进，部分中央企业和一大批下属子企业开展了市场化选聘经理层试点，20 多个省级国资委对所出资一级企业实行了经理层市场化选聘和契约化管理。按照国资委的要求，下一步，还将在主业处于充分竞争行业和领域的商业类子企业推进经理层任期制和契约化管理。

（二）建立差异化薪酬分配制度

《中共中央　国务院关于深化国有企业改革的指导意见》提出，国有企业领导人员要实行差异化薪酬分配办法，既要与选任方式相匹配，又要与企业功能性质相适应，还要与经营业绩相挂钩。[③] 该意见指出，中央和地方各级政府及其部门任命的国有企业领导人员，要合理确定基本年薪、绩效年薪和任期激励收入，[④] 建立科学合理的薪酬形成机制。与此同时，对于那些通过

① 《国务院办公厅关于进一步完善国有企业法人治理结构的指导意见》。
② 《国务院办公厅关于进一步完善国有企业法人治理结构的指导意见》。
③ 《中共中央　国务院关于深化国有企业改革的指导意见》。
④ 《中共中央　国务院关于深化国有企业改革的指导意见》。

市场化选聘作为职业经理人的，可以采取多种方式来探索中长期激励机制，其薪酬结构和水平，应该采取市场化的薪酬分配机制由董事会来确定。

《国务院转批国家发展改革委关于2017年深化经济体制改革重点工作意见的通知》提出，研究制定改革国有企业工资决定机制的意见，启动国有企业职业经理人薪酬制度改革试点。此后，《国务院办公厅关于进一步完善国有企业法人治理结构的指导意见》指出，有序实行职业经理人市场化薪酬，探索完善中长期激励机制。

（三）坚持激励和约束相结合

建立职业经理人市场化选聘机制，涉及职业经理人的选拔评价标准、资质资格鉴定、业绩评价、薪酬确定等一系列问题，需要建立任期机制、考核机制、责任追究机制、激励约束机制等。

要按照市场化选聘、契约化管理、差异化薪酬的原则，推进市场化选聘经理层、职业经理人和薪酬差异化改革试点，“建立健全与劳动力市场基本适应、与经济效益和劳动生产率挂钩的工资决定和正常增长机制”。① 对组织任命的企业负责人，其基本年薪根据岗位职责和承担风险等因素确定；绩效年薪以基本年薪为基数，根据年度考核评价结果，结合绩效年薪调节系数确定；任期激励收入根据任期考核评价结果确定。对市场化选聘的职业经理人，确定其薪酬也要考虑所在企业的不同功能性质、不同经营规模以及本人承担的经营责任等方面的差异性，加强经营业绩考核。同时，实行契约化任期制管理，完善严格退出机制，对未完成约定目标任务、考核不合格的，予以解聘。

四　改革国有企业工资决定机制

2018 年 5 月，《国务院关于改革国有企业工资决定机制的意见》（国发〔2018〕16 号）发布。总的来看，本次改革的思路是，以国企工资总

① 《中共中央　国务院关于深化国有企业改革的指导意见》，《人民日报》2015 年 9 月 14 日。

额分配为重点，兼顾内部分配，坚持问题导向和目标导向，按照工资分配市场化改革方向，改革工资总额确定办法和管理方式，进一步落实企业工资分配自主权；改进和加强监管，强化对企业工资分配的事前引导和事中事后监督；通过改革，进一步优化完善国企分配机制。

（一）改革工资总额的确定办法和管理方式

“实行工资总额分类管理”① 是国有企业工资决定机制改革坚持的一项重要原则。国有企业工资总额全面实行预算管理，其预算方案由企业自主编制。② 结合法人治理结构完善程度以及企业功能性质定位、行业特点，对于不同企业的工资总额预算实行“备案制”或“核准制”。市场竞争越充分、内控机制越健全的企业，拥有的工资分配自主权越充分，原则上实行“备案制”。在工资决定机制改革更好地体现建立中国特色现代国有企业制度的要求的同时，也促使国有企业加快改革步伐、提升公司治理水平。

近几年来，针对工资形成体制机制的健康发展，相关改革工作一直在探索中。国务院国资委已启动了工资总额备案制、周期预算等分类管理试点工作。例如，2014 年，中粮作为投资公司试点，在授权的 18 项权责中，工资总额由“审批”改为“备案”。2017 年 5 月发布的《国务院办公厅关于转发国务院国资委以管资本为主推进职能转变方案的通知》中 8 项授权事项便包括职工工资总额审批，并明确要求授权事项根据企业实际情况，授予落实董事会职权试点企业和国有资本投资、运营公司试点企业。对于国有资本投资运营公司的授权，工资总额由“审批”改为“备案”。③ 从地方的情况看，山东省国资委不再审批省管企业工资总额，实行备案管理，江西省国资

---

① 《国务院关于改革国有企业工资决定机制的意见》，《中华人民共和国国务院公报》2018 年 6 月 10 日。

② 王静宇：《国有企业工资改革成为深化国企改革有力推手》，《中国经济时报》2018 年 6 月 15 日。

③ 李可愚、胡健：《国企薪酬改革新动向：确保工资正常增长　完善分配监管体制》，《每日经济新闻》2018 年 3 月 30 日。

委已经将监管企业集团下属企业的工资总额下放给集团本部审核，重庆市国资委则全面下放工资总额管理权限。

（二）建立正常的工资增长机制

改革国有企业工资决定机制，要坚持建立中国特色现代国有企业制度改革方向。在社会主义市场经济体制下，劳动力市场的供需关系，反映某一类人才、岗位劳动的市场价格。国有企业员工报酬也要符合劳动力市场要求，工资水平与“劳动力市场相适应”。这可以为企业吸引人才、提升竞争力创造条件。

主业处于充分竞争行业和领域的国有企业，在市场竞争中必须以创造经济效益为主要目标，不断提升市场竞争力。企业经济效益的提升，劳动生产率的提高，是决定工资分配的关键因素。为此，《国务院关于改革国有企业工资决定机制的意见》提出，坚持效益导向，进一步完善工资与效益联动机制，真正实现国有企业的工资总额与企业经济效益和市场竞争力相适应。

要根据企业所处的行业以及其功能性质定位，分门别类地设置与其实现效益相联动的指标，企业功能性质不同，考核重点不同，并注重“调节企业内部收入差距”。在考虑企业发展和效益状况的同时，综合考虑劳动生产率的提高以及人工成本投入和产出的效率等因素，依据市场化的工资水平，结合政府职能部门发布的工资指导线确定企业的工资总额及内部工资分配。

在工资形成机制中强调与“劳动生产率”挂钩，就是要坚持以按劳分配为主的分配制度，其目的是保障普通劳动者通过劳动获得合理收入，从而调动广大职工的积极性。劳动生产率的提高，是劳动者的劳动贡献在具体企业的充分体现。国资委研究中心副研究员周丽莎认为，鼓励劳动者为提高经济效益和劳动生产率做出更大贡献，既能体现劳动的价值，也能促进国企发展和国有资产保值增值；既体现了市场的共性因素，也体现了企业个体的个性情况，更是符合市场经济发展规律和企业发展规律的充分体现。①

① 李可愚、胡健：《国企薪酬改革新动向：确保工资正常增长　完善分配监管体制》，《每日经济新闻》2018 年 3 月 30 日。

（三）健全工资分配监管体制机制

着眼于“充分发挥市场在国有企业工资分配中的决定性作用和更好发挥政府作用”,[①] 在坚持工资分配市场化方向的同时，进一步健全工资分配监管体制机制，有效规范工资收入分配秩序。

《国务院关于改革国有企业工资决定机制的意见》对建立工资分配监管体制机制做出安排。有效落实出资人对国有企业工资分配的监管职责；完善国有企业工资分配内部监督机制；建立基于国企工资分配信息公开制度的社会监督机制；健全国有企业工资内外收入监督检查制度，形成监管合力，强化对国有企业工资收入分配违规问题的责任追究。

五　持续深化企业内部劳动、人事、分配三项制度改革

（一）全面实施以合同管理为核心，以岗位管理为基础的市场化用工制度

新一轮国企改革要求建立健全企业各类管理人员公开招聘、竞争上岗等制度，通过深化企业内部人事制度改革，“真正形成企业各类管理人员能上能下、员工能进能出的合理流动机制”。[②]

由于受改革滞后或不到位以及诸多历史遗留问题约束，传统国有企业建立完全的市场化劳动用工制度存在较大困难。开展市场化用工制度改革，采取市场化用工方式，建立分级分类的企业员工市场化公开招聘制度，可以重塑员工与企业的契约关系，依法规范企业各类用工管理，构建和谐的劳动关系，实现“同工同酬、能进能出”，提高员工的公平感和工作热情，充分调动员工的积极性与创造力。

---

① 《中共中央办公厅　国务院办公厅印发〈关于提高技术工人待遇的意见〉》，《中华人民共和国国务院公报》2018 年 4 月 10 日。

② 《中共中央　国务院关于深化国有企业改革的指导意见》，《人民日报》2015 年 9 月 14 日。

以岗位管理为基础的市场化用工制度，需要企业根据现有组织架构和部门职能优化岗位体系，在企业内部建立合理的人员结构，为进一步健全市场化选人用人机制、提高劳动生产率、促进薪酬激励改革打下良好的管理基础。

几年来，市场化用工制度基本形成，中央企业公开招聘制度覆盖率达到98%，劳动合同实现应签尽签。① 从2018年开始，国资委将进一步加强对企业内部三项制度改革的监督指导。

（二）推进全员绩效考核，科学评价不同岗位员工的贡献

2009年国资委出台的《关于进一步加强中央企业全员业绩考核工作的指导意见》提出，实施“工作有标准、管理全覆盖、考核无盲区、奖惩有依据”的全员绩效考核。2015年《中共中央　国务院关于深化国有企业改革的指导意见》指出，“推进全员绩效考核，以业绩为导向，科学评价不同岗位员工的贡献”。②

全员绩效考核制度是指对职工工作绩效的质量和数量进行评价，并根据职工完成工作任务的态度以及完成任务的程度给予奖惩的一整套科学、合理、全面的考核制度，一是对企业全体工作人员及其工作状况进行评价，二是对全体人员在组织中的相对价值判断或贡献程度进行评价。

（三）深化内部分配制度改革

2018年印发的《国务院关于改革国有企业工资决定机制的意见》在坚持落实国有企业内部薪酬分配法定权利的基础上，对深化企业内部分配制度改革提出了原则要求：“国有企业应建立健全以岗位工资为主的基本工资制度”。③

---

① 国务院研究室编写组：《十三届全国人大一次会议〈政府工作报告〉学习问答》，中国言实出版社，2018。

② 《中共中央　国务院关于深化国有企业改革的指导意见》，《人民日报》2015年9月14日。

③ 《国务院关于改革国有企业工资决定机制的意见》，《中华人民共和国国务院公报》，2018年6月10日。

国企内部分配制度改革，本质上是坚持按劳分配的基本分配制度，这一轮改革更注重劳动生产率这个指标，在工资总额确定的情况下，企业要建立健全以岗位价值为基础、以绩效贡献为依据的薪酬管理制度。坚持以岗定薪、岗变薪变，根据岗位职责和绩效贡献自主确定不同岗位人员工资，向关键岗位、生产一线岗位和紧缺急需的高层次、高技能人才倾斜。[①] 企业要进一步结合企业经济效益，参照劳动力市场工资价位并通过集体协商等形式合理确定工资水平。要“加强全员绩效考核，使职工工资收入与其工作业绩和实际贡献紧密挂钩，切实做到能增能减”。[②] 通过优化内部分配结构，以业绩为导向，合理拉开不同员工之间的收入差距，即合理设定员工固定和浮动工资比例，形成灵活的收入调节机制。

2018 年中办、国办发布的《关于提高技术工人待遇的意见》[③] 明确提出，要建立企业技术工人工资正常增长机制，国有企业工资总额分配要向高技能人才倾斜，进一步探索技术工人长效激励机制，制定企业技术工人技能要素和创新成果按贡献参与分配的办法。

随着改革的深入，国有企业的收入分配呈现出多种形式、多样化的趋势。比如，发明、专利、科技这些生产要素要在分配中拥有更大权重，国有企业正在加快实行以增加知识价值为导向的分配政策，实现产权有效激励，探索对科研人员实施股权、期权和分红激励。

---

① 《国务院关于改革国有企业工资决定机制的意见》，《中华人民共和国国务院公报》，2018 年 6 月 10 日。

② 公欣：《国企工资决定机制落地市场化导向是核心》，《中国经济导报》2018 年 6 月 1 日。

③ 《中共中央办公厅　国务院办公厅印发〈关于提高技术工人待遇的意见〉》，《中华人民共和国国务院公报》2018 年 4 月 10 日。

就业创业与劳动关系篇

Employment, Entrepreneurship and Labor Relations

B.15

2017年我国就业状况

奉　莹*

摘　要： 2017 年，我国就业形势总体稳定，就业总量继续扩大，就业结构进一步优化，就业报酬稳步增长。就业服务工作取得新进展，重点群体就业工作平稳推进，创业带动就业成效明显，公共就业服务进一步加强。面对未来的经济发展，要化解就业总量压力，精准促进重点群体就业；缓解就业结构性矛盾，推进职业培训转型；继续促进创业，打造创业带动就业升级版；促进劳动力供需高效对接，加强全方位就业服务；防范就业风险，加强预测与管控。

关键词： 就业总量　就业结构　创业公共就业服务

---

* 奉莹，博士，中国人事科学研究院就业创业与政策评价研究室助理研究员。

一　2017年就业发展基本状况

2017 年，全国就业形势总体稳定，延续稳中向好态势，就业总量保持增长，就业结构进一步优化，就业报酬继续稳步增长。

（一）就业总量继续扩大

1. 就业总量持续增长，就业人员占劳动人口的比重不断增加

2017 年末，全国就业人员 77640 万人，比上年末增加 37 万人。2013 ~ 2017 年，就业总量逐年增长，从 76977 万人增加到 77640 万人，增加了 663 万人，年均增加 165.75 万人（见图 1）。

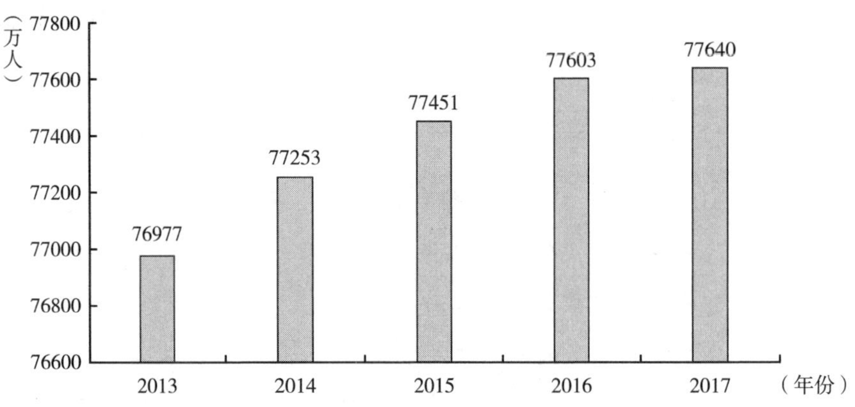

图 1　2013 ~ 2017 年全国就业总量及增长趋势

资料来源：2013 ~ 2017 年度《人力资源和社会保障事业发展统计公报》。

就业人员占 15 ~ 64 岁劳动人口的比重不断增加，从 2013 年的 76.53%、2014 年的 76.89%、2015 年的 77.17% 增加到 2016 年的 77.40%。

2. 城镇新增就业量加速增加，登记失业率继续下降

2017 年，城镇就业人员 42462 万人，比上年末增加 1034 万人，城镇新增就业 1351 万人。根据人力资源和社会保障部发布的数据，2013 ~ 2017 年，我

国城镇新增就业人数均保持在1300万人以上，累计城镇新增就业达6609万人；城镇新增就业增长率呈现先减后增的趋势，先从2013年的3.5%下降到2015年的－0.8%，然后逐渐增加，2017年增长至2.8%（见图2）。

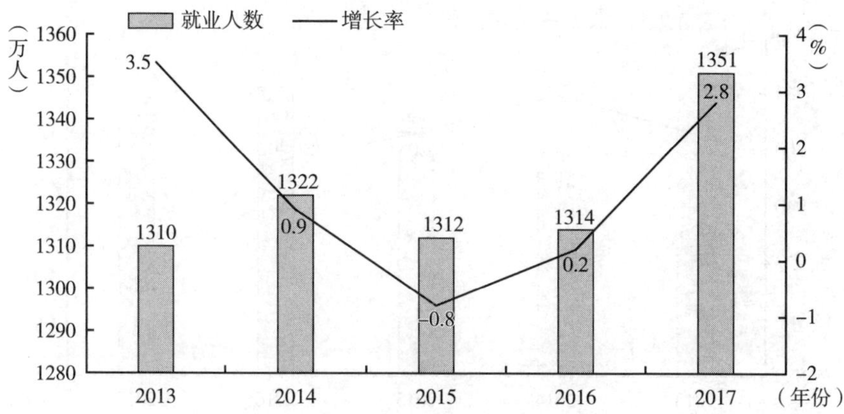

图2　2013～2017年城镇新增就业人数及增长率

资料来源：根据2013～2017年度《人力资源和社会保障事业发展统计公报》数据整理。

2017年，城镇失业人员再就业人数为558万人，就业困难人员就业人数为177万人，比2016年分别增加4万人和8万人（见图3）。

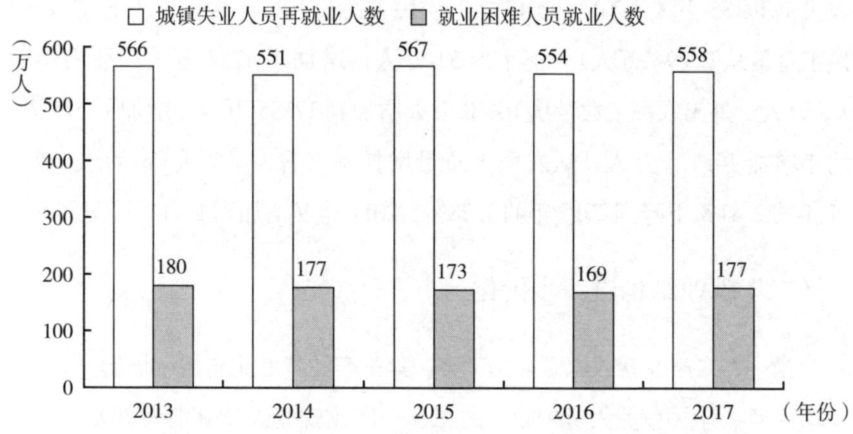

图3　2013～2017年城镇失业人员再就业、就业困难人员就业人数

资料来源：2013～2017年度《人力资源和社会保障事业发展统计公报》。

2013～2017 年，城镇登记失业人数分别为 926 万人、952 万人、966 万人、982 万人和 971 万人，登记失业率一直在 4.09% 以下的较低水平。2017 年末，城镇登记失业率下降到 3.90%，为多年来的最低水平（见图 4）。

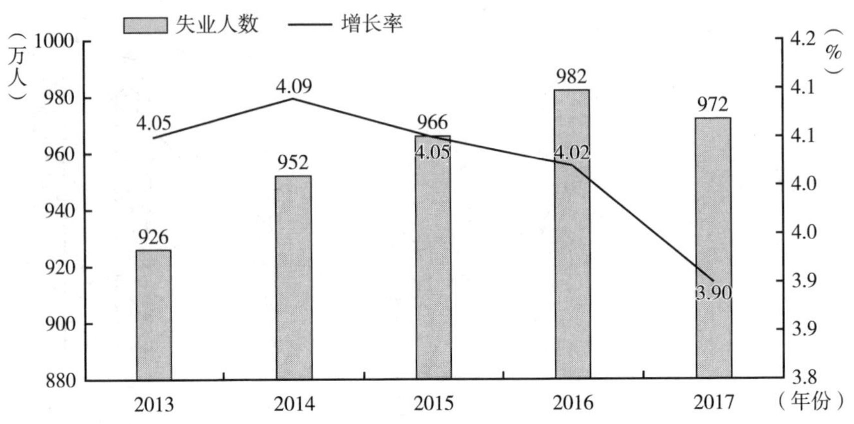

图 4　2013～2017 年城镇登记失业人数及登记失业率

资料来源：2013～2017 年度《人力资源和社会保障事业发展统计公报》。

3. 农民工总量稳步增长，增速继续加快

2017 年，全国农民工总量为 28652 万人，其中，本地农民工 11467 万人，外出农民工 17185 万人。2013～2017 年，农民工总量和外出农民工人数持续增加。农民工总量从 26894 万人增加到 28652 万人，增加了 1758 万人，平均年增加 439.5 万人。外出农民工数量从 16610 万人增加到 17185 万人，增加了 575 万人，平均年增加 143.75 万人。从农民工总量增长率来看，呈现先降后增态势，从 2013 年的 2.41% 下降到 2015 年的 1.28%，2017 年又增加到 1.71%（见图 5）。

（二）就业结构进一步优化

1. 第一、二产业就业比重继续下降，第三产业就业比重持续增加

2017 年，全国就业人员中第一、二、三产业就业人员分别为 20962.8 万人、21816.8 万人、34860.4 万人。与 2013 年三次产业就业人员相比，第一产业就业人员减少 3208 万人，年均减少 802 万人；第二产业就业人员减少 1353 万人，年

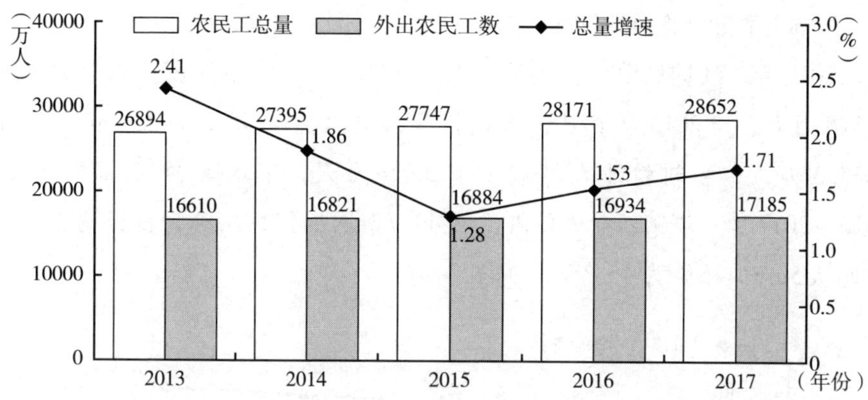

图5　2013～2017年农民工总量、外出农民工数及总量增长率

资料来源：根据2013～2017年度《人力资源和社会保障事业发展统计公报》数据整理。

均减少338万人；第三产业就业人员增加5224万人，年均增加1306万人。

2013～2017年，我国第一和第二产业就业人员比重逐年下降，第三产业就业人员比重显著增加。目前，我国三次产业就业人员的比重已从2013年的31.4∶30.1∶38.5转变为2017年的27.0∶28.1∶44.9。第一产业就业人员比重下降4.4个百分点，第二产业就业人员比重下降2.0个百分点，第三产业就业人员比重提高了6.4个百分点。可以看到，第三产业就业人员连续5年较大幅度提升，已成为吸纳就业的主体（见图6）。

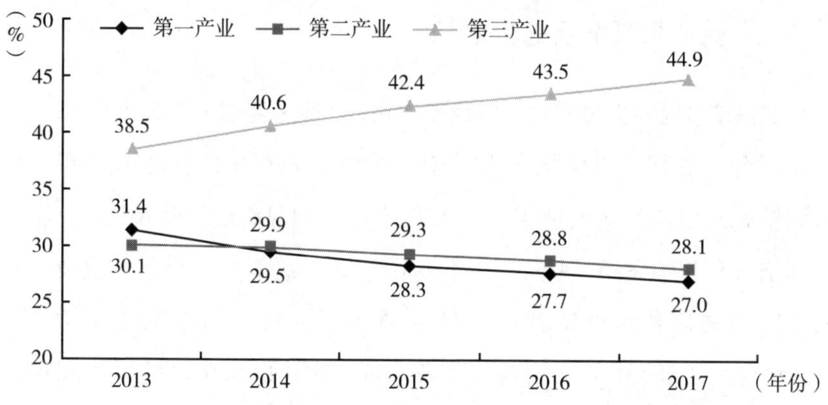

图6　2013～2017年三次产业就业结构分布情况

资料来源：2013～2017年度《人力资源和社会保障事业发展统计公报》。

2. 城乡就业结构持续改善，城镇就业人员占比不断增加

2017 年，我国城镇就业人员数量为 42462 万人，乡村就业人员数量为 35178 万人。与 2013 年相比，城镇就业人员增加了 4222 万人，年均增加 1055.5 万人；乡村就业人员减少了 3559 万人，年均减少 889.75 万人。2013～2017 年，城镇就业人员占比从 49.7% 增加到 54.7%，乡村就业人员占比从 50.3% 下降为 45.3%（见图 7）。

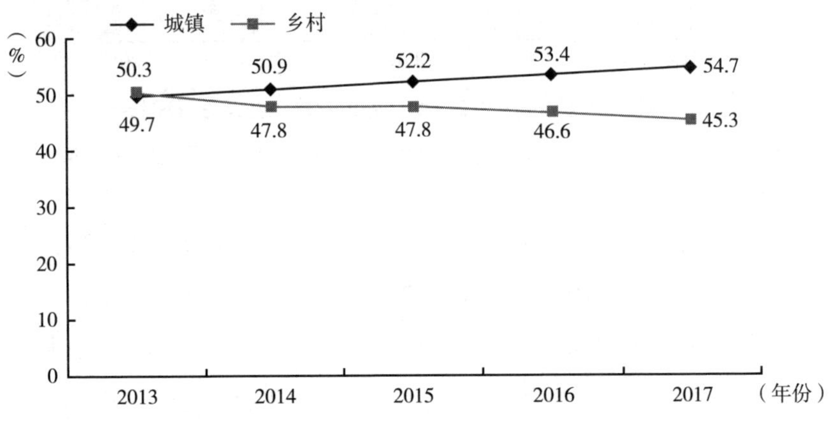

图 7　2013～2017 年城乡就业结构分布情况

资料来源：根据历年《中国统计年鉴》数据整理。

（三）就业报酬继续稳步增长

1. 城镇单位就业人员平均工资稳步增长，工资差距进一步加大

2017 年，在城镇单位就业人员中，城镇非私营单位就业人员年平均工资和城镇私营单位就业人员年平均工资分别为 74318 元和 45761 元，比 2016 年分别增长 9.99% 和 6.84%。2013～2017 年，城镇非私营单位就业人员年平均工资与城镇私营单位就业人员年平均工资之间的差距逐年增大，从 18777 元增大到 28557 元。后者与前者工资金额比值从 63.5% 减小到 61.6%（见图 8）。从工资的增长速度来看，城镇非私营单位的工资增速高于城镇私营单位。具体来看，2017 年，城镇非私营单位就业人员工资增速为 9.99%，

高于城镇私营单位就业人员工资增速3.15个百分点。同时，城镇私营单位的工资增幅逐年下降，从2013年的13.75%下降到2017年的6.84%（见图9）。

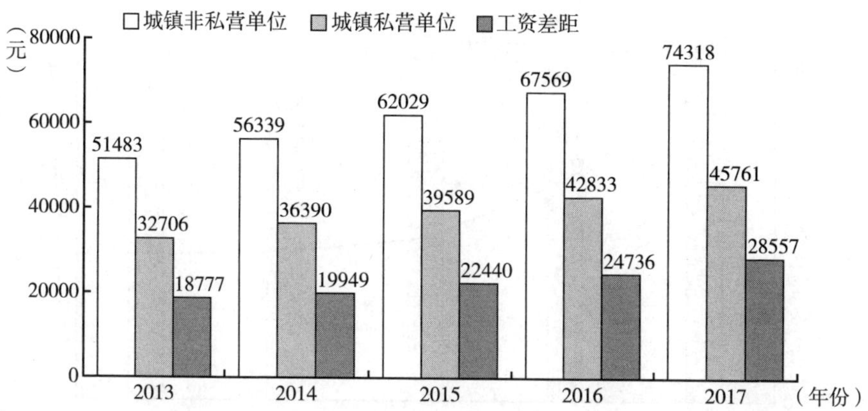

图8　2013～2017年城镇单位就业人员年平均工资

资料来源：根据2013～2017年度《人力资源和社会保障事业发展统计公报》数据计算。

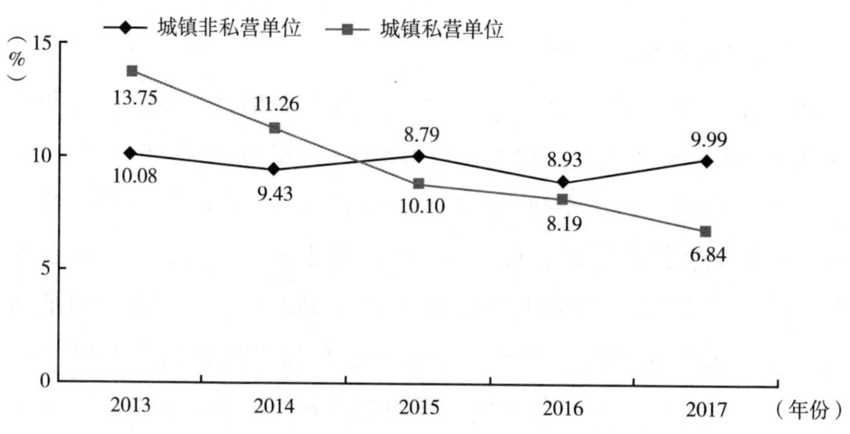

图9　2013～2017年城镇单位就业人员年平均工资增速

资料来源：根据2013～2017年度《人力资源和社会保障事业发展统计公报》数据计算。

2. 农民工收入保持增长

2017年，农民工人均月收入3485元，比上年增加210元，增长6.4%。

2013～2017 年，农民工人均月收入从 2609 元增加到 3485 元，增加了 876 元，年均增加 219 元（见图 10）。

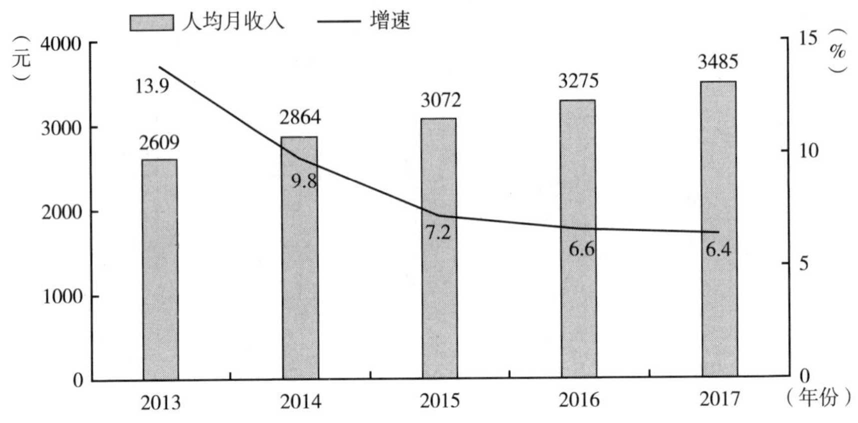

图 10　2013～2017 年农民工人均月收入及增速

资料来源：2013～2017 年度《人力资源和社会保障事业发展统计公报》。

3. 行业工资增长变化较大

2017 年，年平均工资最高的三个行业分别是信息传输、软件和信息技术服务业 133150 元，金融业 122851 元，科学研究和技术服务业 107815 元，分别为全国平均水平的 1.79 倍、1.65 倍和 1.45 倍。年平均工资最低的三个行业分别是农、林、牧、渔业 36504 元，住宿和餐饮业 45751 元，居民服务、修理和其他服务业 50552 元，分别为全国平均水平的 49%、62% 和 68%。最高与最低行业平均工资之比为 3.65，与上年相比差距扩大了 0.01。从平均工资的增长速度来看，增速排前三位的行业依次为采矿业，公共管理、社会保障和社会组织，卫生和社会工作，教育，增长率分别为 14.8%、13.3%、12.0% 和 12.0%。增速排后三位的行业依次为金融业、住宿和餐饮业以及房地产业，增长率分别为 4.6%、5.5% 和 5.8%。全部 19 个行业门类中，有 5 个行业的平均工资增速高于全国平均水平（见表 1）。

表1　2017年城镇非私营单位就业人员分行业年平均工资

单位：元，%

行业	2016年	2017年	名义增长率
农、林、牧、渔业	33612	36504	8.6
采矿业	60544	69500	14.8
制造业	59470	64452	8.4
电力、热力、燃气及水生产和供应业	83863	90348	7.7
建筑业	52082	55568	6.7
批发和零售业	65061	71201	9.4
交通运输、仓储和邮政业	73650	80225	8.9
住宿和餐饮业	43382	45751	5.5
信息传输、软件和信息技术服务业	122478	133150	8.7
金融业	117418	122851	4.6
房地产业	65497	69277	5.8
租赁和商务服务业	76782	81393	6.0
科学研究和技术服务业	96638	107815	11.6
水利、环境和公共设施管理业	47750	52229	9.4
居民服务、修理和其他服务业	47577	50552	6.3
教育	74498	83412	12.0
卫生和社会工作	80026	89648	12.0
文化、体育和娱乐业	79875	87803	9.9
公共管理、社会保障和社会组织	70959	80372	13.3
合　计	67569	74318	10.0

资料来源：国家统计局网站。

二　2017年就业工作的基本进展情况

2017年就业形势稳中有进，就业工作总体部署进一步加强，重点群体就业工作扎实推进，创业带动就业成效显著，公共就业服务不断加强，职业培训效果明显。

（一）就业工作加强总体部署

2017年，随着供给侧结构性改革进一步深化，我国政府进一步加大促进就业工作力度，加强就业工作总体部署。国务院先后出台了《“十三五”促进就业规划》《关于做好当前和今后一段时期就业创业工作的意见》等重要文件，对促进就业工作进行了全面部署，并提出了做好就业创业工作的六方面意见。此外，李克强总理在9月主持召开国务院常务会议时，对进一步扩大就业进行了部署。10月召开的党的十九大，进一步强调就业是最大的民生，系统提出了促进就业的重点工作、总目标和总要求。

（二）重点群体就业工作扎实推进

2017年，在各部门的共同努力下，促进高校毕业生就业的各项计划任务深入实施，促进农民工多渠道就业创业稳步推进，化解过剩产能职工安置总体平稳有序，其他重点群体就业工作继续推进。

1. 深入实施促进高校毕业生就业各项计划任务

促进高校毕业生就业历来是政府就业工作的重点。总体而言，2017年高校毕业生就业工作进展主要表现在以下方面。一是促进高校毕业生就业工作部署继续加强。2017年第一季度出台了《关于进一步引导和鼓励高校毕业生到基层工作的意见》和《关于做好2017年全国高校毕业生就业创业工作的通知》，统一部署本年度高校毕业生就业创业工作。人社部在3月、国务院在5月分别召开了促进高校毕业生就业的电视电话会议。二是继续促进高校毕业生基层就业项目。5月，人社部和财政部联合印发《关于做好2017年高校毕业生“三支一扶”计划实施工作的通知》，正式启动第三轮“三支一扶”计划，提出2017年继续选拔招募2.5万名高校毕业生到基层从事“三支一扶”工作。11月，中组部、人社部等5部门联合启动实施高校毕业生基层成长计划，面向以各种形式在基层服务工作的高校毕业生，实施能力素质培育、岗位锻炼成才、职业发展支持、成长环境营造、服务体系建设和后备人才选拔等六项计划。三是加强针对高校毕业生的就业服务。深入开展全国高校毕业生就业服务月、离校未就业高校毕业生技能就业行动、大中城市联合招聘、就业服务周等活动等。四是加强毕业生职业培训。9月，人社部印发《关于持续开展离校未就业高校毕业生技能就业行动的通知》，在全国范围内组织各类职业培训机构开展就业技能培训、新型学徒制培训、岗位技能提升培训等，培训后就业创业率力争达到90%以上。

2. 促进农民工多渠道就业创业稳步推进

2017年，我国政府积极促进农民工就业创业，多渠道发展农民工就业。一是实施“技能培训促就业行动”。1月举行了国务院农民工工作领导小组第五次全体会议，强调重点针对新生代农民工，多渠道、广领域为农民工创造就业机会。二是进一步促进农民工返乡创业。李克强总理在3月召开的十二届全国人大五次会议期间强调，发展多种形式的适度规模经营，促进农村一二三产业融合发展，拓宽农民增收渠道。6月和9月，国务院分别召开就业工作部际联席会议和常务会议，研究进一步支持农民工返乡创业的措施。

一些省份积极做好农民工返乡创业工作，取得了明显成效。河南出台有力扶持政策支持农民工返乡创业，构建创业政策、创业服务、创业保障“三个体系”，完善示范县、示范园区、示范项目“三个抓手”，设立总规模100亿元的创业投资基金，建立返乡下乡创业项目库，形成返乡创业“雁归效应”。2017年，河南共新增24.74万名农民工返乡创业，累计返乡创业100.95万人，带动就业594.78万人。

3. 化解过剩产能职工安置总体平稳有序

化解过剩产能职工安置是2017年的一项艰巨任务。《“十三五”促进就业规划》（国发〔2017〕10号）要求坚持企业主体、地方组织、依法依规的原则，分类施策，精准发力，拓宽分流渠道，加强转岗再就业帮扶，做好去产能企业职工安置工作。落实通过失业保险基金发放稳岗补贴等扶持政策，引导钢铁、煤炭等行业困难企业以协商薪酬、灵活工时、培训转岗等方式稳定现有工作岗位。充分发挥中央奖补资金作用，通过转岗就业创业、托底安置、内部退养等多种方式妥善安置职工。3月底，人社部联合国家发改委等五部门发布《关于做好2017年化解钢铁煤炭行业过剩产能中职工安置工作的通知》（人社部发〔2017〕24号），明确了2017年去产能中的职工安置工作，提出要抓好工作部署，明确目标任务，开展摸底排查，强化指导服务；拓宽安置渠道，鼓励企业更多内部分流，促进转岗就业创业；保障职

工权益，依法处理劳动关系，注重风险防范；强化组织实施，加强组织领导，落实资金保障，及时报告情况，注重舆论引导。

4. 其他重点群体就业工作继续推进

对于其他重点群体，也采取了一些措施促进其就业。一是全力推进就业扶贫。遴选了1400多家就业扶贫基地，建成了全国农村贫困劳动力就业信息平台，使农村劳动力转移就业规模持续扩大。二是加强就业援助，促进就业困难人员能够得到有效帮扶就业，零就业家庭实现动态清零。三是全面实施外国人来华工作许可制度。由国家外国专家局负责组织实施，将原“外国人入境就业许可”和“外国专家来华工作许可”整合为“外国人来华工作许可”。2017年4月1日，全国统一实施外国人来华工作许可，发放《外国人工作许可通知》和“外国人工作许可证”。按照简政放权、放管结合、优化服务的要求，开展两证整合工作，推进“互联网+政务服务”的创新政务模式，构建线上线下一体化的外国人来华工作管理服务体系。

（三）积极促进创业

1. 强化创业政策供给

2017年4月，国务院出台了《关于做好当前和今后一段时期就业创业工作的意见》，在支持创业方面提出了一系列要求。例如，优化创业环境，实施企业“五证合一、一照一码”、个体工商户“两证整合”，部署推动“多证合一”；发展创业载体，加快创业孵化基地、众创空间等建设；加大政策支持力度，对创办小微企业或从事个体经营达到一定条件的人员给予创业补贴；拓展融资渠道，灵活高效满足创业融资需求，为创业者提供股权投资、融资担保等服务。此外，2017年7月，《国务院关于强化实施创新驱动发展战略进一步推进大众创业万众创新深入发展的意见》印发，要求进一步系统性优化创新创业生态环境，强化政策供给，突破发展瓶颈，充分释放全社会创新创业潜能，推进大众创业、万众创新。

2. 发挥创业孵化示范基地引领作用

出台《国家科技企业孵化器“十三五”发展规划》，不仅进一步拓展了孵化机构的服务内容与范围体系，还对提高服务质量提出了明显要求。目前，国务院建设了120家全国大众创业万众创新示范基地，工信部认定了2200余个省级创业示范基地，人社部确定了71家全国创业孵化示范基地。同时，各地积极促进创业孵化基地建设发展，如广西印发《自治区级创业孵化示范基地认定办法》，对评选认定为自治区级创业孵化示范基地的单位，授予牌匾并给予每个示范基地100万元一次性奖补。到2017年底，广西全区认定的创业孵化基地共计150个，共有3591家企业和项目入驻孵化，直接带动就业3万余人。

3. 加强创业培训

第一，着力加强创业培训师资队伍建设。2017年，各地创业培训机构全年完成创业师资培训班230余期，共派遣创业培训师6460余人次，培训合格创业培训讲师7000余人，全国创业培训讲师累计6万余人。组织第九期全国创业培训师选拔及培训活动，全国创业培训师累计达200人。人社部组织创业引领者主题活动暨全国创业培训讲师大赛，这是首次针对创业培训师资组织的赛事活动，来自全国各地的数千名讲师参赛。第二，加大培训课程开发力度，探索开展网上培训，切实提高创业培训的针对性和有效性。在继承SIYB课程体系精髓的基础上，为顺应互联网经济发展，组织专家自主开发了网络创业培训课程。2017年，在试点培训基础上，出版网络创业培训学员教材，下发《关于印发网络创业培训组织实施技术规程（试行）的通知》（中就培函〔2017〕39号），并于7月组织全国网络创业培训试点总结交流推广会。

4. 举办创业活动

9月，人社部在山东济南举办首届全国创业就业服务展示交流活动，全景展示我国创业培训、创业服务、创业孵化等领域的新理念、新技术、新模式和新成果，集中展示了全国各地170个优秀创业项目。累计有9万多人次入场参观，11万多人次在线观展。为推动创业培训水平提升，还举办了全国创业培训讲师大赛。

（四）公共就业服务不断加强

1. 加强公共就业服务标准化建设

发布了《公共就业服务总则》《公共就业服务术语》《公共就业服务中心设施设备要求》《就业登记管理服务规范》《失业登记管理服务规范》《就业援助服务规范》《职业介绍服务规范》《职业指导服务规范》等8项公共就业服务国家标准。

2. 制定推进公共就业服务专业化的意见

人社部于7月发布了《关于推进公共就业服务专业化的意见》，对进一步强化基本服务、创新服务模式提出了新要求，包括加强对用人单位的用工指导、加快公共就业服务信息化建设和应用、提升服务专业化水平、强化窗口单位作风建设等。

3. 促进人力资源服务业发展，开展专项就业服务活动

制定实施人力资源服务业发展行动计划，实施西部、东北地区人力资源市场建设援助计划，探索建立市场供求信息监测制度。组织开展春风行动、就业援助月等专项就业服务活动。

三　就业形势展望

2018年，就业形势依然严峻复杂。新成长劳动力处于高位，就业总量压力长期存在；招工难和就业难并存，结构性矛盾更加突出；部分群体就业困难，需要采取更为精准的措施。同时，国内外形势错综复杂，贸易摩擦可能带来较大变数，国内结构性改革和技术进步等都将对就业产生传导效应。

（一）化解就业总量压力，精准促进重点群体就业

2018届高校毕业生820万人，规模创历史新高。再加上还有50万名左右留学人员回国就业，压力持续加大。贫困劳动力中有劳动能力、未实现就业的还有近1000万，按照中央关于就业扶贫的总体要求，2018年要再促进

100 万贫困劳动力实现就业，任务十分艰巨。

化解总量压力，要抓住重点难点着力突破。一是深入实施高校毕业生就业创业促进计划、基层成长计划，启动青年就业启航计划，加强针对青年群体就业的职业指导和专项服务。二是稳妥做好去产能职工分流安置，加大对企业内部转岗安置资金支持力度，启动实施困难地区就业创业攻坚计划，推进失业保险援企稳岗工作。三是扎实推进农村富余劳动力转移就业，支持和鼓励农民工多渠道就业创业。四是对就业扶贫进行深度聚焦。因户因人精准施策，重点突出深度贫困地区，重点解决劳务组织化程度低的问题，促进更多贫困劳动者就业增收，确保零就业贫困户至少一人实现就业。聚焦深度贫困地区和有劳动能力的贫困劳动力，建设扶贫车间、卫星工厂，征集爱心企业帮扶就业，运用公益岗位进行就业托底，稳定居家灵活就业，组织劳务协作转移就业。

（二）缓解就业结构性矛盾，推进职业培训转型

未来一段时间，用人单位对求职者的招聘意愿没有明显改善，岗位需求与求职期望偏离度较大，供给高企与有效需求不足并存，就业的结构性矛盾仍然十分突出。

职业培训是破解结构性就业矛盾，提升就业质量的重要途径。一是扩大培训对象和范围，使新成长劳动力、去产能职工、贫困劳动力、受贸易摩擦影响的劳动者等城乡全体劳动者都能接受普遍性、均等化、贯穿学习和职业生涯全过程的技能培训。二是提升培训质量。针对不同领域、不同层次的培训需求，开发优质课程，开展特色培训，推广“互联网 + 职业培训”新模式。三是培养职业精神。培养劳动者的职业素养、工匠精神，使其具有爱岗敬业、精益求精、勇于创新的职业精神。四是加强政策引导，鼓励更多优质民办培训机构参与培训服务。

（三）继续促进创业，打造创业带动就业升级版

创业是就业之源，也是培育新动能的重要孵化器。近年来，我国出台了

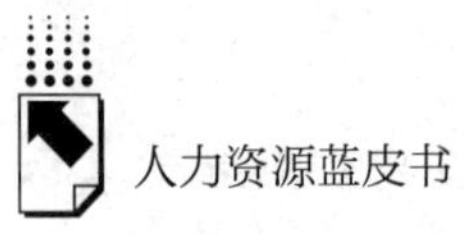

一系列促进创业的政策措施，极大地促进了大众创业积极性的提高，2017年，我国日均新增企业数达 1.6 万户。如何进一步促进创业，提高创业成功率成为亟待解决的问题。

继续促进创业，要打造创业带动就业升级版。一是解决创业者的融资需求。落实创业担保贷款政策，建立完善就业创业基金，提供创业补贴等，采取多种方式破解创业者融资难题。二是加强创业培训。打造创业培训品牌，针对创业不同群体、不同阶段、不同领域，开展更有针对性的创业培训；在重点领域实施创业带头人培养计划，培育创业带头人。三是提升创业服务。设立创业服务窗口，明确服务标准，增强公共就业服务机构创业服务功能；健全政府购买社会服务机制，促进创业孵化基地和园区建设，为创业者提供低成本场地和综合配套服务；通过举办创业大赛和创业活动，营造创业氛围；加大政策和服务资源倾斜力度，促进重点群体创业。

（四）促进劳动力供需高效对接，加强全方位就业服务

随着互联网的全面普及以及云计算、大数据等技术的进步，新业态层出不穷，智能化技术对劳动和就业的就业创造效应与替代效应并存；传统就业模式发生变化，工作机会互联网化、工作任务项目化、工作方式弹性化、劳动关系多样化、劳动供给自主化。而这些情况也使摩擦性失业越来越普遍。

加强全方位就业服务，是促进劳动力供需高效对接、实现就业增长、减少摩擦性失业的关键举措。一是构建全方位公共就业服务体系。通过建立全国统一的公共就业服务平台、加强全国就业信息监测平台建设，以及开展春风行动、就业援助月、民营企业招聘周等，健全服务体系，提升服务效率。二是加强人力资源市场建设。加强人力资源市场的规范管理，制定相关规章制度；严厉打击非法职介、性别歧视等侵害劳动者权益的行为；对西部和东北地区人力资源市场建设给予帮扶。

（五）防范就业风险，加强预测与管控

未来国内外经济发展面临较大的不确定性因素，使就业风险加大。贸易

摩擦可能导致经济波动，最终会波及就业，成为就业领域的最大变数。劳动力市场供求状况可能会发生较大改变，对相关行业就业也可能产生重大影响；普工岗位工人、知识技能型劳动者都可能成为减员对象；长三角、珠三角等出口贸易大省及中西部劳务输出大省就业不稳定因素增加。

面对复杂形势和不确定因素，要加强就业风险防范，避免发生影响社会稳定的重大群体性事件。一是加强就业形势监测。对重点群体、重点企业、重点行业、重点城市进行就业监测，建立多维度就业风险监测机制。二是对可能出现的就业风险点进行提早预防。中央和地方政府出台相关政策措施，积极应对和全力帮扶，降低就业风险。例如，完善和落实失业保险条例及相关配套政策；开展失业保险援企稳岗护航行动，给予不裁员少裁员的企业稳岗补贴；落实技能提升补贴政策，提高劳动者就业能力。

参考文献

中华人民共和国统计局：《中国统计年鉴》，中国统计出版社，2018。

中国就业促进会：《2017 年度就业十件大事》，2017。

人力资源和社会保障部：《人力资源和社会保障事业发展统计公报》，2013～2017 年。

B.16
平台经济下就业的现状与发展

曹 佳*

摘 要： 平台经济作为一种新业态，正在改变着人们的生产生活方式和就业模式。平台经济就业具有规模扩大化、形式多样化、行业领域集中化、群体分布差异化的特点。与此同时，平台经济就业存在职业发展缺乏持续性、技能结构矛盾突出、质量不高、权责关系确定困难等问题。毋庸置疑，技术进步将进一步促进平台经济发展，平台经济就业将会成为扩大就业的重要渠道，提高平台经济就业治理水平需要进一步深化改革，最大限度地开发就业资源和机会，破解技能结构矛盾，优化劳动关系协调机制。

关键词： 平台经济 就业 政策 科技进步

随着互联网技术的全面普及以及云计算、大数据等技术的广泛应用，一些经济新业态应运而生，平台经济就是典型代表。本文将平台经济定义为：以互联网、云计算、大数据、物联网等现代信息技术的创新发展及其快速普及应用为基础，以多元化需求为核心，以虚拟或真实的交易场所平台为载体，全面整合产业链、融合价值链、提高市场配置资源效率的一种新型经济形态。近年来，我国促进和规范新业态发展的政策不

---

* 曹佳，人力资源和社会保障部中国劳动和社会保障科学研究院就业创业研究室助理研究员，博士，主要研究方向为就业、创业、人力资源市场。

断健全完善,[①] 平台经济市场规模迅速扩大，平台经济正在改变着企业的生产经营方式、人们的就业模式和生活方式，已经成为推动经济发展的新引擎。

一 平台经济就业的主要特点

目前，由于缺乏对平台经济从业人员的权威统计数据，本文仅以部分企业研究院（如阿里研究院、滴滴政策研究院等）发布的数据为基础并结合相关调研，对平台经济就业的现状与特点进行分析。

（一）从业规模扩大化

国家信息中心分享经济研究中心的数据显示，2016 年我国分享经济市场交易额约为 34520 亿元，比上年增长 103%。未来几年我国分享经济仍将保持年均 40% 左右的高速增长，到 2020 年交易规模占 GDP 比重将达到 10% 以上。分享经济正在重塑社会组织和分工，“公司 + 员工”将在越来越多的领域被“平台 + 个人”替代。[②]

分享经济和平台经济的快速发展改变了传统的就业方式，创造了大量的新就业机会，人们可以按照自己的兴趣、技能、时间和其他资源禀赋，参与平台经济活动，实现就业，获得收入。《中国分享经济发展报告 2017》的数据显示，目前我国分享经济和平台经济的从业人员规模呈扩大发展趋势。2016 年我国参与分享经济活动的人数超过 6 亿，比上年增加 1 亿左右。其中，参与提供服务的平台员工数约 585 万，比上年增加 85 万，增幅为 17%。

---

① 在国家层面，不仅在综合性的政策文件中，如《国务院关于做好当前和今后一段时期就业创业工作的意见》（国发〔2017〕28 号）、《关于强化实施创新驱动发展战略进一步推进大众创业万众创新深入发展的意见》（国发〔2017〕37 号）等，有关于新业态、平台经济、共享经济的相关表述，还出台了具体的促进和规范新经济新业态发展的政策文件和法规，如国家发展改革委等八部门《印发〈关于促进分享经济发展的指导性意见〉的通知》（发改高技〔2017〕1245 号）、《快递暂行条例》（国令第 697 号）。

② 《国家信息中心分享经济研究中心在京成立》，央广网，2017 年 3 月 1 日。

（二）从业形式多样化

随着互联时代的到来，新业态、新技术、新模式发展日新月异，平台经济就业呈现多样化特点。比如，在平台经济的从业人员中，既有升级版或者“互联网+”条件下的传统灵活就业人员，也有高知识、高回报的新型自由职业者和多重职业者。具体而言，平台经济就业主要有以下形式：自主创业、自由职业、兼职就业、单位灵活雇用。

自主创业近几年蓬勃发展。人力资源和社会保障部的数据①显示，2016年全国日均新创设企业近1.5万户，比上年日均增加3000户，对同期城镇新增就业贡献率近40%。其中，新业态创业的比重较大，几乎最活跃的分享经济、平台经济、网络经济都和“双创”密切相关。

自由职业通常有以下几类：一是提供简单体力，如“饿了么”的送餐人员、“58到家”的搬运人员等；二是提供技能，如“滴滴出行”的司机、职业玩家等；三是提供知识，如“猪八戒网”的“威客”等；四是组成社群平台，以共同价值取向、兴趣爱好、娱乐视听等吸引粉丝而提高点击率获得收入的群体，如直播平台上自媒体发布者等。

兼职就业主要有两种情形：一种是有一份固定工作，由于追求收入或发展兴趣，利用闲暇时间从事其他工作，如“滴滴出行”的兼职司机等，这部分人占比较大；另一种是最近比较热门的“斜杠青年”，多集中于“90后”青年中，他们具有多项技能，如“翻译/猎头/自由作家/活动策划”等，基于此，其所从事的多项职业是平行关系，无主要和次要之分。

单位灵活雇用主要是指在现有政策允许范围内，在单位就业的同时还有其他雇用关系。比如鼓励科研人员创业的政策出台之后，部分高校、科研院所等事业单位的专业技术人员，在原单位保留人事关系的同时进行离岗创业。

① 尹蔚民：《大力支持创业创新促进就业改善民生》，新华网，2017年9月19日。

（三）从业行业集中化

平台经济从业人员主要集中于服务业，既包括传统服务业和新兴服务业，也包括生产性服务业和生活性服务业。服务业在“互联网+”推动下迅速发展，带动了相关行业从业人员数量的快速增长（见表1）。在传统服务业方面，2016年共享经济带动生活服务领域就业2000万人，其中平台员工341万人；带动房屋住宿领域就业200万人，其中平台员工2万人。《全国社会化电商物流从业人员研究报告》的数据显示，2016年全国社会化电商从业人员203.3万人，其中一线人员[①]163.6万人，二线人员[②]33.8万人，三线总部职能人员5.9万人。在新兴服务业方面，2016年共享经济带动知识技能领域就业2500万人，其中平台员工2万人。在生产性服务业方面，2016年共享经济带动生产能力领域就业500万人，其中平台员工151万人。在生活服务业方面，大型外卖平台注册配送员已超过百万人。

表1　2016年中国分享经济重点领域的参与人员数

单位：万人

领域	参与人数	其中:提供服务人数	平台员工数
生活服务	52000	2000	341
生产能力	900	500	151
交通出行	33000	1855	12
知识技能	30000	2500	2
房屋住宿	3500	200	2
医疗分享	20000	256	5

资料来源：《中国分享经济发展报告2017》。

（四）从业群体分布差异化

平台经济从业人员群体差异较大。例如，在传统服务业领域的从业人员

① 主要为站点快递员、站点仓库操作人员、基层管理人员。

② 主要为仓库分拣人员、客服人员、货运司机。

多为低龄的“两后生”或“40”“50”等大龄劳动者，而在新兴服务业领域的从业人员多以年轻、高文化和技能者为主，从业选择更多源于自身志趣和职业发展、工作生活观念。

传统服务业领域，以电商物流业和移动出行为例进行分析。北京交通大学的调查数据①显示，快递员以 20～30 岁的男性为主，中专/高中/技校学历较为普遍，近 8 成来自农村。滴滴政策研究院的报告显示，平台司机以男性为主（占 86%），其中，青壮年是主力军（46% 的专车/快车司机是27～36 岁的“80 后”，其次为 37～46 岁的“70 后”，占比为 32%。全国抽样调查显示，52% 的代驾司机为“80 后”，36% 为“70 后”；顺风车司机大多为“80 后”“90后”的年轻人，占比达到 78%）；司机中多数人是高中以上学历（占 80%）。

新兴服务业领域，以知识技能领域的“猪八戒网”为例进行分析。“猪八戒网”是众包服务平台，聚集了一批以知识技能、经验等获得实际收入的“威客”②。这批威客以年轻人为主，主要依靠自身的知识、技能、经验成为某个领域的咨询师和设计师。

二　平台经济就业面临的问题和挑战

平台经济发展重塑了企业的经营模式。具体而言，平台经济条件下，企业的功能定位、组织方式、员工关系等都需要进行有别于传统型企业的调整，这必然给就业发展带来新的挑战。

（一）平台企业发展存隐忧，从业者缺乏职业持续性

以平台经济为代表的新业态的最大优点就是灵活性，最大的弊端就是不

---

① 北京交通大学、阿里研究院：《全国社会化电商物流从业人员研究报告》，菜鸟网络，2016年 5 月。

② 威客的英文 Witkey 是由“wit”（智慧）、“key”（钥匙）两个单词组成，也是 The key of wisdom 的缩写，是指那些通过互联网把自己的智慧、知识、能力、经验转换成实际收益的人，他们在互联网上通过解决科学、技术、工作、生活、学习中的问题从而让知识、智慧、经验、技能体现经济价值。

稳定性。在平台经济发展初期，风险投资是其业务发展的主要路径，而一旦这一盈利路径中断，企业生存就面临困难。此外，这些处于发展初期的平台企业其产品和服务的安全性、质量保障体系、用户数据保护等方面仍存在风险隐患，其中任何一个方面出现问题，都可能引发公关危机和法律纠纷，对平台企业持续运营造成不利影响，进而影响依托平台生存的就业者，造成平台从业者就业的不稳定性和职业发展的持续性较差。据调查发现，约有一半的被调查者仍对这种工作形态表示担忧，希望有一份稳定的全职工作。

（二）人力资本支撑不足，技能结构矛盾突出

以平台经济为代表的新业态具有行业创新性、人才专业化程度高的特点，其发展除了能够解决部分群体就业外，迫切需要大量高素质人才提供人力资本支撑。目前，我国平台经济就业仍然集中在电子商务、物流、移动出行、餐饮外卖、家政服务等传统服务行业，而真正在知识、技能等人力资本高附加值领域的从业人员不多。这主要是由于我国平台经济从业者总体上存在教育程度和技能水平局限，与新技术发展密切相关的新业态持续发展需要的具备新知识和新技能的劳动者供应明显不足。从业者技能结构矛盾突出成为阻碍新业态发展的难点问题之一。

（三）职业碎片化趋势明显，就业质量有待提高

平台经济就业使得职业状态碎片化，工作与生活界限模糊。国际劳工组织和我国的相关数据均显示，自谋职业、短期合同类工作、季节性和非全日制工作等非正规就业在职场中所占比例逐步提高，并且未来所占比例还会继续提高。这些新就业形态虽然解决了部分群体的就业问题，但使得从业者工作与生活之间的界限越来越模糊。在某种程度上这意味着超时工作，与许多企业推崇的员工工作生活平衡化相违背。

另外，平台从业人员的就业质量也令人担忧。在工作收入方面，目前移动出行和餐饮外卖平台从业人员收入水平并不高。《2016 年网络约车司机生存状况调查报告》显示，网约车司机月平均收入选择人数最多的是 4000 元

以下，占28.4%；其次是5000～6000元，占26%；最后是4000～5000元，占15.6%。如果扣除车辆折旧和保养费用，超七成网络约车司机的实际收入水平在4000元以下。从工作时间来看，从业人员的工作时间长度和劳动收入成正比，所以有很大一部分从业人员为追求报酬需要长时间劳动。

（四）权责关系确定困难，缺乏沟通协商机制

基于平台强大的聚合功能，平台经济中的活动主体多元化，主体间的关系更加复杂化。如加盟合作模式①中的“平台＋企业＋个人”的用工形式，就涉及平台企业、平台企业员工、加盟经营企业、加盟经营企业员工以及服务接受者五个方面的活动主体。但目前，这些复杂的主体权责关系还没有理顺，如平台与其从业人员之间的劳动关系“非正规化”、“弱关系化”和“去关系化”特征明显，甚至有的是基于网络存在的“陌生人社会”关系，在这种状态下的权责关系确定困难，而这直接影响从业人员工作时间、工作报酬、社会保障等权益的界定。正因如此，一旦发生纠纷，很容易涉及消费者、劳动者权益保障问题。

另外，平台经济就业中工作方式的弹性化助推了劳动用工的分散化，用工形式的多样化降低了劳动关系的稳定性和劳动者的组织化程度。这样，分散于各地的从业人员很难真正组织起来形成可以与平台谈判的对等力量，平台企业相对于分散的从业人员拥有强势地位，对平台规则具有话语权，而从业人员对平台规则往往只能选择接受或者不接受，无法顺畅有效地表达自己的声音。一旦发生需要维权的事件时，具有明确有效的申诉渠道就显得更加迫切。

三　平台经济就业的发展展望

平台经济的出现正在重构人们的工作、交往、价值创造和分配方式，拓

① 该种经营模式属于第三方企业加盟合作的模式，用工形式为“平台＋企业＋个人”，代表企业如天猫商城、京东到家等。

展了传统产品和服务的市场，增强了产品和服务的竞争力和共享程度，促进了经济转型，创造了无限的就业潜力，平台经济就业日渐成为扩大就业的一个重要方式和渠道。具体而言，平台经济在增加就业机会、扩大就业规模、提高劳动参与率、提供过渡性就业岗位、平滑劳动者职业转换期风险、满足新生代劳动者对职业自由的追求等方面都发挥着积极的作用。与此同时，现代技术的持续进步将进一步促进平台经济及其就业的发展，以互联网、云计算、大数据、物联网、人工智能等为代表的数字技术，将对就业生态带来革命性的变革。①

面对平台经济这一新生事物，我们应秉持乐观包容的态度，为其发展创造良好的环境。但与此同时，我们也要保持清醒和理性，回应挑战，有效解决现实发展中存在的各种问题。

（一）深化市场化改革，最大限度地开发就业资源和机会

进一步深化推进资源垄断和行政垄断行业的市场化改革，推动工业化和信息化的深度融合，最大限度地开发就业资源和机会。具体而言，在除涉及国家安全和重大公共利益之外的经济社会领域，推进市场化改革，破除或降低各种行业和职业的进入门槛。打破行政壁垒和行业壁垒，大力运用互联网技术改造传统行业，引导新业态与传统行业融合发展。重视发挥新业态带动传统就业（特别是带动劳务型、低技能人员就业）的作用，帮助传统行业劳动者积极适应、转入经济新业态和新就业形态，顺利实现转岗转业。

（二）夯实人力资源支撑，破解技能结构矛盾难题

首先，摸清底数，探索运用大数据开展平台经济就业人员情况调查统计。探索引入社会力量，发展平台经济就业创业服务体系，设立线上线下相结合的从业人员管理服务平台。

其次，加强学校教育、职业教育与就业市场的适应性，进一步推进教育

① 波士顿咨询：《迈向2035：4亿数字经济下的人才战》，《大数据圈》2017年4月1日。

培训转型。推动和引导教育培训机构适应经济社会发展和技术进步需要，培养和提升劳动者价值观念和技能技术，提高其依靠职业能力而不是岗位（铁饭碗）获得就业稳定性和职业发展性。建立终身教育账户，确保劳动者在需要的时候，能够接受再教育，获得提升个人能力的机会。推进高等教育、职业教育的专业设置、培养模式与平台经济等新业态发展相衔接，推动其从业人员向知识型和技能型就业转型。

最后，改革人才评价和激励机制，促进人才流动和合理配置，激发人才的创造力。通过制度创新释放高素质高技能人才的资本存量，鼓励更多高素质高技能人才进入平台经济等新业态行业，特别是鼓励体制内各类专业技术人员从事创业、兼职等活动，鼓励其利用互联网技术，通过平台载体，加入平台经济、分享经济等新业态中。

（三）明确各方法律关系，分类施策有针对性地监管

明确平台法律定位和各方的责权利关系，研究制定包括劳动关系在内的不同类别法律关系的界定标准和认定范围，扩大平台企业、员工等市场主体的选择空间。

分类施策，对不同领域、不同类型平台企业采取有针对性的监管模式，区分平台企业和监管部门的职责边界。加强对平台经济下劳动关系、劳动基准、社会保障和福利等问题的研究，研究制定工资工时等有关劳动基准，确立劳动权益基本保护标准，完善劳动争议处理方法。

（四）完善相关政策制度，维护劳动者基本权益

针对平台经济就业的新特点，完善相关社会政策制度，以维护劳动者的基本权益。要建立适应“自由人生产制度”的劳动就业以及其他相关政策。比如，借鉴美国西雅图市[①]探索 Uber 司机获得与平台对话权利的做法，[②] 创

① 柯振兴：《赵小兰被提名交通部部长，对 Uber 有利?》，《美国劳动法观察》2016 年 12 月 6 日。

② 美国西雅图市发布 Uber 司机成立工会的草案，允许在三个月内至少有 52 次打车服务的 Uber 司机有权利就是否成立工会投票。

新工会工作方式，选取有较强诉求的平台企业员工与平台进行集体协商。又如，研究适应新就业形态从业人员不同特点的多元化保险办法。另外，建立健全平台经济等新业态的税制体系，发挥税收在社会财富调节方面的作用，让产业技术革命的赢家更多分享收益，进一步发挥政府在社会财富调节与分配中的作用。

参考文献

陈威如、余卓轩：《平台战略——正在席卷全球的商业模式革命》，中信出版社，2013。

滴滴政策研究院：《移动出行与司机就业报告》，2016。

李德升：《加快发展信息产业新业态》，《宏观经济管理》2015 年第 6 期。

唐鑛、余田、王笑颜：《移动互联时代的工作趋势：云工作与云客服》，《中国就业》2015 年第 11 期。

曾湘泉：《变化中的中国劳动力市场：挑战、趋势与展望》，中国劳动经济学会年会论坛，2016 年 11 月 19 日。

B.17

我国劳动关系治理新进展

——2017 年综述

肖鹏燕*

摘　要： 2017 年稳中向好的经济运行和持续稳定的就业形势为我国劳动关系的平稳运行提供了基础。2017 我国劳动关系治理取得了一系列成效，年劳动合同签订率保持稳定、实行特殊工时制度的企业明显增加、劳动人事争议立案受理案件数量及其涉及的劳动者人数均有减少、农民工权益保护取得新进展；劳动关系治理工作稳步推进，政策法规体系优化，调解、仲裁以及终局仲裁案件比例有所上升，劳动社会保障执法进一步加大力度，各地劳动关系调处实践探索有所创新。进入新时代，我国社会主要矛盾已经发生变化，和谐劳动关系构建要坚持正确的政治方向，从实际出发，优化体制机制，维护公平正义，提高劳动关系治理能力。

关键词： 劳动关系　劳动人事争议　农民工权益

2017 年，我国经济增长率为 6.9%，[①] 比 2016 年有所提升。2017 年，

---

* 肖鹏燕，中国人事科学研究院就业与创业政策研究室助理研究员，劳动经济学博士，研究方向为就业与人才资源管理与开发。

① 中华人民共和国国家统计局：《中华人民共和国 2017 年国民经济和社会发展统计公报》，2018。

我国城镇新增就业1351万人，比2016年增加2.82%；城镇失业人员再就业558万人，比2016增加0.72%；就业困难人员就业177万人，比2016年增加4.73%；城镇登记失业率为3.9%，比上一年降低2.99%。[①] 综上，2017年，我国经济运行稳中向好，就业保持良好态势，为2017年和谐劳动关系构建与发展奠定了基础。

一　2017年劳动关系的一般情况

（一）企业劳动合同签订率保持稳定，实行特殊工时制度的企业有明显增加

2017年全国企业劳动合同签订率达90%以上，保持了2016年的态势；全国经人力资源和社会保障部门审查并在有效期内的集体合同累计为183万份，比2016年减少8万份，覆盖职工1.6亿人，比2016年减少0.18亿人。[②]

到2017年底，各级人力资源和社会保障部门审批且在有效期内的实行特殊工时制度的企业共有14.5万户，比2016年底增加6.3万户；涉及职工1320万人，比2016年底少112万人。[③]

（二）劳动人事争议立案受理案件数量及涉及劳动者数量双减少

2017年的劳动人事争议立案受理案件数量为78.5万件，比2016年减少4.4万件，为近5年来的首次下降，降幅为5.24%（见图1）。[④]

---

① 人力资源和社会保障部：《2017年人力资源和社会保障统计快报数据》。

② 人力资源和社会保障部：《2016年度人力资源和社会保障事业发展公报》《2017年度人力资源和社会保障事业发展公报》。

③ 人力资源和社会保障部：《2016年度人力资源和社会保障事业发展公报》《2017年度人力资源和社会保障事业发展公报》。

④ 人力资源和社会保障部：《2017年人力资源和社会保障统计快报数据》《2016年人力资源和社会保障统计快报数据》《2015年人力资源和社会保障统计快报数据》《2014年人力资源和社会保障统计快报数据》《2013年人力资源和社会保障统计快报数据》。

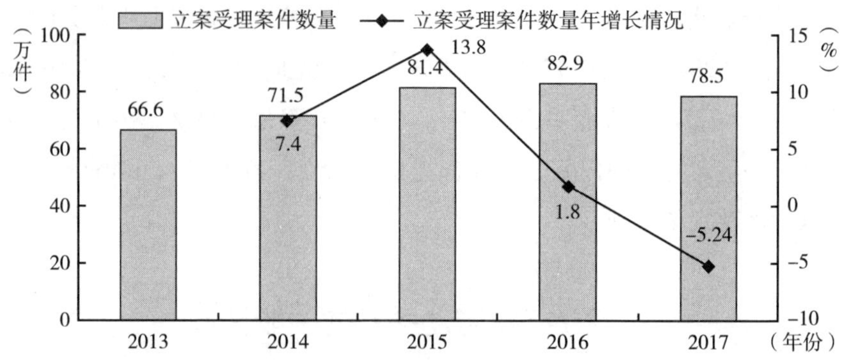

图 1　2013～2017 年劳动人事争议立案受理案件数量及其变化情况

2017 年劳动人事争议立案受理案件涉及劳动者 97.9 万人，比 2016 年减少 13.3 万人，为近 5 年来下降幅度最大的一年，减幅为 11.99%。①

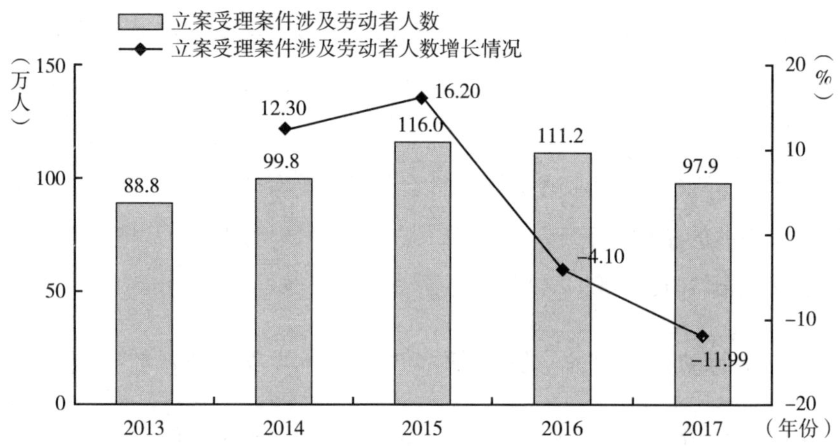

图 2　2013～2017 年劳动人事争议立案受理案件涉及劳动者数量及其变化情况

（三）农民工权益保护取得新成效

2017 年，我国农民工群体呈现出一些新特征，其中一个重要特征是新

① 人力资源和社会保障部：《2017 年人力资源和社会保障统计快报数据》《2016 年人力资源和社会保障统计快报数据》《2015 年人力资源和社会保障统计快报数据》《2014 年人力资源和社会保障统计快报数据》《2013 年人力资源和社会保障统计快报数据》。

生代农民工占比达50.5%，首次超过50%。[①] 在农民工权益保护方面，无论是收入水平、住房情况还是随迁儿童教育情况均有所改善。

1. 农民工整体生活质量有所提升[②]

（1）收入水平稳定增长

2017年，农民工月平均收入为3485元，比2016年增长6.4%，其中，增幅最大的行业为批发和零售业，为7.4%（见图3）。[③]

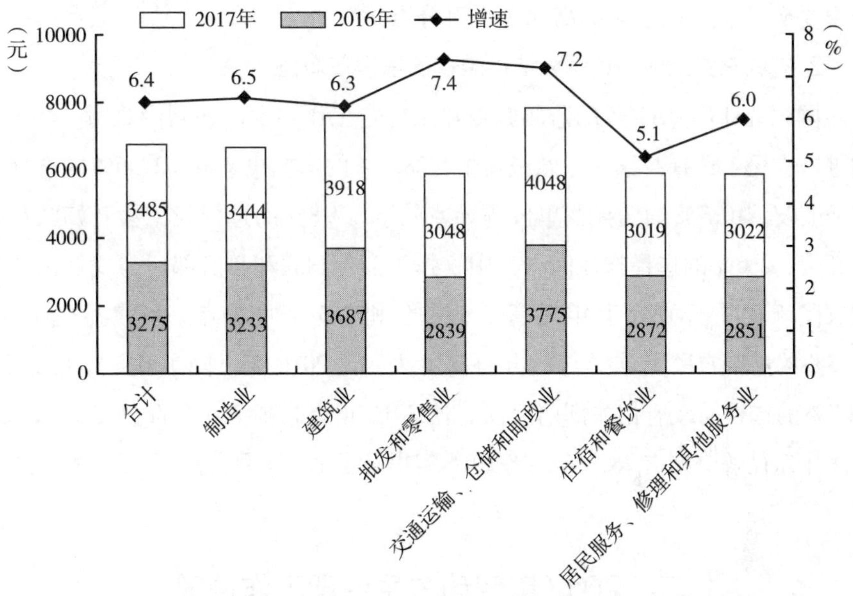

图3　2016～2017年农民工月平均收入、一些行业的农民工月平均收入及其变化情况

（2）住房状况有所改善

人均居住面积有所提高、居住生活设施进一步改善。2017年，进城农民工人均居住面积为19.8平方米，比2016年提高0.4平方米。此外，进城

① 此数据来自国家统计局《2017年农民工监测调查报告》，http://www.stats.gov.cn/tjsj/zxfb/201804/t20180427_1596389.html，2018年4月27日。

② 此数据来自国家统计局《2017年农民工监测调查报告》，http://www.stats.gov.cn/tjsj/zxfb/201804/t20180427_1596389.html，2018年4月27日。

③ 此数据来自国家统计局《2017年农民工监测调查报告》，http://www.stats.gov.cn/tjsj/zxfb/201804/t20180427_1596389.html，2018年4月27日。

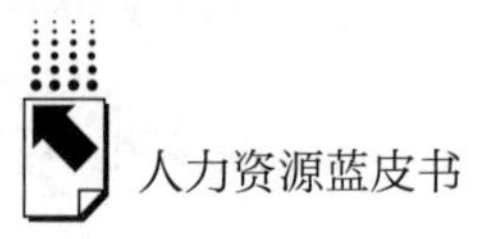

农民工在拥有电冰箱、洗衣机、自来水、洗澡设施等居住设施方面均呈现良好态势。①

(3) 随迁儿童上学和入园状况有所改善

2017 年，进城农民工子女在校率为 98.7%，与 2016 年基本持平，进城农民工子女入园率为 83.3%，比 2016 年提高 0.6 个百分点，其中，入公办幼儿园的人数比上年提高 1.3 个百分点；96.7% 的农民工家长认为子女在学校未受到歧视，比上年提高 0.3 个百分点。②

2. 进城农民工融入意识和法律维权的意识在增强

国家统计局 2017 年的监测数据显示，当工作和生活遇到困难时，60.9% 的进城农民工选择找家人、亲戚帮忙，28.3% 的选择找老乡，24.6% 的选择找本地朋友，10.7% 的选择找单位领导或同事，7.8% 的选择找工会、妇联和政府部门，2.6% 的选择找社区。其中，找工会、妇联和政府部门与找社区的进城农民工比重分别比上年提高了 1.0 个和 0.3 个百分点。当权益受损时，36.3% 的进城农民工选择与对方协商解决，比 2016 年下降了 0.5 个百分点；32.7% 的选择向政府相关部门反映，比 2016 年提高了 2.6 个百分点；选择通过法律途径解决的占 28.3%，比 2016 年提高了 1.1 个百分点。③

二 2017年劳动关系治理工作情况

（一）进一步优化完善相关政策

笔者查询发现，2017 年 1～12 月，中央国家机关层面出台的劳动关系方面的主要政策文件有 10 个（见表 1）。

① 此数据来自国家统计局《2017 年农民工监测调查报告》，http://www.stats.gov.cn/tjsj/zxfb/201804/t20180427_1596389.html，2018 年 4 月 27 日。

② 此数据来自国家统计局《2017 年农民工监测调查报告》，http://www.stats.gov.cn/tjsj/zxfb/201804/t20180427_1596389.html，2018 年 4 月 27 日。

③ 此数据来自国家统计局《2017 年农民工监测调查报告》，http://www.stats.gov.cn/tjsj/zxfb/201804/t20180427_1596389.html，2018 年 4 月 27 日。

表1　2017年出台的主要政策文件

序号	发布单位	名称	文号	发布时间
1	人力资源和社会保障部、国家工商行政管理总局	关于开展清理整顿人力资源市场秩序专项行动的通知	人社部明电〔2017〕2号	2017年2月17日
2	人力资源和社会保障部、中央综治办、最高人民法院、司法部、财政部、中华全国总工会、中华全国工商业联合会、中国企业联合会、中国企业家协会	关于进一步加强劳动人事争议调解仲裁完善多元处理机制的意见	人社部发〔2017〕26号	2017年3月21日
3	人力资源和社会保障部	劳动人事争议仲裁组织规则	人社部令第34号	2017年5月8日
4	人力资源和社会保障部	劳动人事争议仲裁办案规则	人社部令第33号	2017年5月8日
5	人力资源和社会保障部办公厅	关于开展用人单位遵守劳动用工和社会保险法律法规情况专项检查的通知	人社厅函〔2017〕144号	2017年6月12日
6	人力资源和社会保障部办公厅	关于印发《治欠保支三年行动计划（2017～2019）》的通知	人社厅发〔2017〕80号	2017年7月7日
7	人力资源和社会保障部	关于印发《拖欠农民工工资“黑名单”管理暂行办法》的通知	人社部规〔2017〕16号	2017年9月25日
8	人力资源和社会保障部、最高人民法院	关于加强劳动人事争议仲裁与诉讼衔接机制建设的意见	人社部发〔2017〕70号	2017年11月8日
9	人力资源和社会保障部、发展改革委、公安部、司法部、财政部、住房和城乡建设部、交通运输部、水利部、中国人民银行、国资委、工商总局、全国总工会	关于开展农民工工资支付情况专项检查的通知	人社部明电〔2017〕3号	2017年11月16日
10	国务院办公厅	保障农民工工资支付工作考核办法	国办发〔2017〕96号	2017年12月6日

这些政策文件主要涉及农民工欠薪行为规制、劳动人事争议处理规范以及劳动人事争议调解仲裁机制完善等内容。限于篇幅，仅选择下面三份文件进行介绍。

1.《保障农民工工资支付工作考核办法》

《保障农民工工资支付工作考核办法》，由国务院办公厅2017年12月6日印发。该办法共13条，明确了考核的主体、对象、内容、程序、分级和评价标准、结果运用等事项。考核工作在国务院领导下，由解决工资拖欠问题部际联席会议负责实施，部际联席会议办公室具体组织落实。考核分省级自查、实地核查、综合评议三个步骤。考核结果分三个等级，作为省级领导班子和有关领导干部综合考核评价的参考。①

2.《劳动人事争议仲裁组织规则》

《劳动人事争议仲裁组织规则》（以下简称《组织规则》）以人社部部令形式于2017年5月8日下发，是对2010年出台的《劳动人事争议仲裁组织规则》的修订，共6章38条。与2010年的《组织规则》相比，修订的《组织规则》重在加强仲裁员队伍建设，明确了仲裁员的权利与义务，增加了仲裁员考核、培训和作风建设等方面的内容，对仲裁监督做出了具体规范。此外，《组织规则》还对仲裁委员会职责、仲裁庭组成、仲裁员聘任和解聘等内容做了进一步的完善和规范。②

3.《关于进一步加强劳动人事争议调解仲裁完善多元处理机制的意见》

《关于进一步加强劳动人事争议调解仲裁完善多元处理机制的意见》于2017年3月21日由人社部印发。意见强调了进一步加强劳动人事争议调解仲裁完善多元处理机制的重要意义，明确了进一步加强劳动人事争议调解仲裁完善多元处理机制的指导思想、基本原则和主要目标，围绕健全劳动人事争议预防协商解决机制、完善专业性劳动人事争议调解机制、创新劳动人事争议仲裁机制、完善调解仲裁诉讼衔接机制等提出了一系列具体措施，就强化完善劳动人事争议调解仲裁多元处理机制基础保障和组织领导做出了具体安排。③

---

① 《保障农民工工资支付工作考核办法》，（国办发〔2017〕96号），http：//www. gov. cn/zhengce/content/2017 - 12/12/content_ 5246271. htm。

② 国家人力资源和社会保障部法规司：《劳动人事争议仲裁组织规则》，http：//www. mohrss. gov. cn/SYrlzyhshbzb/zcfg/flfg/gz/201705/t20170524_ 271349. html。

③ 《关于进一步加强劳动人事争议调解仲裁完善多元处理机制的意见》，http：//www. mohrss. gov. cn/SYrlzyhshbzb/laodongguanxi/zcwj/diaojiezhongcai/201703/t20170331_ 268917. html。

（二）深入推进劳动人事争议调解仲裁和劳动监察工作[①]

1. 不断提高劳动人事争议调处水平

（1）争议案件处理数量和当期办结案件数量均有下降

2017 年全国劳动人事争议调解仲裁机构处理争议案件 166.5 万件，比 2016 年下降 6%（见图 4）；涉及劳动者 199.1 万人，同比下降 12.4%；涉案金额 416.4 亿元，同比下降 11.8%；办结案件 79 万件，同比下降 3.6%。

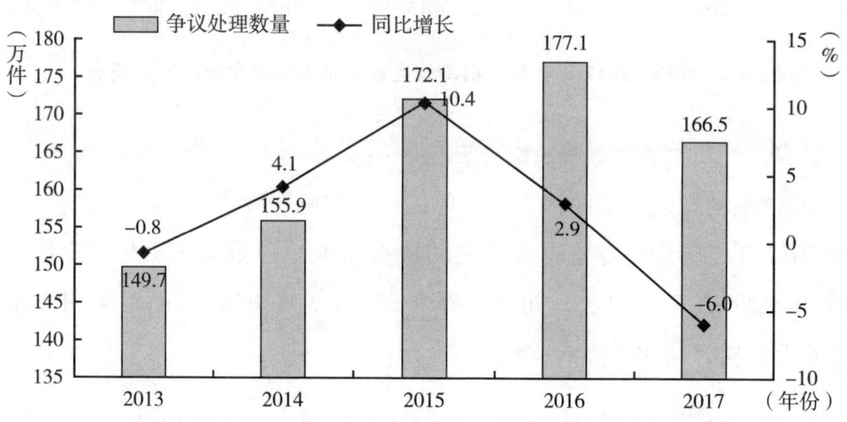

图 4　2013～2017 年劳动人事争议处理数量及其变化情况

（2）劳动人事争议当期审结案件数量有所减少

2017 年，全国劳动人事争议当期审结案件数 79 万件，比 2016 年减少 3.8 万件，同比下降 4.5%，为 2013～2017 年以来下降幅度最大的一年（见图 5）。

（3）调解成功率、仲裁结案率以及终局裁决率均有所提升

2017 年，全国劳动争议调解仲裁机构的案件调解成功率为 67.9%，比 2016 年提升 2.1 个百分点；仲裁结案率为 95.9%，比 2016 年提升 0.4 个百分点；终局裁决案件占裁决案件总量的 33.1%，比 2016 年提升 4.7 个百分点。

① 此部分数据均来自2013年度、2014年度、2015年度、2016年度、2017年度《人力资源和社会保障事业发展公报》和《人力资源和社会保障统计快报数据》。

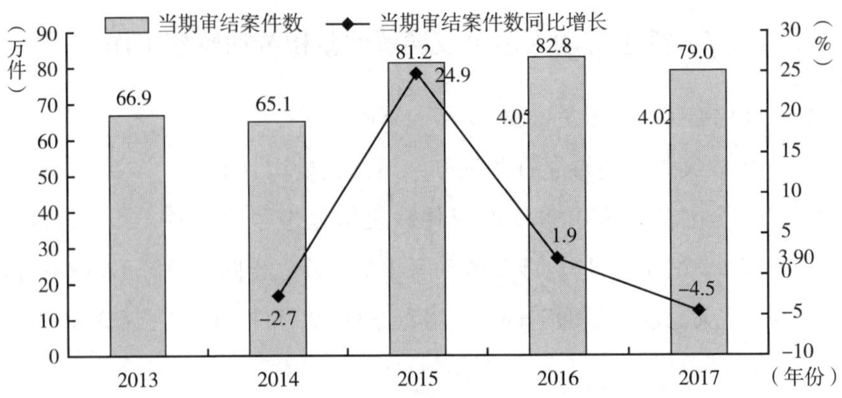

图 5　2013～2017 年劳动人事争议当期审结案件数量及其变化情况

2. 进一步加大劳动保障监察执法力度

（1）主动检查和书面检查用人单位户次均有所减少

2017 年，劳动保障监察部门主动检查用人单位数为 171.9 万户次，比 2016 年减少 18.9 万户次，同比下降 9.9%（见图 6）；书面审查用人单位 207.6 万户次，同比下降 6.7%。

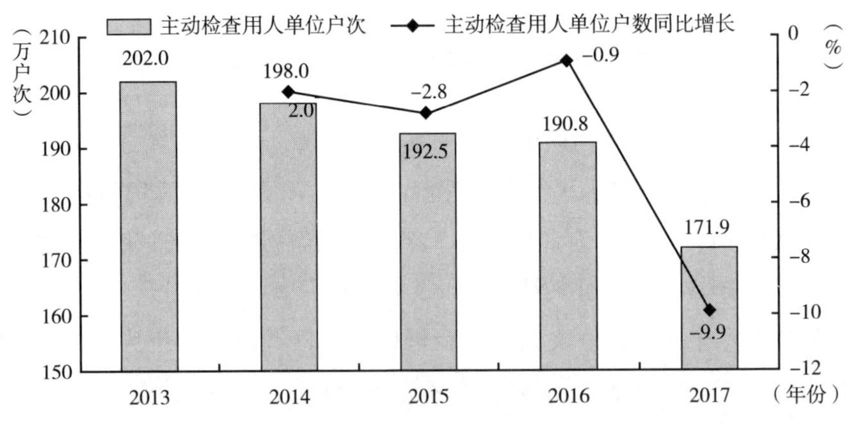

图 6　2013～2017 年主动检查用人单位户数次及其变化情况

（2）劳动保障监察案件结案数量持续减少

2017 年，我国劳动保障监察案件结案数为 20.6 万件，比 2016 年减少

11.7 万件，同比下降 36.2%，为 2013～2017 年以来下降幅度最大的一年（见图 7）。

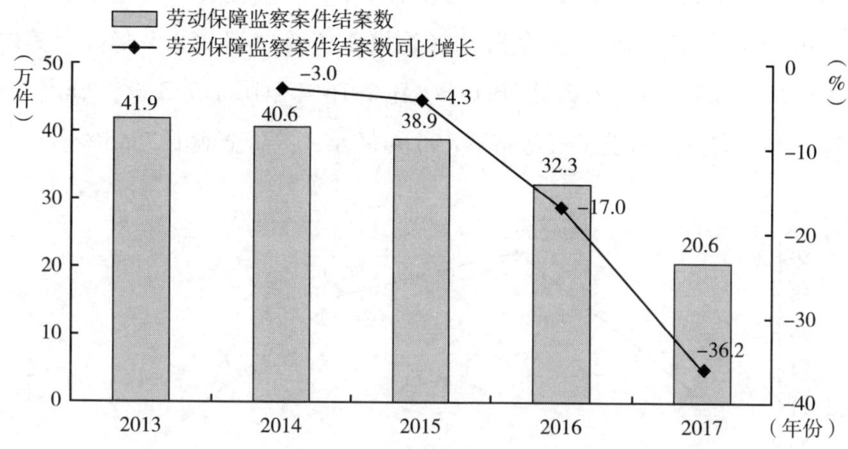

图 7　2013～2017 年劳动保障监察案件结案数量及其变化情况

（3）督促补签劳动合同、补缴社会保险费和追缴骗保工作成效明显

2017 年，共督促用人单位与劳动者补签劳动合同 167.5 万份，比 2016 年减少 35.2 万份，同比下降 17.4%，是 2013 年以来减幅最小的一年（见图 8）；共督促 1.7 万户用人单位办理社保登记；共督促 2.8 万户用人单位为

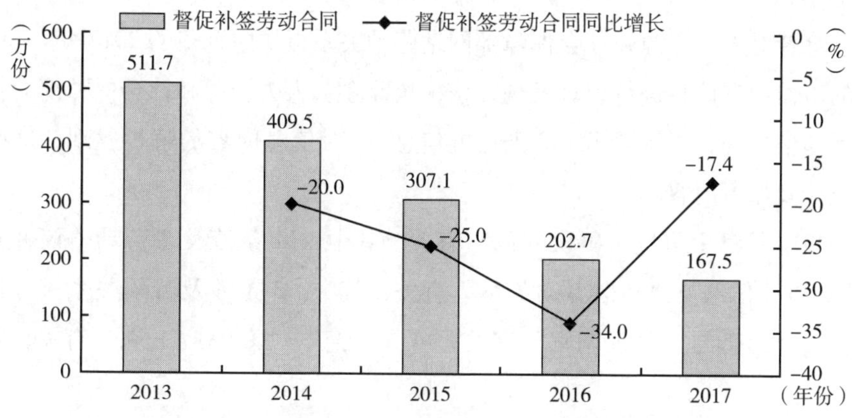

图 8　2013～2017 年督促补签劳动合同人数及其变化情况

60.3 万名劳动者补缴社会保险费 12.9 亿元；共追缴骗取的社会保险待遇或基金支出 990.5 万元，这两个数额分别是 2016 年的 3.8 倍、2015 年的 1.9 倍。

（4）在为其追发工资等待遇的劳动者中农民工占比有下降趋势

2017 年，共为 308.7 万名劳动者追发工资等待遇 250.1 亿元。其中，农民工 218 万名，占总人数的 70.6%，比 2016 年下降了 7.3 个百分点（见图 9）；共为农民工追发工资等待遇 196.4 亿元，占总金额的 78.5%。

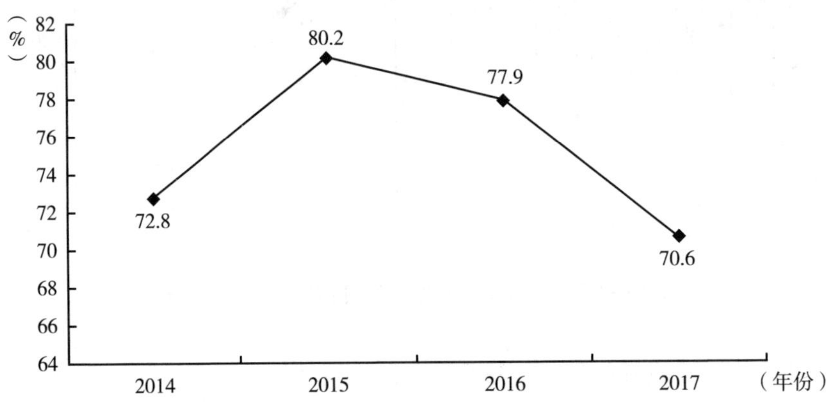

图 9　2014～2017 年为其追罚工资等待遇的劳动者中农民工占比变化情况

（三）地方劳动关系工作亮点频出

笔者对人力资源和社会保障部网站劳动关系板块中登载的 2017 年1～12 月的工作动态信息进行梳理发现，该板块除登载人力资源和社会保障部的相关活动信息外，还登载了 148 条地方信息。① 对信息内容的解析发现，这些信息涉及如下内容。

39 条信息主题与“争议仲裁”有关，其中，14 条涉及“劳动争议仲裁院”；36 条信息与“和谐劳动关系”有关，其中，3 条涉及劳动关系三方机制；21 条信息与“争议调解”有关；14 条信息与“薪酬或工资”有关，其

① 中国人力资源社会保障部：《劳动关系工作动态》，http：//www.mohrss.gov.cn/SYrlzyhshbzb/laodongguanxi/gzdt/index_ 2.html。

中，2 条涉及最低工资、4 条涉及“欠薪”；6 条信息与“农民工维权工作”有关；6 条信息与“集体协商和集体合同”有关，其中 2 条涉及“集体合同”、4 条涉及“集体协商”；4 条信息与“劳务派遣”有关；1 条信息与“劳动合同”相关；其他为 22 条。占总量的比例较高的前四类信息分别为“和谐劳动关系”、“争议仲裁”、“争议调解”以及“薪酬或工资”（见图 10）。①

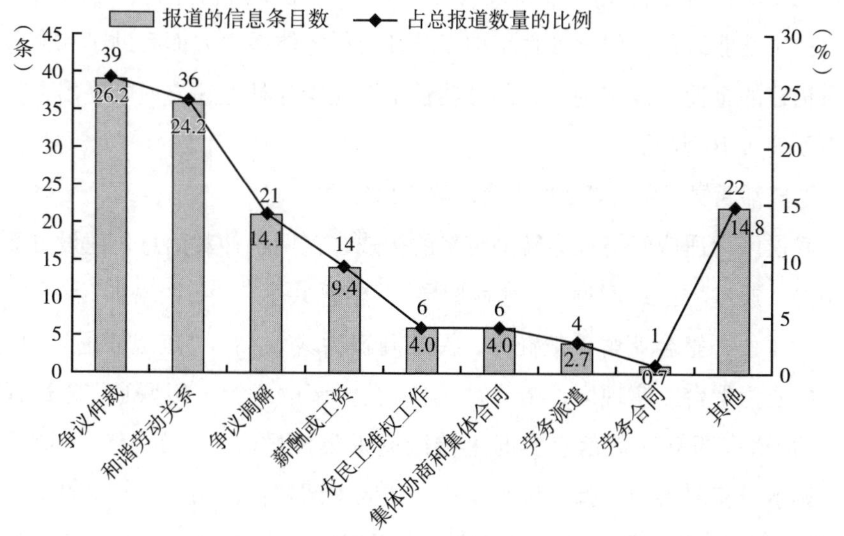

图 10　人力资源和社会保障部网站报道地方工作信息的主题分类及其占比情况

以下选取四个典型案例，介绍地方劳动关系治理方面的创新举措。

1. 天津经济技术开发区设奖励政策引导企业构建和谐劳动关系

2015 年，《中共中央　国务院关于构建和谐劳动关系的意见》提出了我国构建和谐劳动关系的举措。天津经济技术开发区结合区内企业特色，构建奖励和补偿双重机制，引导企业构建和谐劳动关系。

2017 年，天津经济技术开发区出台《天津经济技术开发区促进企业构

① 信息分析说明：“劳动人事争议调解仲裁”包括“争议调解”和“争议仲裁”；有的信息会涉及两个及以上主题，凡是这种情况，在信息主题解析统计时均分别计数；有些信息没有明确主题内容，在信息解析时不计数。

建和谐劳动关系奖励支持办法》。该办法规定，政府每年设置2000万元专项资金，用于奖励企业和谐劳动关系工作。重点奖励以下三大类企业：一是对构建和谐劳动关系有突出贡献的企业予以奖励，每年最多奖励20家企业，分别给予20万元的奖励；二是对科技型企业中构建和谐劳动关系有突出贡献的企业予以奖励，每年奖励企业的数量限制在10家以内，分别奖励10万元；三是对符合条件的，且在改善工作环境、提高福利待遇、合理增长工资、稳定就业岗位、优化教育培训以及社会保障体系等方面有助于和谐劳动关系构建的企业予以奖励，这部分奖励主要在于弥补上述方面的支出，补偿金额不超过10万元。

2. 成都武侯区用智慧手段整合调解仲裁资源

武侯区为适应经济社会转型带来的挑战，在调解仲裁信息化建设方面下大功夫。通过“三级联通”“远程指导”“信息共享”“在线培训”“实时监督”等手段，整合调解仲裁资源，提升调解仲裁效率。“三级联通”：以区集控中心为平台，实现区、街（社区）、企业调解组织三级联通。“远程指导”：街道将调解仲裁信息实时上传区庭审集控中心，区的劳动争议仲裁员、调解员实时参与、指导调解工作；如区里调解仲裁遇疑难，可直接通过视频终端连接省、市调解仲裁机构，实现现场会审和指导。“信息共享”：与工会、司法、法院等单位密切配合，形成劳动人事争议信息反馈网络；预留与省、市对接端口，实现与省、市的数据上传和下载功能。“在线培训”：依托数字调解仲裁平台，召开会议，进行内部交流、业务学习和培训；依托区的经验库、知识库、案例库、法规库，实现人机对话，查询相关信息。“实时监督”：上级机构、纪检监察相关部门及有关领导，依托数字调解仲裁平台可实时观看和监督庭审过程，随时调取庭审现场视频、音频、示证和笔录等信息。

3. 重庆市渝中区“要素式”审理仲裁案件

重庆市渝中区劳动人事争议仲裁院运用“要素式”审理方式，庭审仅用时30分钟，大大提升了案件审理效率。“要素式”审理首先在简单的劳动报酬争议、工伤保险争议、经济补偿争议及赔偿金争议案件中推行，基本程序是：根据争议案件性质专门定制《案件要素调查表》；争议双方按要求填写此表；办案人员据此确定案件要素并将其作为庭审确定案件事实、庭后裁决的依据之一；制定要素式裁决书。"要素式"审理使仲裁员更清晰准确地把握案情和当事人利益诉求、总结争议要点，提高了办案质量，庭审时间缩短近一半。仲裁裁决文书以《案件要素调查表》为依据制作，可以更加突出审理重点、简化内容，基本保证在庭审当日完成，提高了仲裁效能。

4. 陕西严格管制建筑领域企业欠薪行为

针对建筑领域企业欠薪严重的现象，陕西省人社厅、住建厅、交通运输厅、水利厅联合下发《关于切实保障建设领域农民工工资支付工作的通知》（以下简称《通知》），明确要求全省建设领域不得再发生克扣拖欠农民工工资问题。《通知》规定，各类建设项目施工招标时，投标企业应按要求到人社部门对自身前三年支付劳动者工资的情况进行评价确认，如存在克扣拖欠劳动者工资问题，不得参与建设工程投标。此外，《通知》还采取了其他一些防止克扣拖欠农民工工资的措施，比如，改革用工制度，鼓励支持施工总承包企业直接与农民工签订劳动合同，直接支付农民工工资；总承包企业如需对劳务工程和专业工程进行分包，应在分包合同中约定双方对农民工管理和工资支付的义务，总包企业项目部应当配备专职农民工管理人员，监督分包企业按时足额支付农民工工资。

三　结语

2017 年，我国劳动关系协调工作取得明显成效，劳动人事争议调处机制进一步完善，劳动保障监察执法取得积极进展，为农民工服务工作进一步加强，农民工市民化取得新成效。总之，2017 年，我国劳动关系治理工作取得了一系列成绩，有效保持了劳动关系的持续平稳态势，为促进经济社会发展和社会和谐做出了积极贡献，为推进新时代和谐劳动关系建设奠定了坚实的基础。

当前，中国特色社会主义进入新时代，我国社会主要矛盾已经转化为人民日益增长的美好生活需要和不平衡不充分的发展之间的矛盾。新时代是我国发展新的历史方位，社会主要矛盾的变化是关系全局的历史性变化。这对劳动关系治理提出了许多新要求，构建和谐劳动关系面临许多新挑战。一方面，供给侧结构性改革、产业转型升级和生态文明建设深入推进，科技进步与创新替代效应持续显现，国际经济环境变化影响日益明显，新业态快速发展，劳动力结构正在发生变化，用人单位主体地位日益强化。另一方面，劳动者不仅希望有更易获得和更符合自己取向的工作劳动机会、更满意的薪酬待遇、更可靠的社会保障、更好的工作劳动保护和更舒适的工作劳动条件，也有越来越自觉的权利意识、越来越明确的法治公平正义诉求。

构建和谐劳动关系是增强党的执政能力、巩固党的执政地位的必然要求和重要组成部分，要以习近平新时代中国特色社会主义思想为指引，坚持党对劳动关系工作的领导；要有效把握社会主要矛盾变化，坚持以人民为中心，努力让劳动者体面劳动、全面发展，最大限度地提高劳动者的获得感、幸福感和安全感；要立足社会主义初级阶段的基本国情，在发展中保障和改善民生，统筹兼顾促进企业发展和维护职工权益，维护社会公平正义，保护劳动者和用人单位合法权益；要健全完善和谐劳动关系的法律法规和政策体系，创新优化和谐劳动关系的体制机制；要强化基础建设，注重运用现代技术，健全完善监测预警体系，强化防范与危机管理并重，标本兼治，努力化解风险；要加大执法力度，尤其要以劳动者最关心的问题为重点和突破口，加大违法违规惩戒力度，强化法治约束；要回应发展需求，加强劳动关系治理体系建设，提升劳动关系治理能力，以行风建设和作风建设为着力点，加强队伍建设，切实提高劳动关系治理质效。

参考文献

天津人力资源和社会保障局：《天津经济技术开发区支持企业构建和谐劳动关系》，http：//www.mohrss.gov.cn/SYrlzyhshbzb/laodongguanxi/gzdt/201704/t20170428_270197.html。

四川省人力资源和社会保障厅：《成都市武侯区打造“智慧调解仲裁”效果显著》，http：//www. mohrss. gov. cn/SYrlzyhshbzb/laodongguanxi/gzdt/201701/t20170124_ 265511. html。

雷蕾：《重庆市渝中区探索实践仲裁“要素式”审理》，http：//www. mohrss. gov. cn/SYrlzyhshbzb/laodongguanxi/gzdt/201703/t20170324_ 268488. html。

农民工工作司：《陕西建筑领域出新规企业有欠薪行为禁止参与项目投标》，http：//www. mohrss. gov. cn/nmggzs/NMGGZSgongzuodongtai/201703/t20170324_ 268433. html。

《全国劳动关系工作座谈会在广东召开》，国家人力资源和社会保障部网站，2018 年 5 月 31 日。

《全国劳动保障监察工作座谈会召开》，国家人力资源和社会保障部网站，2018 年 7 月 10 日。

社会保障和薪酬篇

Social Security and Remuneration

B.18
2017年我国社会保险发展状况

王　梅*

摘　要： 2017年，各项社会保险制度的覆盖面继续扩大，待遇水平持续提高，基金规模稳步增加，统筹层次逐渐提升，信息化建设能力进一步加强，多层次社会保险体系建设取得了一系列成就。本报告回顾了2017年我国社会保险事业发展的总体情况，梳理了社会保险制度的主要改革进展，分析了未来社会保险制度改革的发展趋势。

关键词： 社会保险　养老保险　医疗保险　失业保险

党的十九大报告提出，“应全面建成覆盖全民、城乡统筹、权责清晰、

* 王梅，博士，中国人事科学研究院助理研究员，研究方向为社会保障和收入分配。

保障适度、可持续发展的多层次的社会保障体系”。2017 年，我国社会保险的制度覆盖面不断拓展、基金规模明显扩大、待遇水平稳步提升，统筹层次逐步和提信息化建设能力日益提高，多层次社保体系建设逐步推进，社会保险制度的公平性和可持续性得到进一步发展。

一　总体情况

（一）社会保险覆盖面持续扩大[①]

2017 年，我国各项社会保险参保人数均稳步增长。

基本养老保险参保人数持续增加。2017 年末，全国参加基本养老保险的人数为 91548 万，比 2016 年末增加 2771 万，增长率为 3.1%。全国参加基本养老保险的总人数首次突破 9 亿人，养老保险的法定人群覆盖率超过 90%。[②] 城镇职工基本养老保险参保人数为 40293 万，比 2016 年末增加 2364 万，其中，农民工人数 6202 万，比 2016 年末增加 262 万。参加城乡居民基本养老保险的人数总计 51255 万，比 2016 年末增加 408 万。

建立企业年金的企业数量进一步增加。截至 2017 年底，全国共有 8.04 万户企业建立了企业年金，比上年增长 5.4%，涨幅比上年多了 5 个百分点。参加职工人数共计 2331 万，比 2016 年底增长 0.3 个百分点。

基本医疗保险参保人数持续增加。2017 年末，全国参加基本医疗保险人数为 117681 万，比上年末增加 43290 万，增长率为 58.2%。其中，30323 万人参加了职工基本医疗保险，新增 791 万人，增长率为 2.7%；87359 万人参加了城乡居民基本医疗保险，新增 42499 万人，增长率高达 94.7%。

---

① 人力资源和社会保障部:《2017年度人力资源和社会保障事业发展统计公报》,2018。

② 人力资源和社会保障部原党组书记、部长尹蔚民在中国共产党第十九次全国代表大会新闻中心举行的“满足人民新期待　保障改善民生”记者招待会上（2017 年 10 月 22 日）指出，扣除学龄前儿童和在校学生，基本养老保险制度的法定覆盖人群约为 10 亿人，覆盖率超过了 90%。

失业保险参保人数上升，增速有所下降。全国参加失业保险人数总计18784万，较2016年末增加695万，增长率为3.8%，比2016年下降了0.6个百分点。其中，农民工参保人数为4897万，比上年末增加238万。

工伤保险参保人数继续增加，农民工参保人数增长迅速。全国参加工伤保险的人数为22724万，新增834万，增长率为3.8%。其中，参保农民工人数为7807万，比上年末增长297万，增长率为3.96%。

生育保险参保人数保持增长。参加生育保险的人数为19300万，比上年末增长849万，增长率为4.6%。全年共有1113万人次享受了生育保险待遇，比2016年增加199万人次。

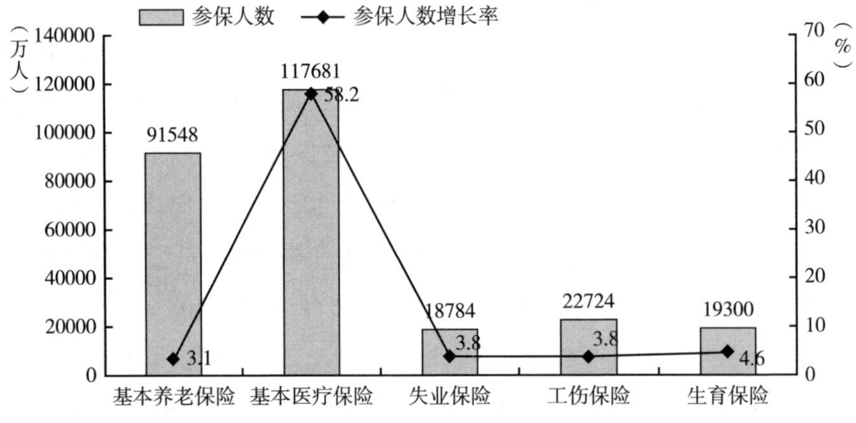

图1　2017年社会保险参保人数

（二）社会保险基金规模继续扩大[①]

2017年，我国社会保险基金收入总体增长。截至2017年底，全国五项保险基金收入合计约67154亿元，比2016年增加13592亿元，增长幅度达25.4%；基金支出合计57145亿元，比2016年增加10257亿元，增长幅度为21.9%。

① 人力资源和社会保障部：《2017年度人力资源和社会保障事业发展统计公报》，2018。

全国基本养老保险基金收入和支出均出现较大幅度增长，收入增幅大于支出增幅，基金累计结存额度进一步增加。基本养老保险基金总收入46614亿元，比2016年增长22.7%，其中，城镇职工基本养老保险基金收入43310亿元，比2016年增长23.5%；城乡居民基本养老保险基金收入3304亿元，比上年增长12.6%。全年基本养老保险基金总支出40424亿元，比2016年增长18.9%。年末全国基本养老保险基金累计结存50202亿元。

全国基本医疗保险基金收入和支出均快速增加，收入增幅和支出增幅持平，基金累计结存额继续增加。基本医疗保险基金总收入为17932亿元，比上年增长37.1%；支出14422亿元，比上年增长33.9%。年末基本医疗保险统筹基金累计结存13234亿元，个人账户积累6152亿元。

全国失业保险基金收入和支出均呈现下降趋势，但总收入大于总支出，基金累计结存额实现净增长。失业保险基金收入为1113亿元，较2016年下降9.4%；支出894亿元，比2016年下降8.4%。年末失业保险基金累计结存5552亿元。

全国工伤保险基金收入和支出均持续增加，收入增幅大于支出增幅，基金累计结存额继续增加。工伤保险基金收入854亿元，比2016年增长15.9%；支出662亿元，比2016年增长8.5%。年末工伤保险基金累计结存1607亿元。

全国生育保险基金收入和支出均出现上涨趋势，但总收入小于总支出。生育保险基金收入642亿元，支出744亿元，分别比2016年增长23.0%和40.1%。年末生育保险基金累计结存564亿元。

（三）社会保障信息化建设稳步推进①

2017年，社会保障各项公共服务的信息化建设继续稳步推进。

一是完善社会保障参保登记信息系统。人社部办公厅2017年3月20日发布的数据显示，截至2017年12月15日，全国各地基本都完成了全

① 人力资源和社会保障部:《2017年度人力资源和社会保障事业发展统计公报》,2018。

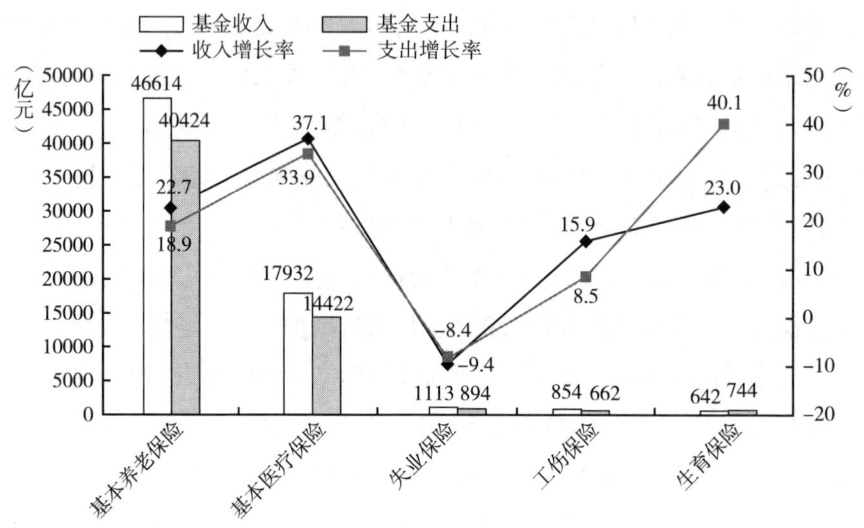

图2　2017 年各项社会保险收支情况

民参保登记数据比对等前期工作，并相继完成入户调查、数据获取以及录入上报等后续工作，省级登记数据库全面建立，全国已有 12.5 亿人的信息录入国家数据系统，基本实现全民基础信息与参保信息登记入库。

二是提高社会保障卡覆盖率。截至 2017 年底，已在全国 31 个省（区、市）以及新疆生产建设兵团发行了全国统一的社会保障卡。全国社会保障卡持卡人数为 10.88 亿，社会保障卡普及率达到 78.7%。社会保障卡持卡人员基础信息库已在全国 31 个省（区、市）和新疆生产建设兵团开始建立，截至 2017 年底，登记入库的人口数量占人口库的比例超过 90%。机关事业单位养老保险信息系统也已在全国 31 个省（区、市）和新疆生产建设兵团上线运行，全国有 70 个地区被确定为全国社会保障卡综合应用示范基地。

三是创新社会保障信息服务手段。2017 年 6 月 22 日，全国“互联网 + 人社”推进座谈会在杭州市召开，标志着“互联网 + 人社 2020 行动计划”实施稳步推进。此次会议提出应该树立创新型的互联网思维，着重发挥互联网在人社业务工作中的促进作用。

二 社会保险制度改革进展

（一）养老保险制度改革进展

1. 基本养老保险待遇水平继续增加

2017年，基本养老保险待遇水平继续提高，企业退休人员基本养老金待遇实现“十三连调”。

《人力资源社会保障部　财政部关于2017年调整退休人员基本养老金的通知》（人社部发〔2017〕30号）规定，企业和机关事业单位退休人员基本养老保险待遇水平同步提高，总体涨幅按照2016年退休人员月人均基本养老金的5.5%左右确定。按照调整办法大体统一的原则，采用定额调整、挂钩调整与适当倾斜相结合的方法，合理确定三部分比重，强化调整的激励性导向。所需资金在企业基本养老保险基金及机关事业单位基本养老保险基金中列支，中央财政对中西部地区、老工业基地、新疆生产建设兵团和在京中央国家事业单位及所属事业单位给予适当补助。

同时，城乡居民养老保险待遇水平也进一步提高。2017年，城乡居民月均基本养老金提高到125元，其中，由各级财政支付的基础养老金为113元，基础养老金水平年增长率为2.6%，比试点初期增长超过1倍，占城乡居民基本养老金的90%以上。

2. 基本养老保险个人账户记账利率办法出台

2017年4月，人社部、财政部联合印发的《统一和规范职工养老保险个人账户记账利率办法》明确，统一规范职工基本养老保险个人账户记账利率，记账利率不低于银行定期存款利率，并结合职工工资增长水平和基金平衡情况等因素综合确定调整，每年6月由人社部和财政部统一公布。职业年金个人账户记账利率由设立职业年金计划的省或地区根据实账积累部分的投资收益率确定，每年公布一次。

3. 基本养老保险省级统筹制度进一步完善

2017 年 9 月，人社部、财政部印发《关于进一步完善企业职工基本养老保险省级统筹制度的通知》（以下简称《通知》）。针对目前养老保险统筹不平衡、地区间政策不统一、管理不规范的问题，提出各地要加快实现养老保险基金省级统筹，全省执行相同的养老保险缴费基数、缴费比率政策，执行全国统一的待遇政策，强化基金收支管理和经办机构统一化、规范化管理。《通知》的发布有利于进一步完善基本养老保险省级统筹、渐进式推进基本养老保险实现全国统筹。

4. 划拨部分国有资本充实社保基金

2017 年 11 月 18 日，国务院印发《划转部分国有资本充实社保基金实施方案》（以下简称《方案》），明确规定了国有资本的划拨范围、划拨对象、划拨流程、划拨步骤等内容。《方案》要求 2017 年选择部分中央企业、部分省份开展试点工作，将划拨的比例统一为企业国有股权的 10%，并督促 2018 年以后，完成试点工作之外的其他符合条件的中央管理企业、中央行政事业单位所办企业以及中央金融机构的国有股权应当尽快完成划拨工作。划拨部分国有资本充实社保基金是一项创新政策，其实施对增强基本养老保险制度的可持续性具有重要作用。

5.《企业年金办法》出台

2017 年 12 月 22 日，人社部、财政部对 2004 年出台的《企业年金试行办法》进行修订和完善，联合印发《企业年金办法》（以下简称《办法》）。

资金筹集：企业年金所需费用由企业与职工共同缴纳，企业缴费每年不超过本单位职工工资总额的 8%，企业和个人缴费总额不超过 12%，企业当期缴费计入个人账户的最高额上限为平均额的 5 倍。

基金管理：企业年金实行完全积累制，为参加企业年金的职工建立年金个人账户和企业账户。其中，个人缴费、企业缴费划转的部分、投资收益归入个人账户管理，个人缴费及其投资收益归属于职工个人，企业缴费及其投资收益可以由企业与职工一方约定自始归属于职工个人，或 8 年以内随工作年限的增加逐步归属职工个人。

待遇领取：职工在退休或完全丧失劳动能力、出国（境）定居情况下，可分次或一次性领取企业年金；个人账户余额可以继承。

《办法》扩大了企业年金计划的适用范围，修订了企业和职工缴费比例，明确了个人账户中企业缴费及其投资收益的归属规则，在一定的标准下适当放宽了待遇领取条件，完善了待遇领取方式。

6. 加快发展商业养老保险

2017 年 6 月 29 日，国务院办公厅发布《关于加快发展商业养老保险的若干意见》。文件从运营安全、产品形态、服务领域、专业能力角度提出建立商业养老保险体系的基本要求。从四个方面部署推动商业养老保险发展：一是创新商业养老保险产品和服务，二是促进养老服务业健康发展，三是推进商业养老保险资金安全稳健运营，四是提升商业养老保险管理服务水平。

（二）医疗保险制度改革进展

1. 开展生育保险和职工基本医疗保险合并实施试点工作

2017 年 2 月 4 日，国务院办公厅公布《生育保险和职工基本医疗保险合并实施试点方案》，在全国 12 个省（市）的 12 个城市开展试点工作，将生育保险和职工基本医疗保险统一参保登记、统一基金征缴和管理、统一医疗服务管理、统一经办和信息管理，试点期限为一年。

2. 统筹医疗救助与城乡居民大病保险制度

2017 年 1 月 16 日，六部门联合下发《关于进一步加强医疗救助与城乡居民大病保险有效衔接的通知》。文件提出，通过保障对象衔接、支付政策衔接、经办服务衔接以及监督管理衔接来完善和促进医疗救助和大病保险制度的有效衔接。强调要资助困难群众参加基本医疗保险制度，扩展重特大疾病医疗救助对象范围；落实大病保险倾斜性支付政策，提高重特大疾病医疗救助水平，实行县级行政区域内困难群众住院先诊疗后付费；规范医疗费用结算程序，加强医疗保障信息共享。同时要求各地方政府要以提高制度可及性、精准性以及群众满意度为出发点和落脚点，抓紧制定本地区的医疗救助和大病保险制度衔接的实施方案。

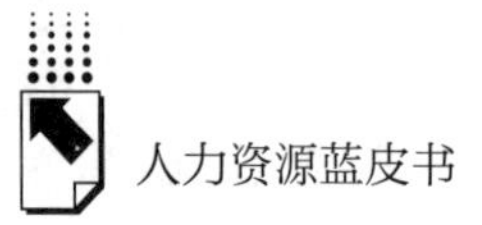

3. 更新基本医疗保险目录

2017 年 2 月 21 日，《国家基本医疗保险、工伤保险和生育保险药品目录（2017 年版）》发布，共收录中成药、西药药品 2535 个。其中，中成药 1238 个，西药 1297 个。更新后的收载药品数量相较于 2009 年版的目录新增了 339 个，增幅约 15%。

7 月 13 日，人社部进一步发布通知，将 36 种药品纳入国家基本医疗保险、工伤保险和生育保险药品目录乙类范围，药品价格与 2016 年的零售价相比平均降幅达 44%，最高降幅为 70%，[①] 大大减轻了患者的医疗费用负担。

4. 改革医疗保险支付方式

2017 年 6 月 28 日，国务院办公厅印发《关于进一步深化基本医疗保险支付方式改革的指导意见》（以下简称《意见》），主要内容为：加强医保基金预算管理，实行多元复合式医保支付方式即重点推行按照病种付费的方式，开展按疾病诊断相关分组付费试点，同时进一步完善按人头付费、按床日付费等支付方式，强化医疗保险对医疗行为的监管。《意见》还要求加强医疗保险基金预算管理，完善医疗保险支付政策措施，协同推进医药卫生体制相关改革。

5. 异地就医结算系统对接工作取得重大进展

到 2017 年底，全国所有省级平台均实现了与国家异地就医结算系统的对接。全国已有 400 个统筹地区的 8499 家跨省定点医疗机构、超过 90% 的三级定点医疗机构连接入网，80% 以上的区县至少有一家定点医疗机构可以提供跨省异地就医住院医疗费用直接结算服务。[②]

6. 全面展开长期护理保险制度试点

2017 年，在 15 个城市、两个重点联系省份全面开展了长期护理保险试点。其中，吉林和山东作为试点的重点联系省份，在全省范围内试行长期护

① 人力资源和社会保障部：《2017 年度人力资源和社会保障事业发展统计公报》，2018。

② 人力资源和社会保障部：《2017 年度人力资源和社会保障事业发展统计公报》，2018。

理保险制度；15 个试点城市全部出台文件启动相关工作，并有 13 个试点城市正式开始支付待遇。截至 2017 年底，全国已有 3800 多万人参加长期护理保险制度。

（三）失业保险制度改革进展

1. 失业保险缴费费率阶段性降低

从 2017 年 1 月 1 日起，失业保险总费率为 1.5% 的省（区、市），可将总费率降至 1%，降低费率的期限执行至 2018 年 4 月 30 日；在省（区、市）行政区域内，单位及个人的费率应当统一，个人费率不得超过单位费率。这一举措对进一步减轻企业负担、增强企业活力、促进就业稳定具有积极作用。

2. 失业保险基金促进再就业作用加强

2017 年 5 月 15 日，人社部、财政部印发《关于失业保险支持参保职工提升职业技能有关问题的通知》，规定了技能提升补贴的申领条件、审核程序、补贴标准、资金来源等内容。取得职业资格证书或职业技能等级证书的职工，可在证书核发之日起 12 个月内，到本人失业保险参保地失业保险经办机构申领技能提升补贴。补贴标准根据职业资格证书的等级或职业技能等级有所区别，为 1000～2000 元，所需资金从失业保险基金技能提升补贴科目中列支。通过向参保职工发放技能提升补贴，可引导职工提高职业技能水平，发挥失业保险促进就业的作用，从而推动我国由人力资源大国向人力资源强国迈进，为我国产业转型升级提供强有力的人才支撑。

（四）工伤保险制度改革进展

1. 工伤保险基金逐步实现省级统筹

2017 年 8 月 25 日，人社部、财政部印发《关于工伤保险基金省级统筹的指导意见》，要求 2020 年底前工伤保险基金实现省级统筹，在省（区、市）内统一工伤保险参保范围、缴费政策和标准、工伤认定和劳动能力鉴定办法、待遇支付标准、经办流程和信息系统。

2. 建立工伤保险待遇调整和确定机制

2017 年 7 月，人社部印发《关于工伤保险待遇调整和确定机制的指导意见》，要求以当地上一年度工伤保险待遇水平为基数，综合考虑职工工资增长、居民消费价格指数、工伤保险基金支付能力、相关社会保障待遇调整情况等因素，兼顾不同地区的待遇差距，及时调整工伤保险待遇水平。工伤保险待遇原则上每两年至少调整一次。

3. 《工伤预防费使用管理暂行办法》出台

2017 年 8 月，人社部、财政部、卫计委、安监总局联合印发的《工伤预防费使用管理暂行办法》明确，工伤预防费是指统筹地区工伤保险基金中依法用于开展工伤预防工作的费用，主要用于工伤事故和职业病预防宣传、工伤事故和职业病预防培训。工伤预防费使用实行预算管理，原则上不得超过统筹地区上年度工伤保险基金征缴收入的 3%，并对确定工伤预防重点领域的主管机构、提供工伤预防服务的社会组织应具备的条件、项目的验收评估以及违反规定应承担的责任等做出了详细规定。

三　社会保险制度发展趋势分析

（一）完善多层次社会保险制度体系

党的十九大报告明确提出，“按照兜底线、织密网、建机制的要求，全面建成覆盖全民、城乡统筹、权责清晰、保障适度、可持续的多层次社会保障体系”。

按照目前的制度安排，第一支柱的国家基本养老保险、基本医疗保险发展时间最长、覆盖范围最广、基金累计规模最大，在制度体系中占据了重要的地位，但是仍然存在不同地区、不同群体在缴费水平、待遇水平、基金支付压力等方面的差异。第二支柱的企业年金仅覆盖全国 0.3% 的企业，且大部分为效益好、收入高的大中型企业；职业年金仅限于形式上的扣缴，没有发挥有效的补充作用；在医疗保险方面，国家层面尚未出台统一的补充医疗保险政策，仅有部分地区的大中型企业在其内部自行建立或购买团体医疗保险。第三支柱中，2017 年出台了个人购买商业健康保险产品的个人所得税优惠政策，对购买符合规定的商业健康保险产品支出，允许在当年（月）计算应纳税所得额时予以税前扣除，由国家统一出台的这一政策旨在鼓励个人积极购买商业健康保险产品，标志着我国社会保险第三支柱已开始逐步建立。

总体来看，虽然多层次的社会保险体系已基本形成，但仍需加强各个层次的制度建设，有效发挥国家、单位、个人三方作用，构建安全、有效、可持续的社会保障网络。

（二）提高社会保险制度统筹层次

党的十九大报告指出，"完善城镇职工基本养老保险和城乡居民基本养老保险制度，尽快实现养老保险全国统筹"。目前基本养老保险处于省级统筹状态，不同地区之间的人口结构、产业结构、经济发展程度不同，导致养老保险的筹资负担不同，缴费比例存在差异，有的地区有大量的养老保险基金结余，有的地区则存在明显的基金支付缺口，既损害了参保人的权益公平，也损害了企业在市场经济中的竞争公平。

医疗保险制度的统筹层次比养老保险更低，一些地区虽然整合了城乡居民的医疗保险制度，但地区间、群体间的筹资与待遇差距仍然存在。失业保险、工伤保险的统筹层次也亟待提高。

因此，为了增加社会保险制度的公平性、提高社会保险基金的互济性，在社会保险制度改革的过程中，应当逐步提高社会保险的统筹层次，在更高层面上实现从制度设计到资金筹集、基金管理、待遇发放、经办服务、信息系统的统一。

（三）建立社会保险待遇正常调整机制

社会保险是应对社会风险的制度安排，保证参保者在遇到社会风险时具备一定的风险抵御能力，待遇水平应当随着经济发展、职工工资、生活消费水平的变化及时调整。

2017 年出台了《关于工伤保险待遇调整和确定机制的指导意见》，明确了各项工伤保险待遇调整的参考因素和标准。除此之外，基本养老金水平按年调整，但关于调整的依据、幅度和方式尚未出台详细的制度规定，具有明显的一年一议特点，没有形成正常的调整机制。医疗保险、失业保险待遇水平也没有明确的调整办法。

社会保险待遇的调整关系所有职工的切身利益，需要统筹考虑各项待遇调整涉及的多种因素，合理选择调整参数和系数，建立科学、有效的调整机制。

参考文献

习近平：《决胜全面建成小康社会　夺取新时代中国特色社会主义伟大胜利——在中国共产党第十九次全国代表大会上的报告》，人民出版社，2017。

人力资源和社会保障部：《2017 年人力资源和社会保障事业发展统计公报》，2018。

人力资源和社会保障部：《2016 年人力资源和社会保障事业发展统计公报》，2017。

人力资源和社会保障部：《2017 年四季度人社部新闻发布会答问实录》，2018。

B.19 我国基本养老保险制度改革进展及发展趋势

赵欣彤*

摘　要： 过去一年，我国基本养老保险制度运行平稳。基本养老保险制度覆盖面持续扩大、基金规模进一步增加、保障水平稳定提高。基本养老保险制度改革取得一系列新进展：企业年金办法、基本养老保险个人账户记账利率办法出台，基本养老保险省级统筹制度进一步完善，基金投资和监管进一步加强，社会保险费率维持阶段性降低。未来养老保险制度改革应当进一步完善多层次养老保险制度体系、提高养老保险统筹层次、进行一揽子优化养老保险制度设计。

关键词： 基本养老保险制度　企业年金　基金投资

2017年，全国各级人力资源和社会保障部门继续坚持建立健全更加公平、可持续的社会保险制度，深化社会保障制度改革。作为社会保险制度的重要组成部分，我国基本养老保险制度平稳有序运行，制度覆盖面和基金规模持续扩大、保障水平有所提升，基金运营效率进一步提高。

---

* 赵欣彤，清华大学公共管理学院就业与社会保障中心博士研究生，研究方向为社会政策与社会保障。

一 基本养老保险制度发展状况

（一）制度覆盖面持续扩大

截至2017年底，全国参加城镇职工和城乡居民基本养老保险（以下简称“基本养老保险”）的人数为91548万人，比上年末增加2771万人，同比增长3.1%。2017年参加基本养老保险的总人数首次突破9亿人，基本养老保险法定人群覆盖率超过90%，我国已经成为世界上养老保险制度覆盖人数最多的国家。①

2017年末城镇职工基本养老保险参保人数为40293万人，比上年末增加2364万人，同比增长6.2%。其中，参保职工29268万人，参保离退休人员11026万人，比上年末分别增加1441万人（增长率5.2%）和922万人（增长率9.1%）。当年参保离退休人员与参保职工之比由36.3%上升至37.7%，同比增长1.4个百分点。

表1 2012～2017年城镇职工基本养老保险参保离退休人员与参保职工之比

单位：%

年度	2012	2013	2014	2015	2016	2017
比例	32.4	33.3	33.7	34.9	36.3	37.7

2017年末城乡居民基本养老保险参保人数51255万人，比上年末增加408万人，同比增长0.8%。其中，实际领取待遇人数15598万人，比上年末增加328万人，同比增长2.1%。

① 2017年10月22日，人力资源和社会保障部党组书记、部长尹蔚民在中国共产党第十九次全国代表大会新闻中心举行的“满足人民新期待 保障改善民生”记者招待会上介绍，扣除学龄前儿童和在校学生，基本养老保险制度的法定覆盖人群大数应为10亿人，现在覆盖了9亿人，覆盖率超过了90%。

（二）基金规模进一步增加

2017 年全年，基本养老保险基金总收入 46614 亿元，同比增长 22.7%。其中，征缴收入 34213 亿元，同比增长 24.4%。全年基本养老保险基金总支出 40424 亿元，同比增长 18.9%。

2017 年全年，城镇职工基本养老保险基金总收入 43310 亿元，比上年增加 8252 亿元，同比增长 23.5%。其中，征缴收入 33403 亿元，比上年增加 6635 亿元，同比增长 24.8%。各级财政补贴基本养老保险基金总计 8004 亿元。全年城镇职工基本养老保险基金总支出 38052 亿元，比上年增加 6198 亿元，同比增长 19.5%。年末基金累计结存 43885 亿元，比上年增长 13.6%。

2017 年全年，城乡居民基本养老保险基金总收入 3304 亿元，比上年增加 371 亿元，同比增长 12.6%。其中，个人缴费 810 亿元，比上年增加 78 亿元，同比增长 10.7%。全年基金总支出 2372 亿元，比上年增加 222 亿元，同比增长 10.3%。年末基金累计结存 6318 亿元，比上年增加 933 亿元，同比增长 17.3%。

过去一年，城镇职工基本养老保险基金征缴收入增长速度和城乡居民基金收入增长速度明显加快，累计结存持续增加，基金规模进一步扩大，基金收支保持基本平衡。

（三）保障水平稳定提高

2017 年，基本养老保险保障水平进一步提高，企业退休人员基本养老金待遇实现“十三连调”。

根据人力资源和社会保障部（以下简称“人社部”）、财政部印发的《关于 2017 年调整退休人员基本养老金的通知》（人社部发〔2017〕30 号），企业和机关事业单位退休人员基本养老保险待遇水平同步提高，总体涨幅为 2016 年退休人员月人均基本养老金的 5.5% 左右，覆盖退休人员 1 亿多人。[①] 调整办法大体统一，兼顾定额调整、挂钩调整与适当倾斜，所

① 人社部：《关于 2017 年调整退休人员基本养老金的通知》（人社部发〔2017〕30 号），2017。

需资金在企业基本养老保险基金及机关事业单位基本养老保险基金中列支，中央财政对中西部地区、老工业基地、新疆生产建设兵团和在京中央国家事业单位及所属事业单位给予适当补助。

2017年，城乡居民养老保险待遇水平进一步提高。一方面，通过社保扶贫工作的开展，参加城乡居民养老保险的贫困人口社保缴费负担有所减轻，享受代缴养老保险保费的贫困人口累计1515万人左右，享受城乡居民养老保险待遇的贫困老人约1681万人；另一方面，全国30个省份、2835个县在中央70元/月的基础上增发了基础养老金，由各级财政支付的基础养老金增加到113元/月。年底城乡居民养老保险月人均养老金水平超过120元，年增长率2.6%，其中，基础养老金占比超过90%，比试点初期增长超过一倍。

二　基本养老保险制度改革进展

2017年，我国基本养老保险制度改革稳步推进。新的《企业年金办法》出台，《基本养老保险个人账户记账利率办法》对基本养老保险个人账户记账利率做出统一规范，基本养老保险省级统筹制度进一步完善，基金投资规模扩大，监管力度进一步加强，社会保险费率维持阶段性降低。

（一）《企业年金办法》出台

2017年12月，人社部、财政部联合印发《企业年金办法》（人力资源社会保障部令第36号，以下简称《办法》）。《办法》自2018年2月起施行，在2004年颁布的《企业年金试行办法》和《企业年金基金管理试行办法》的基础上，对企业年金的制度框架、筹集模式、账户管理方式、领取条件等进行了修订。[①]《办法》明确了企业年金方案包括的具体内容，并规定了企业年金方案终止的几种情形。

在基金筹集方面，《办法》指出，建立企业年金的企业应当具有一定的

① 人社部：《企业年金办法》（人力资源社会保障部令第36号），2017。

经济负担能力，依法参加基本养老保险并履行缴费义务。企业年金基金由企业和职工个人缴费及基金投资运营收益组成；缴费额由企业与职工一方协商确定，但企业缴费不高于职工工资总额的 8%，企业和职工共同缴费不高于职工工资总额的 12%。为兼顾公平，《办法》规定企业当期缴费计入个人账户的最高额上限为平均额的 5 倍。

在账户设置和管理方面，企业年金实行完全积累制，为参加企业年金的职工建立年金个人账户，下设企业缴费子账户和个人缴费子账户，分别记录缴费额及其投资收益。其中，个人账户中的个人缴费及其投资收益归属职工个人，企业缴费及其投资收益可以由企业与职工一方约定自始归属于职工个人，或 8 年以内随工作年限的增加逐步归属于职工个人。

为保障流动就业职工的年金权益，《办法》规定，企业年金个人账户权益可以随同职工由原单位转入新单位企业年金或职业年金；新单位没有企业（职业）年金计划的，可暂时由原管理机构继续管理，也可暂时交由法人受托机构发起的集合计划所设置的保留账户管理。

在待遇领取条件和领取方式方面，《办法》规定，职工在退休或完全丧失劳动能力、出国（境）定居情况下，可分次或一次性领取企业年金；个人账户余额可以继承。

企业年金制度是企业及其职工通过集体协商确定、自主建立的补充养老保险制度，是我国多支柱养老保险制度体系中第二支柱的重要组成部分。截至 2017 年底，全国约 8.04 万家企业建立了企业年金，参与职工 2331 万人，基金规模约 1.3 万亿元（同比增长 16.3%），当年领取人数 127.5 万人，当年领取金额 345.4 亿元，企业年金覆盖企业数与职工数均达到十年前的 2.5 倍（见图 1）。在企业年金规模扩大的同时，企业年金基金也保持了适当的投资收益率。2007 ~ 2017 年，全国企业年金基金投资年平均收益率为 7.3%；2017 年基金投资收益率为 5%（见图 2）。

在政策顶层设计和基金监督管理层面，与 2004 年的《企业年金试行办法》相比，《办法》弱化了企业年金的自愿性，修订了企业和职工缴费比例，提高了企业缴费分配的公平性，增加了企业年金方案变更、终止、中止和恢复缴费的内容，明确了个人账户中企业缴费及其投资收益的归属规则，适当放宽了待遇领取条件，完善了待遇领取方式，扩大了企业年金计划的适用范围。

《办法》的出台有利于规范我国企业年金方案、推动企业年金发展、完善职工薪酬体系、保障职工退休后的生活，同时也为建立多层次的养老保险制度提供了政策依据。

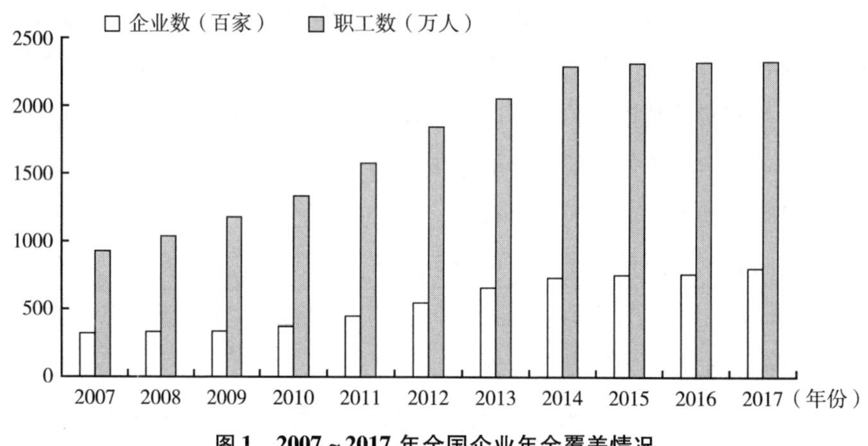

图1　2007~2017年全国企业年金覆盖情况

资料来源：《全国企业年金基金业务数据摘要2017年度》。

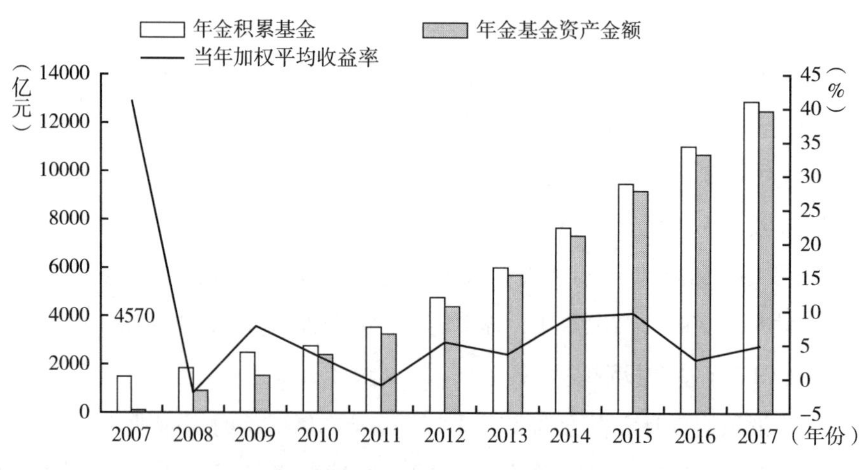

图2　2007~2017年全国企业年金资产规模及收益情况

资料来源：《全国企业年金基金业务数据摘要2017年度》。

（二）基本养老保险个人账户记账利率办法出台

2017年4月，人社部、财政部联合印发《统一和规范职工养老保险个人账户记账利率办法》（人社部发〔2017〕31号，以下简称《个人账户记账利率办法》），在兼顾制度公平与制度激励、保证待遇水平合理、保持制度持续性的原则下，统一规范职工基本养老保险个人账户记账利率。记账利率不低于银行定期存款利率，并结合职工工资增长水平和基金平衡情况等因素综合确定调整，每年6月由人社部和财政部统一公布。[①]

此外，《个人账户记账利率办法》还规定，职业年金个人账户记账利率由设立职业年金计划的省或地区根据实账积累部分的投资收益率确定，每年公布一次。

我国基本养老保障制度实施统筹账户与个人账户相结合的模式。建立个人账户的目的在于提高制度效率，调动职工积累养老金的积极性，实现养老金的保值增值。《个人账户记账利率办法》的出台能够提高养老保险制度的地区间公平性，增强职工参保缴费激励，为进一步提高全国养老保险统筹层次打下了基础。

（三）基本养老保险省级统筹制度进一步完善

2017年9月，人社部、财政部印发《关于进一步完善企业职工基本养老保险省级统筹制度的通知》（人社部发〔2017〕72号，以下简称《通知》），在《关于推进企业职工基本养老保险省级统筹有关问题的通知》（劳社部发〔2007〕3号）的基础上，对各地养老保险基金收支及调度、费率、费基、待遇确认、经办等内容做了进一步规范。[②] 针对目前养老保险统筹不平衡、地区间政策不统一、管理不规范的问题，《通知》提出，各地要加快

---

① 人社部：《统一和规范职工养老保险个人账户记账利率办法》（人社部发〔2017〕31号），2017。

② 人社部：《关于进一步完善企业职工基本养老保险省级统筹制度的通知》（人社部发〔2017〕72号），2017。

实现养老保险基金省级统收统支，全省执行统一的养老保险费率政策，统一单位缴费和个人缴费基数核定办法，执行全国统一的待遇政策，强化基金收支管理和经办机构统一化、规范化管理。《通知》的发布有利于进一步完善基本养老保险省级统筹、渐进式推进养老保险实现全国统筹。

（四）基本养老保险基金投资和监管进一步加强

基本养老保险基金的投资运营，关系到基本养老保险制度的可持续和参保人员的长期利益。2017 年，基本养老保险基金投资运营稳步开展，北京、安徽等 9 个省（区、市）签署了委托投资合同，累计金额 4300 亿元，已到账并开始投资的金额达 2731.5 亿元。浙江、江苏、甘肃、西藏四省（区）的委托投资计划已经审议通过。此外，基金的监管也不断规范。河北、重庆、湖南、浙江、江西等多个地方采取了出台行政监督办法、执行基金监督系统持证上岗制度和基金监督举报工作制度等一系列措施加强社会保险基金的监督管理，保障基金的安全。

现阶段基本养老保险基金投资运营刚刚起步，投资规模仍然有限。2017 年全年基本养老保险基金累计结存 43885 亿元，各省计划用于养老保险基金投资的资金总额占比不超过 10%，到账并开始投资的金额占比仅为 6.2%。作为规模最大、覆盖面最广的第一支柱养老金，基本养老保险基金投资运营规模的扩大和基金投资收益的提升仍有很大的发展空间。

（五）基本养老保险费率进一步降低

2018 年，人社部、财政部发布《关于继续阶段性降低社会保险费率的通知》（人社部发〔2018〕25 号），从 2018 年 5 月起进一步阶段性降低企业职工基本养老保险单位缴费比例，政策延续一年。单位缴费比例超过 19% 的省及地区，基金累计结余可支付月数高于 9 个月的，一年内可阶段性降至 19%。[①]

与其他国家相比，我国社会保险费率较高，阶段性、持续性降低社会保

① 人社部：《关于继续阶段性降低社会保险费率的通知》（人社部发〔2018〕25 号），2018。

险费率是党中央国务院为企业减负的定向调控举措，在确保基金可持续运行的前提下，有利于降低企业用工成本，增强企业活力。自“十三五”规划提出适当降低企业社会保险费率以来，人社部已先后四次发文，降低或阶段性降低企业社会保险费率。总体社会保险费率从41%降至37.25%，累计为企业降低成本3150亿元，为企业发展提供了新动能。

三　基本养老保险制度发展趋势

（一）完善多层次养老保险制度体系

党的十九大报告明确提出，我国要全面建成多层次社会保障体系。目前在我国多支柱养老保险体系中，作为第一支柱的基本养老保险发展时间最长、覆盖面广、基金规模大，制度改革已取得一定成效，在所有养老保险体系的资产中占比超过80%，但基金充足性、储备水平以及收益率仍然偏低，财政补贴在当期养老金支出中占比较高。从长远来看，在采取控制缴费水平的同时，要维持基本养老保险基金可持续运行，除了通过财政补贴、国有资本划拨、社保基金补充等方式以外，还需要通过多种途径提高养老保险基金投资运营的收益率，从而增强第一支柱自身的造血功能。作为第二支柱的企业年金和职业年金已经持续运行十多年，企业年金基金规模逐年扩大，但绝对规模仍然较小，2016年我国企业法人数量超过2596万户，其中，建立企业年金的企业数约7.6万户，占比约为0.3%，且以大中型企业为主，现阶段还难以担负起补充支持第一支柱养老金的重任；新出台的《企业年金办法》通过增资、规范等方式推动企业年金的健康发展，但并未在职工个人参与投资决策和税前额度列支方面有明确规定，因此政策促进效果仍然有待检验。[①] 第三支柱养老金（即个人储蓄养老保险）在我国起步晚、险种少、覆盖群体有限，亟待政府引导发展和市场力量介入。自2018年起在上海、

① 杨燕绥、张定川：《发展企业年金需要国家“输血”》，《金融经济》2018年第3期。

福建和苏州工业园区试点个人税收递延型商业保险，这种试行的养老体系税收优惠模式也将有助于各支柱养老金的发展。

（二）提高养老保险统筹层次

养老保险统筹是指从制度设计到基金管理、经办服务、信息系统的全流程统一。我国的基本养老保险制度一直以来是在中央统一制度框架之下，由地方政府组织实施。目前养老保险全国统筹仍然面临多方面的挑战。随着户籍制度改革的深入和劳动力市场一体化进程的加快，人口流动日益频繁，地区间养老保险基金收支差距不断拉大，一些省份基金盈余规模不断扩大，而另一些省份则依靠财政补贴维持基金持续运行，地区之间养老保险基金的财务差距不断拉大。2015 年全国已有 6 个省份出现了当期养老金基金“收不抵支”的情况，加大了财政负担风险。2016 年国务院在《关于 2016 年中央和地方预算执行情况与 2017 年中央和地方预算草案的报告》中提出，要研究制定基本养老保险基金中央调剂制度，建立中央调剂金，对地区间基本养老保险基金进行适度调剂，缓解地区间基金负担不平等。作为一种地方统筹向全国统收统支的基金管理方式过渡的中间方案，中央调剂金制度有利于在中短期内解决基本养老保险区域不平衡、部分地区收不抵支的问题，有助于形成公平的市场竞争环境，最终实现基本养老保险全国统筹。

（三）进行一揽子优化养老保险制度设计

在下一阶段的养老保险制度改革中，应在当前成效的基础上，进行一揽子优化设计，着力推进养老保险制度结构和运行机制完善。

第一，提高制度的公平性。现阶段城镇职工养老保险与城乡居民养老保险的制度衔接通道已经打通，但两种制度的制度框架、筹资模式不同，待遇水平也存在较大差异；机关事业单位与企业职工养老金并轨在政策层面已经实现，但两类人群的养老保险的基金账户、经办渠道和信息系统并未合并，养老金实际替代率的差异仍然存在。在养老保险制度设计和调整上兼顾不同参保群体，自上而下整合经办机构与信息系统，有助于促进社会公平。

第二，加强基金的可持续性。一方面，人口老龄化使得养老金出口增加。中国的人均预期寿命已超过76岁，现行的养老保险个人账户计发月数仍然按照139个月核定，基金支付压力较大。另一方面，养老保险缴费职工占比有待提高。据《中国养老金精算报告2018～2022》测算，未来五年内缴费职工占参保职工的比例将从78%下降至75.4%，也就是说，到2022年，参保职工中每4个人就有1个人不缴费。[①] 因此，加快推进延迟退休，在制度设计中加强缴费激励，将缴费与待遇领取相挂钩，也是建设党的十九大提出的“可持续的多层次社会保障体系”的重要举措。

第三，明确养老保险在社会保障体系中的定位。养老保险制度应与失业保险、低保制度协同发展，在政策制定的过程中加强部门间沟通，鼓励适龄人群进入劳动力市场，避免可能出现的道德风险，协调好社会保险、社会救助等各层次社会保障体系的关系，从而有效提高社会保障资金的使用效率。

---

① 郑秉文主编《中国养老金精算报告2018～2022》，中国劳动社会保障出版社，2018。

B.20 2015～2017年求职市场薪酬变化状况

周　培*

摘　要： 本文以智联招聘2015～2017年在线招聘数据库的相关数据为基础，分析显示，2015～2017年，全国平均薪酬稳步增长，但后期增幅放缓；一线城市薪酬上涨快，新一线和二线城市薪酬尚未拉开差距；大型企业薪酬增长稳健，小微企业薪酬水平对经济环境相对敏感，波动较大。

关键词： 就业市场　求职市场　薪酬

本文以智联招聘[①] 2015～2017年在线招聘数据库中用工单位的相关数据为基础，重点关注全国平均薪酬水平以及不同城市、类型组织、规模企业、行业/职业的薪酬水平变化情况。总体数据覆盖全国37个城市，其中，2017年的数据覆盖37个城市、2016年的数据覆盖34个城市、2015年的数据覆盖32个城市。

---

* 周培，智联招聘大数据研究院资深研究员，新闻传播学本科学历，主要从事人力资源发展、雇佣关系、宏观及细分领域人才供给与需求匹配等方向的研究。

① 智联招聘成立于1994年，2014年6月正式在纽交所挂牌上市。智联招聘是中国领先的职业发展平台，为用户的整个职业生涯提供相关职业及发展机会，在全国拥有39家分公司，南北两大互动营销中心覆盖200多座城市。智联招聘拥有24年人才储备历史，拥有强大的白领人才库，目前拥有1.6余亿注册用户，平均学历及综合素质为行业内领先，同时在优质人才群体中拥有极高的忠诚度。日均活跃求职者用户630万，累计合作企业415万家。

一　全国平均薪酬的变化态势

（一）2015～2017年全国平均薪酬稳步增长

具体而言，全国平均薪酬从2015年第1季度的5804元/月上涨为2017年第4季度的7789元/月，三年时间内平均薪酬上涨了34.1%（见图1）。

（二）各季度全国平均薪酬环比基本保持上涨，但后期增幅放缓

具体而言，2015年第2季度的上涨比较明显，相比上一季度，全国平均薪酬涨幅高达8.9%。2017年第2季度是唯一出现平均薪酬下跌的季度，平均薪酬环比下降3.8%，导致这一现象是由于当季小微企业薪酬下降幅度大（高达31%）、高薪的一线城市用工需求缩减，而新一线及二、三线城市用工需求量大幅增长，带来全国平均薪酬数被拉低。此外，从环比数值也可以看出，进入2017年，平均薪酬上涨的幅度越来越小，薪酬增长速度放缓，这或许意味着我国经济从高速增长期进入了平稳期（见图1）。

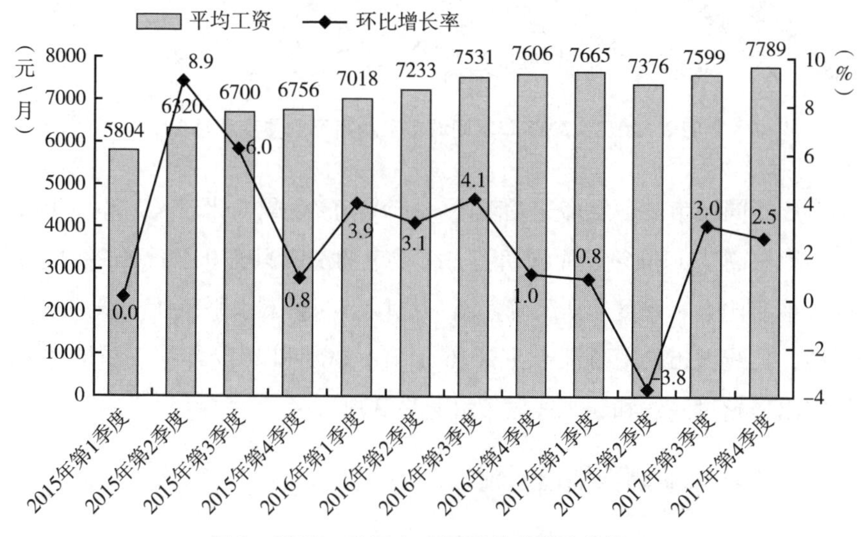

图1　2015～2017年全国平均薪酬变化情况

二　不同城市平均薪酬的变化态势

（一）一线城市薪酬上涨快，新一线和二线城市薪酬未拉开距离

一线城市的平均薪酬与新一线、二线城市之间的差距越来越大，新一线城市与二线城市平均薪酬的差距越来越小。一线城市生活成本高，住房、教育、医疗等资源压力大，用人单位为了满足发展需求，势必要提高人才薪资待遇，导致人力成本上升，进而推动城市平均薪酬水平上涨（见图2）。

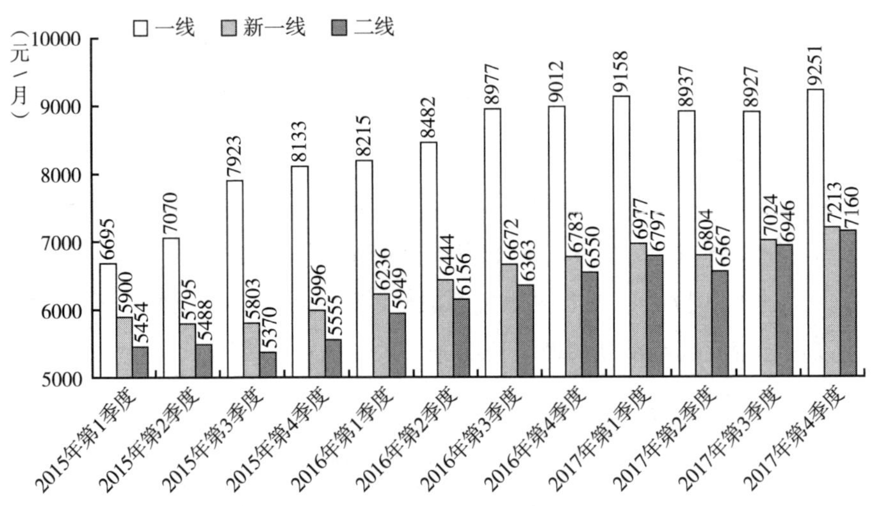

图2　2015～2017年不同城市平均薪酬数量变化情况

对比不同城市的薪酬增速发现，一线城市的薪酬变化较大，2015年第2季度的增幅高达12.1%，而同期新一线城市的涨幅只有0.1%，二线城市的薪酬水平相比上一季度有所下降。新一线城市的薪酬水平整体上涨的态势比较平稳，二线城市的薪酬涨幅在2016年第1季度和2017年第3季度的表现比较突出，超过一线和新一线城市（见图3）。

（二）北京薪酬涨幅遥遥领先

从总体涨幅来看，北京的平均薪酬涨幅遥遥领先于其他城市，2017年

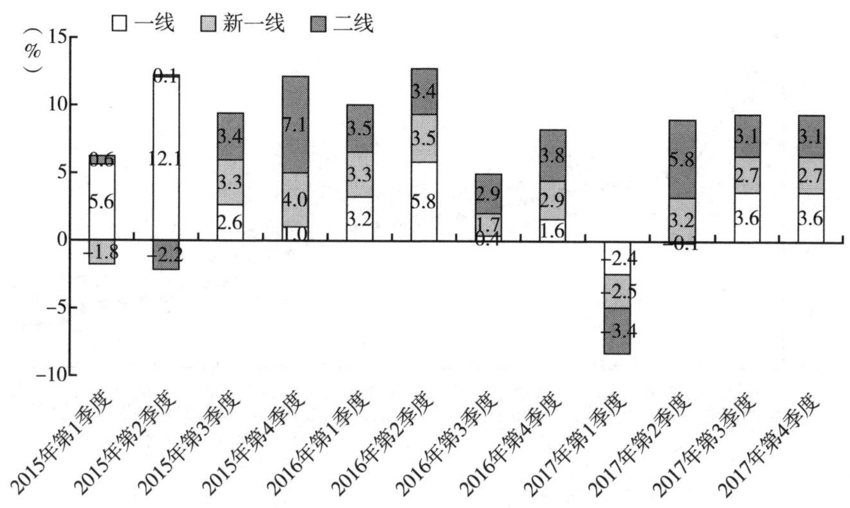

图3 2015~2017年不同城市薪酬增幅变化情况

第4季度的平均薪酬较三年前平均增长54%，其次总体涨幅比较大的城市为昆明，再次为贵阳，分别为49%和47%。上海薪酬的总体涨幅排在第四位，为43%，南京和深圳以35%的涨幅并列第5名。海口、兰州、无锡的薪酬总体涨幅没有超过10%。

北京资源优势突出，产业发展覆盖面比较广，许多大型企业的总部均设立在北京，同时北京经济发展活跃，不仅自身人才供应充足，对全国人才的吸引力也比较大，再加上“长安米贵，居大不易”，生活成本高，相对应的薪酬水平也比较高。

从各个城市每个季度的平均涨幅来看，北京的平均涨幅也处于领先地位，三年季度环比增长的均值为4.2%，排名第二位的是乌鲁木齐，平均涨幅为3.9%。南宁和昆明的平均涨幅均为3.8%，并列第三位，贵阳的平均薪酬涨幅为3.6%，超过了上海的3.4%。无锡的整体薪酬上涨幅度排名靠后，各季度平均上涨的幅度仅为0.8%。另外，大连、成都、重庆、长沙、西安、苏州等城市的平均薪酬的季增幅也较低（见图5）。

无锡的薪酬水平不管是总体涨幅，还是各季度环比涨幅，排名都落后于其他城市。根据无锡市官方媒体公布的数据，2017年无锡地区生产总值突

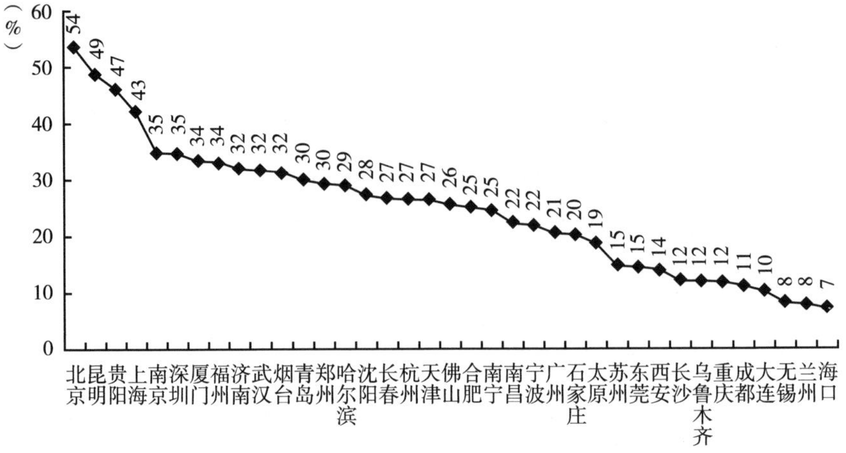

图4　2015～2017 年不同城市平均薪酬总体涨幅排名

注：统计时间段内 2017 年第 4 季度相对第一次统计值的涨幅。

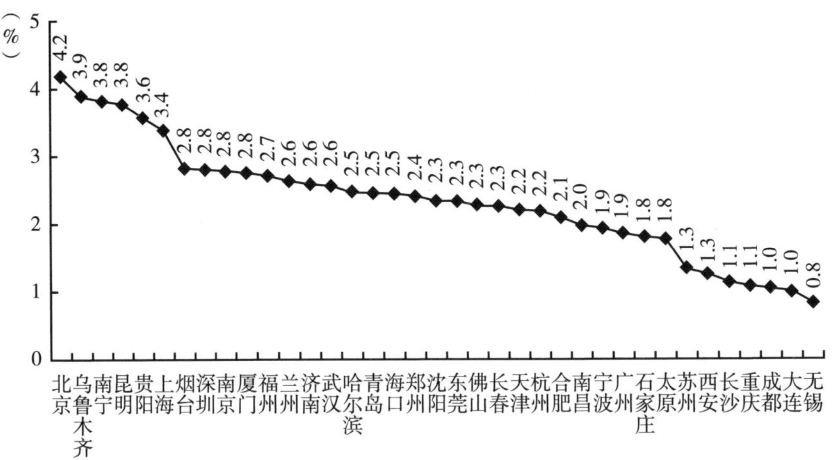

图5　2015～2017 年不同城市平均薪酬的季平均涨幅排名

注：统计时间段内每季度环比涨幅的均值。

破万亿元，是江苏省内继苏州、南京之后第三个经济总量突破万亿元的城市，但从薪酬变化情况看，经济总量的发展暂时还没有传递到用人单位的人力资源成本上。

三　企事业单位平均薪酬的变化态势

（一）事业单位、民营企业薪酬上涨快

从不同性质单位的环比平均涨幅来看，事业单位的涨幅最高，为4.4%，其次是民营企业和外商独资企业，均为3.4%（见图6）。国家为加强教育、科技、文化、卫生等领域的保障，对事业单位的投入增加。民营企业发展活力较强，为促进发展，用人单位愿意为高素质、有能力的人才提供更有竞争力的薪资条件。外资企业高薪福利神话依然持续。

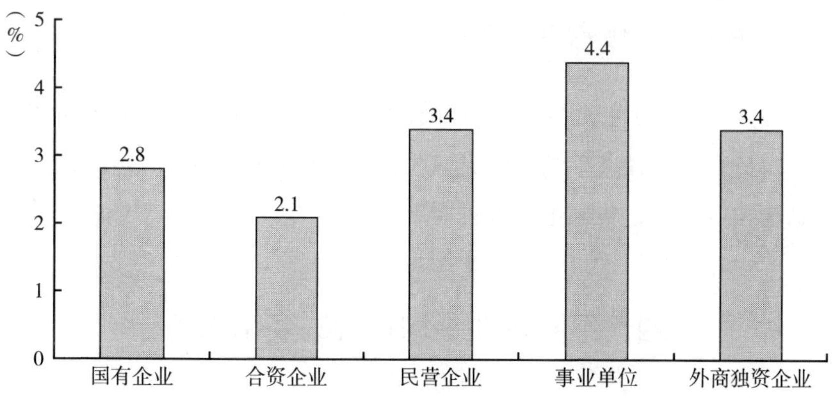

图6　2015～2017年企事业单位薪酬的平均涨幅状况

注：统计时间段内每季度环比涨幅的均值。

（二）人员规模大的企业薪酬涨幅较大，微型企业工资波动大

从不同规模企业的薪酬变化来看，20～99人、1000～9999人的企业的总体涨幅最大，均为3.6%，其次为100～499人的企业，总体涨幅为2.9%（见图7）。微型企业多为初创型创业公司，规模小且处于发展初级阶段，业务和人员架构不稳定，抗风险能力低，因受到宏观经济、国家政策、经营状况、创业信心等因素影响，其人员薪酬波动大，创业信心坚定时，企业用高薪吸引人才，但行业低迷时，人员招聘成本随时缩减，因此薪酬波动较大，整体涨薪幅度不大。

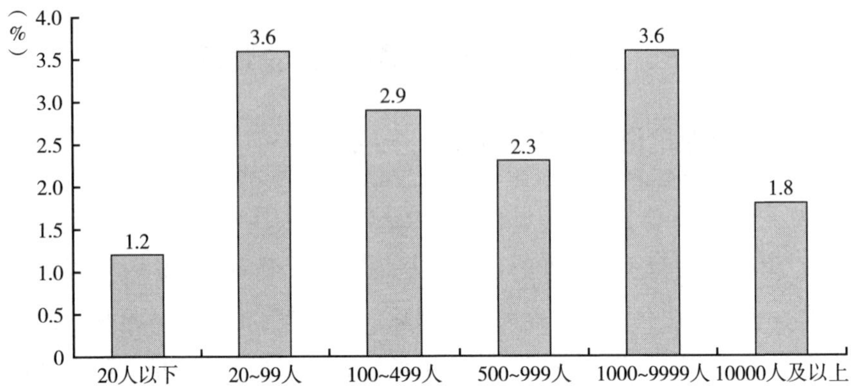

图7　2015~2017年不同人员规模企业薪酬的平均涨幅情况

注：统计时间段内每季度环比涨幅的均值。

此外，万人以上的超大型企业薪资水平的上涨幅度也不大。超大型企业体量大、员工多，且多半经营历史悠久，具有良好的业务和行业发展基础，人才结构相应稳定，薪酬走势也较为平稳。

四　不同行业平均薪酬的变化态势

（一）薪酬涨幅最大的10个行业

办公用品及设备行业的平均涨幅最大，为5.8%，其次是航空/航天研究与制造行业，为5.7%。旅游/度假行业的平均涨幅为4.9%，酒店/餐饮行业的平均涨幅为4.5%（见图8）。这种变化态势从一个侧面反映了经济发展的活力所在以及居民生活水平、消费水平的提升。

（二）薪酬涨幅最小的10个行业

从平均涨幅来看，印刷/包装/造纸业、外包服务、跨领域经营、互联网/电子商务和学术/科研均为负值（见图9）。这些行业在新经济、新技术的冲击下自身发展面临挑战，大多面临转型压力。比如，传统的互联网企业

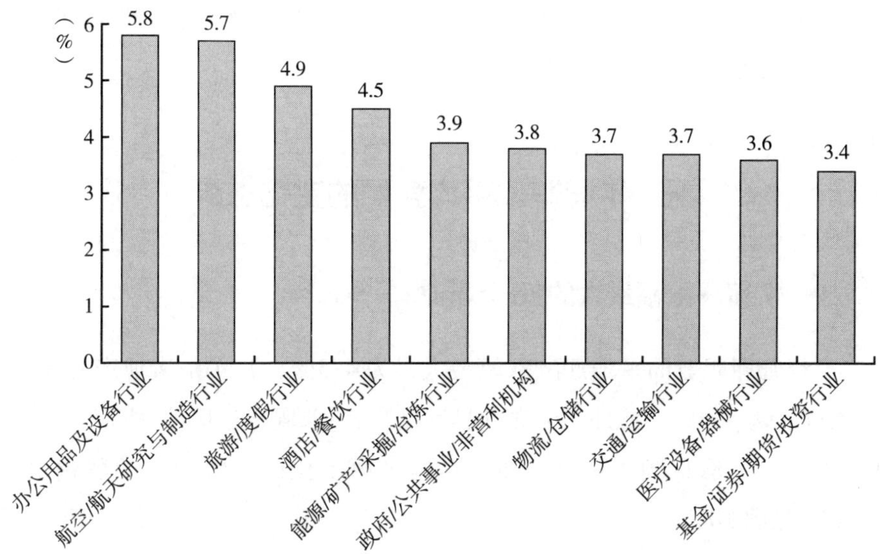

图 8　2015～2017 年薪酬平均涨幅最大的十个行业

注：统计时间段内每季度环比涨幅的均值。

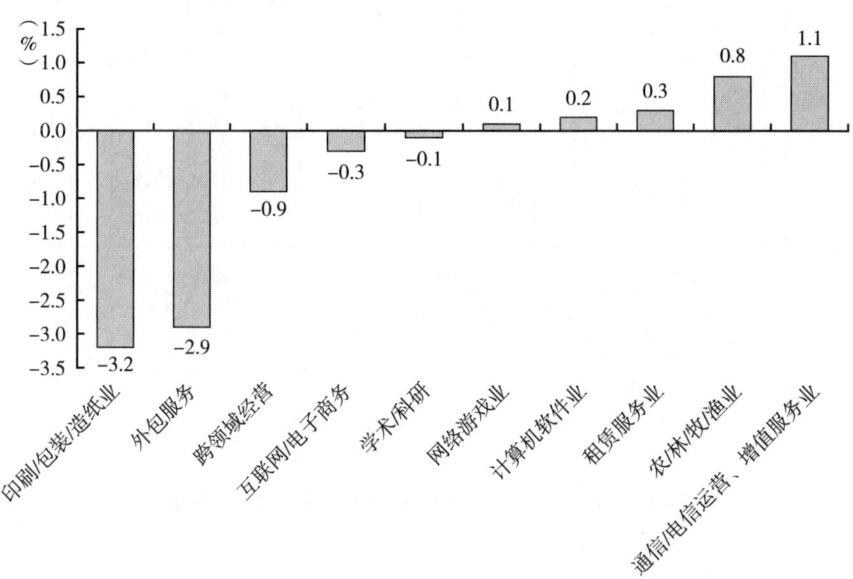

图 9　2015～2017 年薪酬平均涨幅最小的十个行业

注：统计时间段内每季度环比涨幅的均值。

受到大数据、算法及人工智能的冲击，如何与时俱进、转型升级并降低人力资源成本成为其发展中面临的重要问题。

五　不同职业平均薪酬的变化态势

（一）薪酬涨幅最大的10个职业

高级管理职业的平均薪酬涨幅最大，为4.5%，其次是房地产开发/经纪/中介，为4.4%。此外，证券/期货/投资管理/服务、医院/医疗/护理等职业的薪资上涨也颇为可观，即使是排名第十位的销售管理的涨幅也为3.6%（见图10）。

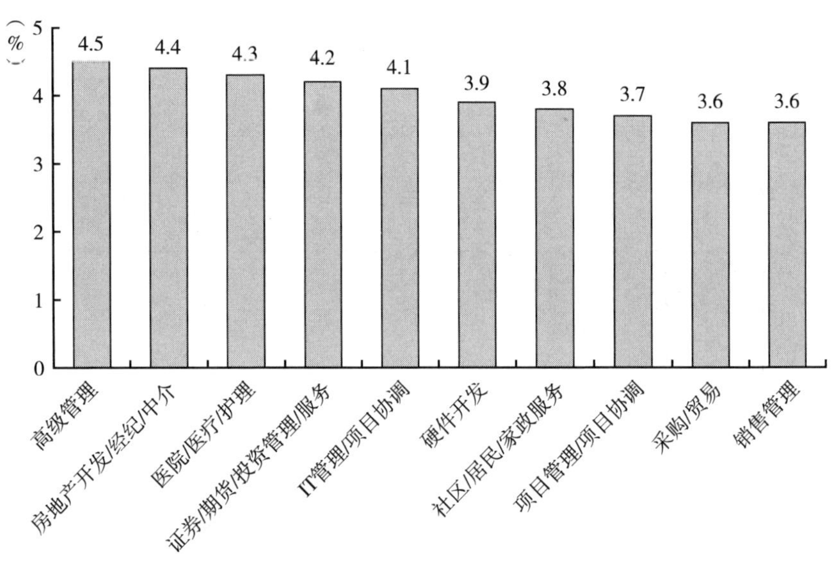

图10　2015～2017年薪酬平均涨幅最大的十个职业

注：统计时间段内每季度环比涨幅的均值。

高级管理人才在一定程度上影响企业发展，目前属于稀缺资源，其薪酬在原本就处于高位的基础上依然涨势迅猛。房地产行业在这三年中从开发到租赁都持续火爆，属于百姓生活的刚需板块，随着政策调控，房地产市场秩序越来越规范，出现了新一轮活跃期，薪酬水平的上涨幅度也非常可观。

（二）薪酬涨幅最小的10个职业

农/林/牧/渔业的平均薪酬涨幅为－9.3%，薪酬波动较大；汽车制造业的平均涨幅仅有0.5%；实习生/培训生/储备干部的平均涨幅为1%；IT质量管理/测试/配置管理、行政/后勤/文秘、银行、互联网产品/运营管理、公关/媒介等职业的薪酬水平都比较稳定，季节性变动不大（见图11）。

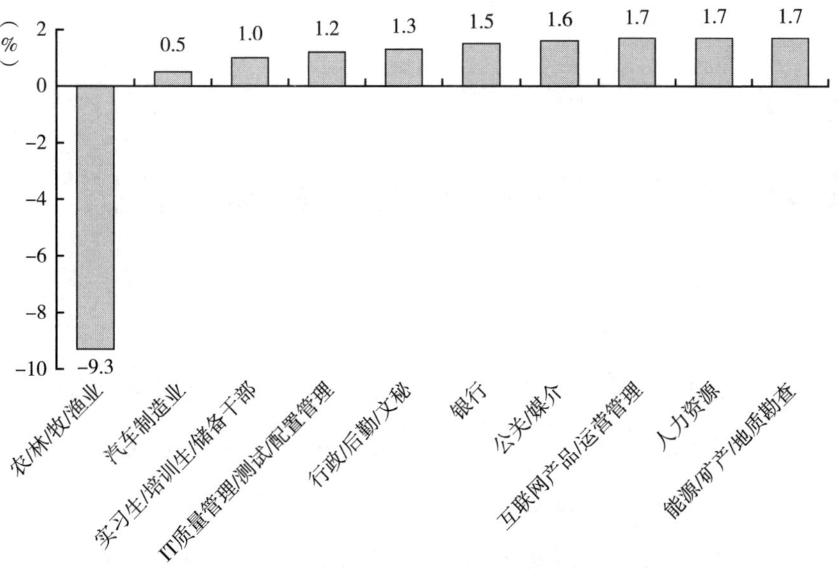

图11　2015～2017年薪酬平均涨幅最小的十个职业

注：统计时间段内每季度环比涨幅的均值。

人力资源服务业篇

Current Development of Human Resource Service

B.21

我国人力资源服务市场发展现状分析*

王晓辉　田永坡**

摘　要： 2017 年我国人力资源服务市场延续了高速发展态势。本文从人力资源服务规模、人力资源流动配置能力、人力资源服务业态发展、人力资源服务重大活动等方面，分析了我国人力资源服务市场发展状况，结合我国人力资源服务业发展环境变化，探讨了新时代我国人力资源服务市场的发展趋势。

关键词： 人力资源服务业　人力资源流动配置能力　服务市场

* 除特别注明，本文中数据均来自人力资源和社会保障部有关统计。

** 王晓辉，博士，中国人事科学研究院助理研究员；田永坡，博士，中国人事科学研究院人力资源市场研究室主任、研究员。

2017 年我国经济运行稳中有进，经济社会保持平稳健康发展。2017 年国内生产总值 82.7 万亿元，比上年增长 6.9%；第三产业增加值比重为 51.6%。城镇化建设稳步推进，2017 年末中国大陆总人口 13.9 亿人，同比增加 737 万人，常住人口城镇化率为 58.52%，比 2016 年末提高 1.17 个百分点。[①] 就业总量保持稳步增长，2017 年末全国就业人员 7.76 亿人，同比增加 37 万人；全年城镇新增就业人数 1351 万人[②]。经济社会持续健康发展，激发了人力资源服务需求。与此同时，政策体系不断健全完善，保障了人力资源服务能力的有效提升。

一　人力资源服务规模

（一）营业收入

人力资源服务市场规模继续保持两位数增长，增长率连续 3 年保持在 20% 以上。2017 年人力资源服务业全行业营业总收入 14442 亿元，比 2016 年增长 21.9%，远高于同期 GDP 增速（6.9%）和第三产业增加值增速（8.0%）。

人力资源服务业发展质量继续提升。从扣除代收代付后的营业收入看，2017 年的营业收入净额为 3950 亿元，比 2016 年增长 29.2%；从从业人员的人均营业收入看，2017 年人均营业收入为 247 万元，比 2016 年增加 33 万元。

（二）人力资源服务机构规模

随着人力资源市场整合改革的推进，公共就业服务机构和人才公共服务机构数量有所减少；与此同时，源于放管服改革的深化，人力资源市场主体数量明显增长。截至 2017 年底，全国县级以上公共就业和人才服务

① 数据来源于国家统计局《中华人民共和国 2017 年国民经济和社会发展统计公报》，2018。

② 数据来源于人力资源和社会保障部《2017 年度人力资源和社会保障事业发展统计公报》，2018。

机构以及各类人力资源服务企业总量约3.02万家，比2016年增加3400余家；全国建立各类人力资源市场网站1.2万个，固定招聘（交流）场所2.1万个。

从服务机构构成类别上看，民营人力资源服务机构增长最快，依然是我国人力资源服务业的最大主体。截至2017年底，民营性质人力资源服务企业21990家，占人力资源服务机构总量的72.9%；国有性质人力资源服务企业1793家，占6.0%；县级以上公共就业和人才服务机构5259家，外资及港澳台资性质的服务企业235家，民办非企业等其他性质的服务机构885家，占比分别为17.4%、0.8%和2.9%。

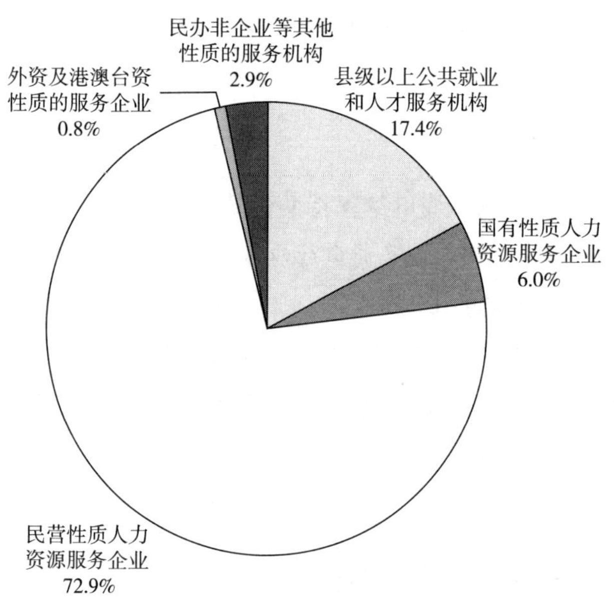

图1　2017年各类人力资源服务机构构成比例

二　人力资源流动配置能力

随着政府对人力资源服务市场引导作用的更好发挥，人力资源服务体系建设扎实推进，人力资源流动机制更加顺畅，人力资源市场对人力资源配置的决定性作用显著提升，人力资源流动配置服务需求高速增长。

2017 年，就业和流动人数增长较快，依然保持两位数的增长。2017 年全国各类人力资源服务机构共帮助 2. 03 亿人次实现就业和流动，比 2016 年增长 14. 7%。全国登记求职和要求提供流动服务的人员达 4. 13 亿人次，比 2016 年提高 19. 1%；各类人力资源服务机构共服务各类人员 8. 08 亿人次，比 2016 年增长 19. 1%；3190 万家次用人单位使用了人力资源服务，比 2016 年增长 13. 1%。

登记求职和要求提供流动服务的人员中，大专及以下学历的占绝大部分，但占比略有下降；其次是本科学历人员，占比略有提高。2017 年的服务人次中，大专及以下学历的占总量的 67. 4%，本科学历的占总量的 28. 2%，硕士及以上学历的占总量的 4. 4%。

就各类人力资源服务机构服务的用人单位性质看，民营企业占绝大部分，其次是外资企业和其他用人单位。2017 年为用人单位服务家次总量中，国有企事业单位占 7. 4%，民营企业占 70. 3%，外资企业占 11. 5%，其他用人单位占 10. 8%。

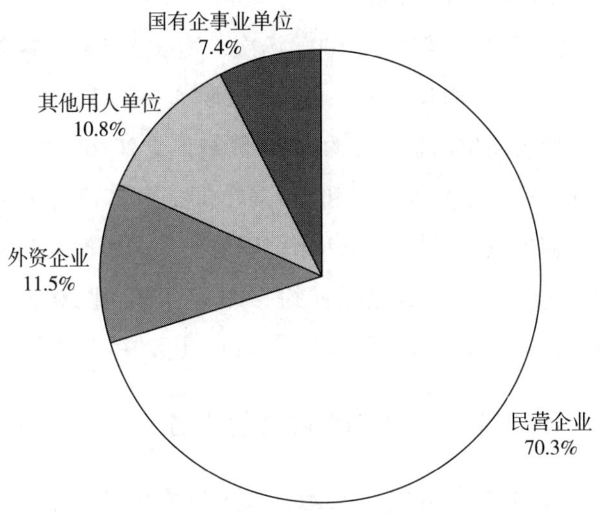

图 2　2017 年服务用人单位的构成比例

三　人力资源服务业态发展

2017 年人力资源服务主要业态呈现如下特点：现场招聘会总体基本稳定，网络招聘保持高速发展；劳务派遣业务量保持低位运行，人力资源外包服务继续稳步增长；档案管理服务持续增长；人力资源培训、人力资源管理咨询服务和高级人才寻访服务等需求保持较快增长。

（一）招聘服务

随着互联网强国战略的实施，“互联网 + 人社”的稳步推进，互联网等新一代信息技术渗透到人力资源服务的各个业务领域，在传统的现场招聘会发展总体基本稳定的同时，以“互联网 +”为特征的网络招聘和移动互联网络招聘受到用人单位和求职者的青睐。

从现场招聘会举办情况看，2017 年招聘会总数止跌回升，与 2015 年基本持平。2017 年，全国各类人力资源服务机构共举办 22.3 万场次现场招聘会，比 2016 年增加 2.3 万场次，增长 11.5%。其中，农民工专场招聘会约 6.2 万场次，比 2016 年增加 1000 场次，增长 1.6%；高校毕业生专场招聘会约 6.6 万场次，比 2016 年增加 1000 场次，增长 1.5%。参会用人单位约 702 万家次，比 2016 年增长 2.1%；参会求职人员约 1.1 亿人次，比 2016 年增长 1.7%；招聘岗位信息总计约 1.04 亿条，比 2016 年增长 3.0%。

网络招聘服务受到更多求职者和用人单位欢迎，2017 年网络招聘岗位和求职信息发布量保持较快增长。2017 年全国各类人力资源服务机构通过网络发布岗位招聘信息首次突破 3 亿条（约 3.08 亿条），比 2016 年增长 8.0%；发布求职信息首次突破 6 亿条（约 6.27 亿条），比 2016 年增长 5.8%。

（二）劳务派遣服务与人力资源外包服务

受到《劳务派遣暂行规定》实施、人力资源服务企业业务转型升级、企业经营社会化发展、人力资源供给与使用分离等因素影响，一方面，劳务派遣与人力资源外包服务两种业务的总量保持稳步增长；另一方面，劳务派遣业务量在连续几年迅速下滑后保持低位运行，而人力资源外包服务继续稳步增长。

2017 年，登记要求派遣人员 565 万人，比 2016 年增加 13 万人，增长 2.36%。全国约有 28.3 万家用人单位使用了人力资源服务机构提供的劳务派遣服务，比 2016 年增加 1000 家；全国各类人力资源服务机构派遣人员 893 万人，比上年增加 17 万人。2017 年全国约有 58 万家用人单位使用了各类人力资源服务机构提供的人力资源外包服务，比上年增加 4 万家。

（三）档案管理服务

随着近几年来流动人员人事档案管理收费制度改革，档案管理服务进一步规范，档案管理手续不断简化，档案电子化进程加速，人力资源流动配置能力增强，档案管理服务自 2014 年以来出现了快速增长。2017 年，依托档案提供开具相关证明、工资调整、档案查阅等服务 4646 万人次，比 2016 年增长 4.8%；管理流动人员人事档案 8084 万份，比 2016 年增长 4.7%。

（四）人力资源培训等服务

基于国际国内经营环境日趋复杂、产业转型升级、企业经营难度加大、人力资源个性化诉求增多等原因，特别是国家大众创业万众创新的持续推进，放管服改革的深化，市场活力进一步激发，高级经营管理人才和高级技能人才相对稀缺，人力资源培训、人力资源管理咨询服务和高级人才寻访服务等需求保持较快增长。

2017 年，全国各类人力资源服务机构举办培训班 32 万次，比 2016 年增加 14.3%；培训人员 1362 万人，比 2016 年增长 12.8%。全国约有 258 万家用人单位使用了人力资源服务机构提供的人力资源管理咨询服务，比 2016 年增长 12.8%。高级人才寻访（猎头）服务成功推荐选聘各类高级人才 130 万人，比 2016 年增长 11.9%。

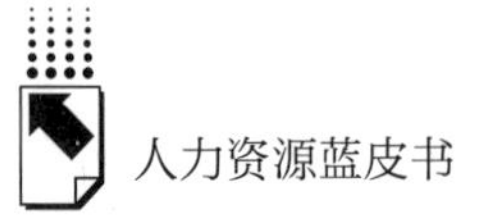

四　从业人员状况

随着人力资源服务高速增长，更多的就业岗位被开发，人力资源服务业的从业人员数量也出现同步增长，在2016年提前实现了《关于加快发展人力资源服务业的意见》（人社部发〔2014〕104号）中提出的“到2020年全行业从业人员50万人”的预定目标。在此基础上，2017年从业人员数量进一步增长。2017年全国人力资源服务业的从业人员约58.4万，比2016年增加3.4万。

从业人员队伍的总体素质有所提高，但还有待进一步提升。从取得职业资格的从业人员总量看，2017年有18.1万人获得职业资格，比2016年增加1万人，增长5.9%。从学历构成看，大专及以下学历的从业人员总量较大，且占比较大；本科及以上学历的从业人员总量略有提高，但占比略有下降。具体而言，大专及以下的从业人员，总量由2016年的35.3万增加到2017年的38万，占比从2016年的63.9%上升到2017年的65.1%；而本科及以上学历的从业人员，总量由2016年的19.9万增加到2017年的20.3万，但占比比2016年降低了1.2个百分点。

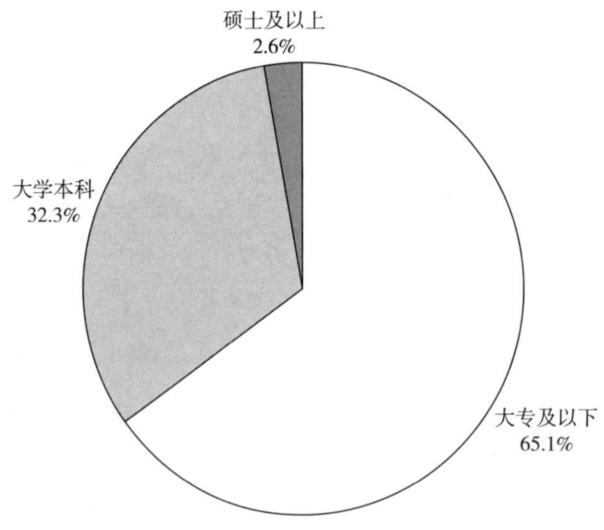

图3　2017年从业人员的学历构成情况

五　人力资源服务重大活动与发展新举措

各级政府、研究机构、协会、人力资源服务机构等密切关注人力资源服务业的发展，2017 年举办了一系列研讨、大赛和展览活动。

（一）全国人力资源市场建设工作座谈会

2017 年的全国人力资源市场建设工作座谈会，于 3 月 31 日在河南郑州召开。会议总结交流了 2016 年人力资源市场建设经验，研究部署了人力资源市场建设的重点工作。会议指出，要重点做好以下五个方面的工作。第一，建立健全人力资源市场体系，加快构建人力资源市场法规体系，加强诚信体系建设，创新事中事后监管。第二，建立健全高校毕业生基层服务工作机制，研究实施高校毕业生基层成长计划，统筹实施基层服务项目。第三，推动人力资源服务业繁荣发展，制定实施《人力资源服务业发展行动计划》。第四，建立健全人才顺畅流动配置机制，简化优化流动人员人事档案管理服务与人事档案信息化建设，加强区域人才合作开发。第五，加强调配工作科学化规范化建设，进一步提升人才配置工作水平。

（二）人力资源服务理论与实践经验研讨会

2017 年各级政府、研究机构、人力资源服务协会、人力资源服务企业等相关组织合作召开了一系列人力资源服务相关理论与实践经验的研讨会，其中，较有代表性的如下。

“2017 中国人力资源服务战略发展大会”：会议由中国对外服务工作行业协会、北京人力资源服务行业协会、上海人才服务行业协会、亚太人才服务研究院等联合主办，主题是“落实行动计划、创新行业发展”。与会的全国 400 余位行业主管部门领导、人力资源服务企业高管和人力资源研究领域的专家总结交流了人力资源服务的核心价值理论问题、人力资源服务业发展的实践经验、人力资源服务各业态发展状况、《人力资源服务业发展行动计划》对行业发展的影响以及新时代人力资源服务业的发展趋势。

“第四届中国人力资源服务业创新大会”：大会在苏州市举行，主题是“回归原点，重新出发”。人社部市场司领导、国际和国内的人力资源服务供应商高管、人力资源服务产业园主要负责人及专家等1000余人参加了此次会议，就人力资源服务业发展的现状、面临的新形势、发展的新路径和新增长点等问题进行了交流；探讨了技术、资本、政策与人力资源服务业发展的关系。此外，本届大会新增了“中国人力资源服务创新大奖颁奖盛典”这一亮点环节，对人力资源服务行业技术、产品、服务、解决方案的创新进行评选表彰。

（三）人力资源服务创新创业大赛

“2017年中国（宁波）人力资源服务创新创业大赛决赛”由中国人事科学研究院和宁波市人民政府主办，宁波市人社局、宁波人力资源行业协会承办。这项大赛已经成为人力资源服务展现业态模式创新、管理创新、技术创新和服务创新的有效载体和推进人力资源创新项目与资本对接融合的产业平台，受到业界广泛欢迎。2017年全国有500余个项目团队报名参加，最终评选出20个决赛项目。决赛在赛程设置上，采用“8+5路演+现场答辩”评选模式，20名评委从项目专业性和落地适应性两方面进行考量。大赛最终产生一等奖1个（企飞科技—智能薪酬服务专家项目）、二等奖3个、三等奖6个、优胜奖10个；20个决赛项目与有关投融资机构全部达成投资合作意向，涉及投资金额约7510万元。其中，大赛现场有5个项目签约落户浙江（宁波）人力资源服务产业园、中国宁波人才市场产业孵化基地和宁波保税区人力资源服务产业园。

（四）人力资源服务技术与产品展览会

“第二届中国（上海）国际人力资源服务产品与技术大会”在上海举办。本届大会由美国LRP集团、中国四达国际经济技术合作有限公司、上海外服（集团）有限公司、上海肯耐珂萨人才服务股份有限公司共同主办。

大会有4000余名人力资源领域的企业经理人和专家学者参加，举办了40余场主题论坛和活动，60余家国内外知名人力资源服务商展览了人力资源服务新产品。大会主要分享了移动互联网、人工智能、大数据、云计算等新科技在人力资源领域的应用、行业模式创新、管理技术的变革等内容。此外，大会还举行了首届“人力资源技术优秀服务商评选活动”（Best HR TECH Award）颁奖仪式。

“2017中国（浙江）人力资源服务博览会”由浙江省人力资源和社会保障厅主办，主题是“连接、跨界、融合”。来自浙江、江苏、福建、河北、山西、甘肃、重庆等11个省市的124家人力资源企业机构参展，20余个省区市的团队组团来观展，总观展人数为历届最高，累计观展人数50000余人次；大会高峰论坛参展单位超过50家，有10000多位业内经理人莅临现场。博览会论坛围绕“助力浙企走出去、支持人才引进来”“人工智能与人力资源创新”“人才+资本+互联网”“互联网+共享经济新服务创新峰会”等主题作了热烈交流。

“2017HRoot中国人力资源服务展”在深圳、北京、上海、成都、广州等地举办，400余家国内外领先的人力资源服务供应商和3万余名人力资源总监、人力资源经理、企业中高层管理者、企业人力资源需求采购者等参加了会展。其中，上海有10877人、深圳有5233人、北京有6351人、成都有4526人、广州有5068人。本届展会采取了现场展示、产品发布、演讲、研讨会等多种形式，为展示和了解行业新技术与新服务产品、未来发展趋势、最佳实践经验、服务品牌等提供了平台。

六　人力资源服务市场发展展望

新时代我国社会的主要矛盾已经转化为人民日益增长的美好生活需要和不平衡不充分的发展之间的矛盾。这是当前人力资源服务市场发展面对的最大实际，如何扩大和创新多样化与高效的人力资源服务供给，最大程度地提高人民群众的获得感、幸福感面临新挑战。未来的人力资源服务市场将发生一些变化。

第一，更好地发挥政府作用，提高政策引导力，促进市场在人力资源流动配置中起决定性作用，仍然是人力资源服务市场发展的重要任务。随着《关于加快人力资源服务业的意见》（人社部发〔2014〕104号）和《人力资源服务业发展行动计划》的进一步落实，《人力资源市场暂行条例》的出台，规范灵活有序的人力资源服务市场建设有了更有效的法律保障。

第二，为更好满足劳动者和用人单位日益多样化的人力资源服务需求，人力资源服务体系和人力资源服务产业园建设将关注个性化服务诉求。截至2018年5月，已获批复建立的国家级人力资源服务产业园共11家。在国家级产业园的示范和带动下，各地人力资源服务产业园将更为贴近人力资源服务需求。

第三，《"互联网+人社"2020行动计划》将继续推动人力资源服务与新一代信息化技术融合，互联网和大数据等技术要素将与人力资源服务产品和服务模式更为融合。

第四，"一带一路"倡议加速实施，"一带一路"建设派生的人员招聘、高级人才寻访、薪酬服务、社会保障事务、人力资源管理咨询等人力资源服务，将是人力资源服务走出国门发展的契机。

第五，为更好促进乡村振兴战略实施，打好精准扶贫攻坚战，人力资源服务业在促进人才特别是高校毕业生向艰苦边远地区和基层一线流动，将有更大的发展空间。

第六，人力资源服务从业人员总量和素质将加速提高，行业经营规模将高速增长，并将早日实现到2020年人力资源服务行业规模达到2万亿元，建立健全专业化、信息化、产业化、国际化的人力资源服务体系的发展目标。

参考文献

王克良主编《中国人力资源服务业发展报告（2014）》，中国人事出版社，2014。

余兴安主编《中国人力资源发展报告（2017）》，社会科学文献出版社，2017。
余兴安主编《中国人力资源发展报告（2016）》，社会科学文献出版社，2016。
余兴安主编《中国人力资源发展报告（2015）》，社会科学文献出版社，2015。
余兴安主编《中国人力资源发展报告（2014）》，社会科学文献出版社，2014。
吴江主编《中国人力资源发展报告（2013）》，社会科学文献出版社，2013。

B.22
人才公共服务体系建设现状与发展

人才公共服务课题组*

摘　要： 人才公共服务在服务规模、服务内容、服务手段、服务政策发展等方面取得了明显成效，而且在地方典型城市也逐步形成了各具特色的服务供给模式和服务标准。与此同时，人才公共服务也存在服务职能不甚清晰、服务机构定位不够明确、服务标准化建设尚不规范、公共服务保障还不到位等问题。因此，进一步发展人才公共服务要明确人才公共服务的基本职能和目录清单，深化人才公共服务机构改革，稳步推进人才公共服务标准化建设，强化人才公共服务财政投入和服务环境、服务队伍建设。

关键词： 人才公共服务　服务体系　人力资源服务机构

我国人才公共服务发轫于20世纪80年代初，经历了近40年的发展历程，目前已经逐步呈现出专业化、信息化、均等化的发展趋势。2010年，《国家中长期人才发展规划纲要（2010—2020年）》明确提出，“完善政府人才公共服务体系，建立全国一体化的服务网络。健全人事代理、社会保险代理、企业用工登记、劳动人事争议调解仲裁、人事档案管理、就业服务等公共服务平台，满足人才多样化需求”。2016年，中共中央印发的《关于深

---

* 人才公共服务课题组成员：中国人事科学研究院人才战略与政策研究室刘霞、刘洋、孙彦玲、陈立新、余仲华。

化人才发展体制机制改革的意见》明确提出，“健全市场化、社会化的人才管理服务体系。构建统一、开放的人才市场体系，完善人才供求、价格和竞争机制。深化人才公共服务机构改革”。这些政策要求进一步明确了人才公共服务的发展方向。近40年的历程，人才公共服务体系在改革创新中发展完善，成效明显。进入新时代，人才公共服务体系建设需要抓住机遇应对挑战，提高发展效能。

一 人才公共服务体系建设现状

（一）人才公共服务发展成效显著

改革开放以来，我国人才公共服务从无到有，目前已初步形成了多元化、多层次的服务体系。截至2017年底，全行业共有人力资源服务机构3.02万家。[①] 其中，县级以上公共就业和人才服务机构5259家，占总数的17.4%。

1. 人才公共服务规模快速发展

2017年，全国各类人力资源服务机构为28.3万家用人单位提供了893万人次的劳务派遣服务，为58万家用人单位提供人力资源外包服务；为258万家用人单位提供人力资源管理咨询服务，管理流动人员人事档案8084万份，依托档案提供工资调整、档案查阅、开具相关证明等服务4646万人次；举办培训班32万次，培训人员1362万人；高级人才寻访（猎头）服务成功推荐选聘各类高级人才116万人次。[②]

2. 人才公共服务内容不断丰富

据不完全统计，目前人才公共服务的内容已达20多个大项，涉及高层

① 人力资源和社会保障部：《2017年度人力资源和社会保障事业发展统计公报》，2018。人社部相关数据统计是针对人力资源服务业整体进行统计的，没有做人才公共服务与就业公共服务的区分。

② 数据来源于人力资源和社会保障部市场司。

次人才服务、人才引进、人才落户、外国专家服务、留学人员回国服务、高校毕业生就业创业服务、流动人员档案管理、人才评价、人才出入境相关证明、人事代理、流动党员管理、人才征信管理、人才创业指导、人才供求信息统计分析及发布、人才职业发展咨询、人才培训、人才考试测评等。

3. 人才公共服务技术手段不断创新

实施"互联网 + 公共服务"以来，人才公共服务与互联网实现深度融合。随着新技术手段的广泛应用，人才公共服务方式呈现云端化、移动化、智能化发展趋势，服务标准和流程日益优化和规范。部分地区的人才公共服务大厅已实现了"五百"目标（即事项上网 100%、办事指南 100%、表格下载 100%、网上预约 100%、网上反馈 100%）。移动便捷、实时互动、线上线下同步成为人才公共服务的最新体验。

4. 人才公共服务政策日益完善

党的十八大以来，中央和地方分别出台了一系列促进人才公共服务发展的政策文件。2013 年，人社部印发《关于加快推进人力资源市场整合的意见》（人社部发〔2013〕18 号）；2014 年，中组部、人社部等五部门联合出台《关于进一步加强流动人员人事档案管理服务工作的通知》（人社部发〔2014〕90 号），人社部、国家发改委、财政部出台《关于加快人力资源服务业发展的意见》（人社部发〔2014〕104 号）；2015 年，山东省在全国率先出台《关于促进人才服务体系建设的意见》（鲁人组发〔2015〕32 号），青岛市出台首个国家级人才交流服务标准——《青岛市人才交流服务标准化（市南）试点工作手册》。2018 年 5 月，《人力资源市场暂行条例》（以下简称《条例》）经国务院第 7 次常务会议通过，自 2018 年 10 月 1 日起实施。《条例》规定了公共人力资源服务机构提供八项服务不得收费，包括：人力资源供求、市场工资指导价位、职业培训等信息发布，职业介绍、职业指导和创业开业指导，就业创业和人才政策法规咨询，对就业困难人员实施就业援助，办理就业登记、失业登记等事务，办理高等学校、中等职业学校、技工学校毕业生接收手续，流动人员人事档案管理，县级以上人民政府确定的其他服务。这些政策的出台使得人才公共服务的政策体系在逐步健全完善。

（二）地方人才公共服务职能体系和标准体系建设长足发展

1. 人才公共服务职能逐步优化

上海市的人才公共服务主要由上海市人才服务中心提供，最大特点是将全部与人才相关的公共服务整合在一起，实现“五个统一”：①机构统一，人才服务机构消除了分散化现象，全部整合到人才服务中心一家机构；②职能统一，将全部人才服务职能统一到人才服务中心，从而实现了服务内容（项目）统一；③服务对象统一，人才服务中心向国内人才和海外人才统一提供服务；④免费服务统一，人才服务中心所有提供的公共服务全部免费，真正做到了公益性服务；⑤财政支持统一，市财政统一向人才服务中心拨付服务费用。

上海市人才服务中心的职能主要是：贯彻国家和上海市人才战略和规划，执行人才流动的政策和法规，承担上海人才公共服务体系建设相关工作，服务国内外优秀人才交流；负责上海市人才发展服务平台日常管理，制定行业服务标准和信息化系统运行管理；承担上海市高层次人才交流服务；负责海外高层次人才“千人计划”服务专窗工作，承担外国专家证受理和相关服务；负责人才引进受理和审核；参与相关实施细则和工作标准的制定，受理居住证、居住证转户籍、人才直接进沪等申报事项；负责申报材料、申报信息等委托事项的审核；承担居住证（B 证）和留学人员回国来沪创业申办户籍的受理和材料预审；负责上海市人力资源市场运行；开发和管理上海市人力资源流动信息系统，发布上海市人才需求信息；负责上海市流动人员人事档案管理和服务；负责上海市高校毕业生就业服务工作；指导和组织区（县）、行业中心开展高校毕业生就业服务；承担“三支一扶人员”等就业援助；负责回国留学人员资格认定和相关服务；受委托承担留学人员回国来沪投资享受优惠资格认定、创业服务，受委托承担回国留学人员的国（境）外学历学位认证材料受理、初审和申报，承担政府相关部门“一门式”窗口的服务工作；负责上海市公共人事代理服务；负责上海市人才诚信信息系统建设；负责与长三角城市和外省市等区域人才交流服务合作；负责上海市流动人才党员服务中心的日常管理服务工作以及新经济组织党委日常工作。

山东省出台的《关于促进人才服务体系建设的意见》（鲁人组发〔2015〕32号）明确提出：建立更加专业化、标准化、信息化、产业化的人才服务体系，健全完善人才公共服务体系，深化人才公共服务体制机制改革，明晰人才公共服务定位，优化人才公共服务方式，拓宽人才公共服务平台，全面提升人才社会化服务水平。2016年10月，山东省公共就业和人才服务中心成立，负责提供就业、促进创业和人才服务有关法律法规和政策的贯彻落实；负责全省大中专学校毕业生就业指导，统筹提供大中专学校毕业生就业服务；指导全省职业介绍、职业指导和人力资源市场招聘活动，以及省级人力资源市场；负责流动人员人事档案及人事代理、社会保险代理、流动党员管理服务、人才经办服务工作；组织开展城乡劳动者就业创业培训，企业管理人员、工人培训；负责建立健全人力资源市场信息服务体系，开展人力资源、劳动者就业失业等信息调查、统计和分析等。可见，山东省公共就业和人才服务中心将公共就业和人才服务的职能全部整合到一个机构，采取一站式服务提供模式。

2. 人才公共服务标准化建设稳步推进

2013年国家标准化委员会下发了《社会管理和公共服务综合标准化试点细则（试行）》，深入开展“社会管理和公共服务综合标准化试点”工作，人才及就业服务领域属于试点项目覆盖范围。目前，全国各地结合自身实际情况，在总结完善工作实践的基础上，逐步建立起人才公共服务标准。其中，北京、上海、四川完成人才服务标准化建设；青岛市出台首个国家级人才交流服务标准——《青岛市人才交流服务标准化（市南）试点工作手册》；济南市历经3年探索，出台全国首个人才公共服务标准体系，建立起了以通用基础标准分体系为指导、服务提供标准分体系为核心、服务保障标准分体系为支撑、岗位工作标准分体系为抓手的综合标准体系，涵盖了市、县（市）区、乡镇（街道）、村（居）四个层级的人才公共服务，真正实现了人才公共服务制度统一、标准统一、管理统一、执行统一。

有的地方，在某一具体服务领域也建立服务流程和标准。例如，上海市人才服务中心将流动人员人事档案管理服务工作分为档案接收、档案材料归档、档案整理、档案库房管理、档案查阅服务、出具各类人事证明、档案转出等七个子流程。上海浦东人才服务中心在标准化建设方面基本实现了服务内容、服务环节电子化操作全覆盖，走在了全国前列。广东省人才服务局已经成功开发了人才公共服务管理系统，大大提高了公共服务的效能，而且还免费向兄弟省市提供使用，有利于开展区域合作，促进了人才公共服务的标准化建设。

二　人才公共服务体系建设存在的主要问题

（一）人才公共服务职能不甚清晰

当前，对人才公共服务职能的内涵缺乏统一界定，表现如下：一是人才公共服务应该包括哪些服务内容和项目尚不明确，各地所提供的人才公共服务的内容和项目不尽相同；二是现有一些人才公共服务内容或项目的属性划分不清，即公益性和经营性项目存在交叉，导致财政支持和服务收费出现不少问题。

（二）人才公共服务机构定位不够明确

目前，全国各地的人才公共服务机构有参照公务员管理的事业单位，有公益一类、二类事业单位，还有企业化运作的事业单位，机构属性不一，提供的服务内容差异较大，服务标准也不统一。总的来看，在人才公共服务方面，还存在政事、政企关系不够清晰的问题。

（三）人才公共服务标准化建设尚不规范

一是由于人才公共服务内涵界定不同，服务内容和流程差异性较大，其标准化建设工作缺少统筹协调，各地各级部门自行建立服务标准体系，独立开发信息服务管理系统，服务标准化发展不平衡，标准化水平与覆盖范围也存在很大差异。二是区域发展不平衡，导致标准化发展不平衡。一般而言，经济发达地区在信息平台建设、档案数字化方面投入大，标准化工作进展快，经济发展相对落后地区则工作推进较慢。

（四）人才公共服务保障还不够到位

做好人才公共服务所需的各种保障要素，如机构配备、队伍建设、经费支撑、硬软件建设等还没有完全到位，相互配套与衔接不够，在一定程度上制约了人才公共服务的发展。比如，人才公共服务机构属性不同，所属工作人员的身份不尽一致，素质也有一定差异，影响到人才公共服务的质量。再如，人才公共服务经费保障不足，不仅影响人才公共服务规模、项目的发展，也影响人才公共服务的质量。

三 人才公共服务体系建设的发展方向

（一）人才公共服务基本职能和目录清单应更加明确

人才公共服务基本职能是人才公共服务体系建设的核心内容。只有明确了人才公共服务的基本职能和内容，才会让人才公共服务机构在提供公共服务和政府购买人才公共服务时有章可循、有规范可依。有关部门应在充分调研的基础上，结合全国人才公共服务实际，制定人才公共服务基本职能清单，明确哪些人才公共服务内容应该由人才公共服务机构提供，哪些人才公共服务可以通过政府购买的方式委托人才服务机构提供。在制定政府公共服务购买清单的过程中，应综合考察政府购买人才公共服务的科学性和可操作性，将符合政府购买公共服务管理规定的人才公共服务内容纳入购买清单。逐步减少政府直接服务，扩大购买服务将是政府人才公共服务提供的主要发展趋势。

（二）人才公共服务机构改革应进一步深化

党的十九大报告强调，“深化事业单位改革，强化公益属性，推进政事分开、事企分开、管办分离”。当前，地方人才公共服务机构属性不一，有的是参照《公务员法》管理的事业单位，有的是公益事业单位，有的是企业化运作的事业单位。深化人才公共服务机构改革，对参公管理和公益一类的服务机构要强化人才公共服务机构的公益属性，从机构职能上明确人才公共服务的职责和服务内容，将经营性业务剥离出去，交由市场经营，直接做好公益性人才公共服务。对公益二类服务机构要区分公益性服务与营利性服务内容的边界，划界而为，分设部门，公益的归公益，营利的归营利，相关部门要加强监管，确保公益服务落实到位。

（三）人才公共服务标准化建设应持续推进

在确定了人才公共服务职能与内容之后，应加强人才公共服务的标准化建设，逐步建立并持续完善服务设施与环境、服务行为、服务流程和服务质量等方面的标准体系。在“互联网 +”政务服务发展的背景下，大数据、云计算等信息技术和资源，为人才公共服务标准化建设提供了强大的技术支撑。有关部门应参照国家人力资源服务的相关标准和规范，充分运用互联网技术，强化人才公共服务标准化建设，使之标准统一、流程通畅、服务规范、效果满意，实现人才公共服务的高效、便捷和规范。同时，要及时总结地方标准化建设的探索成果，逐步将地方标准上升为行业标准，并成为国家标准，逐步建立起全国统一的人才公共服务标准体系。与此同时，逐步加强标准化建设管理和管理的标准化。

（四）人才公共服务保障应着力加强

人才公共服务投入应由政府财政保障，所需项目资金应纳入国家财政预算和地方财政预算，避免人才公共服务机构因生存问题而偏离公益属性、逐利趋营。在人才公共服务队伍建设方面，要加强职业道德的养成，不断提高服务人员的业务能力和素质，加强各种业务培训，保障服务规范和质量。在人才公共服务硬件和环境上，要不断完善优化服务平台和服务环境，提升智能化和人性化水平，提高人才公共服务效率效能。

参考文献

《2017 年度人力资源和社会保障事业发展统计公报》，2018。

《关于深化人才发展体制机制改革的意见》，2016。

B.23

人力资源培训服务现状与发展

葛　婧*

摘　要： 案例调查显示，我国大多数人力资源服务机构可以提供人力资源培训服务，我国不同地区之间人力资源培训服务发展不尽平衡，外资和合资培训企业较早进行互联网品牌宣传，E-Learning培训已经成为培训服务的重要组成部分。基于巨大的市场需求、政策红利、技术和资本的推动，我国人力资源培训服务发展前景喜人，未来将可诞生更多更强的本土领军企业，跨界交流和合作也将成为行业发展常态。

关键词： 人力资源　培训服务　E-Learning　政策红利　技术资本

人力资源培训服务（human resources training service，以下简称“培训服务”）指的是为满足或提高培训对象在工作中需要的能力和素质而提供的培训和训练过程，[①] 是人力资源服务业的一个重要业态，文中人力资源培训服务的数据以国家人力资源和社会保障部（以下简称人社部）的相关统计为主，必要时辅之以其他相关口径的数据。

---

* 葛婧，博士，人力资源和社会保障部教育培训中心助理研究员，主要研究方向为人力资源服务业、组织与制度。

① 定义参照《人力资源培训服务规范》（GB/T 32624 - 2016）。

一　培训服务的发展现状

（一）培训服务规模

截至2017年底，全行业共有人力资源服务机构3.02万家，从业人员58.4万人，实现营业收入1.44万亿元。2017年，共为3190万家次用人单位提供了人力资源服务。[①] 其中，全国各类人力资源服务机构共举办培训班32万次，比2016年增长14.3%；培训人员1362万人次，比2016年增长12.8%。此外，据人社部统计，2017年全年共组织各类职业培训1690万人次。[②] 另据教育部（以下简称“教育部”）统计，2016年，接受高等教育和中等职业教育中的岗位证书培训的结业生数为1535.6万人次，[③] 接受高等教育和中等职业教育的资格证书培训的结业生数为977.2万人次；从2006年到2016年，除民办幼儿园、民办普通小学、民办普通初中、民办普通高中、民办中等职业学校、民办高校以外的“其他民办培训机构”[④] 每年保持在2万所左右，每年接受培训的人次在800万～900万。与此同时，市场上出现了独立培训师这一职业形态，他们提供的人力资源培训服务也占有一定的市场份额。

尽管这些数据不能简单加总，但总的来看，我国现在的人力资源培训服务规模超过上述任何一个单项统计数字。基于巨大的人口基数，我国的培训服务市值相当可观。

---

① 《2017年度人力资源和社会保障事业发展统计公报》，http://www.mohrss.gov.cn/SYrlzyhshbzb/zwgk/szrs/tjgb/201805/t20180521_294287.html。

② 有关数据参见“2015～2017年人力资源服务业主要业态发展情况”，载孙建立主编《中国人力资源服务业发展报告（2018）》，中国人事出版社，2018，第8页。

③ 有关数据根据教育部网站2016年教育统计数据中的“各级各类非学历教育学生情况”计算而来，http://www.moe.gov.cn/s78/A03/moe_560/jytjsj_2016/2016_qg/201708/t20170822_311617.html。

④ 相关数据通过对2006～2016年的全国教育事业发展统计公报计算而来，http://www.moe.gov.cn/jyb_sjzl/sjzl_fztjgb/。

（二）培训服务政策法规和工作活动

2017 年以来，我国人力资源服务业立法有突破性进展，相关政策完善工作取得明显进步，有关工作活动有序开展。

1. 国务院发布的法规政策

（1）国务院公布《人力资源市场暂行条例》。国务院总理李克强 2018 年 5 月 2 日主持召开的国务院常务会议通过了《人力资源市场暂行条例（草案）》。2018 年 7 月 17 日，《人力资源市场暂行条例》（以下简称《条例》）以国务院令的形式公布，并于 2018 年 10 月 1 日起施行。《条例》是系统规范在我国境内通过人力资源市场求职、招聘和开展人力资源服务活动的第一部行政法规，对建设统一开放、竞争有序的人力资源市场，更好地服务于就业创业和高质量发展，实施就业优先战略和人才强国战略具有重要意义。《条例》对人力资源市场培育、人力资源服务机构、人力资源市场活动规范、人力资源市场监督管理及法律责任等作了全面规定。

（2）国务院发布《关于推行终身职业技能培训制度的意见》（以下简称《意见》）。2018 年 5 月 3 日发布的《意见》指出，职业技能培训是全面提升劳动者就业创业能力、解决结构性就业矛盾、提高就业质量的根本举措，是适应经济高质量发展、培育经济发展新动能、推进供给侧结构性改革的内在要求，对推动大众创业万众创新、推进制造强国建设、提高全要素生产率、推动经济迈上中高端具有重要意义。《意见》明确了推行终身职业技能培训制度的指导思想、基本原则和目标任务，并围绕“构建终身职业技能培训体系、深化职业技能培训体制机制改革、提升职业技能培训基础能力”提出了一系列政策措施。

（3）国务院推出支持创业创新和小微企业发展的减税措施，旨在加大企业对员工的教育培训投入。2017 年 4 月 25 日召开的国务院常务会议决定，再推出 7 项减税措施，支持创业创新和小微企业发展，其中第五项措施是：“将一般企业的职工教育经费税前扣除限额与高新技术企业的限额统一，从 2.5% 提高至 8.0%”。这些措施从 2018 年 1 月 1 日起实施，在客观上提高了企业主体对培训服务的购买力，有助于做大人力资源培训服务的市场份额。

2. 人社部出台的相关政策文件、开展的相关工作活动

（1）印发《人力资源服务业发展行动计划》。2017 年 9 月 29 日，为贯彻落实国务院《“十三五”促进就业规划》和《关于做好当前和今后一段时期就业创业工作的意见》的有关要求，人社部印发《人力资源服务业发展行动计划》，就今后一个时期促进人力资源服务业发展工作进行部署，明确了促进人力资源服务业发展的指导思想、基本原则和目标任务等总体要求；围绕国家重大战略，针对人力资源服务业发展中的重大问题和关键环节，具体实施“三计划”和“三行动”。

（2）确定第二批“全国人力资源诚信服务示范机构”。继 2014 年人社部确定首批全国人力资源诚信服务示范机构（106 家）后，2018 年 1 月 3 日，在各省（区、市）推荐、专家组审核、公示的基础上，人社部经研究确定了 128 家“全国人力资源诚信服务示范机构”。

（3）同意新建 3 所国家级人力资源服务产业园。2017 年 5 月 15 日，人社部分别复函同意在吉林长春、江西南昌、陕西西安建立国家级人力资源服务产业园；同年 12 月 12 日，人社部复函同意中国中原人力资源服务产业园正式挂牌。

（4）举办领军人员培训和援助项目培训。2017 年 9 月 18 ~ 23 日，“2017 年全国人力资源服务业发展能力建设高级研修班”在山东烟台举办，71 名来自公共人才服务机构以及优秀的人力资源服务业企业的管理人员参加了本次培训。

2017 年 5 月 8 日，人社部发文，组织申报西部和东北地区人力资源市场建设援助计划项目，以推进统一开放、竞争有序的人力资源市场建设，促进西部和东北地区人力资源服务业发展，更好地为西部大开发和振兴东北老工业基地提供就业创业、人力资源优化配置服务。2017 年 11 月 23 ~ 29 日，作为援助项目之一的“新疆人社厅人力资源市场能力建设培训班”在河北承德举行。

3. 国家标准建设

近两年，我国相继发布了几个人力资源服务的国家标准，其中，涉及培训服务的国家标准包括《人力资源培训服务规范》（GB/T 32624－2016）、《人力资源服务机构能力指数》（GB/T33860－2017）、《人力资源服务术语》（GB/T 33529－2017）。这些标准都是推荐性国家标准，对包括培训在内的人力资源服务的规范化、专业化发展具有积极的指导和引领作用。

（三）培训服务发展特点

培训服务发展特点分析主要基于国内最大的人力资源服务交易平台——“何马网”上培训服务提供商①的相关文献进行。具体而言，何马网上的人力资源服务分为雇主品牌、E-Learning、福利外包等 31 个类别，服务提供商登记合计 11379 家（次）（见表1）②。笔者选取其中登记为“管理培训”③ 的前 100 家提供商（以下简称“何马网 100 家”）为主要分析对象并辅之以总量信息和其他信息。研究发现，培训服务发展呈现如下特点。

1. 具有管理培训服务能力的人力资源服务机构规模较大

在何马网上登记可提供“管理培训”的服务商有 1520 家，登记可提供“E-Learning”的服务商有 188 家，登记可提供“企业语言培训”的服务商有 95 家，三项总计 1803 家（次），占总量的 15.8%，在各业态中占比最高。其中，“管理培训”类服务商占 13.4%，位居各业态之首。

---

① 本部分内容为笔者根据 2018 年 4 ~5 月“何马网”的有关文献分析撰写。从“管理培训”前 100 家服务商来看，这里的培训服务提供商没有个体提供者，绝大多数是企业组织，还有少量是大学的学院。因此本部分及以下的描述中，有时用“培训服务企业”替代“培训服务提供商”。

② 一家人力资源服务机构可提供多个类别的服务，因此，此加总数据不是服务机构的总量，这里用“家（次）”表达。

③ 截至 2018 年 5 月 15 日，何马网上的“管理培训”类服务商共有 1520 家，https://company.hrmarket.net/home.hr? tid = 3Pk95Go03Pk9XkD33Pk92d9lp0k9lpY7Iuz4V28ip0k9lp8i&order = 0。

表 1　人力资源服务提供商一览（根据何马网统计）

单位：家（次）

服务商提供服务的分类	服务商数量	服务商提供服务的分类	服务商数量
1. 雇主品牌	131	17. 人力资源协会	65
2. E-Learning	188	18. 人力资源咨询	1324
3. 福利外包	235	19. 商学院	89
4. 管理培训	1520	20. 薪酬数据调研	116
5. 劳动力管理	266	21. 薪酬外包	266
6. 人才测评	482	22. 养老金管理	65
7. 人才调研	160	23. 员工福利	390
8. 人才管理软件	265	24. 招聘流程外包	334
9. 人才派遣	716	25. 企业语言培训	95
10. 人才评鉴	187	26. 劳动法咨询或顾问	222
11. 人才寻猎	1231	27. 人力资源社团/俱乐部	91
12. 人才招聘	1037	28. 外籍员工服务	100
13. 人力资源产业园	61	29. 员工心理援助	100
14. 人力资源管理软件	258	30. 背景调查	151
15. 人力资源外包	695	31. 其他	451
16. 人力资源网站/媒体	88	总　计	11379

2. 绝大多数培训服务商提供多个类别的人力资源服务

在“何马网 100 家”中，只有 4 家服务商将自己标识为单一的“管理培训”服务商（包括伟仕达、益西心理、易迪思和乔诺商学院）、8 家提供包括“管理培训”在内的两类人力资源服务（包括富兰克林柯维、Workday、中欧商业在线、艾信管理咨询、专伟企管、seek、专伟以及百仕瑞等）、其他 88 家服务商则提供包括“管理培训”在内的至少 3 类以上的人力资源服务。

3. 外资和合资培训企业较早利用互联网进行品牌宣传

在“何马网 100 家”中，民营企业 62 家，外商独资企业 25 家，合资企业 6 家，国企 4 家，其他几家为大学的院系。4 家国企分别是中智、北京外企（FESCO）、中智深圳和 FESCO 广东公司等行业巨头（以及分支机构）。

比较我国各类人力资源服务业机构的结构分布①发现，外商独资企业以及合资企业较早进行互联网品牌宣传。

4. 培训企业总部所在地和当地经济发展活跃度基本吻合

从国际角度看，“何马网 100 家”中，总部位于美国的有 13 家、位于欧洲的有 7 家、位于日本的有 1 家、位于澳大利亚的有 1 家。从国内角度看，“何马网 100 家”的总部分布情况如下：上海有 33 家、北京有 24 家、广东有 9 家、江苏有 3 家、香港有 2 家、辽宁有 1 家、陕西有 1 家、湖北有 1 家、福建有 1 家、海南有 1 家。上述地区分布显示，人力资源培训服务商总部选择与当地经济发展活跃性相关度很大。

5. E-Learning 已经成为培训服务的重要部分

在“何马网 100 家”中，有 30% 的培训服务企业可以提供“E-Learning”服务，这是一个非常大的比例。而且，在“管理培训”的服务提供商中，已经有一些专耕于某些特定行业的人力资源软件公司或 E-Learning 企业，如前程无忧、智联招聘、肯耐柯萨、上海功途、汇思、职行力、鑫日科及薪福多等。数据分析还发现，近几年提供 M-Learning 的企业数量明显增多。

6. 培训服务企业在资本市场上日趋活跃

在“何马网 100 家”中，共有 20 家上市企业，其中 8 家在新三板（北森、点米科技、倍智、上海功途、快乐沃克、鑫日科、智通人才及东方慧博）、12 家在证券交易所，即纽约证券交易所 6 家（世泓、富兰克林柯维、智联、Workday、约翰威立、智联招聘深圳分公司）、纳斯达克证券交易所 1 家（前程无忧）、澳大利亚证券交易所 1 家（seek）、伦敦证券交易所 1 家（英飞）、东京证券交易所 1 家（明达科）、苏黎世证券交易所 1 家（SGS 管

① 2016 年各类人力资源服务机构构成比例中，民营性质的服务企业占 70.6%，县级以上公共就业和人才服务机构占 19.7%，国有性质的服务企业占 5.6%，民办非企业等其他性质服务机构占 3.2%，外资及港澳台资性质的服务企业占 0.9%。王晓辉、田永坡：《我国人力资源服务市场发展现状分析》，载余兴安主编《中国人力资源发展报告（2017）》，社会科学文献出版社，2017。

理学院）、深圳证券交易所1家（科锐国际）。

此外，分析还发现，培训服务提供商中的领军者的上市及并购活动都非常活跃。以中国A股首家人力资源上市公司科锐国际为例，2018年4月，科锐国际发布公告，拟收购英国领先招聘服务供应商Investigo公司52.5%的股权。[①] 据说，科锐国际已经并购了8家同行企业。[②]

二　培训服务面临的挑战

综合分析“何马网100家”、“2018示范机构”[③] 以及我国人力资源培训服务的相关资料发现，我国人力资源培训服务面临的主要挑战如下。

（一）区域发展不均衡

我国经济发达地区的培训服务发展远领先于不发达地区，这既反映在服务机构总量、服务总体发展程度方面，也反映在民营企业总量及其业务发展程度方面。

“2018示范机构”中，总量排在前列的是我国东部几个发达的省（市）；在这几个省市的入选机构中，民营（合资）企业的数量和国企、事业单位的数量几乎平分秋色，有的省市民营（合资）企业入选数量甚至超过国企或事业单位，具体情况如表2所示。

① 《科锐国际宣布收购英国领先招聘公司Investigo，进军欧洲市场》，http：//www.careerintlinc.com/article.html? url =/api/pc/article? aid = 259&backUrl =/list.html? cid = 5&lid = 10003。

② 《揭秘人力资源第一股科锐国际并购逻辑》，http：//www.sohu.com/a/232514598_ 135869。

③ 即前文提及的“2018全国人力资源诚信服务示范机构”。在对“2018示范机构”梳理的过程中发现，绝大多数的经营范围包括培训服务，而且有不少机构的经营范围跨越了租赁和商务服务业中的不同类别，比如，有的经营范围既包括人力资源服务业服务，也包括家庭服务业服务，还有的包括会议、展览及相关服务等。这些机构在企业组织类型上，以体制内的公共就业服务机构、人才服务机构（或隶属于地方人力资源社会保障部门的企业）为主，也有少部分与“何马网100家”重合。由于少量机构在网上无法查阅具体信息，所以，对它们性质的界定可能存在偏差。但是，这类机构总量较少，并不影响分析的信度。

表2　入选“2018示范机构”数量和性质一览

单位：家

省份	入选“2018示范机构”的数量	入选机构性质	数量
山东	10	国　企	3
		民　企	7
江苏	10	国　企	5
		民　企	5
浙江	10	国　企	6
		民　营	2
		合　资	2
广东	9	国　企	3
		事　业	1
		民　企	3
		合　资	2
上海	7	国　企	2
		事业单位	1
		民　营	3
		合　资	1
北京	7	民　营	5
		事业单位	2

除上述几个省市外，其他省（区、市）的入选机构相对较少，且国企和事业单位占绝对主体。

（二）在做大做强上有很大提升空间

经过三十余年的发展，在我国人力资源培训服务领域已经产生了一些有影响力的品牌。在HRoot发布的《HRoot全球人力资源服务机构100强榜单与白皮书（2017）》（*2017 Ranking & White paper of Global 100 Human Resource Service Providers*，以下简称“2017全球HRSP 100强”）[①] 中，我国有33家企业入围。按主营业务划分，“2017全球HRSP 100强”中共有10家的主营

① http：//ra85nkings. hroot - 7. com/global100/2017/.

业务为培训服务，其中8家来自中国，即和君商学、智通人才、越吴股份、快乐沃克、传智播客、ATA、起航股份及易第优，其他两家是美国的CEB和富兰克林柯维。

表3　主营业务为培训服务的机构（2017全球HRSP100强）

单位：百万美元，%

排名	公司名称（主营业务）	2016财年营业收入	2016财年营业利润	2016财年营业收入增长率	2016财年营业利润率
1	CEB 其他（会员服务/咨询/测评）	950	5	2.3	0.5
2	和君商学（HEJUN） 其他（教育与培训）	271	36	237.0	13.2
3	富兰克林柯维（Franklin Covey） 其他（培训）	200	14	-4.7	6.9
4	智通人才（CHITONE） 人力资源服务外包、在线招聘、人才派遣/租赁/安置服务、其他（教育与培训）	112	3	2.1	2.3
5	越吴股份（Yuewu Human Resources Stock） 人才派遣/租赁/安置服务、人力资源服务外包、其他（教育与培训）	87	-1	-18.1	-1.1
6	快乐沃克（www.kuailework.com） 人才派遣/租赁/安置服务、在线招聘、其他（教育与培训）	85	-7	-11.5	-7.7
7	传智播客（www.itcast.cn） 其他（教育与培训）	81	16	172.7	19.6
8	ATA 其他（人才测评/考试服务）	65	8	15.9	12.4
9	起航股份（qihangedu） 其他（教育与培训）	22	1	46.0	6.3
10	易第优（XDL） 其他（教育与培训）	20	2	111.8	11.1

就营业利润、营业利润率和营业收入增长率看，我国入围“2017 年全球 HRSP100 强”的培训服务企业多数业绩表现不错。但在总的体量上，我国所有 8 家入选企业的营业收入总和还不及排名第一的 CEB（美国）一家。我国的培训服务企业在做大做强上仍有很长的路要走。

（三）管理类课程的专业化程度有待提升

国内的教育培训机构在考试与测评、语言培训、IT 培训以及 K12 教育等方面更容易出现课程专业化程度较高、体量较大的培训服务商，[①] 但在企业管理和人力资源管理领域，提供商在以课程为核心体现专业化程度方面依然有较大的提升空间。

西方的人力资源服务机构，由于深耕某个或某几个领域，从而在细分市场方面，专业化程度更高，也常常会引领某个专业领域课程的标准或认证，包括在人力资源管理的薪酬、测评、教练、人才发展培训等各个领域。比如，智睿咨询（DDI）拥有在评鉴与发展方面的认证课程，美世（Mercer）拥有薪酬管理专家、组织发展专家和战略性业务伙伴三大认证课程体系，思腾中国（SCHOUTEN CHINA）拥有教练认证课程，启昕（TTI Success Insights）拥有测评领域的专业认证课程，马丁森集团（Martinsen）拥有测评类专业认证课程，人才发展协会 ATD（美国培训协会）拥有人才发展培训认证课程，世界薪酬协会（WorldatWork）则拥有大量薪酬领域的认证性培训课程。

国内领军的管理类培训课程供应商，如和君商学、港大 ICB、中欧商业在线（以及国内一流大学的人力资源培训或商学院培训）也逐渐开发了具有相对竞争优势的课程体系。但是，更早奠定整个培训服务领域（区域级或世界级）行业标准的培训课程、培训产品依然源自欧美地区。在人力资源管理类培训领域，国内领军机构依然处于追赶状态。

---

① 这包括“2017 全球 HRSP100 强”中主体业务是培训服务的 ATA、传智播客、易第优，还包括在人力资源服务商中并不提及，但是在教育培训行业中常提到的新东方、好未来、尚德、猿题库、粉笔公考等考试、语言和 IT 类培训机构。

三　培训服务的发展展望

（一）我国培训服务前景喜人

我国人力资源培训服务发展前景喜人，这从“2017 全球 HRSP 100 强”中我国培训服务企业的业绩表现可见一斑。①

一方面，在人才竞争日趋激烈的时代，各级政府、各类组织和个体不断加大人力资本投资力度。在培训产品购买力不断提升的同时，对培训产品的需求日趋多元，培训产品的质量要求也日趋提升。

另一方面，在云计算、大数据、人工智能等技术发展的推动下，培训服务产品不断推陈出新且以学习者、受训者为中心的产品开发态势日益强化，这都极大地提高了培训服务产品的质量，也不断增强了培训购买者的购买意愿。

（二）各级政府在促进培训服务发展上大有可为

各级政府在促进培训服务健康持续发展方面依然大有可为。深化放管服改革（包括清理整顿职业资格等具体举措），推动“大众创业、万众创新”，不断完善经济发展、人才引进、人力资源服务发展、教育培训发展等方面的政策，深化机构改革等，这些政策层面的重大举措都是人力资源培训服务发展的利好消息。

随着政府与市场、社会关系的不断调适，影响市场在资源配置中发挥决定作用的体制机制因素将不断被破除，蕴藏在市场和社会中的巨大培训需求和培训供给将会持续强化，我国的人力资源培训服务面临良好的发展机遇。

① 集中表现在 2016 财年营业利润、营业利润率和营业收入增长率等方面，见前文表 3 的有关数据。

（三）行业组织将扮演越来越重要的角色

随着政府、市场、社会关系的不断调整，在培训服务治理体系不断健全的过程中，行业组织在行业自律和行业发展方面扮演着越来越重要的角色。

为维护行业健康发展，行业性组织将会关注并避免业内不正当竞争、恶性竞争以及其他不良商业行为，同行竞争合作将会逐步规范，市场发展也将会更有秩序。

（四）新技术和资本对培训服务的影响更深远

近几年，大数据、云计算、人工智能不断发展，从识别技术到 VR 交互生成，从智能终端到直播技术，培训服务领域各种新技术得到广泛应用。

HRoot 在 2018 年“人力资源管理 Apps 中国 TOP50”的统计中增加了与培训服务有关的统计，包括“企业在线学习类 APP”“微课直播知识分享类 APP”等，进入排名前列的既有企业大学开发的知识在线学习 APP（如知鸟），也有互联网巨头开发的企业在线学习 APP（如网易云课堂），还有专业的微课直播知识分享类 APP（如千聊、荔枝微课），这些培训服务产品利用互联网平台，致力于将世界上最优质的学习培训资源分享给更多的人。此态势正在改变着越来越多人的学习和培训方式。

通过移动互联网，学习、社交、游戏化等新鲜元素越来越多地呈现在培训产品中，传统培训服务的方式、方法将会被极大地改变，培训服务也将迎来产业升级的黄金时期。

近十余年来，伴随着我国越来越多的培训服务企业在国内外陆续上市，资本对培训服务的发展速度、发展方向、整体布局将有更大影响。分散弱小的培训机构依靠资本力量快速整合，由此将带来整个行业聚合，而这种聚合又带来了效率提升。总之，资本将助推教育培训快速进入升级期。①

---

① 《ATA 马肖凤：资本助推教育产业快速进入升级期》，http：//www. myzaker. com/article/5a0baf001bc8e01472000004/。

（五）市场竞争将催生更多更强的本土领军企业

当前，人才竞争持续升级。随着政府、市场、社会关系的更好更清晰的界定，人力资源培训服务提供者发展状况与质量越来越依赖于其是否真正遵循市场规律。在政策、技术和资本推动下的培训服务，在面对巨大发展空间和发展机遇的同时，也必然面临日趋激烈的市场竞争。这种竞争既发生在发达国家（地区）和不发达国家（地区）之间，也发生在本土培训服务提供商之间，以及本土提供商与外来提供商之间。

在越来越统一和开放的市场环境中，原来占据体制优势的培训服务机构，将面临优质民营资本和外商资本的双重挑战。只有善于把握市场规律，善于以研发、技术、产品和服务开拓市场，才能赢得各方青睐，最终赢得市场。在我国巨大的市场潜力下，科技和资本的力量高歌猛进，日趋激烈的市场竞争将催生更多更强的本土领军企业，这既包括越来越强大的民营企业，也包括日益优质的国有企业。

（六）跨界交流和合作将成为行业发展常态

在全球化深入发展的背景下，地区间、区域间的交流合作越来越多，政府、行业、企业以及学界之间的跨界交流合作越来越密切。而且，这些交流合作并不限于本行业，早已拓展到其他行业，甚至渗透到更广阔的社会层面。

2017 年底，好未来集团在政府支持下组织了 GES 大会；① 2018 年 4 月，上海外服正式成立“中国人力资源智库联盟”并举办首次联盟论坛。② 跨界、融合以及在一种价值导向下的行动越来越多，不管是以教育为主的培训集团，还是以培训为主的培训集团，跨界交流合作将成为一种必然且强大的发展趋势。

---

① 《GES2017 未来教育大会开幕科技创新推动教育发展》，http：//wemedia. ifeng. com/38981774/wemedia. shtml。

② 《上海外服正式成立“中国人力资源智库联盟”并举办首次联盟论坛》，https：//www. prnasia. com/story/209166 - 1. shtml。

B.24

2017年人力资源服务企业经营状况调查分析

林　彤*

摘　要： 本文依据中国对外服务工作行业协会（简称“外服协会”）①对所属会员单位2017年度经营情况调查统计问卷的结果撰写。本文在总结梳理“外服协会”会员单位总体经营情况、业务布局和各主要业态发展情况的基础上，解读了2017年度人力资源服务各主要业态的演变特点与动因，结合一些热点问题，分析了当前人力资源服务业发展面临的挑战并探讨了人力资源服务业的发展态势。

关键词： 外服协会　人力资源服务业　人事社保代理服务

2017年，人力资源服务企业在不断发展的市场环境下，一方面，居安思危，转变观念，探索传统业务以外新的业务领域；另一方面，通过创新驱动，带动技术水平和服务效率的提升。总的来看，大部分人力资源服务企业在主要业务指标上依然保持稳定增长，总体表现符合预期。

---

* 林彤，经济学学士，中国对外服务工作行业协会研究室主任、国际商务师，研究方向为人力资源服务业。

① 中国对外服务工作行业协会（简称“外服协会”）成立于1989年。最早的会员单位中，相当一部分是有国资背景的各地外企、外事或外航服务公司。随着人力资源服务市场的改革开放，人力资源服务领域涌现出数量众多的民营企业，一些优秀的民营人力资源服务企业加入外服协会，丰富了外服协会会员单位的结构。近年来，一批已经进入中国市场的国际知名人才服务机构也加入到协会中来。

2017 年，经济下行压力、竞争加剧和产品转型不确定性等都给人力资源服务行业带来了挑战。人力资源服务业的市场环境与竞争格局更加复杂。与上一年度相比，传统的人力资源外包服务企业在面临更大经营压力的同时，还要直面来自各类平台化互联网型人力资源服务企业的冲击。

传统的人力资源服务企业如何转型、行业主管部门如何根据新的形势制定新的政策法规等都是本文要探讨的问题。

一　总体情况

中国对外服务工作行业协会（简称“外服协会”）是国内唯一一家全国范围的、由经营性人力资源服务机构组成的行业协会，目前，在全国各地拥有 145 家会员单位，其中，股份制企业 61 家，占 42. 1%；国有独资企业 47 家，占 32. 4%；民营企业 20 家，占 13. 8%；事业单位 12 家，占 8. 3%；外资（合资或独资）企业 5 家，占 3. 4%（见图 1）。

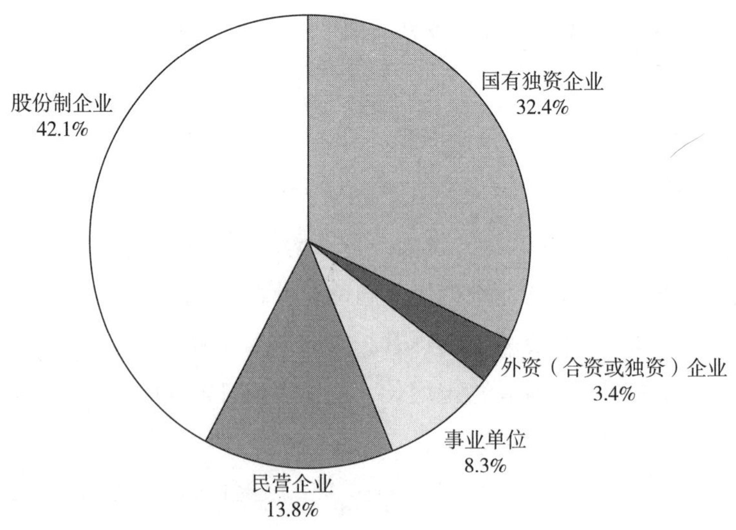

图 1　外服协会会员单位投资主体对比图

多年来，外服协会一直对人力资源服务各主要业态以及人力资源服务市场的发展走势高度关注。自 1999 年起，外服协会一直坚持开展对所属会员单位年度经营情况的数据统计工作，经营情况调查统计的结果全部来源于会员单位的一手数据，在此基础上形成分析研究报告。通过这样的统计工作，了解会员单位的经营状况，为会员单位的经营决策提供参考；更为重要的是，发现人力资源服务业发展过程中的焦点和难点问题，汇集各方资源解决这些问题，营造有利于行业发展的外部环境。

2018 年 3 月 1 日至 4 月 30 日，外服协会针对 2017 年度协会所属会员单位的整体经营情况进行了数据统计工作。此项工作得到会员单位大力支持，106 家会员单位提交了翔实的统计报表，其中副会长单位（包括执行会长单位）11 家、常务理事单位 30 家、理事单位及新会员单位 65 家，参与率为 86. 89%。与往年相比，2018 年参加调查统计的会员单位在数据填报上更加严谨，数据内容更加翔实、完整。

统计数据显示，参加调查统计的会员单位实现营业总收入 41883776. 59 万元（含代收代付 30266391. 12 万元）。营业净收入同比增长 10. 38%；实现利润 281919. 21 万元，同比增长 20. 70%；总服务客户 207401 家；服务各类员工总人数为 9144132 人；参加统计的会员单位内部员工总数为 24501 人，在全国各地共有 998 家分支机构。

参加统计的会员单位中有 33 家出现了利润的同比降低甚至亏损。

二　主要业态经营情况

2017 年，人力资源服务企业开展的主要业务有以下几类：人事社保代理服务、招聘（猎头与招聘流程外包 RPO）、劳务派遣、外包、人力资源咨询服务、培训服务、人才测评服务、对外劳务合作。还有部分会员单位开展了境内外商务咨询、外籍人服务、生活服务等其他业务。

（一）人事社保代理服务

2017 年，参加调查统计的会员单位为 8044815 名员工提供了人事社保代理服务，服务人数同比增长 12. 84%。

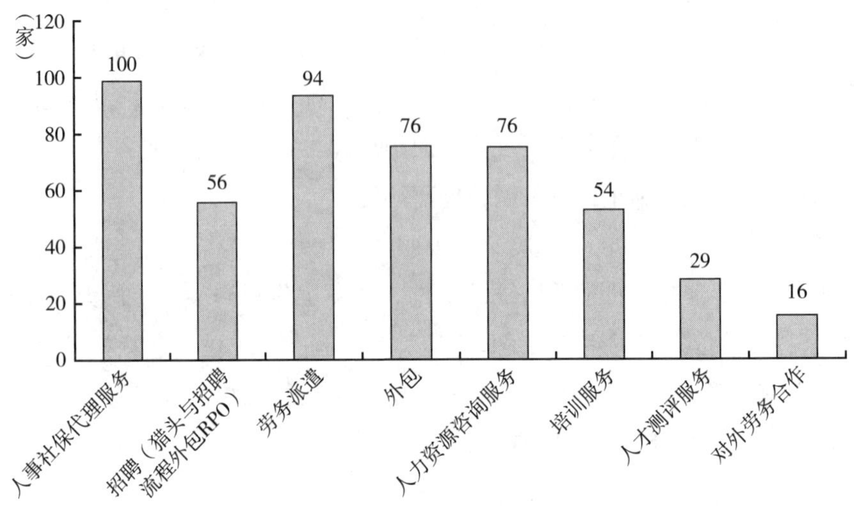

图 2　2017 年开展主要业务的会员单位数量

多年来，人事社保代理服务一直是人力资源服务机构最主要的业务，代理客户数量也一直保持稳定的增长，其原因在于稳定的市场基础。当前，在我国的市场经济中，中小企业是非常活跃的。据观察，人力资源服务机构五成以上客户来自中小企业。对于中小企业及其办事机构来说，社保账户的开设、社保费用的缴纳以及员工各类人事手续的办（管）理是一项烦琐耗时的工作，容易出现社保错缴、漏缴的情况，甚至会产生不必要的劳动争议和纠纷。把员工的人事社保手续委托给专业的人力资源服务机构，企业就可以从烦杂琐碎的人事外包社保缴纳事务中解脱出来，从而降低人事管理成本和潜在的法律风险，更专注于人事管理的核心职能。这一现象也表明，帮助企业简化整合人力资源管理流程、以专业化的服务解决员工从入职到离职整个职业生命周期的一切事务性工作、为企业降低人力资源管理成本、提高人力资源管理效率是人力资源服务机构立足市场的关键。

（二）招聘

2017 年，参加调查统计的会员单位通过猎头与招聘流程外包 RPO 等服务，实现成功上岗的员工人数为37899人，同比增长18.75%。

2017年，国内招聘服务市场需求旺盛。线上招聘仍然是招聘的主要渠道，但是，线下传统的顾问式招聘仍然有一定的市场份额，特别是在高端人才及项目类批量招聘业务领域。在产业结构调整的过程中，热点职位也不断变换。相对而言，互联网行业人才、金融行业人才、科技类人才以及批量化的低端技能/服务人员是招聘服务市场的重点群体。为满足市场需求，一些会员单位新增或恢复了招聘业务。数据显示，2017年，开展招聘业务的会员单位数量较上一年度有了一定的增长，表明人力资源服务机构在员工吸纳与配置方面的作用再度引起会员单位的重视（见图3）。

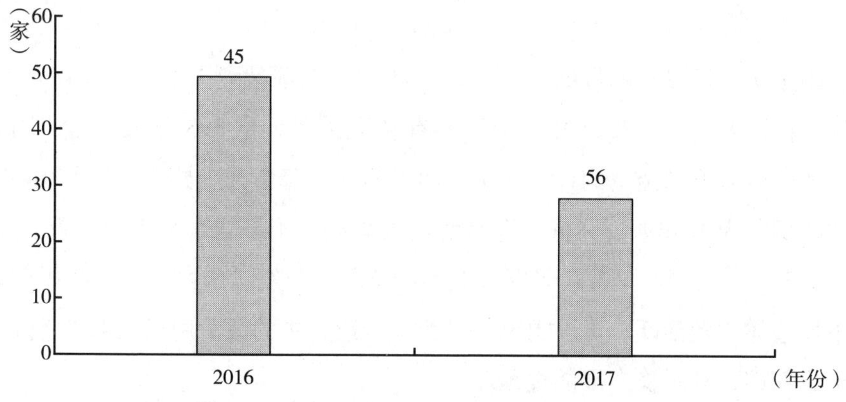

图3　2016～2017年度开展招聘服务的会员单位数量

2017年6月8日，北京科锐国际人力资源股份有限公司在深交所创业板挂牌交易。这是国内人力资源服务行业首家上市的人力资源服务机构。2018年6月29日，互联网招聘公司猎聘网的主体公司“有才天下信息技术有限公司”正式在港交所挂牌上市。值得注意的是，两家上市公司的核心业务均为招聘业务。这一现象表明了资本层面对于人力资源服务行业核心价值的定位。

（三）劳务派遣

2017年，参加调查统计的会员单位向用工单位提供的派遣员工总数为

621842 人，同比增长 -2.23%。

2017 年，会员单位的劳务派遣业务规模依然呈现小幅下降的态势。随着用工单位对《劳务派遣暂行规定》的贯彻执行，劳务派遣用工规模基本稳定。从全国范围来讲，劳务派遣用工人数有小幅上升。

在移动互联网时代，劳务派遣的服务模式也在发生改变。员工与用工单位的关系逐步弱化，劳务派遣单位（拥有劳务派遣行政许可的人力资源服务机构）作为法定用人单位的责任在强化；员工与劳务派遣单位的关系将更加紧密，劳务派遣单位的角色将逐步转变为“派遣员工与用工单位”的就业/职业服务平台、人力资源的调配平台、员工的职业发展平台，向特定行业、专业岗位派遣应该是劳务派遣单位未来的发展方向。

国家统计局发布的数据显示，2017 年末，全国就业人员为 77640 万人。依据人社部的统计，2017 年，全国共有各类派遣人员 893 万人。参照国际通行的劳务派遣渗透率的计算方法，两者相除，劳务派遣员工人数占就业人口的比例仅为 1.15%，尚低于世界就业联盟成员国平均水平 1.7%，[①] 与美国（2.2%）、日本（2%）等国家有不小差距。与发达国家相比，我国劳动力市场整体比较活跃，可以预见，以劳务派遣为主的灵活用工在未来将迎来一个重新回归和平稳发展的过程。

（四）外包

2016 年，参加调查统计的会员单位中共有 76 家单位开展了生产外包、商业流程外包（BPO）、岗位外包、财务外包等各类外包业务（见图 4）。各类业务外包在岗人员 287327 人，同比增长 26.78%；外包业务实现收入 1690957.64 万元，同比增长 25.53%。

2014 年以来，随着《劳务派遣暂行规定》的实施，相当一部分劳务派遣用工完成了向业务外包商业模式的转变，这也使各类外包业务出现了爆发

① 详见 World Employment Confederation（世界就业联盟）《2017 年度经济报告》。

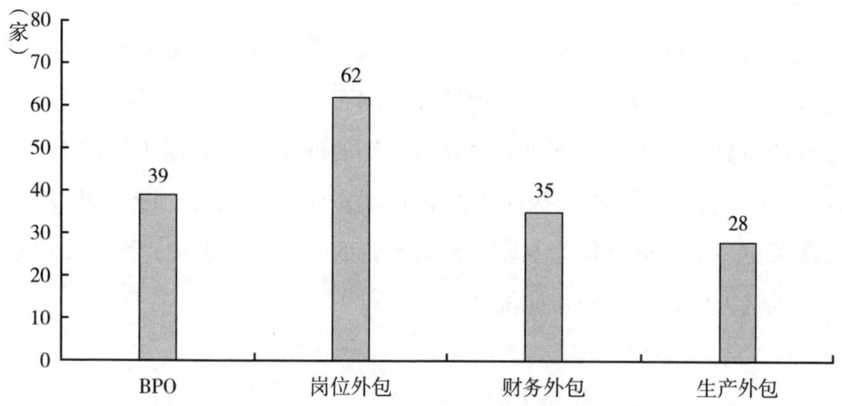

图4　2017 年开展各类外包业务的会员单位数量

式增长。2017 年，人力资源服务机构的外包业务依然保持增长态势，但是增长率较前两年有所下降，外包业务的操作模式也逐渐成熟。

薪酬福利类外包是近年来会人力资源服务机构开展较多的新型外包服务。薪酬管理服务包括代发工资、代报税及代记账等服务内容。薪酬管理服务可以通过自动化的流程处理，减少事务性工作量，提升薪酬管理的准确性、及时性和安全性，帮助客户从事务性的薪酬业务流程中解脱出来。员工福利可以起到平衡员工的工作和生活、提升企业核心凝聚力的作用。根据统计，中型以上的人力资源服务机构普遍服务至少 10 万名以上的各类员工，员工福利外包可以在规模经济的基础上，帮助客户管理员工的弹性福利，外包的形式可以打破员工福利保障单一的形式，使之变得多元化和更有灵活性，满足员工多种层次的不同需求，从而实现员工福利的真正目的。目前，人力资源服务机构开展比较多的福利产品外包主要有员工健康体检、网上福利产品商城等。

（五）其他业态

2017 年，参加调查统计的会员单位共提供人力资源咨询服务 4281 次、举办各类培训 860 场、为 47600 名各类人员提供了测评服务、对外输出劳务人员 24286 人。

近年来，互联网特别是移动互联网在人力资源服务行业得到广泛应用。上述人力资源服务的一些形态，如培训、测评等呈现了从线下服务延展到线上服务的态势。其中，培训服务已经从传统的课堂式培训逐步转向 PC 端的 E-Learning 平台，再延伸到智能手机客户端，让学习随时、随处可以完成。测评服务更多的时候是作为互联网招聘平台的一个功能板块，用来支撑招聘过程中候选人的筛选与职位匹配。

三　关于人力资源服务业发展的思考与展望

（一）人力资源服务业将面临艰难转型

经过 30 多年的演变与发展，我国的人力资源服务行业已经形成了一业为主、多种业态并存的局面。根据外服协会近年来的调查统计，以人事手续管理、社保代理为主要内容的人事代理服务，作为人力资源服务机构最主要的业务已经连续多年占据会员单位营业收入的 80% 以上。

目前，人力资源服务机构提供的社保代理服务中，主要有以下两种模式。一种是“大库”模式——企业由于各种原因，不单独设立社保账户，而是将部分或全部员工的社保费用通过人力资源服务公司的社保账户缴纳。这部分社保费用对于人力资源服务机构来讲属于代收代付性质。另一种是“小库”模式——企业开设好的社保账户交给人力资源服务公司管理，社保费用从企业账户上进入社保部门或税务部门账户，企业只给人力资源服务机构支付服务费。对于企业来讲，选择人力资源服务机构的人事社保代理服务的原因除了提高工作效率、压缩企业内部人工成本以外，更重要的是，各地有关人事管理和社保政策方面的规定不尽相同、社保缴纳计算复杂，且经常变更。企业处理这些方面的工作费时费力。此外，一些企业试图通过社保代理方式，减少为员工支付的社保费用。

需要特别关注的是，2018 年 3 月，中央印发的《深化党和国家机构改革方案》中提到，为提高社会保险资金征管效率，将基本养老保险费、基本医疗保险费、失业保险费等各项社会保险费交由税务部门统一征收。这一新的政策会对未来人力资源服务业的发展走势产生较大的影响。税务系统负责征收社会保险，有利于提高征收税率，在不久的未来，税务部门有可能为社保缴纳单位设定更加智能的填报系统，仅需“一键回车”就可以完成烦琐的社保计算过程，得出精确结果。与此同时，在“金税三期”“五证合一”等政策的叠加效应影响下，有些用人单位少交社保甚至不缴社保的违规操作将失去操作空间。而由繁至简之后，客户是否仍然愿意将社保代理手续委托给人力资源服务企业将存在很大疑问。事实上，目前，已经有一些人力资源服务机构打出人事社保代理服务“零收费”的噱头，以此积攒用户数据量，拓展外围其他商业服务。

当前，各地对社会保险有关法律法规的理解和社会保险代理服务的政策也不一致，有的地方出台政策可以开展代理社保服务；有的地方则严格限制，社会保险部门在检查相关情况时，要求开展这类业务的人力资源服务机构必须提供代理企业的服务协议以及代理员工的“劳动合同”。

传统业务增长空间面临较大不确定的情况将倒逼人力资源服务机构进行转型，人力资源服务行业必须思考新的战略举措，寻找新的业务增长点。

在“互联网+”的时代背景下，“大云平移”等新技术、新概念、新模式给人力资源服务行业带来了深刻的影响，人力资源 SaaS 平台（共享软件服务平台）、薪酬及弹性福利外包、按专业细分的垂直领域互联网招聘是近年来人力资源服务行业探索的主要转型方向。多年来，我国人力资源服务市场已经呈现出一定的“政策市”的特征，即靠政策吃饭，这一情况在中小型人力资源服务机构的发展中更加突出。这些机构受到资金和技术水平方面的限制，探索转型之路将非常艰难。抱团取暖、被大型企业整合兼并已成为中小型人力资源服务机构求存和发展的常态。当前，人力资源服务领域的并购行为非常活跃，可以预见，未来国内人力资源服务市场的垄断程度将不断提高。

（二）国有资本经营效率低于民营资本，人力资源服务行业呼唤股份制改造

2017 年是会员单位面对经营压力较为沉重的一年。在参加调查统计的会员单位中，有 33 家会员单位出现了利润下降或亏损的情况，这一数据比以往有了一定程度的增加。

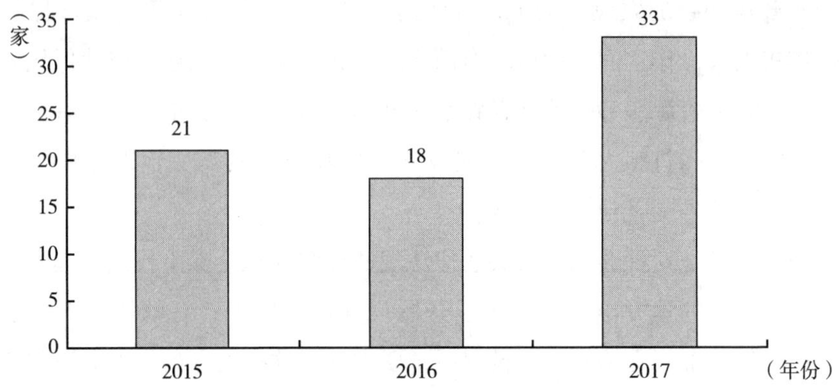

图 5　2015 ~ 2017 年出现利润下降或亏损的会员单位情况

从投资主体来看，在出现利润下降或亏损的会员单位中，以国有资本为主的会员单位在数量上超过了民营资本的会员单位。

而从利润增长情况来看，调查数据显示，在参加调查统计的会员单位中，民营资本会员单位的平均利润增长率为 29.4%，国有资本会员单位的平均利润增长率为 12%。

在外服协会的会员单位中，有多家国有重点骨干企业。这些企业拥有雄厚的资产、较高的经营管理水平、丰富的运营经验和高素质的职工队伍，是引领人力资源服务行业在变革中保持前行的重要力量。不容忽视的是，经过多年的发展，民营人力资源服务机构成长迅速，已成为人力资源服务业的重要组成部分和最具潜力的增长点。根据人社部的统计，2017 年，民营性质的人力资源服务企业 21990 家，占人力资源服务机构总量的 72.9%。与国有人力资源服务机构相比，民营人力资源服务机构往往具有规模小、经营与

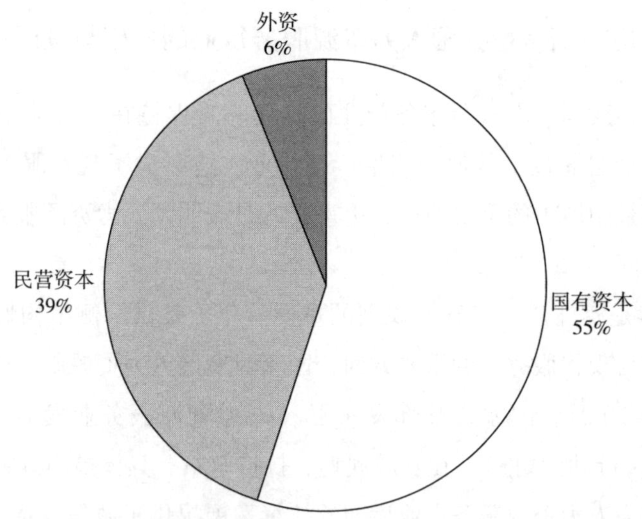

图6 2017年利润下降或亏损的会员单位资本类型构成

分配机制灵活的特点，更加容易迎合市场，更愿意拥抱新技术，积极地向有更多发展空间的领域发展。近年来，一些民间风险投资基金也愿意进入人力资源服务行业，特别是投入民营企业当中。

从提高经营效率的角度来看，人力资源服务机构进行混合所有制改革是大势所趋。近年来，外服协会的一些国有资本会员单位已开展了多元化混合所有制改革或提出了股改意愿。依据国家相关产业政策，人力资源服务企业属于一般竞争类企业。这类企业要按照市场规则有序进退，合理流动。不久的将来，可能在不少的国有资本人力资源服务机构中，国资将不再占控股地位，甚至有的可能要退出。这样的转变有助于人力资源服务行业更加市场化，有助于人力资源服务企业进一步提高服务效率，释放企业活力。加快推进国有人力资源服务企业股份制改造对于推动人力资源服务行业的发展意义重大。此举有利于打破所有制界限，拓宽融资渠道，充分利用社会各方智慧和经济力量开展人力资源服务，调动职工参与企业建设的积极性；有利于人力资源服务企业建立规范的法人治理结构，转换经营机制，增强企业内在活力和自主发展能力，成为真正的市场主体。

（三）应重新考量我国人力资源服务行业的规模与发展目标

近年来，我国人力资源服务产业的增速一直保持在20%左右，不仅跑赢了GDP，而且超过了其他一些生产性行业。这彰显了现代服务业在国家产业结构调整中所占的重要地位，更重要的是表明了人力资源服务业还有一定的增长空间。

2017年是实施“十三五”规划的重要一年，是供给侧结构性改革的深化之年。作为现代服务业的重要方面，国家对发展人力资源服务产业高度重视。2017年10月，国家人社部发布了《人力资源服务业发展行动计划》（以下简称《行动计划》），在发展规划、扶持政策、具体措施等方面都有明确安排，这为人力资源服务产业后期的持续发展提供了政策支撑。《行动计划》提出，到2020年人力资源服务产业规模要达到2万亿元。

需要指出的是，近年来，我国人力资源服务行业的营业收入统计中一直包含着相当比例的代收代付部分（见图7）。企业将部分或全部员工的社保费用通过人力资源服务机构的社保账户缴纳。这部分费用虽然增加了人力资源服务机构的营业额，但并未形成人力资源服务真正的业务收入。在当前的社保代理服务中，“大库模式”多于“小库模式”，也就是说，人力资源服务业的营业收入中，有相当大的部分是代收代支的社保费用。实际上，人力资源服务行业真正的业务性收入（毛收入）体现在营业收入扣除代收代付部分后的差额。人力资源服务行业属于微利行业，据观察，对于以人力资源外包业务为主的人力资源服务机构来讲，实际利润在营业收入中只占到1%～5%。

重新考量人力资源服务产业的发展规模与体量，有助于行业主管部门深入洞察人力资源服务行业在当前发展过程中的主要矛盾，正确判断人力资源服务行业的发展目标。在此基础上，制定与人力资源服务行业发展需要相符合的产业政策，更为重要的是完善与新型劳动关系相适应的法规建设，引导行业健康发展。

当前，人力资源服务业处在发展与转型的关键时期。作为生产性服务业的一个重要组成部分，人力资源服务业的发展与国家的整体经济形势、产业

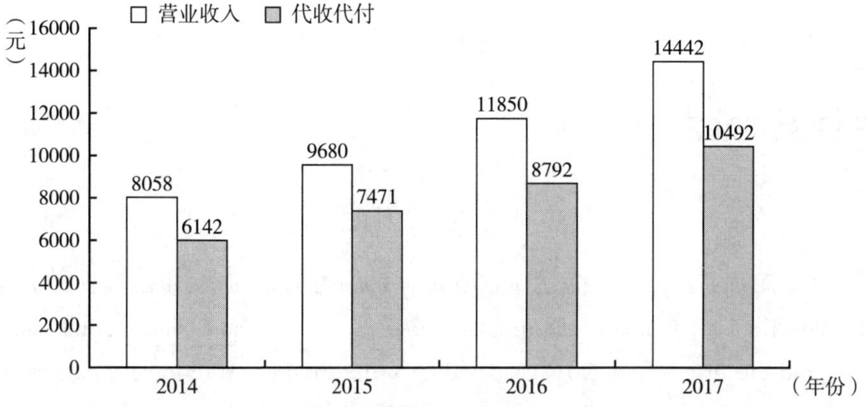

图7　2014～2017年人力资源服务行业营业收入情况

结构调整以及社会环境的演变都有密切的联系。经过多年的发展，我国人力资源服务业已经基本完成了去行政化和向市场化转变的过程。但是，不断变化的劳动力市场、新型的劳动生产关系以及用工单位更加多样化的市场需求都对人力资源服务行业的发展提出了更高的要求。人力资源服务的核心内容如何从当前的人事手续服务为主转换到未来的用工匹配为主、人力资源服务机构如何更好地在人力资源的市场化配置中发挥作用都是人力资源服务从业者和行业主管部门需要深思的问题。

Abstract

The Annual Report on the Development of China's Human Resources (*2018*), as the Blue Book of Human Resources covered the time period from second half of 2017 and the first half of 2018, including some of the institutional arrangements and measures implemented since the 18th CPC National Congress. More than 30 experts in the field of human resources development contributed their latest research results to the Blue Book, demonstrating a general review of human resources development in China, and challenges and tasks in the new era. The book consists of one general report and six chapters. The general report reviews current situation and progress regarding to human resources development, talent management, the reform of personnel system in public sector, employment and entrepreneurship, income distribution, social insurance, labor relations, and human resources service industry. It also conducts thorough analysis into challenges and tasks in terms of human resources development in the new era. The six chapters consists of reports on human resources, talent management, personnel management in public sector, employment, entrepreneurship and labor relations, social security and salary distribution, and human resources service development. These reports illustrate and summarizes new situations, progress and dynamics of human resources development, from perspectives of current situation, challenges facing and future trends.

The Chapter of Reports on Human Resources Development introduces overall situation of human resources in China, current development and future trend of technology talents, medical professionals and intellectual property professionals, as well as scientific literacy and skill levels of urban labors in China. The Report on Talent Management focus on the current situation and progress trend of overseas talent introduction, reform of professional titles, reform of professional qualifications and administrative law enforcement in the system of human resources and social security. The Chapter on Personnel Management in Public Sector sorts out the practices of civil service management, duties of administrative law enforcement and posts arrangement of administrative law enforcers, progress and vision of personnel system reform of public institutions and the deepening development of personnel system reform of state-owned enterprises in China since the 18th CPC National Congress. The Chapter on Employment, Entrepreneurship and Labor Relations introduces current situation of employment and entrepreneurship in 2017, employment against the background of platform economy, and new progress in terms of harmonious labour relations building. The Chapter on Social Security and Salary reviews the overall situation of social insurance development in 2017, the reform and development trends of the basic old-age insurance system as well as the change of salaries in China's employment market from 2015 to 2017. The Chapter on Human Resources Service Development analyses the overall development of human resources service market in China, based on which, the chapter digs into the current situation and development of talent public service system building, human resources training services and human resources services enterprises in China.

In accordance with the new development, new demand and new reforms in the new era, this book shows new measures and progress promoting human resources development in the past year or more, and illustrates representative policy documents and important meetings the field of human resources development. Based on a comprehensive review, systematic analysis and evidence-based summary, this book puts forward new challenges and tasks facing human resources development.

Contents

Ⅰ General Report

Abstract: The year 2017 marks the convening of 19th CPC National Congress. China's human resources development remained stable while kept improving. The total amount of human resources kept stable, and the urbanization rate kept increasing. The educational attainment was rate steadily improved, and the talent development mechanism kept being innovated. Personnel system reform in public sector continued to deepen, and the overall development of employment and entrepreneurship kept moderate but stable and sound. The employment structure was optimized, the overall planning of social security was gradually promoted, and labour relations kept harmonious and stable. This report introduced new situation, new measures and new trends of human resources development in China since 2017, from perspectives of current situation of human resources, the progress of talent management, personnel system reform in public sector, employment and entrepreneurship, income distribution, social security, labour relations and human resources service industry. Brief analysis was made regarding to new challenges and tasks facing by human resources development currently and in the future.

Keywords: Human Resources; Talent Management; Personnel System Reform; Employment and Entrepreneurship

Ⅱ Current Situation of Human Resources

Abstract: In 2017, the supply side reform in China kept deepening, economic transformation and upgrading sped up, and human resources development remained a good momentum. The amount of human resources kept stable, and urbanization rate kept increasing. The educational attainment rate was steadily improved, coverage rate of social insurance was enhanced and the overall employment of labour kept stable and sound. Great efforts was achieved in terms of talent resources development. The technology talents cultivation gained great progress. Skilled talents development represented by manufacturing industry was greatly enhanced. High-level talents witnessed rapid concentration. The scale of medical professionals kept expanding. Entrepreneurial activities conducted by returned overseas students flourished.

Keywords: Quality Development; Supply-side Reform; Human Resources Development

Abstract: In recent years, the development of technology talents in China has continuously strengthened its top-level design and system layout, deepened the system and mechanism reform, and effectively stimulated the enthusiasm of scientific and technological researchers for innovation and entrepreneurship. The overall planning of major talent projects was promoted, the development of technology talents was flourished, and the innovative ability and international influence of technology talents was significantly improved. The development of socialism with Chinese characteristics has entered a new era, new requirements regarding to technology talents development were put forward by new demands to accelerate the construction of an innovative country, greatly support quality economic development, and better respond to the people's needs for a better life. The development of technology talents will certainly start a new journey.

Keywords: Technology Talent; Institutions and Mechanisms of Talent Management; Innovative

Abstract: Based on the analysis of current situation of medical professionals development in China from 2013 to 2017, as well as medical professionals' cultivation and training, evaluation and use, flow and allocation, and salaries and incentives, this report summarizes the existing problems in the development of medical professionals, and puts forward relevant policy recommendations for the development of medical professionals in light of the new situation and new demand.

Keywords: Medical Professionals; Medical Personnel; Physician

Abstract: Firstly, this paper introduces the scale, structure and quality of intellectual property talents in China and analyzes the existing problems. Secondly, from the aspects of education, training, evaluation and the construction of some typical intellectual property talents systems, it examines the progress of intellectual property talents development, especially the major work from 2017 to 2018. Finally, the prospects for intellectual property talents development are prospected in light of the background of institutional reform, the reform of streamlining administration and delegating power, and the reform of talent system and mechanism.

Keywords: Intellectual Property; Talent Development; Talents Development

Abstract: The scientific literacy and skills level of urban workers are important factors to measure a country's ability of innovation and entrepreneurship. In recent years, with the continuous expansion of the scale, the scientific literacy and skills level of urban workers are steadily improving year by year. However, with the accelerated development of intelligence, informatization, specialization and refinement in production, it is urgent to enhance the scientific literacy and skills level of urban workers. On the basis of sorting out the current situation of the scientific literacy and skills level of urban workers, summarizing major methods of improving the scientific literacy and skills level of urban workers, and analyzing outstanding problems existing in the scientific literacy and skills level of urban workers, this paper shed lights on further enhancing scientific literacy and skills level of urban workers from the aspects of content construction, platform carrier construction and mechanism and policy innovation.

Keywords: Urban Workers; Scientific Literacy; Skills; Technological Innovation

Ⅲ Work Related to Talents

Abstract: Since 2017, China has made remarkable achievements in introducing overseas talents. High-level talents have gathered rapidly. The number of returned students has reached a new high. The contribution of introducing overseas talents is outstanding. At national level, China has initiated a visa system for foreign talents, fully implemented the work permit system for foreigners to come to China, reformed the work of permanent residence certificates for foreigners, established the State Immigration Administration, and continued to implement various talent introduction programs (projects) to improve the work regarding to returned overseas talents. At ocal level, Beijing, Shanghai, Shenzhen, Nanjing and some other cities have made outstanding achievements in overseas talent introduction. Various policies on talent introduction have been introduced, attracting a large number of high-end talents and urgently needed talents to participate in China's economic construction. Looking forward to the future, China should further improve the working mechanism of talent introduction and strengthen the soft environment construction of talent accumulation and development on the basis of exploring and grasping the patterns of high-level talent flow.

Keywords: Overseas Talent; Talent Introduction; Introducing Overseas Talents System

Abstract: The professional title is the major symbol of professional and skilled talents' academic skills level and professional ability. In recent years, the Central Committee of the Communist Party of China has issued several important documents, and has made overall planning and arrangements for deepening the professional title system reform. In accordance with the spirit of the national opinion on professional title system reform, local governments and related departments should improve the evaluation standards and methods, enhance public services, give full play to the positive incentive role of talent evaluation, and promote the deep integration of talent development into economic and social development.

Keywords: Professional Title System; Talent Evaluation System; Professional Title Evaluation

Abstract: From 2017 ~ 2018, breakthroughs were made in China's professional qualification system reform with the completion of collective review, release of national professional qualification list and catalogue, standarization of professional qualification certificates, improvement of assessment standards, and active exploration of reform measures in industries and enterprises. Currently, further deepening the professional qualification system reform is necessary for developing professional services and enhancing the quality of services, implementing a more open talent policy, and consolidate the achievements of the collective review. The focus on further deepening the professional qualification system reform include enhancing standard setting, strengthening the regulation mechanism, advancing the transition of professional qualification system with other systems, and improving legal system for national professional qualification.

Keywords: Professional Qualification; Talent Assessment; National Professional Qualification

Abstract: The definition of administrative law enforcement is based on related policies and documents. Administrative law enforcement in the human resources and social security system is supported by related laws and regulations. While capacity building in administrative law enforcement had been strengthened based on previous work, the working mechanism of administrative law enforcement was innovated, and its efficiency enhanced. Currently, problems emerged such as idealized institutional design, principle based laws and regulations, and differentiated interpretation of law enforcement standards among different departments. Nevertheless, with the optimization of system building, the administrative law enforcement duties of the human resources and social security system will be clearer, the allocation of law enforcement authorities will be more scientific, the procedures will be more standard and approaches will be more diversified.

Keywords: Human Resources and Social Security System; Administrative Law Enforcement; Administrative Licensing

Ⅳ Personnel System in the Public Sector

Abstract: Since the 18th CPC National Congress was held in 2012, new breakthroughs have been made in the development of socialism with Chinese characteristics, posing new requirements for civil servant management and civil servant capacity building. With the goal of fostering high quality and professional civil servants, new achievements were made in areas of deepening reform on classified management, strengthening selection of civil servants from the grassroots level, promoting the posts and rank parallel system, improving the mechanism for exchange and assessment, strengthening capacity building, and strengthening supervision and system building in discipline, punishment measures, etc.

Keywords: Civil Servant System; Civil Servant Management; Sort Management

Abstract: According to the *Provisions on the Management of Civil Servants in the Category of Administrative Law Enforcement* (*Trial*) issued by the General Office of the CPC Central Committee and the General Office of the State Council in July, 2016, specific measures on the position setting for Civil Servants in the Category of Administrative Law Enforcement shall be determined by civil servant management departments of the Central Government or subject to separate regulations. As position setting is a fundamental work and critical link in the scientific classified management of civil servants. To fully implement the *Provisions on the Management of Civil Servants in the Category of Administrative Law Enforcement* (*Trial*), supporting policies on the position setting of civil servants in the category of administrative law enforcement shall be stipulated. This paper reviews rules and regulations on the position setting of civil servants in the category of administrative law enforcement, analyzes practices and experiences of typical local governments in exploring position setting of civil servants in the category of administrative law enforcement, and provides policies suggestions based on the research.

Keywords: Public Servants in the Category of Administrative Law Enforcement; Position Setting; Administrative Law Enforcement Duties

B. 13 Progress and Future Prospects of Personnel System Reform of Public Institutions

Ding Jingjing / 185

Abstract: In 2017, new progress has been made in personnel system reform of public institutions in the areas of standardized open recruitment, deepened reform of the personnel assessment system, implementation of the pilot programs of autonomous management, reform on the performance-related salary system, innovation and entrepreneurship among personnel in public institutions, and improvement of the legal person governance structure in public institutions. As a result, personnel management in public institutions became more standardized and scientific. In order to implement the requirements of the Central Party Committee for the reform of public institutions, development of public services, and strengthened capacity building for cadres in the new era, reform of the personnel system of public institutions shall be problem-oriented, driven towards contributing to public welfare, with further clarification of the development orientation, improved classified management, autonomy of public institutions and stimulation of the vitality of talents.

Keywords: Public Institutions; Reform of Personnel System in Public Institutions; Personnel Management

B. 14 Deepened Personnel System Reform in State-owned Enterprises

Tong Yali / 197

Abstract: In 2017, a series of reforms occurred in State-owned enterprises (SOEs), including the accelerating process of regrouping of central enterprises, advancement towards the construction of enterprise board system, reform towards mixed ownership, and positive progress in the reform to turn SOEs into stockholding corporations. This paper provides a summary of policy measures and explorations for advancing personnel system reform in SOEs from the aspects of further improving the SOE legal person governance structure, implementing employee stock ownership in SOEs with mixed ownership, pushing forward term and contract based managerial administration, reforming salary determination mechanism in SOEs, and deepening three institutional reforms in enterprises.

Keywords: State-owned Enterprises; Personnel System; Legac Person Goverance

V Employment, Entrepreneurship and Labor Relations

Abstract: In 2017, the overall employment situation in China remained stable, with the expansion of total employment, optimization of the employment structure and steady increase of salary. New progress has been made in employment service sector and the employment of key target groups. At the same time, employment driven by entrepreneurship achieved positive effects, and public employment services were further strengthened. To meet the demand of future economic development, it is important to defuse the pressure on total employment, promote the employment of key groups in a targeted way; ease structural conflict on employment, and promote the transformation of vocational training; continue to encourage entrepreneurship and make further efforts in driving employment through entrepreneurship; promote the effective match between labour supply and demand, improve comprehensive employment services; mitigate employment risks by strengthening prevention and control.

Keywords: Total Employment; Employment Structure; Public Services for Employment and Entrepreneurship

B. 16 Current Situation and Development of Employment under the Platform Economy

Cao Jia / 226

Abstract: As a new form of business, the platform economy is changing people's way of production and living, as well as the employment pattern. The features of the platform economy include expanding scale, diverse forms, concentrated industries, and diversification and variation among groups. But at the same time, employment under the platform economy features lack of continuity in career development, structural conflict in skills development, lack of quality, and difficulty in clarifying responsibilities. Undoubtedly, technological advancement would push forward the development of the platform economy, making it an important channel for expanding employment. But meanwhile, deepened reform is needed in order to improve governance over employment under the platform economy, explore resources and opportunities for employment promotion to the full extent, tackle structural conflict in skills development, and optimize the labour relations coordination mechanism.。

Keywords: Platform Economy; Employment; Policy; Technological Advancement

B. 17 An Overview of New Progress of Labour Relations Governance in China (2017)

Xiao Pengyan / 236

Abstract: In 2017, the economy maintained steady growth, and the employment situation remained stable, which laid the foundation for stable labour relations in China. Meanwhile, progress has been made in China's labour relations governance: annual labour contract signing rate remained stable, the number of enterprises with special working hour system decreased, the number of cases concerning labour and personnel disputes and the number of labourers involved in such cases went down, and new achievements were made in the protection of the rights and interests of rural migrant workers. Furthermore, policies and legal systems have been optimized, the percentage of cases settled by mediation, arbitration and final awards increased, labour and social security related law enforcement was strengthened, and innovative measures were adopted in the practice and exploration of the settlement of labour relations. Entering the new era, as the main contradiction of the Chinese society has changed, it is important to follow the correct political orientation, proceed from realities, optimize system and institutional building, maintain fairness and justice, and enhance labour relations governance capacity in building harmonious labour relations

Keywords: Labour Relations; Labor and Personnel Disputes; Peasanx Labor Rights and Interests

Ⅵ Social Security and Remuneration

Abstract: In 2017, the coverage of all social insurance schemes continued to expand, the level of benefits was enhanced, the scale of social insurance fund increased steadily, the pooling level was gradually enhanced, informationization was further promoted, and progress has been made in the construction of a multi-tier social insurance system. This report provides a review of the overall development of social insurance in China in 2017, main reform progress of the social insurance system, and analysis of the future development trend of the social insurance system.

Keywords: Social Insurance; Endowment Insurance; Medicare Insurance; Unemployed Insurance

Abstract: In 2017, the basic old-age insurance system operated smoothly. The coverage of the basic old-age insurance system continued to expand, fund scale was further enlarged, and the benefit level was enhanced steadily. A series of new progress were achieved in the reform of the basic old-age insurance system, including the adoption of enterprise annuity, the release of measures on bookkeeping interest rates of personal pension insurance accounts of employees, improvement of provincial overall planning system for basic pension insurance, strengthening of pension fund investment and regulation, and reduction of social insurance premium rates by stages. Future reform on the basic old-age insurance system should focus on further improving the multi-tier old-age insurance system, enhancing the pooling level for old-age insurance, and carrying out design for optimization of the old-age insurance package.

Keywords: Basic Old-age Insurance System; Enterprise Annuity; Pension Fund Investment

Abstract: This paper is based on statistics of the online recruitment database of zhaopin. com from 2015 to 2017. Analysis of the statistics shows that from 2015 to 2017, national average salary increased steadily, but experienced a slowdown of increase in later stages; salary increase was relatively fast in first-tier cities, but the increase rate was similar among new first-tier cities and second-tier cities; while salary in large scale enterprises increased steadily, that of small and micro businesses was subject to the economic environment, and experienced comparatively fluctuations.

Keywords: Job Market; Labour Market; Salary

Ⅶ Current Development of Human Resource Service

Abstract: In 2017, the human resource services market in China maintained high speed development. This paper analyzes the current development of human resource services market in China from the aspects of the scale of human resource services, human resource mobility support capacity, the development of human resource service industry, and major events related to human resource services. This paper also discusses the development trend of human resource services market in China in the new era with consideration of the changing environment for the development of the human resource services market.

Keywords: Human Resource Services Industry; Human Resource Mobility Support Capacity; Services Market

Abstract: Public services for talents have progressed in terms of the scale, contents, approaches, and policy development. In typical cities, service provision mode and service standards with distinct features have gradually been formed. But at the same time, problems such as unclear service functions and positioning of service institutions, lack of standard service system and inadequate public service guarantee still exist. Therefore, to further develop public services for talents, it is important to clarify the basic functions, list and catalogue of talent public services, deepen reform of talent public services institutions, steadily push forward standarization, increase financial input, and improve the environment and capacity building for talent public services.

Keywords: Talent Public Service; Service System; CPS Human Resources Service

Abstract: Case studies show that human resource training services are available in most human resource training institutions in China. However, the development of human resource training services varies in different regions; foreign-invested companies and joint ventures embarked early on internet brand publicity; currently, E-Learning has become an important component of human resource training services. Based on huge market demand, policy dividend, and driven by technology and capital, the development prospect for China's human resource training services is promising, with more local leading enterprises rising and more frequent cross-sector exchange and cooperation.

Keywords: Human Resource; Training Service; E-Learning; Policy Dividend; Technology and Capital

Abstract: This paper is based on China Association of Foreign Service Trades (CAFST)'s survey on the operation of its member units in 2017. Based on a summary of the overall operation, business layout and development of main businesses of the CAFST member units, this paper also provides analysis of the features and underlying reasons for changes of the main forms of businesses of the human resource service industry, as well as challenges and development trend for the human resource service industry together with hotspot issues.

Keywords: CAFST; Human Resource Service Industry; Personnel and Social Security Agency Services

中国社会发展数据库（下设 12 个子库）

全面整合国内外中国社会发展研究成果，汇聚独家统计数据、深度分析报告，涉及社会、人口、政治、教育、法律等 12 个领域，为了解中国社会发展动态、跟踪社会核心热点、分析社会发展趋势提供一站式资源搜索和数据分析与挖掘服务。

中国经济发展数据库（下设 12 个子库）

基于“皮书系列”中涉及中国经济发展的研究资料构建，内容涵盖宏观经济、农业经济、工业经济、产业经济等 12 个重点经济领域，为实时掌控经济运行态势、把握经济发展规律、洞察经济形势、进行经济决策提供参考和依据。

中国行业发展数据库（下设 17 个子库）

以中国国民经济行业分类为依据，覆盖金融业、旅游、医疗卫生、交通运输、能源矿产等 100 多个行业，跟踪分析国民经济相关行业市场运行状况和政策导向，汇集行业发展前沿资讯，为投资、从业及各种经济决策提供理论基础和实践指导。

中国区域发展数据库（下设 6 个子库）

对中国特定区域内的经济、社会、文化等领域现状与发展情况进行深度分析和预测，研究层级至县及县以下行政区，涉及地区、区域经济体、城市、农村等不同维度。为地方经济社会宏观态势研究、发展经验研究、案例分析提供数据服务。

中国文化传媒数据库（下设 18 个子库）

汇聚文化传媒领域专家观点、热点资讯，梳理国内外中国文化发展相关学术研究成果、一手统计数据，涵盖文化产业、新闻传播、电影娱乐、文学艺术、群众文化等 18 个重点研究领域。为文化传媒研究提供相关数据、研究报告和综合分析服务。

世界经济与国际关系数据库（下设 6 个子库）

立足“皮书系列”世界经济、国际关系相关学术资源，整合世界经济、国际政治、世界文化与科技、全球性问题、国际组织与国际法、区域研究 6 大领域研究成果，为世界经济与国际关系研究提供全方位数据分析，为决策和形势研判提供参考。

法律声明